城市轨道交通维修策略

（通信维修分册）

王　海　主编

中国劳动社会保障出版社

图书在版编目(CIP)数据

城市轨道交通维修策略. 通信维修分册/人力资源和社会保障部教材办公室，广州市地下铁道总公司组织编写. —北京：中国劳动社会保障出版社，2015

ISBN 978-7-5167-1686-1

Ⅰ.①城… Ⅱ.①人… ②广… Ⅲ.①城市铁路-通信系统-维修-技术培训-教材 Ⅳ.①U239.5

中国版本图书馆 CIP 数据核字(2015)第 047883 号

中国劳动社会保障出版社出版发行

（北京市惠新东街 1 号　邮政编码：100029）

*

北京市艺辉印刷有限公司印刷装订　新华书店经销

787 毫米×1092 毫米　16 开本　20.5 印张　378 千字

2015 年 3 月第 1 版　　2015 年 3 月第 1 次印刷

定价：50.00 元

读者服务部电话：（010）64929211/64921644/84643933

发行部电话：（010）64961894

出版社网址：http://www.class.com.cn

前言

轨道交通运能大，安全、舒适、准点，对环境污染小，已经成为城市缓解交通问题的有效途径。目前，全国城市轨道交通已建和在建的城市有38个。随着城市轨道交通的建设与发展，其运营呈现线网化、规模化的趋势。其中，北京、上海、广州、深圳等地均已形成多条线路同时运行的城市轨道交通运营网络。

在城市轨道交通的各种系统中，通信系统能够迅速、准确、可靠地为城市轨道交通运营提供语音、数据及图像信息，在提供安全、快捷、准点、舒适的运营服务中发挥着至关重要的作用。

随着城市轨道交通从单线路向线网化发展，不同阶段面临着不同的问题,通信系统维修策略需要根据业务的发展进行调整，以最优的资源分配方式、最低的成本、最高的效率解决运营生产中的问题。本书融入了近年来城市轨道交通通信专业的理论和实践，总结了广州地铁通信系统维修多年现场实践方面的经验，结合编者的研究成果，引用大量实例深入浅出地介绍了城市轨道交通通信系统在不同发展时期的不同维修策略，同时对城市轨道交通新的维修模式进行了思考与探讨。重点结合城市轨道交通线网化发展的情况引入分析的主题，包括单线路阶段的维修因素和策略、线网化的维修模式、特殊情况下的维修保障三大部分。其中，城市轨道交通维修的基本模式主要介绍城市轨道交通通信系统的组成、设备维修的关键

因素、设备生命周期的维修策略；线网化的维修模式重点阐述线网化条件下的规模化管理、区域化管理、前后台维修管理、人才体系建设思路与维修模式在实践中的创新应用；特殊情况下的维修保障则介绍多个特殊情况下的维修保障，包括开通后边运营边调试、在线运营设备的搬迁与扩容、旧线拆解与延长线接入、重大活动保障、特殊气象下的维修组织方法等内容。

本书是面向城市轨道交通通信系统设备维修维护体系的策略指南，希望能给城市轨道交通通信系统的技术管理和工程开发人员开展设备维护工作提供参考。同时，丰富的案例为广大同行提供了生动的模板和探索的方向，深度的思考为有志者开启了切磋的课题。

通信系统设备维修维护技术发展迅速，由于编者水平及实践经验的局限性，书中存在不足之处在所难免，恳请读者和同行批评指正。

编者

城市轨道交通维修策略
通信维修分册
编审人员

主　编　王　海

副主编　杨福泉　廖红中

编　者　吴　慧　李海锋　关国俊　黄格宁　庞文湛

陈　珊　王　超　梁碧仪　林兰兰　李海玉

陈海勇　李健能　戴宝齐　肖丽华　陈子亮

刘兆梁　周志斌　黄桂烽　包　钧　魏瑞新

庞文湛　涂锦材　李浩明　杨颖鸿　陈雄波

主　审　蔡昌俊

参　审　桓素娟　高丽芳

城市轨道交通维修策略丛书

编委会

目录

第一章

城市轨道交通通信系统概述

城市轨道交通通信系统担负着为旅客提供必要的信息服务、为运营管理和设备维修提供通信条件、传送各种调度命令信息的重要任务，是保证列车安全、快速、高效运行的一种不可或缺的信息化、自动化、智能化综合系统。

第一节　城市轨道交通专用通信系统

一、城市轨道交通专用通信系统总述

城市轨道交通专用通信系统一般由无线通信子系统、交换子系统（包括公务电话子系统、有线调度子系统和站内及轨旁电话子系统）、传输子系统、广播子系统、视频监控子系统、时钟子系统、通信不间断电源子系统等组成，这些子系统构成了传送语音、数据和图像等各种信息的综合业务通信网。传输子系统、时钟子系统除了为各通信子系统提供服务外，还能为其他系统提供信息传输服务及标准的GPS时间信号。常见城市轨道交通专用通信系统如图1—1所示。

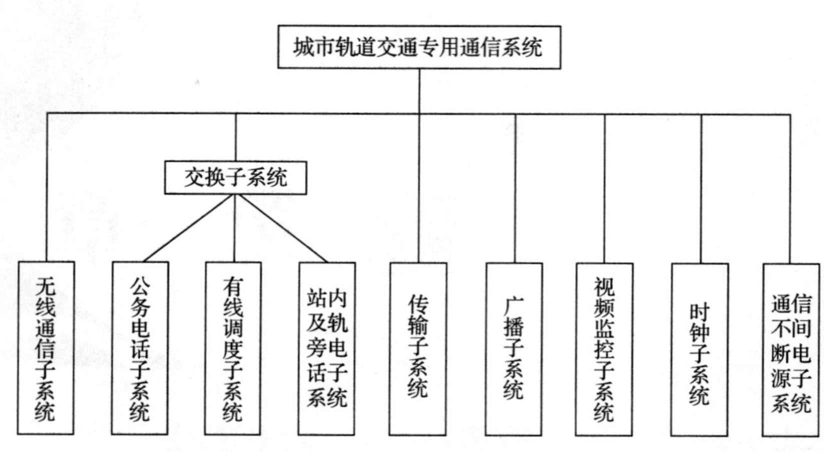

图1—1　常见城市轨道交通专用通信系统框图

二、城市轨道交通专用通信各子系统

1. 无线通信子系统

无线通信子系统在城市轨道交通通信系统中有着重要作用，它是调度与司机通信的有效手段，同时也是移动中的运营人员和维修人员实现通信的重要手段。无线通信子系统为运营控制指挥中心的行车调度员（以下简称行调）、环控调度员（以下简称环调）、维修调度员（以下简称维调）等对列车司机、运营人员、维修人员等无线用户分别实施无线通信；为车辆段值班员对段内的无线用户实施无线通信；实现相应的无线用户之间的通信。无线通信子系统同时具备单呼、群呼、录音、呼叫信息存储、显示、检测和优先权等功能。无线通信子系统以调度组通信为主，并可实现用户之间一对一的单独通信。

城市轨道交通无线通信子系统采用无线集群通信系统。无线集群通信系统是多个用户（部门、群体）共用一组无线信道，并动态地使用这些信道的专用移动通信系统。城市轨道交通无线集群通信系统常采用多基站多区制的集群系统配以一些外加的连接和信号中继放大设备（如射频 / 光纤直放站），形成一个有线、无线结合的网络。其中，中央级设备与基站之间采用有线通道连接，基站通过信号分配设备，采用泄漏电缆或天线辐射传播，以实现与移动台的无线连接。其组网方式如图 1—2 所示。

2. 交换子系统

城市轨道交通交换子系统分为公务电话、有线调度和站内及轨旁电话三大子系统，这三大子系统的结构和原理基本相同，但具体的功能和运用有所区别。

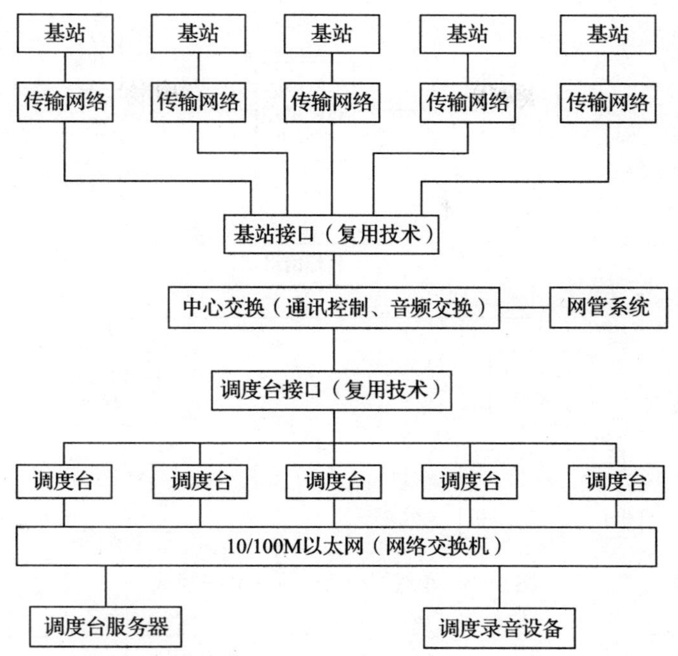

图1—2　城市轨道交通无线集群系统的组网方式

（1）公务电话子系统。公务电话子系统由设置在城市轨道交通主要地点（如控制中心、车辆段）的程控交换机和分布在各办公区、运营控制中心、车站、设备室、车辆段及所有需要电话的其他区域的电话分机组成，为城市轨道交通管理部门、运营部门、维修部门提供一般公务电话联络，主要是电话业务和部分非话业务（如传真等）。该系统能够提供各种新业务功能（热线、呼出限制、呼入限制、闹钟、呼叫等待、呼叫转移、缩位拨号、追查恶意呼叫、会议），能识别非话业务，能与分组交换网连接，能与无线集群系统连接，能与本地公用电话网互联，实现与本市用户（包括火警 119、匪警 110、救护 120 等）通话，还可以实现国内、国际长途通信并具有计费功能。单线路公务电话子系统组成如图 1—3 所示。

随着线网的扩展，各线路间的程控交换机通过骨干传输网的 2Mbps 接口实现互联，使各线路的电话能够互通。通过接入电信交换机，使线网内的电话能够拨打市内电话。城市轨道交通线网间公务电话子系统组成如图 1—4 所示。

（2）有线调度子系统。有线调度子系统是为列车运营、电力供应、日常维修、防灾救护提供指挥手段的专用通信系统，要求迅速、直达，不允许与运营无关的其他用户接入该系统。调度台分为行车调度台（以下简称行调）、电力调度台（以下简称电调）、环控调度台（以下简称环调）和维修调度台（以下简称维调）。各调度员通过调度台可对所属的调度分机进行单呼、组呼、全呼、紧急呼叫，并可对通话进行录音。调度分机摘机即可直接呼叫调度台，分机之间不能直接进行通话。

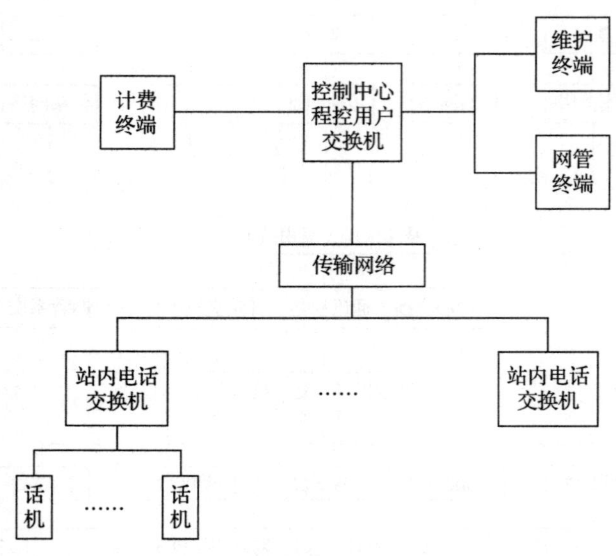

图1—3　单线路公务电话子系统组成

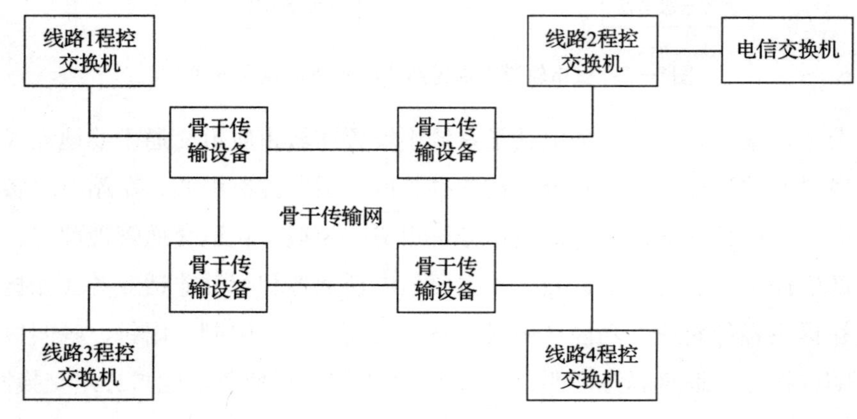

图1—4　线网间公务电话子系统组成

有线调度子系统通常包括调度电话交换机、维护终端、录音台、调度台、调度分机等设备，并通过传输系统或相应的通信电缆连接而成，其系统组成如图 1—5 所示。

（3）站内及轨旁电话子系统。站内及轨旁电话子系统可为车站内各有关部门提供与本车站值班员之间的直达通话，并且车站值班员可以呼叫其他相关车站的车站值班员。轨旁电话为作业人员在隧道及高架区间作业时与车站值班员提供通话，为维修作业人员提供便利的通信手段，同时作为列车在区间故障停车时司机和车站值班员的辅助通话手段。轨旁电话在轨旁线路一般每 150 ～ 200 m 设置一台。

站内及轨旁电话子系统通常包括站内电话交换机、轨旁电话和电话分机等设备，并通过相应的通信电缆连接而成，其系统组成如图 1—6 所示。

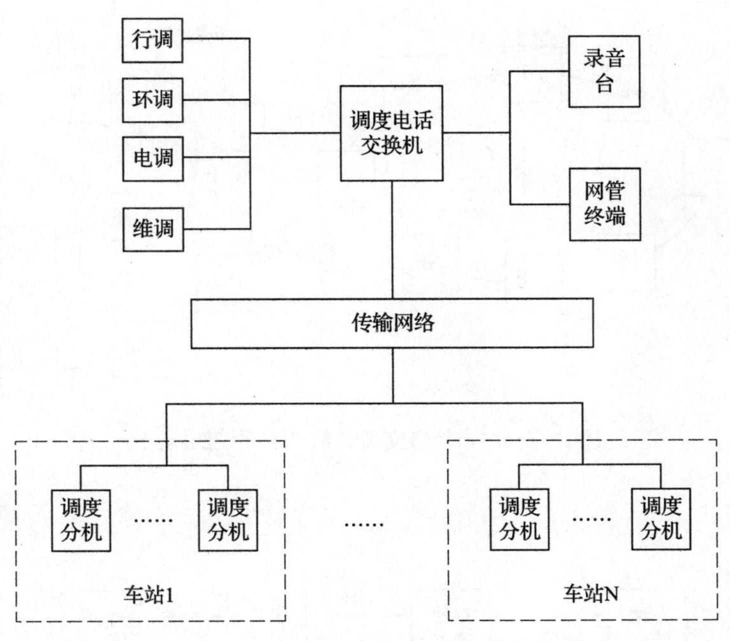

图1—5　有线调度子系统组成

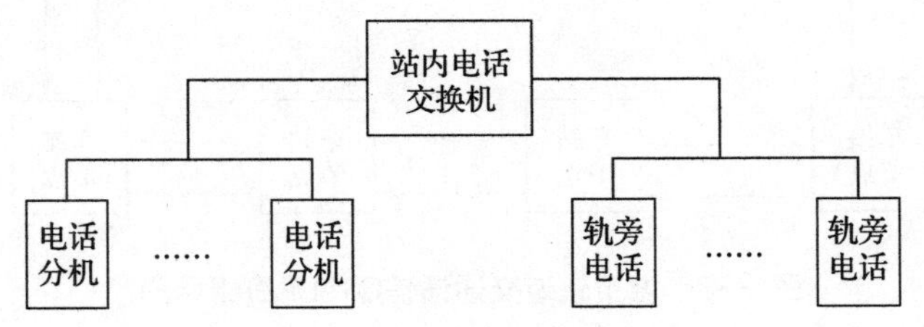

图1—6　站内及轨旁电话子系统组成

3. 传输子系统

分布在城市轨道交通线网的各站点及控制中心的各个专业系统均是一个统一的整体，它们之间需要进行信息交换，因此，必须构建通信传输网来满足各个系统各站点与控制中心之间及各个站点之间的信息及业务传输要求。同时，城市轨道交通不同线路之间的信息交换，也必须借助骨干传输系统来实现。

目前城市轨道交通通信传输网多采用同步数字传输体系（SDH）和开放式传输网络（OTN）。SDH 传输设备主要由网元设备（NE）、网络节点接口（NNI）及网络管理系统组成，其组网方式如图 1—7 所示。OTN 传输系统主要由节点设备、用户接口模块及网络管理系统构成，其组网方式如图 1—8 所示。

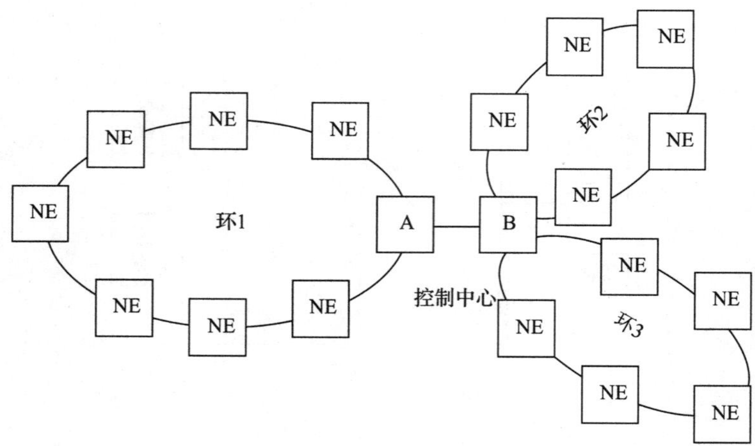

图1—7　城市轨道交通通信SDH系统组网图

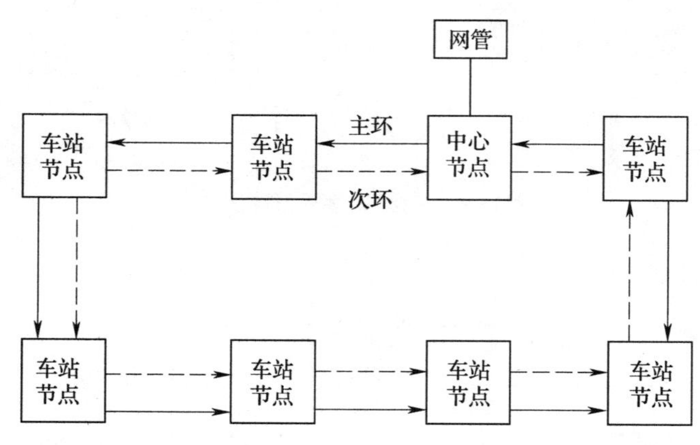

图1—8　城市轨道交通通信OTN系统组网图

随着城市轨道交通线网规模的扩大，各线联网业务需求会不断增多和复杂化，因此需要建设一个统一、高效的通信骨干传输网，使各条线网的信息业务在这个公共的传输平台上快速、安全、可靠地互通。以目前国内较为先进的某城市轨道交通为例，其基于 SDH 技术的骨干传输网的网络拓扑图如图 1—9 所示。

4. 广播子系统

广播子系统可为中心调度员、车站值班员、车辆段值班员，提供对车站、车辆段相应区域的广播，具有自动广播、人工广播和优先级功能。广播子系统由正线广播、车辆段广播两个独立系统组成，其中正线广播系统又分为中心广播系统和车站广播系统。正线广播系统供控制中心各调度员和各车站的值班员使用，为乘客播放列车信息、客流疏导及紧急状态的应急疏散等服务信息，为工作人员播放运营管理信息。平时正线广播系统以车站广播为主，发生紧急情况时按照控制中心、车站、站务员优先级顺

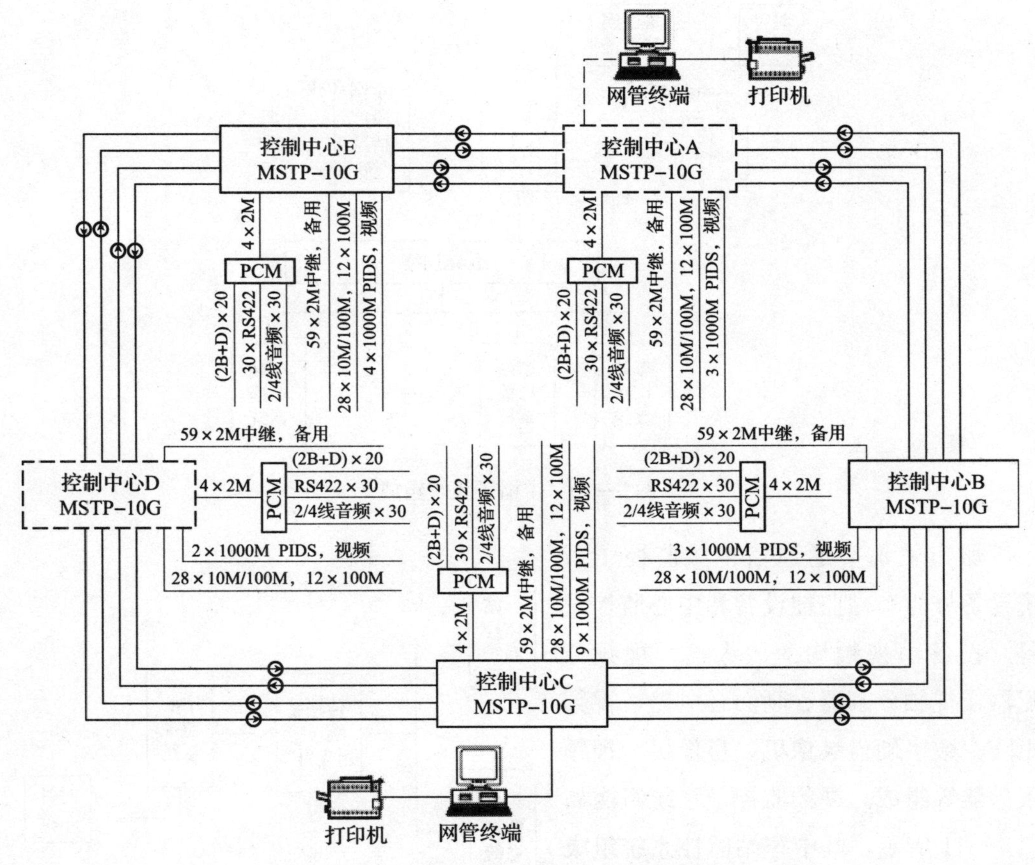

图1—9　城市轨道交通通信骨干传输网拓扑图

序（根据需要可调整）广播。车辆段广播系统供信号楼值班员、车厂值班员使用，向现场工作人员播放车厂运作、车辆调度、列车编组等有关信息。

广播子系统监控数据通过RS422、RS232或以太网通信接口方式相连，形成一个广播系统监控网。同时通过传输系统的语音通道实现中心到车站的语音传送。通过与主控系统、防灾系统、信号系统的连接，分别实现系统功能监控、紧急广播和列车到站自动广播。时钟系统及集中网管系统分别为时钟系统提供GPS同步时间和实现远端告警功能。广播子系统的组成如图1—10所示。

5. 视频监控子系统

视频监控子系统是城市轨道交通运营管理现代化的配套设备，系统采用两级监视方式，即车站级监视和运营控制中心级监视。通过此系统，控制中心调度员可对各车站进行集中监视，车站值班员可对车站站厅、站台等主要区域进行监视，列车司机可对相应站台的乘客上、下车等情况进行监视，控制中心调度员、车站值班员可以人工和自动选择显示画面，控制中心还具有录像功能。

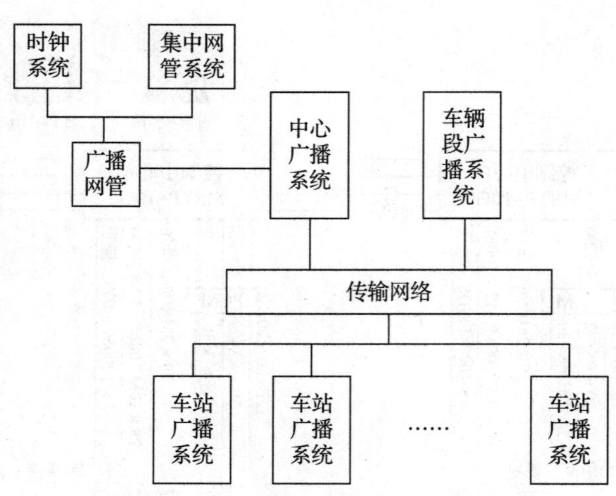

图1—10　广播子系统组成

城市轨道交通通信视频监控子系统设备分为车站监控设备和中心监控设备，设备由视频均衡放大器、视频分配器、视频分割器、画面合成器、视频矩阵、数字硬盘录像机、摄像机、视频服务器等组成。视频监控子系统组网如图 1—11 所示，其中车站监控系统组成如图 1—12 所示。

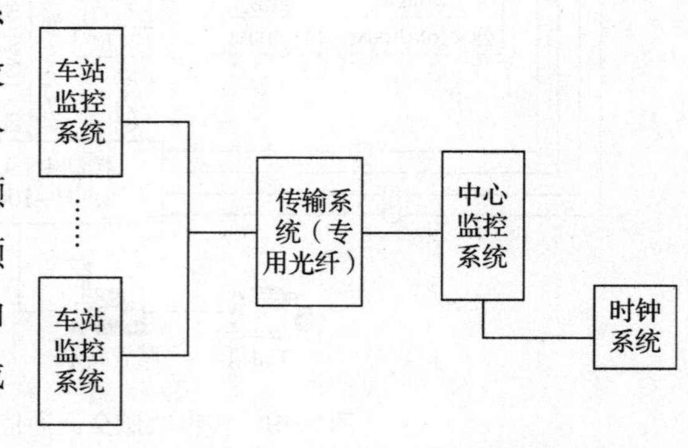

图1—11　视频监控子系统组网图

6. 时钟子系统

时钟子系统为通信各子系统、信号系统、电力监控系统、自动售检票系统、防灾报警系统、门禁系统、计算机系统等各有关系统的设备及中心调度员、车站值班员等运营管理的主要工作场所提供统一、标准的时间信号，并且为乘客提供标准的时间信息。

系统由 GPS 标准时钟信号接收单元、一级母钟（中心母钟）、二级母钟、子钟、监控设备组成。GPS 标准时钟信号接收单元设于控制中心，接收卫星时间，分别向一级母钟的主、备母钟提供同步时钟源信号；一级母钟设于控制中心，为二级母钟提供同步时钟源信号。时钟子系统组成如图 1—13 所示。

7. 通信不间断电源子系统

通信不间断电源子系统为通信系统提供专用的不间断电源，以保证在市电中断时，各通信子系统仍可正常工作一段时间。

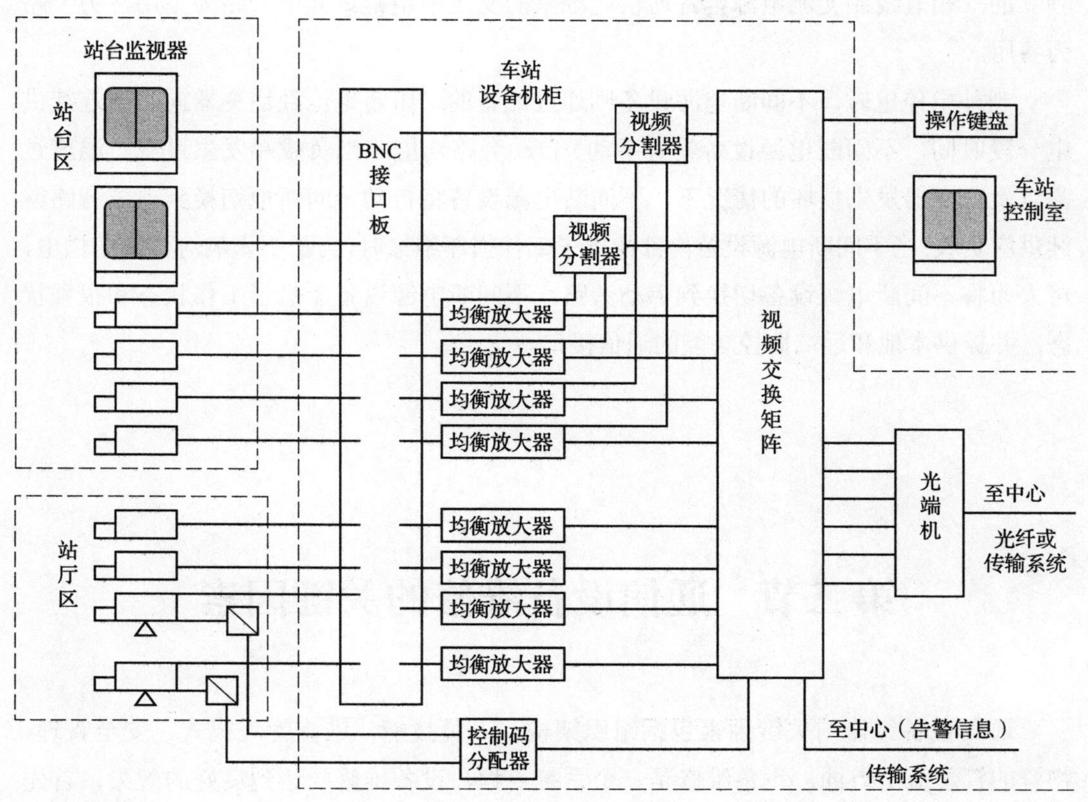

图1—12　车站监控系统构成

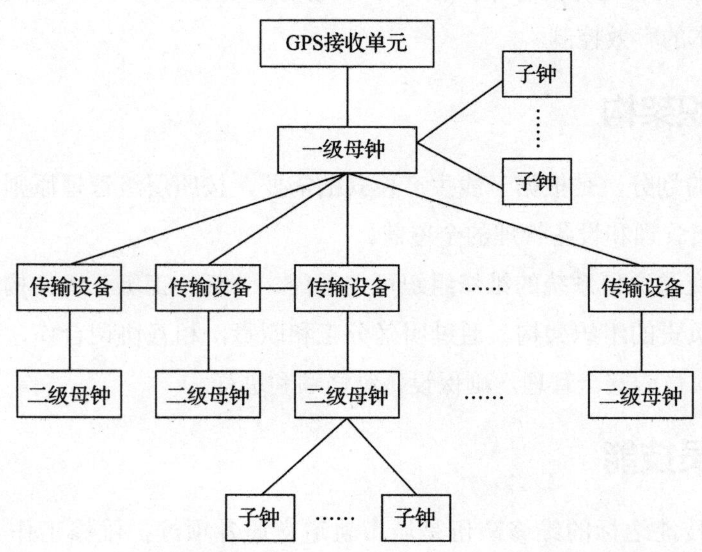

图1—13　时钟子系统组成

第一章 ● 城市轨道交通通信系统概述

各车站、车辆段、控制中心的通信不间断电源子系统分别由各处变电所引入两路独立的三相五线制交流电源至各通信电源室的交流配电柜，其中一路为主用，另一路为备用。

当外电停电时，不间断电源设备则通过配备的一组蓄电池经逆变器向负载连续供电一段时间。不间断电源设备具有手动/自动旁路功能。当负载端发生过载、温度过高以及逆变器发生损坏的情况下，不间断电源设备将自动无间断地切换到电子旁路继续供应负载；当不间断电源设备内部的电子部件损坏维修时，为了不影响对负载的供电，可人为将不间断电源设备切换到手动旁路。不间断电源设备能显示工作状态和报警状态，并提供本地和远端监控功能的通信接口。

第二节　通信设备维修的关键因素

通信设备维修的关键因素包括组织架构、人员技能、维修管理模式、安全管理、物资的管理五个方面。设备维修是一个系统工程，设备维修要达到良好的效果，首先必须搭建一个合理、高效的组织架构，维修人员应具备必须的知识以及技能水平，维修管理必须涵盖设备运行的各个阶段，维修过程必须要有完善的质量安全控制体系，以及对维修成本的有效控制。

一、组织架构

组织架构的划分，是根据一线生产模式的需要，按照层级管理原则，落实工作责任制，实现人员管理和设备管理的全覆盖。

城市轨道交通通信系统的维修组织可由部门、分部、工班三级架构组成，形成层级指挥、逐级负责的组织架构。通过明确分工和职责，相互协调合作，促进维修部门生产及设备、人员的安全管理，确保设备维修顺利进行。

二、人员技能

建立一支技能达标的维修队伍是城市轨道交通各项维护维修工作开展的基础要素。维修队伍的搭建涉及两个方面：

其一，企业要建立怎样一支维修队伍，也就是要定义员工的核心能力素质模型。

其二，怎样培养这样一支维修队伍，也就是如何进行核心能力培养规划，这需要通过搭建完善的培训体系，来推进企业的人才战略目标的达成。

三、维修管理模式

作为城市轨道交通运营维修部门，保证列车的安全运行是日常工作的重中之重，而列车的安全关键在于城市轨道交通系统所有设备的运行安全。通信设备作为城市轨道交通系统的一个组成部分，必须对其进行维护维修，保证其安全稳定运行。设备维护维修是一个系统工程，良好的维护维修模式才能起到更好的维护维修效果。

1. 设备维修分类

设备维修可分为在设备失效前进行检查、维护的预防性维修和失效后进行替换、修理的修复性维修两种。

（1）预防性维修。为了防止设备性能及精度劣化或降低，根据设备运转的周期和季节性等特点，按预先制定的设备检修周期与工作内容、技术要求和计划所进行的维修作业，为预防性维修。其中也包括改善性维修，即为了消除设备的先天性缺陷或频发故障，对系统及其设备的局部结构或零件的设计加以改进，并结合修理进行改装，以提高其可靠性的维修。

（2）修复性维修。当系统设备发生故障，或由于预防性维修不当造成性能或精度降低到合格水平以下，且对正常运营安全构成直接或间接影响时进行的修理，为修复性维修。修复性维修是一种非计划性维修。其中也包括补修，即对正常运营安全不构成直接或间接影响，可以在事后进行的修理。

2. 设备维修方式选择原则

（1）确保恢复设备规定的功能和精度，消除设备修前存在的缺陷，提高设备的可靠性。

（2）力求维修费用为最小。

（3）力求设备维修对运营的影响为最小。

（4）在城市轨道交通的设备维修系统中，预防性维修和修复性维修并非绝对对立，对整个系统而言是实施预防性维修，对于系统具体设备、部件可选择进行预防性维修或修复性维修。

四、安全管理

城市轨道交通企业是特殊服务性企业，必须采取行之有效的安全管理措施，才能保障运营安全，才能进一步提高运营效率。安全管理是为设备维修工作实现安全生产而开展的活动，以消除一切事故、避免事故伤害、减少事故损失为管理目的。维修现场的安全管理，重点是进行人的不安全行为与物的不安全状态的控制，落实安全管理决策与目标。根据维修生产的特点，维修部门需建立包括安全管理规章制度、安全评估体系及安全控制体系等方面在内的安全管理体系，体系内容应包括安全工作方针、安全生产责任制、安全教育、安全检查、事故调查、应急管理、职业健康、劳动保护制度等。

五、物资的管理

通信专业维修所需要使用的材料、工具、器具、备品备件等物资，不仅种类繁多，而且数量庞大，要完善物资的管理，需要建立相应的物资管理体系，对物资进行逐层的分解管理。

第二章

通信系统维修管理

第一节　组织架构的设置与工班优化管理

一、城市轨道交通维修部门架构

1. 维修部门组织架构与职责

维修部门是设备维修的主体，其维修对象是城市轨道交通通信专业的所有设备。

（1）组织架构。维修部门下设职能室和通信维修分部，如图 2—1 所示。

1）维修部门经理。维修部门通常设总经理、党总支书记、分管技术专业的副经理。

2）职能室。维修部门职能室的作用是协助部门经理开展部门人、财、物的综合管理，组织协调各维修分部开展各项生产工作。通常分设三个职能室，分别是：综合室、生产技术室、质量安全室。三个职能室分管部门相应的工作：综合室分管人力资源、物资、后勤、党政工团等管理工作；生产技术室分管技术管理、生产管理工作；质量安全室分管质量控制、安全管理工作。

3）维修分部。维修分部按照线路设置，每个分部分管一至两条线路，负责所管辖线路的通信专业设备维护管理、人员管理等相关工作。

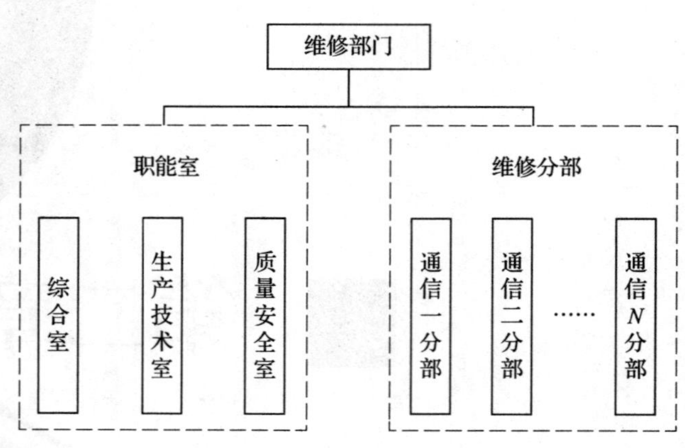

图2—1 维修部门组织架构

（2）工作职责

1）部门经理

正经理：负责维修部门发展规划及人、财、物的全面管理。

党总支书记：全面负责党、政、工、团相关工作。

副经理：协助部门经理工作，负责通信、信号的技术管理及安全管理。

2）综合室

①组织编制维修部门的年度经营目标、方针、措施。

②制定维修部门组织架构，编制、修正、解释各部门的主要职责。

③制定维修部门经营绩效考核管理办法，组织部门经营绩效考核。

④牵头维修部门全面预算管理，包括全面预算编制、分解、下达，预算执行控制、分析；上报经营资金计划；各项费用开支审核、把关。

⑤建立维修部门统计管理体系，完善统计制度，保证部门统计规范化建设。

⑥负责建立维修部门合同管理体系，组织编制审核部门主办合同的合同计划、招标/比选文件、合同文件、标段划分、投标/响应限价及评标办法等文件，审核合同支付、结算、合同变更，参与部门主办合同的评标及合同谈判工作。

⑦负责组织开展维修部门员工绩效管理工作，员工劳动关系管理工作，人力资源信息管理、制度建设等基础管理工作，各类人事手续办理工作，计划生育管理工作。

⑧负责维修部门的公关、文秘、信访、保密、行政、爱卫、后勤、综合治理等工作。

3）生产技术室

①负责维修部门的计划管理工作。

②负责维修部门技术管理工作，负责技术规范、应急预案、流程、技术方案的编写和审核工作。

③负责维修部门生产统筹管理，包括生产策划组织、施工协调、调度管理、流程

管理、维修计划、生产日报跟进和分析、施工工程配合方案及小修或以上修程的检修方案的审定。

④负责维修部门技术范围内的外部协调配合与接口管理。

⑤负责维修部门各系统设备的技术监督，组织推动设备疑难、遗留问题的解决，参与重大故障的抢修处理。

⑥负责维修部门故障、事件的技术分析和技术防范措施制定。

⑦牵头维修部门科研、技改、国产化的管理工作。

⑧负责维修部门固定资产及信息系统管理工作。

⑨统筹维修部门通信系统新线的维修介入工作。

4）质量安全室

①牵头维修部门综合管理体系（质量、安全、环境）的管理和评审工作，并对部门的整体运行结果负责。

②负责维修部门安全管理工作，包括安全规章制度的编制、修订，组织安全培训，劳保管理，消防管理，组织开展安全检查和事故隐患排查、落实安全隐患的整改，确保安全。

③负责维修部门安全事故、事件的调查，并进行分析和定责。

④负责维修部门的应急管理工作，包括应急预案的编制、修订，组织安全演练。

⑤牵头维修员工安全培训，督促分部建立、完善员工安全教育档案。

⑥负责维修部门特种设备、特种作业的管理，建立、完善特种设备、特种作业人员档案。

⑦负责维修部门质量管理工作，包括质量控制程序的策划，组织开展质量督察，设备质量分析评定，敦促分部落实质量控制措施，确保设备可靠运行。

⑧负责组织维修部门设备质量事故（故障）的调查分析工作，不定期组织召开部门质量分析会和故障分析会。

5）维修分部

①全面负责管辖线路综合管理体系（质量、安全、环境）在分部的实施工作，结合分部实际，不断完善分部相关的工作标准、管理标准和技术标准，并对运行结果负责。

②负责通信维修分部的人、财、物管理。

③负责所辖分部人力资源管理工作，抓好分部员工的业务技能培训与思想品德教育，公平公正地对员工进行绩效考核，营造快乐和谐的工作氛围，充分调动员工的积极性。

④负责分部所辖线路设备设施的维护、维修及故障处理工作，采取切实有效的措施，确保设备可靠运行。

⑤负责分部所辖设备设施及人员的安全管理工作，抓好安全教育，落实好各项安全生产管理规定，做好预想和演练，确保安全目标的实现。

⑥负责分部的节能降耗工作，采取有效措施，切实降低成本。

⑦负责分部的工班建设。

⑧负责分部生产作业现场的6S管理。

⑨负责所属新线的运营筹备，做好现场跟踪、新线接管工作，以高水平开通运营。

2. 维修分部组织架构与职责

维修分部是设备维修的基本单位，其维修对象是某一至两条线路的通信设备。

（1）组织架构。维修分部下设生产技术组和维修工班，如图2—2所示。

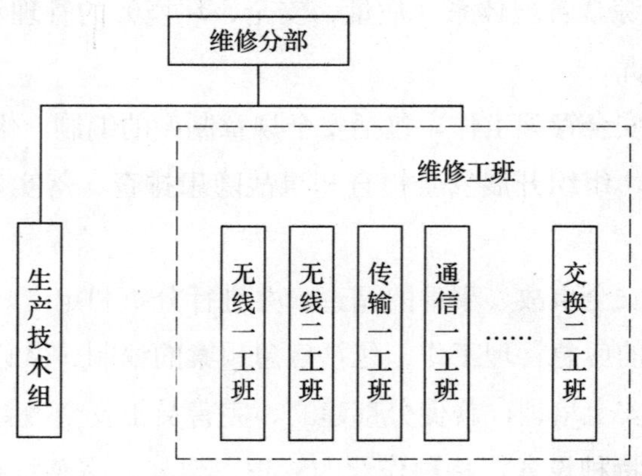

图2—2 维修分部组织架构

（2）工作职责

1）分部主任。维修分部设一名正主任和一名副主任，负责维修分部人、财、物的统筹管理。

2）生产技术组。生产技术组由分管相关专业的技术人员组成，设技术主管、技术主办及技术助理，是分部上传下达以及运作枢纽的机构，负责分部日常管理、设备维护维修等相关工作的细化下达，以及一线生产数据的整理、审核与上报。

生产技术组人员的职责分别为：技术主管负责技术组技术、安全生产等方面管理工作，技术主办负责具体专业的技术、生产、质量安全等管理工作，技术助理主要协助技术主办开展工作。

3）维修工班。维修工班按所管辖设备属性划分，设有传输工班、通信工班、交换工班、无线工班等。维修工班负责维修计划、组织、协调、控制、监督和激励等管理，对工班的人、财、物进行合理组织、有效利用，完成上级交给的各项工作任务，概括起来主要为“管人”和“管事”。

①管人。维修工班对人的管理，以调动员工的积极性、协调各员工形成最大合力为首要任务。具体内容包括：一是对生产岗位人员的工作调配，把合适的人调配在合适的工作岗位上，使员工的长处可以最大程度地发挥；二是对员工进行教育培养，提高员工自身能力的同时也提升工班的实力，更高效地完成任务；三是调动员工的积极性与工作热情；四是协调员工的分歧与矛盾，营造和谐团结的氛围，凝聚工班员工所有力量向同一目标迈进。

②管事。维修工班管理大部分是常规性的事务管理，包括设备维护管理、生产计划及人力安排、作业管理、现场管理、质量管理、物资管理、沟通管理、员工培训管理及职业健康体系管理。

— 设备维护管理

· 培训员工了解设备原理，促使员工依照操作规程和正常的操作程序使用设备。

· 了解设备所存在的缺陷，并主导或协助实行设备技术改造。

· 发现设备异常，及时反馈给技术人员，并协助分析发生的原因及对策。

· 指导执行设备维护规定，协助设备的各级保养，保证设备的保养维护得到落实。

— 生产计划及人力安排

· 根据设备状况合理制定年度、月度工作计划。

· 根据月度计划和上级布置的工作任务制定好周工作计划。

· 根据本周计划执行情况，提前做好总结，跟进下周计划安排并了解其是否合理，以便做好预先的工作安排和人员调整。

· 正确评估计划调整对人员、设备及其他方面的影响。

· 严格执行计划安排，确保按时、按质、按量完成计划。

· 如遇特殊情况不能按计划和进度执行，应及时反馈给上级领导（分部主任）。

— 作业管理

· 负责相关检修规程、表格的编写。

· 监督员工严格按检修规程要求执行，发现偏差及时纠正，培养员工标准化作业意识。

· 评估现有作业方法是否合理，有无改善之处以及存在的问题并根据实际情况提出修改检修规程、表格的建议，并按流程予以更新。

· 做好作业关键点管理。

· 协助执行现场作业流程优化并及时反馈意见和建议。

— 现场管理

· 根据生产计划安排合理利用资源完成计划。

· 贯彻并监督所有设备维护的有效执行。

• 要及时发现异常情况，及时排除，并向上下级进行反馈。

• 指导监督员工执行生产现场的规章制度，确保生产现场、生产活动符合公司安全、整洁的规范和要求。

• 管理设备及设备房锁匙。

• 及时了解员工精神状况。

— 质量管理

• 确保作业按检修流程有效执行。

• 严格执行技术工艺参数，发现实际异常，应及时反馈。

• 确保检修质量符合 ISO 9001 质量体系标准。

• 检查、总结检修质量和分析故障，及时与技术人员沟通、反馈及整改。

— 物资管理

• 按设备状况和检修计划合理申报年度物资采购计划（材料、工具、器具、备件等）。

• 严格执行物资的入库、领用、弃置、报废程序。

• 严格控制现场物料的耗用，节约物料成本。

• 确保所有物料在现场按 6S 规范摆放。

— 沟通管理

• 主动同上下级进行沟通，积极接受他们的反馈。

• 存在问题时及时进行反馈，必要时进行思想疏导工作。

• 对工班员工实行绩效考评和反馈。

• 调动员工士气和工班、团队建设。

— 员工培训管理

• 不定期地进行检修标准技能培训。

• 按照年度计划按时、按质、按量完成培训。

• 反馈培训效果，必要时加强相应培训，如重大节日应急技能培训。

— 职业健康体系管理

• 人身、设备、作业规范安全及危险源的宣传指导和教育。

• 相关应急预案的制定、落实。

• 对设备、场所存在的安全隐患进行整改落实。

• 现场作业安全、劳保用品使用的监督管理。

3. 维修工工班组织架构与职责

（1）组织架构。维修工班是维修部门生产组织管理最基本的作业单位。工班管理的最高目标是“三全”管理（全员、全方位、全过程），为了实现“三全”管理，工班应至少设立“两长五大员”（工班长、工会小组长、技术监督员、质量安全员、材料员、考勤员、宣传员），通过明确工作职责和内容，制定相应的工作流程，实现工班管理规范化、标准化和精细化。维修工工班织架构如图 2—3 所示。

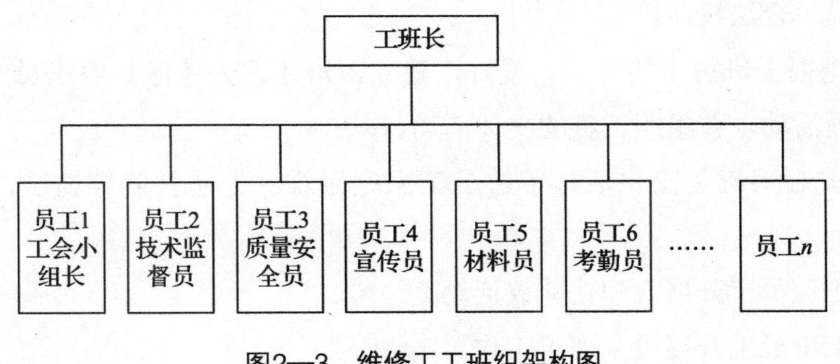

图2—3　维修工工班织架构图

（2）工作职责

1）工班长。工班长是工班业务的管理者，是工班生产、服务的组织协调者、指挥者和工班工作的监督者；同时也是承上启下的桥梁、员工联系上级的纽带、生产的直接组织者和参与者，是上级决策的组织实施者和企业目标最终实现的重要参与者。通过加强工班建设和管理，形成和谐团结、进取意识强、学习氛围好的工班团队，完成各项工作任务。其工作职责如下：

①接受主任、副主任的领导，组织和参加工班的维修工作。

②负责工班设备和人员的安全，定期召开工班安全生产分析会，检查问题、制定措施、预防故障发生。

③负责工班人员的考核、考勤和奖金分配、推荐好人好事。

④落实企业的各项规章制度、作业规程，完成总部、部门、分部的各项工作目标。

⑤作为设备故障抢修第一负责人，应第一时间了解情况并带领员工进行处理。

⑥全面负责工班员工业务培训工作，加强员工业务技能，提升员工的实际工作能力。

⑦全面管理工班考勤工作，落实公司工时及人员管理制度，对工班人员管理负责。

⑧全面负责工班宣传任务，落实部门、分部的各项宣传任务，对工作突出的员工做及时报道。

⑨加强与工班员工的沟通，与员工建立互信互助的关系，创造和谐、进取的工班氛围。

⑩掌握工班台账，检查各项表格和检修测试记录的填写是否正确，负责填写工作日志和各项报表。

2）工会小组长。工会小组长是工会组织在生产一线的负责人，是工会组织深入基层的体现。其工作职责如下：

①负责新会员的发展和工班工会费的收缴工作。

②收集员工意见，代表员工向上级部门咨询涉及员工利益的有关政策，反映有关要求，维护员工合法权益。

③充分挖掘工班员工的特长、爱好，建立工班才艺人才库，组织员工参加上级工会组织的各项活动，并组织工班的文体活动。

④主动关心工班员工生活，了解员工家庭困难、生病住院等情况，开展互帮互助。

⑤组织工班员工开展合理化建议活动。

⑥组织工班员工开展民主评议工作。

⑦每周在工班例会上宣讲并收集与工会工作有关的情况。

⑧负责工班计生工作。

3）质量安全员。质量安全员是工班质量安全的管理者，是设备维修质量安全体系的“末梢”。其工作职责如下：

①对工班安全负责及对工班长汇报安全工作。

②协助工班长组织安全生产日常工作，执行分部制定的安全生产计划。

③负责检查工班员工安全生产规章制度执行情况。

④对工班进行各种安全培训。

⑤参与协助各级安全检查，落实安全整改事项。

⑥指导工班员工安全操作方法。

⑦建立工班安全管理台账，及时更新台账。

⑧配合上级部门组织的安全事故或事件的调查。

4）材料员。材料员是物资管理体系的基层执行者，是物资管理的实施者。其工作职责如下：

①协助工班长负责工班生产物料的工作。

②熟悉总部各种物资管理制度，并负责对工班员工进行物资管理培训。

③熟悉工班各种生产物资的用途，并负责对工班员工进行相关知识培训。

④掌握工班所辖设备标准检修作业的消耗定额，严格控制物料的实际消耗。

⑤负责工班的工具、器具和计量器具的日常管理工作。

⑥协助工班长编制工班检修作业需要的各种物料需求计划。

⑦负责统计工班每月各种物料的消耗。

⑧负责工班各种生产物料的日常库存保管工作以及建立台账。

5）技术监督员。技术监督员是工班技术的牵头者，是维修部门技术管理的基层执行者。其工作职责如下：

①落实工班培训计划，负责工班培训的组织工作。

②建立和完善工班生产管理台账。

③对工班检修作业进行技术指导。

④负责资产管理系统的操作培训。

⑤负责工班技术、质量、培训资料的管理。

⑥对设备设施维修质量进行检查。

⑦负责工班管辖内设备备件的验收组织工作。

6）考勤员。考勤员是员工管理体系的执行者，是员工工作情况的管理者。其工作职责如下：

①负责工班的日常考勤工作。

②熟悉总部各种与考勤相关的人力资源制度以及劳动纪律。

③负责建立和完善工班考评台账。

④负责工班生活用品的领取、发放工作。

7）宣传员。宣传员是公司文化的传递者，是员工实际工作情况的收集者。其工作职责如下：

①协助工班长开展工班宣传工作。

②组织工班员工积极参与企业精神文明建设。

③负责监督工班各类看板内容的更新。

④负责工班所辖工作场所的环境卫生。

⑤组织工班员工递交宣传稿件。

⑥协助工会小组长做好工班员工思想动态了解工作。

二、工班优化管理

工班是维修组织结构中的最小单位，是维修架构的细胞，是直接组织员工完成生产任务的基本单位，具有结构小、管理全、工作细、任务实、群众性等特点。

做好工班管理，是保证企业管理目标实现的最重要的关口。维修部门完成工班设置后，需要不断优化工班管理和维修业务模式，促进工班建设专业化、标准化、精细化，提升维修管理水平和故障快速反应能力。

由于工班数量多、分布面广，为了提高工班管理建设的效率，可以采用以点带面的方式，首先开展工班管理建设优化试点工作，总结试点经验并进行推广。在试点工班取得一定成绩的基础上，通过经常举行专项交流会，广泛收集各方意见并补充完善方案内容，随后推广先进的工班管理建设经验。

1. 选取试点工班

全面调研，按照专业化、标准化、精细化的建设要求，结合专业、业务特点，先挑选出一批工班作为试点。工班试点工作从实现安全管理规范化、生产管理精细化、台账管理明晰化、危机管理系统化、业绩评估指标化和综合管理简易化的“六化”标准入手，全面提升工班管理水平。

（1）安全管理规范化。安全管理规范化包括安全意识、安全工器具管理、日常管理、职业健康安全与劳动保护和安全教育培训。

1）每周开展一次安全活动，传达、学习有关法规、制度、规程、标准等，通报安全生产情况，分析典型事故案例，总结讲评本工班近期安全工作情况，制定整改计划和措施，部署近期安全工作计划。

2)定期开展安全检查。结合管辖范围内事故发生规律，开展月度安全检查，查思想、查规程、查工作检修流程、查习惯性违章、查隐患、查标准化作业的薄弱环节，认真落实整改要求。

3）实行安全生产责任制，每年将安全生产任务、责任以责任状形式层层分解直至具体到个人。

4）积极做好职业健康卫生知识和法律法规的宣传和普及工作，以防尘肺病、防噪声、防触电、防高温中暑、防射线伤害等为重点，严格作业环境和作业条件管理，按规定为职工配备劳动防护用品，完善各类防护措施，做好职业病的防治工作，保护职工身心健康。

5）定期组织员工学习总部、部门、分部相关安全规章及案例。建立安全教育及学习记录。每年至少保证组织一次安全考试。工班新入员工必须进行安全教育，经三级安全教育合格后方可进入生产现场实习，新上岗和换岗人员安全教育合格后方可上岗。

（2）生产管理精细化。生产管理精细化包括现场环境管理、计划管理、质量管理、成本控制、节能降耗管理和设备与物资材料管理。

1）做好计划管理工作，明确落实责任人。要严格作业任务书管理。作业任务书作为计划实施的指导性文件，由维修部门统一核准任务书格式内容，对临时计划，由维修部门统一核准临时作业任务书。在作业任务书中须明确作业标准、安全措施、作业工器具、请销点时间、质量控制要求等规定，并明确作业责任人、监督人、检查人等，正确指导开展检修作业。

2）实行作业质量自检、互检、专检制度。确定作业期间作业各环节质量的自检、互检、专检的具体负责人。群体性作业和单人性独立作业由作业负责人自检，工班技术员和工班长现场抽查作业质量，核查作业记录并签字确认，分析可能存在的问题，安排落实后续处理。

3）实行作业前的分工、交底、安排制度。群体性作业和单人性独立作业由工班长指定作业负责人。群体性作业和单人性独立作业分别由作业负责人、工班长负责交代、安排作业责任、质量控制和注意事项，对作业开始前、进行中、完成后各环节的关键作业要求、关键环节控制、关键流程控制、特殊工器具正确使用、作业后出清等相关要求交底、安排，核查同一时间段内多点、多作业组的作业计划之间的匹配和控制性安排。

4）工班要树立市场观念和效益意识，严格检修项目预算管理。建立相应的物料备件管理台账，在确保检修质量的前提下，严格核定检修作业所需工时，修旧利废，避免大拆大换，努力降低检修成本。

5）工班要树立节能降耗意识，开展节能降耗技术攻关，加强设备检修维护，确保设备处于良好工作状态，达到节能降耗的目的。同时做好相关能耗记录，及时发现能耗异常情况并予以解决。

6）建立设备信息管理台账，应包含设备名称、型号、数量、投入使用年限、年度设备运行状态等内容；备件物料管理台账，应包含备件物料名称、规格型号、数量、已使用记录、库存记录、待补充物料情况等。

（3）台账管理明晰化。落实班务公开制度，按管理模块设置及规范工班各类文本台账的管理。通过简单、美观、实用的台账管理，提高工班管理的精细度和规范度。如将工班安全生产的流程、步骤、指南等，以流程框图形式体现，让员工一目了然；对安全守则、操作流程、故障处理指南等尽可能做成卡片式的手册，并统一印刷成册，发给每个员工，方便员工随时学习、查看等。

1）维修工班台账设置与管理。设计原则为：精简、实用、统一、规范。其具体要求如下：

①按照标准化管理的要求，按管理模块设置台账。

②工班台账设置分为两类：一类为安全、生产业务台账；另一类为综合管理台账。工班台账应以安全、生产台账为主，综合管理台账为辅。

③对明确要求设置的台账，工班要及时、准确、完整地填写，真实反映工班管理情况，并认真保管。工班可根据台账内容、性质、要求确定保管期限和交接管理办法。

④工班台账由工班检查人或记录员及时认真填写，做到字迹工整、数据准确、妥善保管。

⑤对调离本工班的员工，应及时将相关存档文件交上级部门存档或处置。

2）归档要求

①台账应使用文件夹装订，设置封面、目录清单，并对所有台账进行统一编号，标注在封面上。范例见表2—1。

表2—1　　　　　　　　　　台账目录范例

资料盒编号及名称：XX-03 工班安全（消防、演练、劳保、特种及综治保卫）					
序号	文件名称	存档形式	更新周期	负责人	备注
Ⅰ消防台账					
1	消防设备设施台账	电子	及时更新	张三	
2	义务消防队员名单	电子	持续更新	李四	
Ⅱ安全演练计划、方案与小结					
1	年度安全演练计划	书面	每年1月	王五	
2	演练方案	电子	及时	李四	
3	演练小结及演练评价表	电子	及时	张三	
……					

②文件夹正面及侧面必须设置标签。

③文件夹封面标签、目录统一格式，标识醒目、美观，便于查找。

④文件夹内放置的文件编号与目录一致。

⑤如目录出现手写内容，需定期进行更新。

⑥从台账目录应能看出文件的负责人、存档情况及更新情况。

（4）危机管理系统化。危机管理系统化包括应急处理和日常配备两方面。

1）建立危急事件处理机制，确保危急事件管理制度落实、组织落实、人员落实、物资器材落实、应急预案演练落实。建立健全运行设备的事故预想，工班定期进行演练和考评。各工班人员应熟悉掌握各相关的安全生产应急预案，及时发现和处理设备的异常运行状况，做到处变不惊、指挥有序、处置得法。

2）工班应配备常用救护药品和器材，工班人员须学习掌握紧急救护、心肺复苏技术和操作方法，并进行模拟培训和考核。

（5）业绩评估指标化。业绩评估指标化包括评价指标和考评。

1）根据分部下达的年度目标，从生产管理、安全管理、综合管理等业务要点细化相应指标，并落实到责任人。

2）各工班须根据工班员工考评细则，定期对工班员工进行考核和评比，评选优秀（或先进）员工，对其进行适当奖励和鼓励。

（6）综合管理简易化。综合管理简易化包括人员管理、看板管理和会议管理等。

1）建立考勤、工时、休假及人员基本信息管理台账，并根据上级相关标准及规章细化制定工班相应的管理制度。

2）工班所有人员须按总部计划要求参加技能鉴定并持证上岗，做到“四熟”（熟悉设备系统、熟悉操作方法、熟悉岗位规范制度、熟悉作业标准）和“三能”（能分析设备运行状态、能及时发现设备故障缺陷、能正确迅速处理事故）。工班人员工作岗位变动或新员工上岗前，必须接受总部要求的相关培训并经考核合格后方可上岗。特殊作业人员应接受严格的职业培训，并具有相应的资格证书才可上岗作业。

3）开展员工思想素质教育，每月至少组织一次工班民主生活会，听取工班员工对工作和生活的想法、个人疾苦、合理建议等，指导、帮助、教育工班员工；协调解决员工提出的问题、建议；提高工班员工的法制意识。

4）班务公开，对工班计划、考核和奖惩、安全情况、劳动竞赛、好人好事、评比先进等情况进行公开，尊重职工的民主权利，增强工班凝聚力，提高职工工作积极性和创造力。

5）加强思想政治工作，加强党团组织建设，充分发挥党团组织的战斗堡垒作用和先锋模范作用。工班要定期组织思想教育、职业道德教育、企业文化教育，用高尚的精神培育人，用正确的理论引导人，努力营造和谐、愉快、高效的工作氛围。

6）突出工班的地位和作用，创新工班建设理念，重视发挥工班长的作用，使工班管理立足于制度化，着眼于人本化，努力创建学习型工班，推行管理规范化、手段现代化、员工知识化、考核标准化，提高工班人员的整体素质。

7）各类规章文件须记录齐全、规范，便于查阅，同时须确保各规章版本更新及时。应至少配备的规章制度包括：维修、检修、操作、保养规程，设备、设施维修接口关系规则，城市轨道交通设施保护管理规定，特种设备使用管理制度，生产管理规定，施工进场管理规定，行车设备维修施工管理规定，生产组织与管理程序，重大故障信息上报补充流程，作业安全守则、消防管理制度、安全组织与管理程序等各类安全规章，各类相关的应急预案，工器具管理规定，考勤及假期管理规定等。

2. 推广工班管理建设试点经验

为避免一刀切、形式化等现象的发生，在试点工作中，应积极开展实施过程中的意见采集、分析和调整工作，最大限度地保证优化工班工作能够切实为生产服务；在试点工作结束后，还应进行员工工班管理满意度测评工作，测评结果要反映优化工班工作是否提高了工班的凝聚力和战斗力，是否得到了员工的普遍认可。

（1）总结试点经验

1）逐步建立标准体系。基础管理是工班建设的重要内容，要积极结合工班生产实际，围绕日常管理制度和工作流程等方面，使工班管理工作程序化、规范化。

①建立和优化各种标准模块。组织对工班“两长五大员”（工班长、工会小组长、技术监督员、质量安全员、材料员、考勤员、宣传员）的工作标准、工作职责、工作内容及工作流程的修订和细化工作，对各工班建设管理人员、工班长、五大员进行工班建设各模块的培训，从而促进工班工作效率的提高和工班综合管理水平提升。

下面是工班材料员“工班物料领取流程”范例，见图2—4和表2—2。

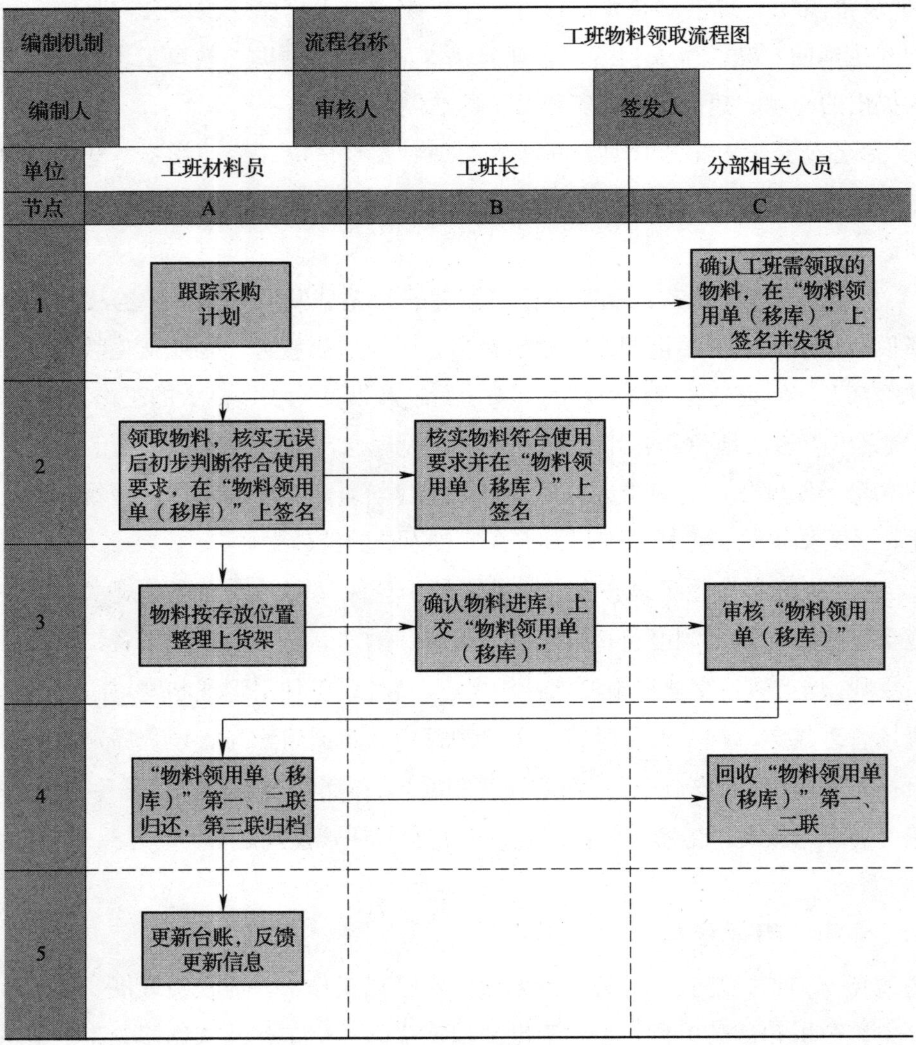

编制机制		流程名称	工班物料领取流程图		
编制人		审核人		签发人	

单位	工班材料员	工班长	分部相关人员
节点	A	B	C
1	跟踪采购计划		确认工班需领取的物料，在“物料领用单（移库）”上签名并发货
2	领取物料，核实无误后初步判断符合使用要求，在“物料领用单（移库）”上签名	核实物料符合使用要求并在“物料领用单（移库）”上签名	
3	物料按存放位置整理上货架	确认物料进库，上交“物料领用单（移库）”	审核“物料领用单（移库）”
4	“物料领用单（移库）”第一、二联归还，第三联归档		回收“物料领用单（移库）”第一、二联
5	更新台账，反馈更新信息		

图2—4　工班物料领取流程

表 2—2 工班物料领取工作标准

任务名称	节点	任务关键点	时限及要求	相关资料
跟踪采购计划	A1	工班材料员根据年度、季度及其他采购计划向分部材料员申领到货物料	定期	年度、季度及其他采购计划
领取物料，核实无误后初步判断符合使用要求，在“物料领用单（移库）”上签名	A2	工班材料员领取所需物料后，核对物料数量、型号、外观等符合申购计划上的物料使用要求，并在“物料领用单（移库）”上签名	定期	物料领用单（移库）
核实物料符合使用要求并在“物料领用单（移库）”上签名	B2	工班长确认工班材料员所领取的物料符合申购计划并达到使用要求，在“物料领用单（移库）”上签名	定期	物料领用单（移库）
物料按存放位置整理上货架	A3	按“工班物料入库流程图”相关流程整理上货架	定期	相关专业维修规程、“工班物料入库流程图”
确认物料进库，上交“物料领用单（移库）”	B3	工班长确认领回物料已整理上货架，并按规定放好	定期	“工班物料入库流程图”
……				

参照试点工班管理台账的内容，对工班台账内容进行进一步的整理优化。按技术、安全、物资、人力等类别，建立健全各类管理台账和技术文档，采用标签分色、分页管理等办法方便台账的查阅，并制作电子台账且书面台账同步更新。此外，组织编制工班管辖设备故障分析图，通过设备故障的跟踪记录，及时掌握工班管辖设备的运行情况。图 2—5 ～图 2—9 是工班台账等优化管理示例。

图2—5　工班资料管理

图2—6　工班台账管理

图2—7　工班制度上墙展示

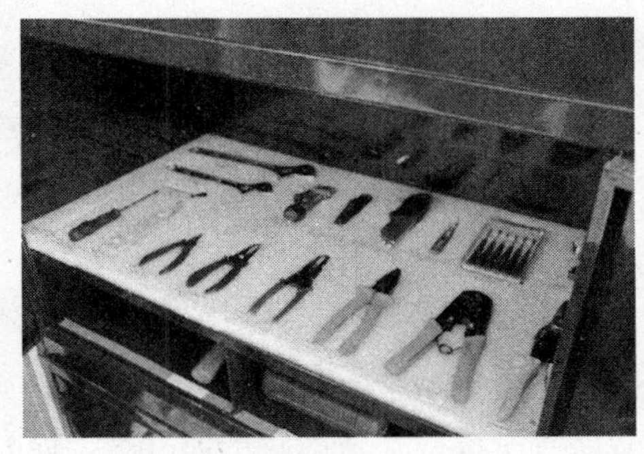

图2—8　工班工具6S管理

图2—9　工班物料6S管理

②完善班务公开。让员工清楚工班日常运作情况，参与到工班的日常管理工作当中，加强对工班信息栏、宣传栏的管理，改进看板展示内容和方式，加强班务公开制度，如图2—10所示。将工班的架构、员工的愿景、技术交流、安全学习、合理化建议等员工关心的、日常工作使用到的内容进行公开，将被评为“每月之星”的员工照片展示在看板上，激励先进，提高员工的工作积极性。

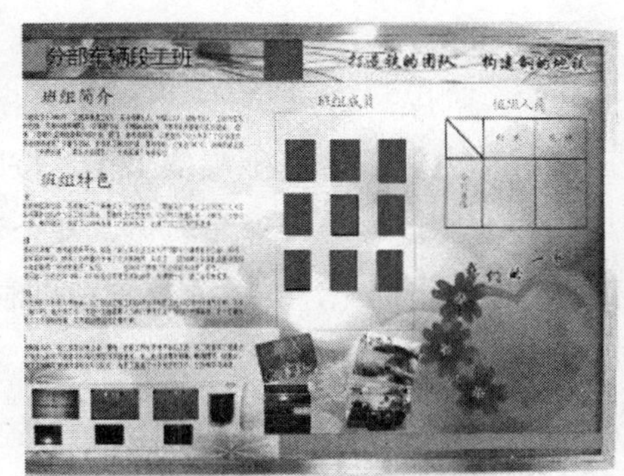

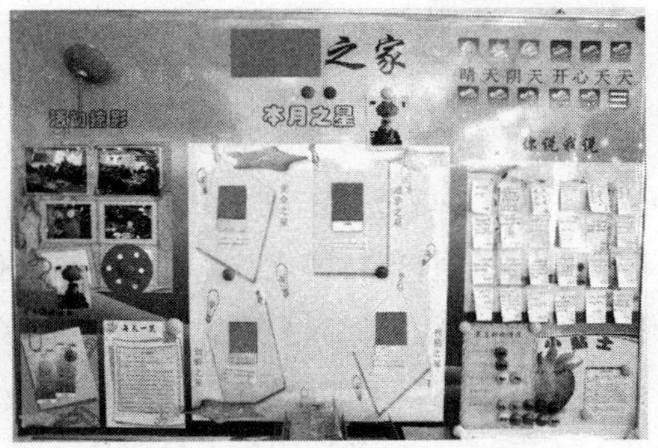

图2—10　工班看板管理

将合理化建议征集活动作为一项常态化工作，激发员工提出涵盖生产、技术、安全、管理等方面且富有建设性和创新性的合理化建议。通过看板展示、工班长工作研讨会、现场经验交流会等方式，加强各工班长之间的横向交流，提升工班长的管理经验。

2）优化工班管理流程。工班生产管理流程优化，是工班建设工作的核心内容。根据工班实际情况梳理各业务模块流程，实现流程的优化。

①设备检修自检互检措施落实到人。如在某种特定设备维修过程中，要求两人作业，作业完后，对照检修表格中每一项交换检查对方的检修质量，做到互检。

②实行“三定四化、记名修”制度。工班实行设备分组承包或个人承包的管理方式，设备状态表现和统计数据要直接与员工的工作绩效挂钩，从而充分调动员工的责任心和主动性，使设备质量不断提高，故障响应速度不断加快。

③根据线路设备的特点及既往故障处理经验，不断完善各类预案、故障处理流程，并大力开展查线核图工作，提高故障处理效率。

④制定检修质量评比制度和考核办法，一方面从检修质量、故障数量、故障影响程度等多方面进行综合评价；另一方面落实作业质量自检、互检、专检制度，并做好记录，对需整改的问题跟踪到底。

3）加强业务培训，提高员工技能水平。通过整体培训的推进和全员参与，让员工明确认识到岗位对自身的核心要求和引导，鼓励员工自主学习。

通过编制课件，采用授课、实操、视频教学等手段，不断创新培训方式，提高培训的针对性和实效性。创新技术比武方式方法，每季、每月分级进行，调动员工参加比武的积极性，激发员工学习业务、钻研技术的热情，使全员学习、全过程学习的思想逐步在每个员工中牢固树立起来。

（2）试点推广。在工班标准化管理试点的基础上，将标准化管理向部门、分部延伸，加强管理，量化标准，通过统一规划、分步实施、树立典型、以点带面，全面推进工班标准化管理，使其成为长效牵引机制，带动整个生产业务安全、有序发展。

1）实施步骤

①制定实施细则，在工班标准化管理过程中分两个阶段实施。

第一阶段：此阶段为实施试行阶段，做好工班标准化管理的基础规范工作，按照工班管理标准，规范好工班、分部和部门的各项工作，实现综合管理简易化、安全管理规范化、生产管理精细化、危机管理系统化和业绩评估指标化，完善内部管理机制，优化业务处理流程，提高员工的技能水平，争取尽快实现标准化作业。

第二阶段：此阶段为工班管理提升阶段，在原有工班管理的基础上不断完善各项标准，全面提升工班的管理能力和员工的综合素质。

通过以上两个阶段的工班标准化管理，使之成为一个常态化的工班管理活动。

②规范评估与评选。为了解工班管理情况，总结工班管理经验，上级部门将根据各部门工班标准化管理情况，分两个阶段（每个阶段历时 2 个月）进行工班标准化管理的评估与评选工作。对照工班标准化管理评分表，进行各工班、分部、部门工班管理评估。

③经验交流。工班标准化建设通过验收后，组织工班标准化管理的先进工班代表，以工班参观、工班长座谈、工班管理网页等方式进行工班经验交流，搭建工班管理学习平台，提升生产运作水平。

2）优化工班建设效果评估。维修部门成立工班标准化管理领导小组，负责评估优化工班的建设效果。

①工班标准化管理工作小组由各层级相关人员组成。负责制定工班标准化管理各

类制度、规定、考核办法；检查、考核工班标准化管理工作，按照工班管理标准进行评估。

②工班管理评估方法：工班标准化管理评估设定三级权重，在每个评价内容中分为“优、良、中、合格、不合格”评价档次，并明确相应的基准分值，按照计算公式：∑基准分 ×（三级权重 × 二级权重 × 一级权重）= 最终得分，进行评比。

③工班管理评估周期：各分部对工班每月检查一次，部门对分部每季度检查一次。

④工班标准化管理的评估结果纳入考核体系，并与年度评先挂钩，评选出工班管理先进集体和先进个人。

第二节　员工能力素质模型与培训体系搭建

一、构建员工能力素质模型

1. 能力素质模型理论

能力素质模型的创始人、著名的心理学家、哈佛大学教授大卫·麦克里兰把能力素质划分为五个层次：知识（Knowledge）、技能（Skill）、自我认知（Self-Concept，态度、价值观和自我角色定位等）、品质（Traits）、动机（Motives）。

该模型把人的能力素质形象地描述为漂浮在海面上的冰山（冰山理论），如图2—11 所示，知识和技能属于海平面以上浅层次的部分，而角色定位、自我认知、品质、动机属于潜伏在海平面以下深层次的部分。研究表明，真正能够把优秀人员与一般人员区分开的就是该深层次的部分。因此，把知识与技能部分称为基准性素质，也就是从事某项工作应该具备的最基本素质，而把深层次的部分称为鉴别性素质。

实施能力素质模型无论是对企业还是对员工个人都有积极意义。从企业来看，将能力素质模型作为员工能力的指引，提升员工的技能与专长是企业战略执行力提升的重要保证。从员工个人来看，能力素质模型为员工实现自己的工作目标提供了能力改进的建议，员工可通过不断提升自身能力，进而驱动企业整体的业绩。能力素质模型也为员工的职业发展提供帮助，它不仅强调知识、技能等显性的因素，同时也强调隐性的职业素养与岗位的匹配性，为维修队伍的稳健发展提供指导。

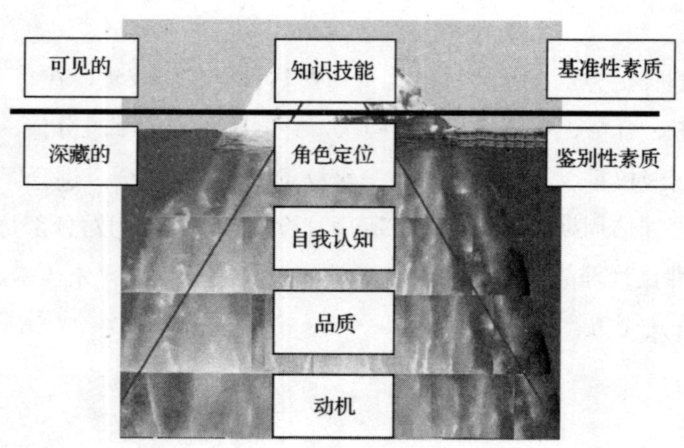

图2—11　能力素质模型（冰山理论）

从能力素质模型的应用范围来看，它分为核心能力素质和专业能力素质两种类型。核心能力素质是针对组织中所有员工的、最基础且最重要的要求，它适用于组织中所有员工，无论其在何种部门或是承担何种岗位，对其核心能力要求是同等的；专业能力素质是依据员工所在的岗位性质或是部门类别的不同而有所不同，它是为完成某类部门职责或是岗位职责，员工所应具有的综合素质。

2. 通信维修人员的能力素质模型

基于上述能力素质模型理论，我们尝试提炼出城市轨道交通设备维修部门员工的核心能力素质模型，具体步骤如下。

（1）提炼企业的核心价值与战略目标。

（2）对部门内的岗位进行职类与职种划分，定义出实现企业战略目标的核心岗位。依据麦克里兰的能力素质模型（冰山理论），对岗位人员的五项能力素质进行分析，分析结果见表 2—3。

表 2—3　员工能力素质分析

序号	划分层次	分析指标
1、2	知识、技能	知识结构：学历背景、知识的广度与深度
		知识与经验的互补性
		技能结构
3	角色定位、自我认知	对企业运营的影响大小
		对专业领域的影响大小

续表

序号	划分层次	分析指标
3	角色定位、自我认知	与目前岗位的匹配度及在团队中所起的作用
		个性、价值观、自我角色定位、职业心态
4	品质	对业务的责任：行为模块、行为要项
		行为标准：职业道德
5	动机	内驱力

（3）梳理核心岗位的工作职责与工作内容，对核心岗位进行成功关键因素分析，总结提炼岗位工作所需的素质特征。下面以通信生产序列岗位为例，从核心能力素质和专业能力素质两个维度，对核心岗位的成功因素进行分析，分析结果见表2—4。

表2—4 核心岗位的工作职责与工作内容

类型项目	能力项目		描述
通信生产岗位序列核心能力	核心能力素质	任务执行能力	熟悉业务流程，能够按照要求完成上级交付的工作任务
		规章制度学习及执行能力	及时学习公司的相关规章制度并严格执行，不发生违规、违章、违法等行为
		……	……
	专业能力素质	专业技术学习能力	能够自觉进行专业技术知识与技能的学习，并具备一定的自学能力
		标准化作业能力	掌握设备的维护规程，能够按照规程要求执行标准化作业
		设备操作能力	能够熟练操作所辖设备，并对使用部门进行使用指导或培训
		……	……

（4）对分析提炼的核心能力按照岗位层级进行定义，内容包括其核心能力素质和专业能力素质，形成能力素质模型和岗位胜任能力体系，分别见表2—5和表2—6。

表 2—5　　能力素质模型

岗位名称	岗位级别	级别定义
通信检修工	七级	1. 了解通信系统的功能、原理，能进行简单的设备操作、设备检修和设备维护 2. 具有基本的解决现场通信系统突发的较为简单故障的能力
	六级	1. 熟悉通信系统的功能、原理，能进行一般的设备操作、设备检修和设备维护 2. 具有基本的解决现场通信系统突发的一般故障的能力
	五级	1. 了解和基本掌握通信系统的内部结构、工作流程、功能原理，能进行预防性的设备维护及深入的设备检修 2. 具有基本的解决现场通信系统突发的较大故障的能力 3. 具有指导和带教低等级通信检修工的能力
	……	……

表 2—6　　岗位胜任能力体系

岗位序列名称	通信生产岗位序列						
岗位等级	专业能力素质					核心能力素质（行为规范）	
	知识		技能				
七级通信检修工	通用知识	计算机使用基础知识	技能结构	公共	计算机基本操作	行为模块	严格遵守各项规章制度、劳动纪律、作业纪律
		安全基础知识			安全操作电气设备		认知部门文化
		电工基础知识			识别通信专业常用的各类线缆接头		遵守保密制度
		模拟、数字电路基础知识			常用工器具使用方法		……
		……			……		按照设备操作手册或设备维修、维护规程进行设备操作

续表

<table>
<tr><th colspan="2">岗位序列名称</th><th colspan="7">通信生产岗位序列</th></tr>
<tr><th rowspan="2">岗位等级</th><th colspan="6">专业能力素质</th><th colspan="2" rowspan="2">核心能力素质
（行为规范）</th></tr>
<tr><th colspan="3">知识</th><th colspan="3">技能</th></tr>
<tr><td rowspan="9">七级通信检修工</td><td rowspan="9">专业知识</td><td rowspan="3">无线</td><td>了解移动通信概论</td><td rowspan="9">技能结构</td><td rowspan="3">无线</td><td>调度台、移动台（车载台、车站台、手持机）的使用操作</td><td rowspan="2">行为要项</td><td>按计划开展设备日常保养类的检修，不发生设备漏修、漏检</td></tr>
<tr><td>了解集群通信概论</td><td>无线录音机使用操作</td><td>服从工作任务分配，主动积极接受工作任务，接受任务不避重就轻，不推诿拖沓</td></tr>
<tr><td>……</td><td>……</td><td rowspan="7">行为标准</td><td>不隐瞒、伪造、谎报事故或隐瞒故障原因</td></tr>
<tr><td rowspan="3">交换</td><td>了解程控交换机的概念、分类、功能、特点、组成</td><td rowspan="3">交换</td><td>根据指示灯检查设备状态，使用维护终端对端口状态查询</td><td>不发生故障处理不当而造成故障扩大化</td></tr>
<tr><td>了解城市轨道交通公务、调度、车站电话系统结构及模块功能</td><td>按要求放号并跳线、更改分机号码及分机参数、线路端口禁止与激活</td><td>不发生人为原因导致的定修设备发生故障</td></tr>
<tr><td>了解通信电缆基础知识</td><td>……</td><td rowspan="4">……</td></tr>
<tr><td rowspan="3">通信</td><td>了解光纤通信基础知识</td><td rowspan="3">通信</td><td>钳型电流表、温度测试仪等常规仪表的使用</td></tr>
<tr><td>了解传输、电源、时钟、视频、广播等系统的构成、原理和功能</td><td>设备基本参数调节</td></tr>
<tr><td>……</td><td>……</td></tr>
</table>

续表

岗位序列名称	通信生产岗位序列				
岗位等级	专业能力素质				核心能力素质（行为规范）
	知识		技能		
七级通信检修工	公司知识	维修部门职责和分部室职责	技能等级	掌握系统日常维护内容和方法，可独立完成周检及以下的检修作业	
		维修安全组织与管理程序		通信子系统简单外围设备故障处理	
		……		……	

二、建立员工培训体系

构建了员工核心能力素质模型后，需要建立一个健全的培训体系，来推动城市轨道交通维修人才队伍的培养，实现企业目标价值。

一个培训体系构成主要包括四大部分：制度、资源（包括设备设施、课程教材和培训师）、过程管理、评估及考评，如图 2—12 所示。

1. 培训制度

建立培训体系首要工作就是建立培训制度，其作用在于规范部门的培训活动，作为保证培训工作顺利进行的制度依据。

培训制度应当包括培训的管理架构与业务网络搭建、培训管理办法、培训设施管理办法、内部培训师制度、相关工作流程、培训计划、相关表单、培训评估办法等。培训管理办法中应充分体现培训的过程，培训结果评估将与员工的绩效考核相结合。内部培训师制度应体现选拔和激励内部培训师的精神，起到管理和规范内部培训师授课行为的作用。

除此之外，非常重要的一点是，要将各序列、各等级岗位的员工核心能力素质模型作为制度确立并传承下来，对企业和员工都起到一个方向标杆的作用。

2. 培训资源

培训资源建设属于培训体系的基础工程，包含的内容非常丰富，包括培训设备设

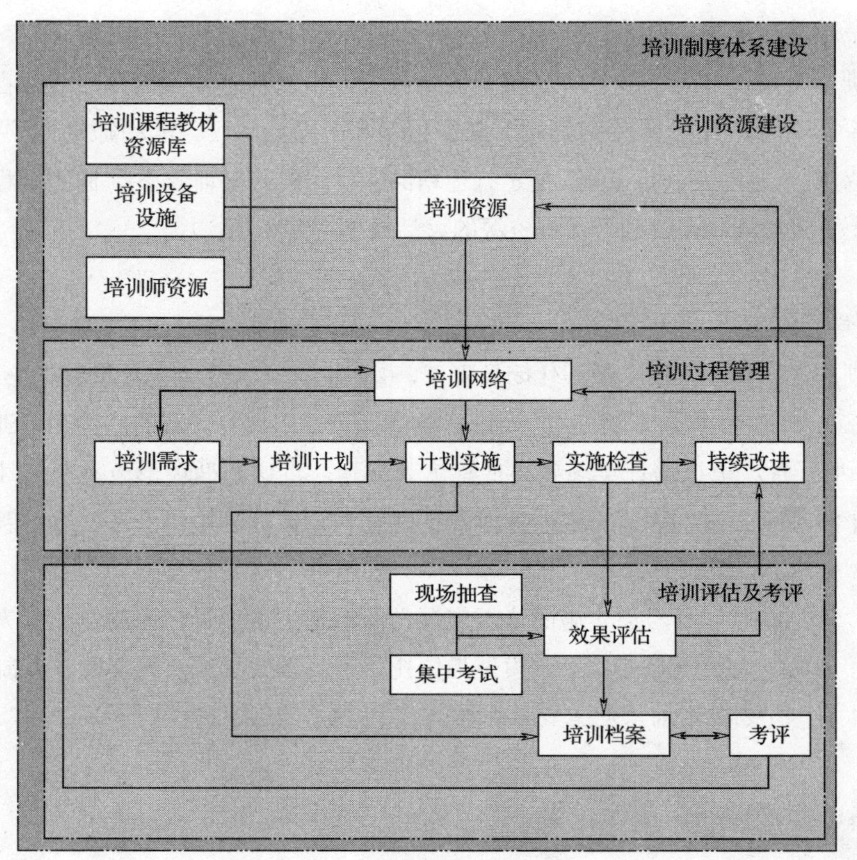

图2—12 培训体系模型示意图

施、培训课程教材体系、培训师资队伍的建设，还包括基于员工核心能力素质模型分解提炼出来的课程体系的建设等。

培训设备设施是硬件条件，没有培训设备设施，培训工作只能限于“纸上谈兵”，正所谓“百听不如一练”，各种实操平台的设施搭建，对员工技能提升尤为重要。培训设施搭建方式多样，可通过专项培训资金购买，也可通过培训功能需求在设备项目合同中落实，还可通过退役设备技术改造、富余备品备件自主搭建、模拟实操平台的联合开发等形式来实现。

培训课程教材体系为软件条件，它既是构筑培训知识体系的资料库，也是维修过程中知识的不断积累与沉淀成果。它不仅包括企业自行编写的培训教材、设备操作手册、故障处理指南、故障应急预案、设备资料、维修规程及检修工艺、行业标准、培训大纲，还包括视频教材、外购的专业教材等。

课程是培训体系的灵魂，包括课程设计、课件的制作、课程的审核评估。课程的设计一方面是根据员工核心能力素质模型分解或提炼出来的，即企业需要员工掌握的课程清单；另一方面是根据需求调查与反馈，了解员工想学的课题情况，然后结合生

产实际，通过专业或兼职培训专家团队，有计划、有目的地规划出来的。

培训师是培训体系的载体，是培训的执行者，扮演演绎课程的角色。课程与培训师的关系有两种，分别是："定师资、定课程"和"固定课程、流动师资"。这两种方式各有特点，"定师资、定课程"便于打造精品课程，提高培训效率；"固定课程、流动师资"便于资源共享，有利于课程资源的灵活及可持续利用。

3. 培训的过程管理

培训的过程管理采用全过程化闭环管理，引入 PDCA 概念，在这里 P 指培训计划、培训目标的制定；D 指培训实施过程；C 指检查，包括培训各环节的监控和培训效果的检测；A 指处置，根据培训实施效果调整培训计划，将这个循环形成一个闭环，推动培训工作的不断改进。培训的过程管理就是要对 PDCA 循环中每个环节进行跟踪，如图 2—13 所示。

（1）计划。计划是培训实施的依据来源之一，是为达成目标而制定的行为时间表与行动计划。以人员核心能力素质模型为依托，为员工规划成长线路图，并制定详细的培养计划，计划制定的依据主要考虑以下三个方面，如图 2—14 所示。

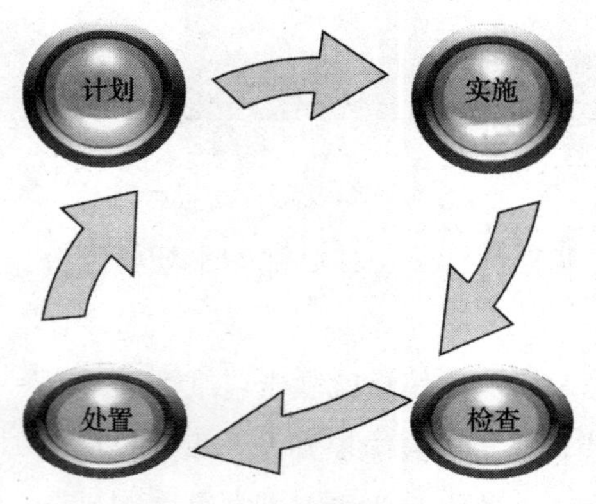

图2—13　培训过程PDCA闭环管理

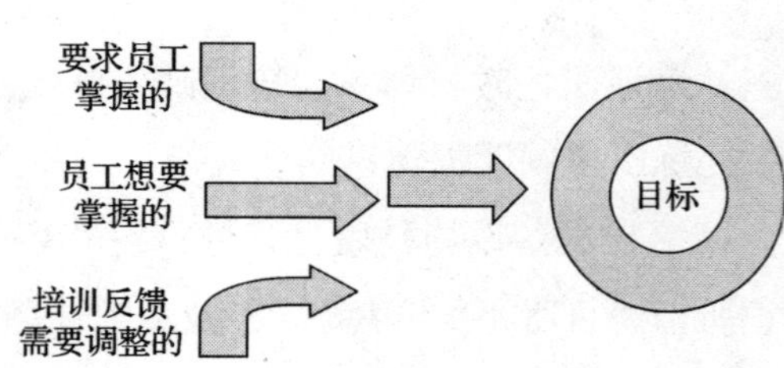

图2—14　培训计划制定依据

1）要求员工掌握的。根据员工核心能力的定义、培训大纲的要求，以及对员工阶段性或者周期性的要求，来统筹制定培训计划。

2）员工想要掌握的。比较有针对性，是根据员工的需求（调查、访谈），以及在日常工作中发现员工掌握比较薄弱的环节和内容来制定培训计划。

3）培训反馈需要调整的。根据上一阶段培训结果反映出来需要调整的问题制定培训计划。比如某些主题的培训未能达到预期效果，需要强化培训内容，或者调整培训方式、延长培训时间等。

部门的新员工培训计划，基本上是以"要求员工掌握的"为主要依据。在岗员工的回炉培训计划，是以“要求员工掌握的”为主、“员工想要掌握的”为辅来进行编制的。每周的主题培训活动，则是以“员工想要掌握的”为主来进行计划制定。

（2）实施。实施过程主要关注以下内容，如图 2—15 所示。

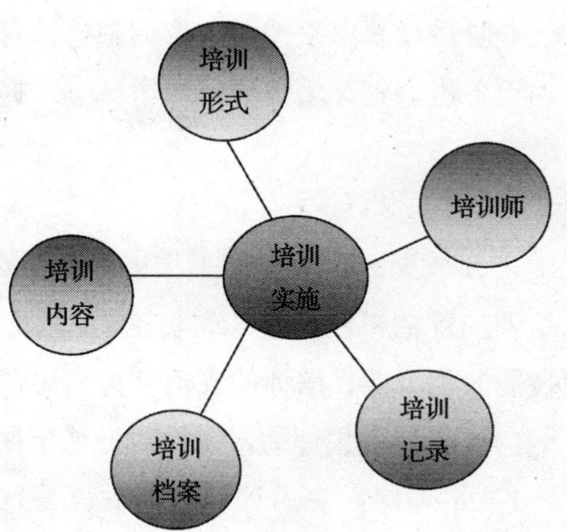

图2—15　培训实施需关注的内容

1）培训内容与培训形式是否按照培训计划来执行。

2）培训师是否能够胜任培训课程的讲授。

3）培训师是否按照计划内容进行讲授。

4）培训过程有无记录。

5）员工培训档案是否已建立等。

在条件允许的情况下，应对培训进行实时调整，以达到培训的预期效果。

（3）检查。培训实施结束后，需要对培训进行检查，分为过程检查与结果检查。

1）过程检查包括培训实施过程中每个环节的监控。

①计划：是否合理，计划的执行情况。

②内容：是否满足技能培训需求。

③师资：是否能胜任该课程的培训，是否遵守培训师管理制度。

④教材：是否满足课程需求。

⑤设施：是否具备培训条件。

⑥记录：培训过程的记录是否真实、完整。

⑦档案：培训档案管理是否完善。

2）结果检查则更关注培训实施的结果是否达到培训目标和效果。对过程检查中发现的问题，及时总结与反馈，对不完善的地方及时发现、持续改进。而对结果检查中发现的与培训目标的偏差，则需要调整计划，继而调整计划的执行，做到随时纠偏。

（4）处置

处置环节的重点主要在于“总结与分析”和“反馈与调整”两个方面。

1）总结与分析

对计划的执行情况进行统计，收集培训计划、实施、检查期间发现的问题，对统计数据及发现问题进行分析，查找原因，并制定下一步解决方案与措施。

2）反馈与调整

对培训计划、实施、检查各环节的执行情况向相关主管部门负责人进行反馈，并

对上一阶段反映出来需要进行调整的项目，如培训方式需优化、培训课件内容需更正、培训设备需调整、培训时间需增减等，提出具体的改进与调整建议。

4. 评估及考评

培训效果是各项培训工作进行的最终目的，为了对培训效果进行有效监控，须建立培训的评估机制，使其与员工的绩效、职业生涯挂钩，提高员工参加培训及提升自我技能的积极性。培训的评估分为效果评估和管理评估两个层面。

（1）培训效果评估，是针对操作层面的评价要素。评价依据主要包括以下方面：

1）培训课程课后评估。课后评估包括学员对培训师的评价、培训师对学员的评价或者考试成绩，以及对培训教材的评价等。课程结束后，可通过马上考试的方式来进行该课程效果的评估，也可以间隔一段时间，再考查员工的消化吸收与掌握程度。

2）师徒带教考试。针对培养周期比较长的师徒带教必须进行阶段性考试及验收考试，考试成绩需归档保存。

3）跟班作业抽查。工班长、技师、技术人员定期或不定期跟班作业，通过检查员工维修技能掌握的情况，或者通过现场提问的方式，对培训效果进行检查。

4）集中理论或实操考试。成立培训评估评审小组，通过专项理论或实操考试两种方式对培训效果进行评审。

5）学员调查、访谈。

（2）培训管理评估，是针对管理层面的评价要素。其主要针对分部的培训管理，因为每个分部均可以看作一个相对独立的培训体系，这些独立的体系构成了维修部门整体的培训体系。只有每个分部的培训管理做好了，维修部门整个培训体系才能健康运转。

对于分部培训管理，结合培训体系的各环节工作要求，通常建议从培训资源管理、培训过程管理、培训效果三个方面对分部的培训管理工作进行评估。表2—7为分部培训管理评估评分模板，可对各执行分部培训管理进行综合评价。

表2—7　　分部培训管理评估评分模板

项目	内容	标准	扣分项	分值	扣分	总得分
培训资源管理（20分）	培训教材	建立培训资料台账，做到台账及时更新	未建立培训资料台账	1		
			台账未有专人管理	1		
			台账未能及时更新	1		
			台账及资料标识不清	1		

续表

项目	内容	标准	扣分项	分值	扣分	总得分
培训资源管理（20分）	培训大纲	有明确的培训大纲	未下发培训大纲	2		
			未组织培训大纲学习	2		
	培训设备设施	专项管理	未制定培训设备设施管理规定	1		
			未设立台账	1		
			台账未及时更新	1		
			未按规定进行维护，或维护记录不完全	2		
			发现的问题未整改、跟踪、落实	2		
	培训师	建立兼职培训师队伍，并对其进行管理	未建立兼职培训师队伍，无培训师名单	1		
			未能及时更新培训师名单	1		
			培训师未能遵守总部兼职培训师管理规定	1		
	……	……	……			
培训过程管理（40分）	培训计划	合理制定培训计划，按时提交	未能按时提交年度、月度培训计划	2		
			提交的培训计划不合理，有明显错漏	2		
	培训计划执行	按计划实施各项培训计划	未能按照培训计划开展培训工作	5		
			未能按要求完成计划外的培训工作	2		
			未组织维修操作规程、设备操作手册、故障处理指南、故障案例分析等培训资料的学习	5		
			培训师未能按课程体系要求完成既定培训任务	4		
			……			
	……	……	……			

三、培训基地建设

培训基地建设是培训资源建设一个非常重要的环节。一般来说，由于考虑到建设投入成本等问题，国内各城市轨道交通通信系统缺少足够的培训设备的情况比较普遍，维修人员缺少离线的培训设备进行实操培训，培训方式主要以理论学习、现场观摩和夜间故障演练为主，在一定程度上会影响员工实战能力提升的速度。因此，对于城市轨道交通的维修部门来说，建设一个功能完善的培训基地，对提高维修队伍检修能力以及提高设备的维护水平具有不可忽视的促进作用。

1. 建设培训基地定位

建设培训基地的定位注重于以下几个方面：

（1）高仿真度。搭建的培训设备与在线运营设备有共通性，可以高仿真地模拟在线设备，包括设备的检修操作、设备故障处理、软件升级等，提高实操培训的针对性与实用性。

（2）可操作平台。通过培训基地的搭建，在理论培训的基础上，可开展大量实操培训，包括板卡更换操作培训、设备组网培训、数据配置下载培训以及设备开局培训等针对性强的专项实操培训；同时可利用培训设备开展实操评估工作，增加考试与生产现场的结合度，同时降低对在运设备的操作风险。

（3）后台测试、研发。加强设备风险控制，利用培训低级设备开展返修件的测试和库存关键备件的测试。

2. 培训基地建设的经验做法

其核心思路是：从无到有，充分利用城市轨道交通各线路的退役设备，通过技术改造，搭建高仿真度的离线培训设备。具体做法如下：

（1）扎实做好调研及准备工作

1）资源摸查。拉网式排查现有可用空闲资源，并到现场一一落实各项数据，为整体搭建提供丰富的可靠依据。

2）场地准备。搭建培训基地，还需要专门的场地，以加强对培训设备设施的管理，场地选择宜优先考虑车辆段用房资源较为充沛、地点相对靠近现网中心、交通相对便利、设备类型接近在运设备的地点。培训基地场地可选择一处或者多处。

（2）开展技术攻关，完成培训设备的搭建。开展技术攻关，解决设备搭建时遇到的技术难题，是整个项目的核心。在这个过程中，需着重解决四个方面的问题：

1）解决设备的拆卸与安装问题。设备的下线拆卸、搬迁、安装与技术改造存在技术风险。淘汰设备均为老化程度较为严重的设备，很多核心部件的性能已处于临界值状态，经过拆卸与搬迁后，存在无法运行的可能。

首先，需要精心研究设备的拆卸与搬运方案，避免拆卸与搬运不当，造成设备的二次损坏。针对设备不同特点，可采用完全拆卸、部分拆卸、整体封装或者易损件、精细件单独处理的方法。所有设备部件和连线在拆卸前，均需绘制详细图纸或者拍下设备照片，并全部做好标识，分类处理。

其次，就是设备的安装。参照设备的出厂安装标准，制定安装方案，调动技术人员与技师的力量，自主开展设备的安装工作。

2）培训设备的调试与技术改造。搬迁设备方面，对性能指标不满足要求的，可采用功能定位重新调整或者对设备进行技术改造的方式解决；对板件损坏的，可采用自主维修、备件替代或者自行寻找替代产品的方式解决。新搭建设备方面，则采用自主设计、自主调试的方法完成。

3）培训基地的施工设计。技术方面的问题全部由项目组成员自行解决，但培训设备搭建还涉及一些施工方面的内容，需要通过工程项目招标的形式来完成，包括材料的购买、施工费用等。但所有施工的指导性工作仍需要维修部门依靠自身技术力量来完成，包括：培训基地的功能设计；施工图纸与施工方案的制定；施工招标文件、项目用户需求书的制定；施工规范与施工验收标准的制定。

4）解决培训设施取电的施工问题。培训基地建设通常是在现有用房设计基础上，改变用房性质，所以通常存在设备取电的问题，特别是在建设综合性的培训基地的时候，由于设备种类和数量较多，原房间设计功能不足以满足设备供电要求，因此需要对培训基地用房的供电进行改造。这就需要仔细核对各培训设备的功耗、取电距离、布线需求等，并与相关供电部门协调，提出供电解决方案，实现对培训设备的安全供电。

（3）应用与管理

1）充分利用测试和培训设备，分批次、有计划地开展人员技能的脱产培训及专题培训。

2）建立培训基地的管理制度，确立责任管理主体。

3）加强设备风险控制，开展返修件的测试和库存关键备件的测试，降低备件上线使用的故障风险，提高设备运行的安全性与可靠性，实现提升设备维护效能的目标。

第三节　两种维修模式的运作管理

一、预防性维修模式

预防性维修是为了降低设备失效或功能退化的概率，按预定的时间间隔、规定的标准进行的主动性维护。相对于修复性维修，预防性维修可以更早地发现并修复设备

的异状，降低设备失效的概率，对持续运营保障能力的促进具有更加积极的作用，更富有成效。

1. 制定预防性维修规程

技术的标准化既是保障质量管理良性转动的主要推动力，又是衡量检修工作实施效果和执行效率的基准。因此，在检修工作开始之前，必须要有一份标准性的维修规程作为检修作业的指导性文件。《城市轨道交通通信维修规程》(以下简称《维规》)的发布是城市轨道交通运营部门通信系统管理体制和维修体制的重大突破，为科学编制和核定设备维护周期提供了依据和标准，标志着设备维护维修体制进入实质性运作阶段。全面学习理解、正确掌握使用《维规》，是城市轨道交通设备维护维修的基石。编制《维规》的过程是熟悉设备原理、结构和性能的过程，是了解、寻求、优化设备检修、保养、操作的过程，是寻找设备薄弱环节和克服设备潜在危险因素的过程。

为了能够更好地了解掌握和贯彻执行《维规》，现结合某城市城市轨道交通十几年的运营经验，对《维规》的编制思路和方法作一些简要介绍。

(1)《维规》的编制原则

1）设备的各项参数必须有明确的依据，要结合设备说明书、技术规格书及现场实际情况。

2）用于现场设备的实际操作和维护，内容要科学，具有可操作性，实用性强。

3）要尽可能地保护人身安全和设备安全。

4）内容通俗易懂，易于维护人员的理解和掌握。

5）各项标准应经过专家审核，先进行试操作、试维护，然后根据实验结果进行完善修订，待各方面确认后，再发布使用。

(2)《维规》的编制要点。应从设备操作，设备保养，设备检修周期、内容、标准三大方面进行充分考虑。

1）设备操作方面需要阐述的内容

①设备主要性能、技术规格。

②设备正确操作方法、操作步骤、操作要领，如车载单元复位、数据下载操作顺序及注意事项。

③设备操作时需注意的人身安全及对可能出现的紧急情况的处理方法和步骤。

2）设备保养方面需要阐述的内容

①设备需润滑的部位、润滑的方法、油质的选择和标准。

②设备运行的主要参数，如温度、湿度、压力、各部位的间隙标准。

③由日常保养及一级、二级保养等组成的维护保养制度。

3）设备检修周期、内容、标准方面需要阐述的内容，主要包括：设备小修、中修、大修的检修周期、检修项目、检修方法和检修标准。

（3）《维规》的具体内容。作为作业的标准性文件，维修规程应包括技术规范、检修周期、维修内容、维修标准、操作规程、检修表格等内容。

1）技术规范。设备的标准规范，以国家标准、行业标准为基准，辅以设备维护过程中形成的经验，以此作为某项设备的标准性文本。该标准性的规范可作为日常维修过程中设备的参数依据，也可作为新增设备采购时的参数准绳。

编写技术规范时，可适当说明设备的安装要求，显示要求，输入输出电压、电流、频率等要求，内部电子、机械部件的性能参数，试验要求，工作站类设备还应包括软件方面的要求等。

2）检修周期。预防性维修按检修周期可分为日常保养、二级保养、小修、中修和大修。日常保养周期为日检和周检，体现在年度检修计划中可定义为一级修程；二级保养周期为半月检、月检和季检，可定义为二级修程；小修周期为半年检、年检、两年检，可定义为三级修程；中修一般周期为三至五年检，可定义为四级修程；大修一般为五年以上检修，周期通常为五至十年检，定义为五级修程。

3）维修内容。依据检修周期，结合设备的特点，需制定每个检修周期内的维护保养内容，以确保在检修维护保养后，设备性能正常或者得到改善，从而提高系统的可靠性与稳定性。

日常保养：主要是对设备的外观、各模块指示灯状态、设备基本功能、系统告警信息进行检查和维护。

二级保养：除日常保养内容外，还需检查、清洁设备机柜和各部件外表以及连接的电缆和接头，对设备技术参数进行测试，对系统服务器数据进行备份。

小修：全面检测和诊断系统的状态和功能；整理、备份重要的系统数据；重启中央核心设备；清洁系统各模块和终端；更换性能不良的设备。

中修：全面检测和诊断系统的状态和功能，对设备进行停机测试，清洁设备内部模块，根据修程规定更换寿命到期的设备模块。

根据每个系统工作原理及设备组成的不同，各系统的维修内容会有各自的特点，设备维护部门在逐年的检修维护过程中，酌情考虑丰富、完善必要的维修内容或者调整、删除非必要的维修内容。

以下以公务电话、传输及闭路电视系统为例，简单列举各检修周期的维修内容，对城市轨道交通通信系统的预防性维修具有一定的参考价值。公务电话系统维修内容见表2—8，传输系统维修内容见表2—9，闭路电视系统维修内容见表2—10。

表 2—8　　　　　　　　　　　公务电话系统维修内容

检修周期	维修主要内容
日常保养	1. 检查系统控制层、外围用户层及直流电源等模块指示灯状态 2. 查看告警信息 3. 检查设备各类连线外表及标识 4. 清洁交换机及配线架外表面 5. 检查防雷器状态 ……
二级保养	1. 完成日常保养内容 2. 检查直流电源整流电源工作状态 3. 备份系统数据 4. 测试用户分机的铃流电压、工作电压 5. 整理线缆和卡紧松动的线，整理跳线 ……
小修	1. 完成二级保养内容 2. 测试主备用 CPU 倒换 3. 紧固机柜螺钉和地线 4. 核对端口号码，全面更新配线表 ……
中修	1. 完成小修内容 2. 清洁电路板及插槽 3. 更换性能不良和老化的设备部件，如设备连线、接头、端子排、防雷器 4. 整治设备机柜、配线架及其底座 ……
……	……

表 2—9　　　　　　　　　　　传输系统维修内容

检修周期	维修主要内容
日常保养	1. 清洁机柜、节点和光配线架 2. 检查各板卡指示灯状态 3. 清洁网管终端及打印机表面 4. 检查网管终端和打印机的电源及连线 ……

续表

检修周期	维修主要内容
二级保养	1．完成日常保养内容 2．检查机柜、光配线架紧固件 3．检查节点各板卡的状态 4．检查机柜、光配线架线缆标牌 ……
小修	1．完成二级保养内容 2．检查机柜、光配线架线缆的状态并进行整治 3．备份故障报警及登录信息 4．备份网管终端数据库内容 ……
中修	1．完成小修内容 2．清洁 OTN 机柜、节点和 ODF 架内部 3．检查光功率 4．清洁主备用终端内部 5．测试主备用终端软件及硬件功能 ……
……	……

表 2—10　　闭路电视系统维修内容

检修周期	维修主要内容
日常保养	1．检查设备运行状态指示，查看告警信息 2．检查机柜风扇散热运转情况，检查设备散热 3．检查图像切换功能 4．检查图像显示功能 5．检查键盘按键功能 6．检查硬盘录像机录像功能
二级保养	1．完成日常保养内容 2．检查摄像机、监视器接线 3．检查图像文本插入功能 4．清洁机柜、摄像机、监视器、键盘及硬盘录像机外表面 5．检查报警功能

续表

检修周期	维修主要内容
小修	1. 完成二级保养内容 2. 逐一更换故障模块 3. 清洁机柜内部 4. 检查线路，更换电气不良的线路及接头 5. 检查机柜紧固件，做防锈处理 6. 备份终端告警信息
中修	1. 完成小修内容 2. 清洁模块内部 3. 检查线路，更换电气不良的线路及接头 4. 更换易损件
……	……

运营通信维修部门制定设备维修内容时，应充分考虑设备所处环境的影响因素，同一类设备在不同的环境下的同一维修内容会有不同的维修标准。如区间光缆电缆的小修规程维护内容有一项为检查光缆电缆绑扎情况；高架区间固定光缆电缆的绑扎带所处的环境受日照、雨淋、紫外光照射等因素的影响，绑扎带在2~5年内易老化断裂；而处于隧道区间光缆电缆的绑扎带则不受上述因素的影响，隧道区间光缆电缆绑扎带寿命较高架区间长。因此高架区间光缆电缆的检查除检查绑扎是否牢固（隧道区间维修标准）外，还需要检查高架区间光缆电缆固定的绑扎带的老化程度，发现光缆电缆绑扎带断裂则需更换，并且每2~5年需对高架区间光缆电缆进行重新大规模加固绑扎，防止光缆电缆侵入限界。由此可以看出，不同环境下同一类设备检修内容的检修标准不尽相同，检修工作量也差异很大，因此在制定设备维修内容时要充分考虑设备所处环境的影响。

同时，运营通信维修部门制定设备维修内容时除日常检修外应考虑到设备作用时间段，以便在设备起作用前对设备进行检修，及时排除设备运行隐患。例如，交换专业设备采取多级防雷措施，除在交换机用户接口板设计上有防雷保护功能，在配线架的外线侧上也配置有电话防雷端子排（见图2—16），用于防止雷击对通信设

图2—16　电话防雷端子排

备造成的损害。如某市雷雨天气在每年的4月后到来，因此需在每年4月前完成防雷性能检测，即使用防雷器件测试仪对电话防雷端子排进行检测，以便及时发现并更换防雷性能下降或失效的电话防雷端子排，保障交换设备的稳定运行。此外，每逢雷雨天气到来前后，交换专业人员也需对电话防雷端子排外观进行检查，及时发现被雷击失效的电话防雷端子排。

又如，无线车辆段基站天线安装在检修大楼顶部，车辆段基站月检时需要检查楼顶天线，并对天线进行去锈、涂油维护，还需要对车辆段基站的避雷器进行检查，判断避雷器是否完好。每逢雷雨天气，必须提前检查基站避雷器及其接地情况，保证避雷器完好，能正常工作。

4）维修标准。维修标准中应包括具体的检查标准，针对不同设备制定不同的关注点，例如外观检查应关注哪些位置，螺钉紧固应做到什么程度，电气特性测试应达到什么标准等。维修实例见表2—11。

表2—11　　传输机柜及附属设备维修标准

设备名称	修程	维修内容	维修方法	维修标准	周期
传输机柜及附属设备	日常保养	1. 清洁机柜卫生	用白布和清洁剂擦去机柜内、外和节点积尘	机柜内、外和节点清洁无积尘	每周（控制中心为每天）
		2. 检查节点及接口卡的状态显示是否正常	通过网管或本地各接口卡的状态灯检查	根据网管及各接口卡维护手册判断状态是否正常	
		3. 检查机柜内光纤及电缆是否完好无破损	1. 检查机柜标牌是否完整 2. 检查机柜线缆是否完好无破损 3. 检查ODF架内尾纤是否完好无破损 4. 检查MDF架内OTN配线有无脱落 5. 检查ODF架内OTN配线有无脱落 6. 线缆标识是否完整	1. 机柜标牌完整 2. 机柜线缆完好无破损 3. ODF架内尾纤完好无破损 4. 配线无脱落 5. 线缆标识完整	
	二级保养	1. 同日常保养内容	同日常保养内容	同日常保养内容	每月

续表

<table>
<tr><th>设备名称</th><th>修程</th><th>维修内容</th><th>维修方法</th><th>维修标准</th><th>周期</th></tr>
<tr><td rowspan="3">传输机柜及附属设备</td><td rowspan="2">二级保养</td><td>2. 检查设备紧固件是否牢固</td><td>1. 检查机柜内节点是否牢固
2. 检查机柜内 ODF 架是否牢固
3. 检查各接口卡及空面板是否紧固</td><td>1. 节点牢固
2. ODF 架牢固
3. 各接口卡及空面板紧固</td><td></td></tr>
<tr><td>3. 检查各接口卡接线是否牢固</td><td>1. 检查各接口卡接线紧固螺钉是否牢固
2. 按压各接口卡连线接头，确保连接紧固</td><td>1. 接线紧固螺钉牢固、无松脱
2. 各接头连接良好、无松动</td><td></td></tr>
<tr><td>……</td><td>……</td><td>……</td><td>……</td><td></td></tr>
</table>

5）操作规程。操作规程指工作站、机柜等开机、关机、重启等操作规程，应能使员工参照规程内容正确完成相关操作。

6）检修表格。检修表格是设备维修过程中的标准执行文件，样例见表 2—12。在制定表格时，重点注意以下细节：

表 2—12　　检修表格样例

<table>
<tr><th colspan="17">机柜号码:</th></tr>
<tr><th>检查名称</th><th>项目</th><th>标准</th><th>程序及方法</th><th colspan="13">检查内容</th></tr>
<tr><td rowspan="6">运行状态</td><td rowspan="6">机柜设备</td><td rowspan="6">机柜内节点面板显示正常，接口卡工作正常</td><td rowspan="6">通过各设备前面板的状态显示，逐个检查各节点和接口卡的状态，并记录</td><td></td><td colspan="3">ORA</td><td>OTR</td><td>PSU</td><td colspan="6">接口卡</td></tr>
<tr><td rowspan="3">节点编号</td><td><</td><td>=</td><td>></td><td>□
DIS</td><td>□
V1</td><td></td><td>名称</td><td>状态</td><td></td><td>名称</td><td>状态</td></tr>
<tr><td>□
PP</td><td>□
Link</td><td>□
P1</td><td>□
OFF</td><td>□
V2</td><td>I1</td><td></td><td></td><td>I5</td><td></td><td></td></tr>
<tr><td>□
PS</td><td>□
DR</td><td>□
P2</td><td>□
CVA</td><td>□
V3</td><td>I2</td><td></td><td></td><td>I6</td><td></td><td></td></tr>
<tr><td rowspan="2"></td><td>□
SS</td><td>□
其他</td><td>□
S1</td><td>□
OSL</td><td></td><td>I3</td><td></td><td></td><td>I7</td><td></td><td></td></tr>
<tr><td>□
SP</td><td></td><td>□
S2</td><td>□
LLA</td><td></td><td>I4</td><td></td><td></td><td>I8</td><td></td><td></td></tr>
<tr><td colspan="17">……</td></tr>
</table>

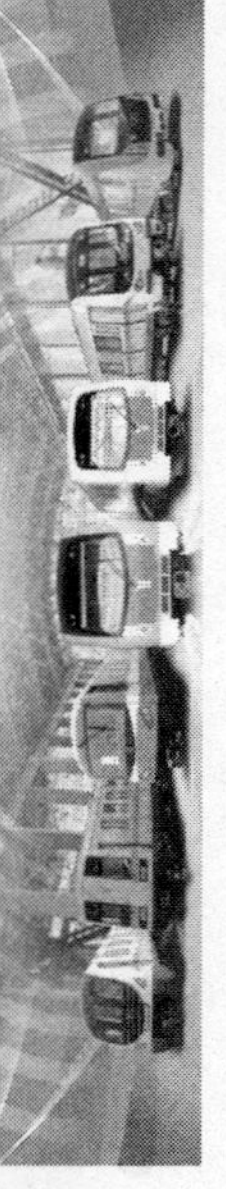

①将维修规程中涉及的设备检修参数全部列入表格中，并将表格记录顺序与维修规程中的维修内容顺序相对，为检修人员提供完整的检修要求提示。

②标注每一个检修内容可量化的标准说明，便于检修人员对检修结果的正确性进行判断。

③对过程数据的收集，不仅仅体现在检修后，还应包括检修前的数据，方便对比。

④需周期更换的部件，标明上次操作日期和应进行下一次操作的日期，以示提醒。

⑤以备注形式，记录检修过程中发现的问题和处理情况。

⑥必须要有作业人签字确认，同时各级技术监管人员也要在检修表格上签字确认。

2. 维修规程的完善与修订

（1）修订方式

1）增加新设备维修规程的修订。新设备将要投入使用时，需要补充新增的设备维修规程。如轨道交通新线路增加，相应的新设备、新系统将会投入使用，这就需要增加新设备的维修规程。

2）定期修订。维修部门和分部在实际的检修作业中检验维修规程的可行性时，如发现维修规程不符合实际的检修需求，可提出修改计划，每年定期组织修定、完善。如一些单一设备的检修方法的修改、检修表格内容的完善等，都可以提出修订。

3）重要内容修订。在设备的生命周期的三个阶段中，不同阶段的维修要求不相同。如在投入期，设备仍存在建设遗留问题还未完成整改，使用人员还处在磨合期，这个阶段的设备维修周期设置会较为密集。如某城市轨道交通某线路，在2005年首次应用光纤直放站，由于维护人员对光纤直放站的性能和故障率不了解，开通初期把光纤直放站的维修周期设置为季检。在设备运行一年后，维护人员已掌握光纤直放站的维护方法，并认为光纤直放站的运行稳定、故障率低，而且光纤直放站维护不便利，把光纤直放站的维修周期修订为半年检。当设备进入退化期，设备的维修规程也要做相应的修订。如某城市轨道交通多条线已运行8年以上，通信系统设备已进入退化期。维修部门应相应考虑设备退化期的维修规程，控制设备的运行风险。在维修规程中加入设备寿命管理内容，同时对通信系统的电源模块、空气开关、计算机终端等运行风险较大的设备进行更换。

（2）修订流程。维修规程的修订需要通过专家组审核和实际的检修实践评估。专家组审核是维修部门组织有实践经验的专家对需要修订的维修规程内容进行审核，分析其可行性。在专家组审核通过后，检修人员需要对这部分需要修订和增加的项目进行实际操作检验，检验检修内容的全面性、检修标准的准确性、检修表格的可行性。维修规程评估表见表2—13，维修规程修订流程如图2—17所示。

表 2—13　　　　维修规程评估表

设备名称	公务交换机	设备型号	HIPATH 4000 V4.0	设备地点	××车辆段
规程周期（日常保养、二级保养、小修、中修）：五年					
检修内容全面性（“□”中填“是”或“否”）	是否符合：是 发现问题：		检修方法正确性（“□”中填“是”或“否”）	是否符合：是 发现问题：	
1. 增加检修 SLMAE 的项目是 75 V 2. 检查端子排卡接口弹簧的弹性					
检修标准准确性（“□”中填“是”或“否”）	是否符合：是 发现问题：模拟用户板有两种，测试振铃电压 SLMAC 是 48 V，而 SLMAE 是 75 V		检修工具要求合理性（“□”中填“是”或“否”）	是否符合：是 发现问题：检查端子排卡接口弹簧的弹性，维修标准：……	
检修表格可操作性（“□”中填“是”或“否”）	是否符合：是 发现问题：		其他		
评估结论	基本符合				
修订建议	检查端子排卡接口弹簧的弹性，建议抽查 10% 的端子排				
评估人签字			评估时间	××年××月××日	

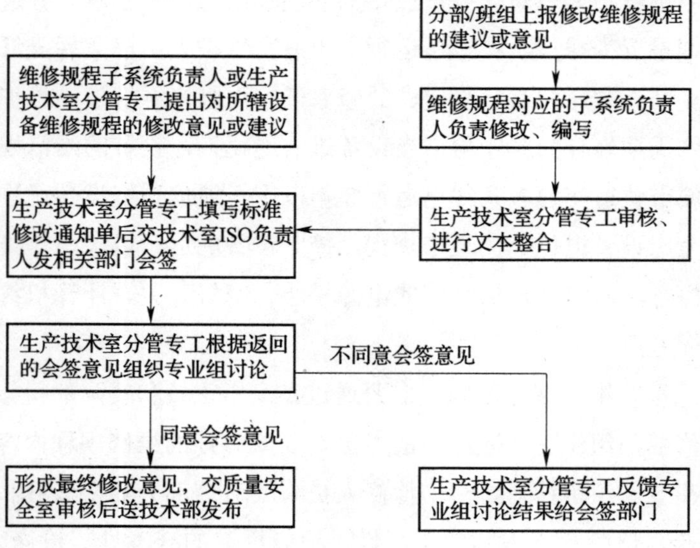

图2—17　维修规程修订流程图

3. 预防性维修的生产组织

预防性维修的生产组织分两步走，第一步根据维修计划编制相应的检修施工计划，第二步根据批复的施工计划进行检修施工作业。

（1）制定检修计划。检修计划是开展预防性维修的基础，是针对需预防性维修的设备进行的有计划的周期性安排。现场设备一旦投入使用就需要为其制定检修计划，且该计划必须贯穿设备的整个生命周期。检修计划必须以维修规程作为根本依据。

根据施工作业的地点和影响程度，设定该计划的性质：影响正线、辅助线行车的施工为 A 类，在车厂的施工为 B 类，在车站、主所、控制中心范围内不影响行车的为 C 类。

根据施工作业的计划程度，设定该计划的时间类别：属于正常修程内的作业应纳入月计划；因设备检修需要，但月计划里并未列入的或月计划中需调整变更的作业计划应纳入周计划；月计划和周计划里均未列入的或月计划、周计划中需调整变更的计划纳入日补充计划；运营时间对设备进行临时抢修后，须在停运后继续设备维修的计划纳入临时补修计划。

1）年度检修计划。年度检修计划是全年度的检修工作总体安排，具体应包含以下内容：

①设备名称。需将城市轨道交通通信系统包含的所有设备纳入其中，具体到设备整体，如机柜、接口架、工作站等。

②设备数量。需将纳入检修的设备数量详细描述，方便之后依据检修计划核定维修工作量、工时、材料等定额标准的制定。

③计划时间。按月度划分，在计划时间栏里将每个月所需开展的检修工作进行标识。以数字符号①②③④分别标识维修规程中日常保养、二级保养、小修、中修这四个维修级别，并以这一部分为表格重点，年度检修工作将按照该内容进行。

④工作地点。分栏描述设备地点，应涵盖全线的所有设备。

年度检修计划范例见表 2—14。

2）月度检修计划。月度检修计划是根据年度检修计划，将需要当月完成的检修工作进行合理安排。作为详细的月度检修作业安排，应包含比年度检修计划更多的内容，具体如下：

①日期。列明详细日期及工作开始时间等。

②作业类别。以类别区分作业性质，例如是否开行工程车、是否需下线路等。

③作业项目。列明作业的详细内容。

表 2—14　　　　　　　　　　年度检修计划范例

维修部门××年××号线 <u>通信</u> 专业设备检修计划

填报部门：　　　　　　　　　　　　　　　　　　　　　　　　　制表时间：　年　月　日

序号	设备名称	设备数量	单位	检修修程	上一次检修时间	计划时间（月）												地点	备注
						1月	2月	3月	4月	5月	6月	7月	8月	9月	10月	11月	12月		
1	传输机柜及附属设备		个	年检	2011年7月							③						车站A	通信工班
				年检	2011年8月								③					车站B	
				年检	2011年9月									③				车站C	
				年检	2011年10月										③			车站D	
				年检	2011年11月											③		车站E	
				年检	2011年12月												③	车站F	

……

④作业区域。列明作业涉及区域，方便调度进行区间封锁。

⑤配合要求。列明作业需要的条件，方便调度安排配合。

月度检修计划范例见表 2—15。

表 2—15　　　　　　　　　　月度检修计划范例

日期	作业类别	作业部门	时间	作业项目	作业区域	配合要求	申报人	防护措施	备注	专业	作业等级	作业人数	上次作业日期
8月1日	C2	通信一	10:30～17:00	×号线闭路电视机柜（含附属设备）月检	车站A、车站B	无	张三	无	无	通信	二	2	7月1日

续表

日期	作业类别	作业部门	时间	作业项目	作业区域	配合要求	申报人	防护措施	备注	专业	作业等级	作业人数	上次作业日期
8月1日	C2	通信一	10：30～17：00	一号线广播机柜（含附属设备）月检、喇叭季检	车站A、车站B	无	张三	无	无	通信	二	2	7月1日
8月1日	C2	通信一	10：30～17：00	一号线时钟设备（含附属设备）月检	车站A、车站B	无	张三	无	无	通信	二	2	7月1日

（2）现场检修作业流程。标准化的检修作业流程可避免由于人为失误造成安全事件。检修作业前，施工负责人需向分管调度请点，待调度批准后方可开始施工。其中，A 类施工作业需经行车调度批准，B 类施工作业需经车厂调度员批准，C 类作业在公司内部的施工需经车站批准。

作业过程中必须严格执行维修施工管理的相关规定，严格按照通信专业的维修规程要求进行检修，作业过程中认真落实“三控”（自控、互控和他控）原则：“自控”是指作业人员对作业全过程的人身安全、操作规范性、安全性以及作业质量的自我控制；“互控”是指双人及以上人员参与作业时，在作业全过程作业人员之间对人身安全、操作规范性、安全性以及作业质量的控制；“他控”是指第三方在作业中或作业后对作业结果进行的检查，第三方指除作业人员外的其他各级人员。

（3）标准化工艺操作。维修规程作为检修作业标准，在统一检修方式、规范检修目标、维护检修作业的一致性等方面，发挥了非常重要的作用。但单纯地以维修规程为作业标准的检修体制，在实际应用中会暴露出它在维修过程监管、检修方法指导等方面的薄弱性。为此，在维修规程的基础上，需增加检修过程工艺文件，即检修工艺规范，作为与维修规程配套的检修执行文件。

检修工艺定位于以图文并茂的方式，规范、引导员工完成检修作业的每一步操作，使每一位检修人员，都能通过检修工艺对检修作业的全过程有一个清晰的认识。因此，在检修工艺的编制中，一方面需关注工艺描述的直观性和准确性，以减少员工对检修指标理解上的歧义；另一方面需大胆尝试将成本控制理念融入检修作业中，使检修作业真正做到质量可控、成本可控。

检修工艺应具备以下特点：

1）详细地描述检修步骤和方法。根据维修规程中的内容要求，逐条描述检修的

步骤、使用的工具、操作的方法、判断的标准以及注意事项等，力求完整、清晰地表述用什么方法、怎么做、应达到怎样的结果，并把维修规程中技术规范类的内容要求，融会贯通于每一步操作说明中。

2）使用大量的图片进行说明。相对于维修规程的枯燥，检修工艺卡在编制时使用大量的图片进行描述，使很多较难理解的参数，以图片说明等直观化的方式呈现出来，使员工一目了然。

3）增加检修过程的经验性提示。检修操作不可能做到完全的量化管理，针对外观平整型检查等无法具体量化的检验项目和一些检修过程中可能出现的偏差项，应采取经验描述和重点提示的方式，加强对检修人员的指导。

4）将主要成本量纳入检修作业管理。结合作业的技术要求和执行经验，合理评估员工的投入，并以中级工的执行能力综合核定作业的标准工时和材料的消耗量，最终将人员配置要求、工时消耗和材料消耗等成本控制因素，细化到每一项检修作业中。

检修工艺范例见表 2—16。

表 2—16　　　　检修工艺范例

<table>
<tr><td rowspan="2">工器具</td><td rowspan="2">工具：SATA 绝缘 7 件套装工具、科龙卡线钳、活动扳手
仪器：万用表
图纸：ODF 配线资料、MDF 配线资料</td><td>操作方式</td><td>人员要求</td><td>标准工时 /h</td></tr>
<tr><td>双人互控</td><td>人数：2 人
等级要求：1 名高级工、1 名中级工或初级工</td><td>2×2</td></tr>
<tr><td>材料定额</td><td>抹布 2 条、绑扎带 10 条、毛扫 2 把、压缩空气 1 瓶、绝缘胶布 1 卷</td><td>易损件提示</td><td colspan="2">节点风扇、SC-FC 单模光纤（5 m）</td></tr>
<tr><td>作业关键点</td><td colspan="4">1. 切勿使用肉眼直视正在使用中的光纤端面，以免激光对眼睛造成伤害
2. 检查光纤熔接盘时，未经工班长或专业技术人员同意，不得将熔接盘拖出检查，以免经常性的拖动对尾纤造成损坏
3. 清洁节点时注意不要触碰到电源插头和板卡开关，防止误操作导致节点或板卡电源关闭
……</td></tr>
</table>

操作步骤：

1. 检查电源模块和 BORA/ULM 卡显示状态

续表

<table>
<tr><th>模块</th><th>显示灯名称</th><th colspan="2">正常工作状态显示</th><th>显示含义</th></tr>
<tr><td rowspan="2">电源模块</td><td>Vin</td><td colspan="2">亮（绿）</td><td>电压输入正常</td></tr>
<tr><td>+5 V、+12 V、-12 V</td><td colspan="2">亮（绿）</td><td>电压输出正常</td></tr>
<tr><td rowspan="4">BORA/ULM</td><td>R</td><td>R 闪（绿）</td><td rowspan="2">已连接网管设备的节点 R、T 灯闪烁，其他节点 R、T 灯橙色灯亮</td><td>R 闪表示正在接收以太网包</td></tr>
<tr><td>T</td><td>T 闪（绿）</td><td>T 闪表示正在传送以太网包</td></tr>
<tr><td>Call</td><td colspan="2">灭（红）</td><td>EOW 麦克风没有插入网络中</td></tr>
<tr><td>……</td><td colspan="2">……</td><td>……</td></tr>
</table>

2．接口卡面板显示灯状态

3．检查及整治节点上各板卡的安装和接线状态

（1）检查板卡插接到位，板卡上下固定螺钉旋紧无松动，如发现螺钉未旋紧的情况，使用一字旋具进行紧固。（目测）

（2）检查 BORA 卡上尾纤 LC 接口接插是否良好、稳固，弯曲半径不应小于 50 mm，尾纤无明显承重、牵拉、挤压、扭曲、捆绑等现象，绑扎不宜过紧使尾纤受到挤压；如本节点连接 OMS，同时检查与 OMS 连接的网线接插是否良好、稳固，标签清晰。（目测）（图 1）

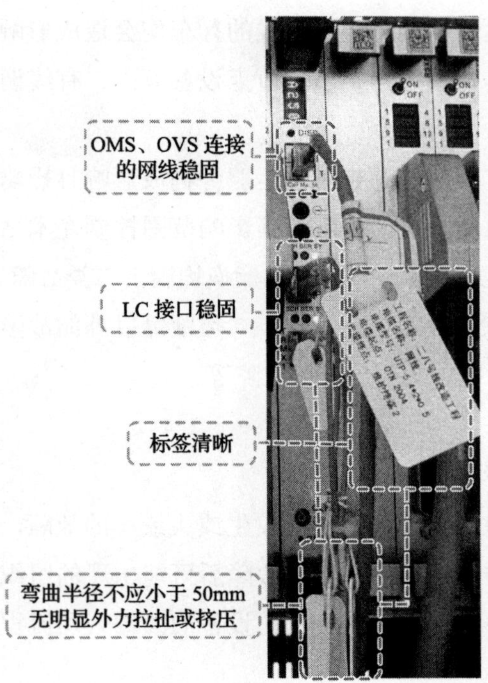

图 1　BORA 卡尾纤检查

二、修复性维修模式

修复，顾名思义，就是在设备发生故障后，采用一定的手段，使其恢复到规定的运行状态。由于设备发生故障在时间及地点上存在不确定性，虽然设备维护人员在日常维护中采用预防性维修，但还是难以做到百分之百地杜绝故障的发生。在这种情况下，为了减少设备故障对运营的影响，有必要采用修复性维修。

修复性维修是一种非计划性维修，是对预防性维修的必要补充。为了更好地开展修复性维修工作，需要制定相关的标准流程、规范及规章制度，以约束维修人员，保障修复性维修的快速、准确执行，并使其过程安全、可控。

1. 故障的分类

按照不同的划分标准，同一故障可划分为不同的类别。比如无线基站故障，按设备类型分，属于无线专业设备故障；按物理位置分，属于车站设备故障；按影响范围分，属于可控范围的局部设备故障。故障的分类应结合实际需求进行划分，以故障影响范围为例，通信专业的故障可分为以下三类：

（1）一类故障。一类故障是指影响全线行车的关键设备故障。比如在控制中心无线交换机发生故障的情况下，全线无线基站进入单站集群状态，控制中心将不能通过无线系统联系正线上运行的列车，对全线的行车均会造成影响，属于一类故障。此类故障还包括控制中心传输系统两个以上节点设备瘫痪、有线调度交换机或服务器瘫痪等。

（2）二类故障。二类故障是指对客运服务构成影响且影响在可控范围的局部设备故障。比如某车站站内交换机的故障，其影响范围控制在本站范围内，不会对其他车站造成影响。通信专业站级各子系统设备瘫痪均属于二类故障。

（3）三类故障。三类故障是指除一、二类故障以外的故障。此类故障包括通信各系统外设故障、传输系统单个用户通道故障等。

2. 故障处理流程

通信设备在使用过程中不可避免会发生或大或小的故障，大的故障会直接影响到运营的正常开展。为防止通信设备发生故障后可能出现的组织和管理上的混乱，通信设备维护部门应按自身特点，制定相应的设备的故障处理流程，指导故障处理工作的开展。

在制定故障处理流程时，应贴合实际的维护维修情况，保证流程的可执行性。当设备故障需多个部门共同参与抢修时，应在故障处理流程中明确现场总指挥和各专业的具体负责人，避免引起抢修过程中多人指挥的混乱。为使整个故障处理流程能得到有效的执行，除需要参与抢修的一线员工熟悉整个故障处理流程外，还应有一个统一的调度在故障时进行指挥、协调和人员调配。

（1）故障处理通用流程。由于不同的专业之间存在差异，使得不同专业的故障处理流程也会有所不同，但通用的故障处理流程模型一般包括故障接报、故障处理和故障消除三部分，如图 2—18 所示。

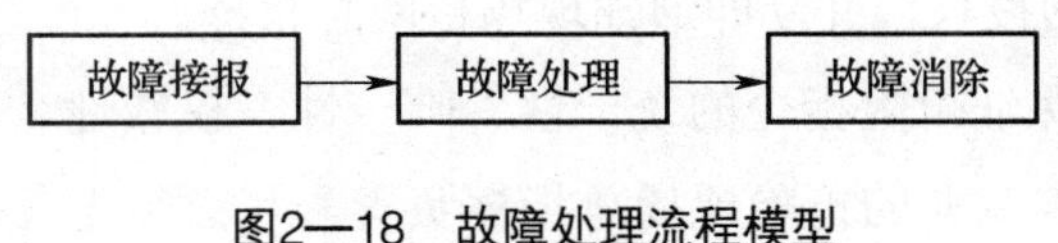

图2—18 故障处理流程模型

1）故障接报。值班人员接到故障报障后，要记录好故障报障时间、报障人及详细的故障现象等信息。故障处理人员需迅速到达故障现场，了解设备运行现状及对运营的影响情况。

2）故障处理。在故障处理流程中，要体现“先通后复”的故障处理原则，不能在短时间内修复的故障，可在符合安全的前提下使用一些特殊手段，尽快恢复运营，尽量将因设备故障造成的运营损失减到最小。

对于存在多个专业接口的设备，当其发生故障后，会出现多个专业的抢修人员同时赶到现场处理的现象，如不能对到场的抢修人员进行有效组织，反而会干扰正常的故障抢修，出现事倍功半的反效果。因此，故障处理时，一定要明确指挥小组、抢险小组的成员和各自的职责。

指挥小组成员和职责：由维修部门经理、分部主任和调度组成，负责抢险救援的组织、指挥、决策。故障现场抢修负责人负责故障抢修现场的安全、指挥和协调，及时与调度沟通，将现场信息反馈给调度。对已经影响行车的设备故障，应立即停用故障设备，由相关行车组织部门采用非常规的行车组织办法行车，然后按故障处理程序查找故障。现场处理人员发现故障处理不了时，应及时向调度汇报，调度及时组织技术骨干前往帮助处理。

抢险小组成员和职责：由主任、技术人员、维修人员组成，负责组织一支技术力量强、反应迅速的队伍，能对发生的故障、事故进行快速、准确的抢修和恢复。

故障抢修注意事项如下：

①必须牢固树立“安全第一”的思想，贯彻“高度集中，统一指挥，逐级负责”的原则，采取“先通后复”的办法，尽快恢复运营。

②在抢险现场，如果还有安全监察部门的参与，安全监察部门只有建议权，没有

指挥权。指挥权必须落实到主要抢险专业人员手中，安全监察部门可以作为抢险领导小组的成员，但不得直接干涉抢险组织。

③各类抢险中不同专业必须由对口专业的调度接受授权，并立即通知现场对口专业的现场抢险指挥人，现场抢险指挥人应立即执行调度指令。若能明确主要抢险内容，由相应专业调度接受维修调度电话口头授权主要抢险专业指挥人为抢险现场总指挥；若情况尚未明确，主要专业生产调度也须接受维修调度电话口头授权本抢险专业指挥人为现场总指挥。抢险结束后，主要专业生产调度必须向维修调度及时提出取消对本专业抢险现场总指挥的授权，并立即通知现场抢险总指挥。

④抢险必须严格保证抢险指令的统一性、唯一性、权威性。本专业抢险组必须指定一名抢险指挥人对本专业的抢险现场总指挥负责，且必须无条件服从指令，服从现场抢险任务的安排。

⑤抢险现场总指挥必须指定抢险的防护员、联络员及记录员，统筹安排安全防护的设置，并注意抢险完成后现场的出清，确保抢险有序、安全地进行。

3）故障消除。故障消除后，各抢修人员应在现场抢修负责人的统一指挥下，有序地出清故障现场，由故障抢修负责人向调度汇报故障处理情况及故障原因。对于未彻底恢复的故障，还需说明现场采用的临时保障措施及后续跟进安排。

（2）通信专业故障抢修流程及响应人员。对于通信专业而言，结合具体的故障分类，可以对上述通用故障处理流程模型进行进一步补充，使之更加适用于本专业。

1）三类故障处理流程。三类故障响应人员包含维修分部值班处理人员、对应专业的工班长及技术人员，其故障处理流程可参考图 2—19。

2）二类故障处理流程。二类故障到场响应人员包含维修分部值班处理人员、对应专业的工班长、技术人员；通报响应人员包含维修分部主任、维修部门质量安全室、生产技术室相关人员及部门经理，其故障处理流程可参考图 2—20。

3）一类故障处理流程。一类故障到场响应人员包含维修分部值班处理人员、对应专业的工班长、技术人员及维修分部主任；通报响应人员包含维修部门质量安全室、生产技术室相关人员及部门经理，同时，维修部门质量安全室、生产技术室相关人员及部门经理还需通报上级对口负责人。其故障处理流程可参考图 2—21。

3. 编写故障分析报告

故障分析报告是对整个故障处理过程的总结。通过编写故障分析报告，一方面可发现故障处理中存在的不足，并加以改善；另一方面，通过对故障原因的分析，有助于更加深入地对设备运行原理进行剖析，提高维护水平。故障分析报告的编写包含故障信息收集与归档整理两部分工作。

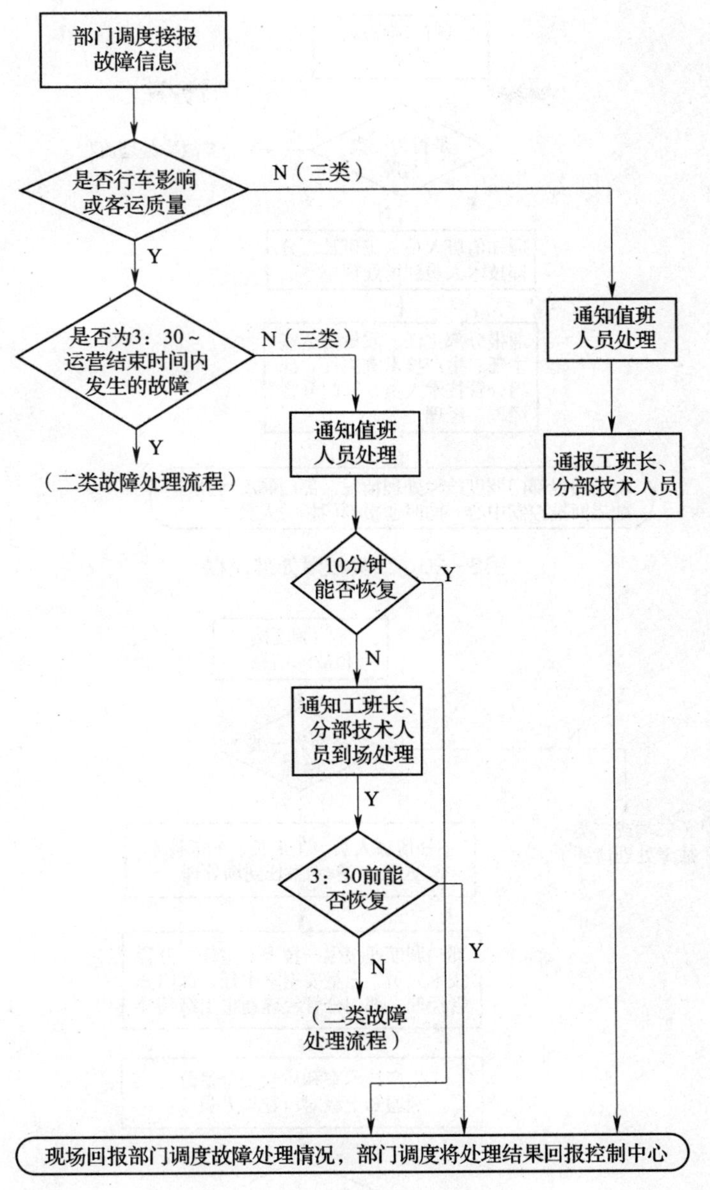

图2—19　三类故障处理流程

（1）故障信息收集。现场记录是收集故障信息的重要手段，通过对整个故障处理过程的记录，为重现故障及故障报告的编写提供了重要的依据。现场记录可以分为故障处理前、处理中、处理后三个阶段。

1）故障处理前。故障处理前记录的内容主要包含：故障接报时间、到达现场时间及故障现象。其中故障现象包含设备状态等指示、维护终端告警信息等内容。

2）故障处理中。故障处理过程中需要记录的内容主要是故障处理步骤，包括何时由何人进行了何种操作，以及该操作的结果。

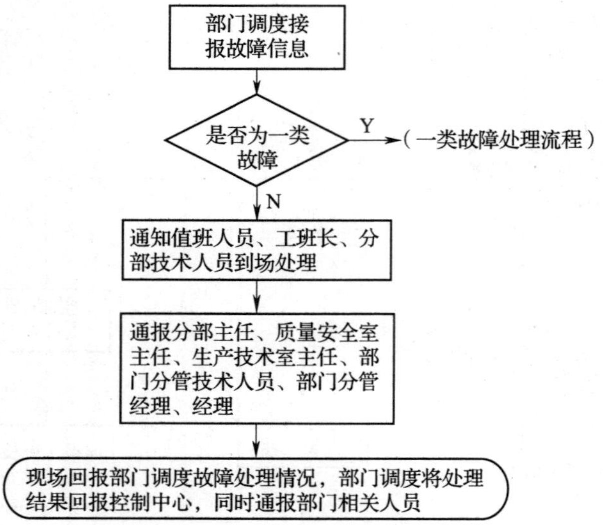

部门调度接报故障信息

是否为一类故障

Y →（一类故障处理流程）

N ↓

通知值班人员、工班长、分部技术人员到场处理

通报分部主任、质量安全室主任、生产技术室主任、部门分管技术人员、部门分管经理、经理

现场回报部门调度故障处理情况，部门调度将处理结果回报控制中心，同时通报部门相关人员

图2—20　二类故障处理流程

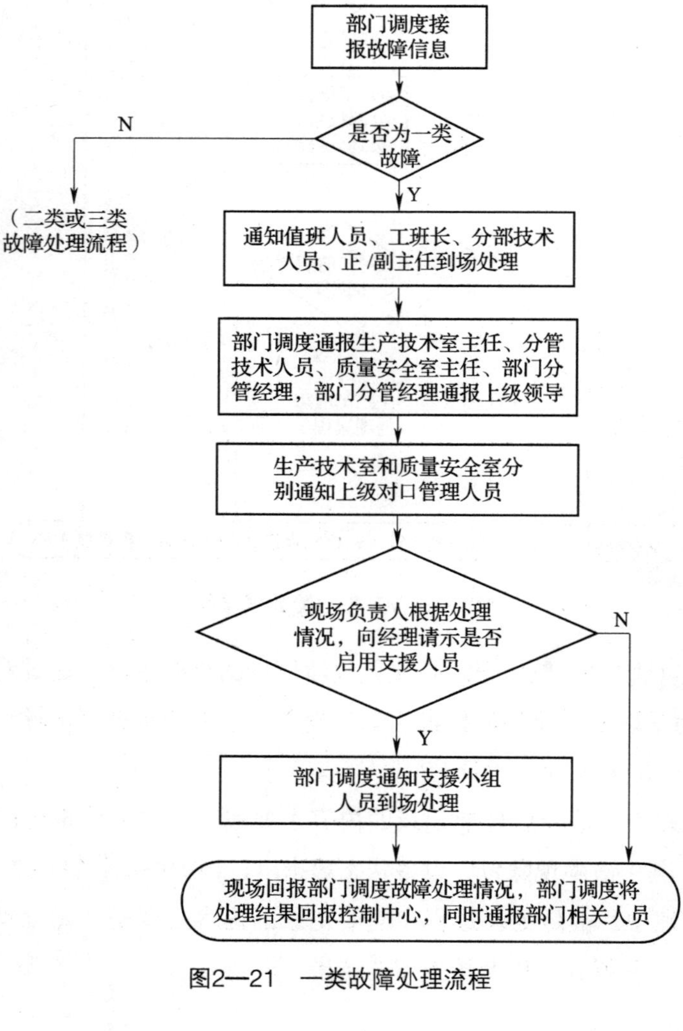

部门调度接报故障信息

是否为一类故障

N →（二类或三类故障处理流程）

Y ↓

通知值班人员、工班长、分部技术人员、正/副主任到场处理

部门调度通报生产技术室主任、分管技术人员、质量安全室主任、部门分管经理，部门分管经理通报上级领导

生产技术室和质量安全室分别通知上级对口管理人员

现场负责人根据处理情况，向经理请示是否启用支援人员

Y ↓ 部门调度通知支援小组人员到场处理

N ↓

现场回报部门调度故障处理情况，部门调度将处理结果回报控制中心，同时通报部门相关人员

图2—21　一类故障处理流程

3）故障处理后。故障处理后记录的内容包含：故障恢复时间、设备状态指示、维护终端告警信息以及对故障设备的测试结果。

为了更好地收集故障信息，可以采用设备故障记录表的形式进行记录。设备故障记录表范例见表 2—17。

表 2—17　　设备故障记录表范例

<table>
<tr><th rowspan="2">接报时间</th><th rowspan="2">报告人</th><th rowspan="2">接报人</th><th rowspan="2">故障地点</th><th rowspan="2">故障发生时间</th><th rowspan="2">故障所属系统</th><th rowspan="2">故障设备名称</th><th rowspan="2">开始处理故障时间</th><th rowspan="2">故障修复时间</th><th rowspan="2">故障延时（时、分）</th><th rowspan="2">处理故障所用时间（时、分）</th><th rowspan="2">处理人</th><th colspan="3">处理完报告</th></tr>
<tr><th>时间</th><th>报告人</th><th>受理人</th></tr>
<tr><td></td><td></td><td></td><td></td><td></td><td></td><td></td><td></td><td></td><td></td><td></td><td></td><td></td><td></td><td></td></tr>
<tr><td>故障现象</td><td colspan="14"></td></tr>
<tr><td>故障原因</td><td colspan="14"></td></tr>
<tr><td>处理方法及过程</td><td colspan="14"></td></tr>
<tr><td>备注</td><td colspan="14"></td></tr>
</table>

（2）归档整理。归档整理是在故障处理完后由主要故障处理人对本次故障的原因、处理过程等方面的分析与描述。参与故障处理的人员需清楚故障报告的组成要素，为故障编写人员提供准确、详细的信息。

一般来说，一份完整的故障分析报告应包含以下内容：

1）总体情况概述。应包含故障接报时间、故障的影响范围、是否造成列车晚点等信息。

2）故障处理过程。记录故障处理过程中的处理步骤及结果、故障恢复时间，以及在此期间的人员调动情况、相关指令的下达与执行情况。

3）故障原因分析。对故障现象及处理过程进行分析，理解清楚故障发生的原因，并对相关故障设备最近的检修、备品备件等情况进行分析。

4）故障点评。对本次故障的原因、处理过程中存在的问题进行点评。

5）整改措施。针对故障原因及故障处理中存在的问题制定整改措施，提高维护维修工作水平。

6）故障定性。根据故障的原因、影响范围对故障进行定性。

故障分析报告编写完毕并经故障处理分部审核后，需上交部门技术室及部门调度存档，可通过邮件的形式上交，并由部门统一组织各个通信分部进行学习。设备故障分析报告范例如下所示。

2012年4月26日 × 号线S站广播系统无广播故障分析报告

一、故障概述

应包含故障具体接报时间、故障地点、影响范围、是否造成列车晚点等信息。

二、故障处理过程

7：46　通信值班人员 ××× 接部门调度报S站广播故障。

7：48　通信值班人员 ×××、××× 赶赴故障现场。

……

8：28　S站广播系统恢复正常。

8：29　再次确认故障修复后，回复部门调度S站广播系统恢复正常。

三、故障原因分析

故障分析包含以下内容：

1. 对故障现象及处理过程进行分析，理解清楚故障发生的原因；

2. 对相关故障设备最近的检修、备品备件等情况进行分析，掌握设备的检修执行情况；

3. 对同种设备的历史故障数据进行分析，分清是偶发故障还是周期性故障。

四、故障点评

对本次故障处理的整个过程进行点评，包含以下内容：

1. 故障处理人员的响应速度；

2. 值班人员是否按故障处理流程处理，在执行中是否有不合理的地方；

3. 故障处理人员的技能是否满足维护维修的需要，现场指挥协调是否存在难处；

4. 备品备件的配置及调配是否满足生产需要。

五、整改措施

整改措施主要是针对本次故障处理各个环节出现的问题进行查漏补缺，避免同样的问题再次出现。

六、故障定性

本次广播故障对X号线S站造成了影响，导致该站整个车站的广播系统不能正常工作，按故障分类属二类故障。

设备维护部门

××××年××月××日

4．故障调查

重大设备故障发生后，各级调查处理小组要迅速赶赴现场，组织指挥有关人员采取一切措施，迅速恢复生产。同时，通过检查设备，查阅有关作业记录、台账资料、管理制度等，查明故障原因，组织认真分析，确定责任，制定防范措施。各级调查组人员有权进入各场所，有权调阅、封存各部门及个人的表格、记录和资料等，并有权要求限期提交书面材料。各责任单位及个人有责任全力配合各级调查取证工作，应主动、及时、如实反映设备故障情况，不得拒绝、拖延或弄虚作假，不得故意破坏设备故障现场，阻扰设备故障调查分析，否则需按有关规定严肃处理。

（1）故障调查程序

1）保护、勘查现场，详细检查设备状况，并做好调查记录。

2）绘制现场示意图、摄影录像，如技术设备破损故障时，应保存其实物。

3）对设备故障关系人员分别调查，由本人写出书面材料，必要时进行询问笔录。

4）检查有关技术文件的编制、落实情况，必要时将该文本附在调查记录内。

5）提高警惕，注意是否有人为破坏的迹象。

6）必要时召开调查会。

7）根据调查结果，初步判定原因及责任，提出考核处理意见。

8）制定整改措施，确定落实计划。

（2）故障调查分析报告。各责任部门在设备故障发生后应积极开展原因分析，并在规定时间内向上级部门报送事件分析报告，同时各部门要随时配合提供事件进一步情况的报告。设备故障调查分析报告范本可参考表2—18。

表2—18　　设备故障调查分析报告范本

设备故障调查分析报告			
专业		线路	
日期		地点（车站及区间）	
故障概况			
故障影响			

续表

设备检修周期与内容设置情况			
各级检修最近一次执行日期，是否符合检修规程周期		检修结果是否符合规程要求	□是 □否
故障技术处理过程及原因分析	可另附页		
技术应急措施			
不足及整改措施			
相关人员处理			

5. 组织故障分析会

故障分析会按召开时间的不同，可分为现场故障分析会和事后故障分析会两种。具体采用何种会议形式，可结合实际需要确定，必要时也可以两种形式结合使用。一般情况下，对运营造成重大影响的故障可采用“现场故障分析会＋事后故障分析会”相结合的形式。

现场故障分析会通常在故障处理完毕后马上在故障现场召开，由故障处理现场负责人召集，所有参与故障处理的人员参加。会议内容包含对整个故障处理过程的描述、分析和总结。如果故障尚未彻底解决，还需现场部署好下一步的临时保障措施及具体的跟进处理安排，直到故障处理完毕为止。

相对于现场故障分析会，事后故障分析会的召开相对灵活。由于不是在故障现场召开，因此在会议召开时间、召开地点、参与人员、会议议题等方面可以结合实际生产任务另行安排。事后故障分析会的参与人员除了现场故障处理人员外，也可以包含其他相关的维护、管理人员。同时，在分析会的讨论议题上，也可联合其他的故障案例一并讨论，提高会议效率。

召开故障分析会后应及时编写会议纪要，对会议内容、需要落实的工作等内容进行记录，并发送相应单位。故障分析会会议纪要格式范例如下所示。

××号线G站传输网故障分析会会议纪要

会议纪要内容包含会议召开时间、地点、会议主持人、会议参与单位及会议的议题。会议纪要如下：

1. 设备维护部门详细介绍了29日白天的故障处理过程以及29日晚上的故障彻底排查经过；

2. 根据故障情况判断，此次故障原因为UPS输出配电柜内供给传输系统的空气开关故障，导致传输三个机柜断电，设备无法使用；

3. 会上对下一步工作进行了布置，主要内容如下：

（1）由技术室牵头组织，结合空气开关工作原理，对故障空气开关进行深入分析，形成故障分析报告；

（2）全面开展电源系统及附属设备检查，包括UPS、电源屏、DB柜（包括空气开关、接线柱）、电源插板，通过测温及钳流表测电流的方式检查空气开关质量及负载情况，对温度明显升高的空气开关进行更换；

（3）加强人员值守，密切关注设备房温湿度变化情况，一旦发现温湿度异常，立即上报、跟进处理，确保设备运行环境良好；

（4）加强对员工的技能培训，提高对电源系统及其附属设备检修及故障应急处理技能；

（5）技术室梳理现有空气开关的检修流程，进一步完善维修规程，考虑定期更换。

与会人员：……

附件：会议签到表

分送：会议纪要接收及知会单位

纪要印发部门及时间：

6. 编制故障处理指南

故障处理指南是指导维修人员和使用人员在设备发生故障时如何能够快速恢复设备使用的指导性文件。针对使用人员的故障处理指南的目的是指导行调、车站站务员、列车司机了解故障及故障状态下的应急处理。针对维修人员的故障处理指南指引维修人员尽快地排除设备的故障，恢复设备正常运行。

编写故障处理指南切忌长篇大论，应以简洁的文字、流程图、表格等形式为主。由于使用人员和维修人员的职责和掌握的技能不尽相同，因此应针对这两部分人员编写各自的故障处理指南，不能混为一篇文本，以免在故障发生时出现混乱。同时，故障处理指南应按不同设备、不同故障现象分开编写。

通过编写、学习故障处理指南，可以提高维修人员的检修技能，缩短故障处理时间。但作为维修人员也必须清楚，故障处理指南是指导性的文本，并非故障处理的唯一途径，而且同样的故障现象有可能由完全不一样的故障原因引起。因此，在日常的故障处理中需结合现场情况灵活处理，避免拘泥于现有的资料，同时，随着维护经验的积累、新设备新技术的投入使用，故障处理指南也要不断更新，使之更适用于设备维护维修。

故障处理指南的编写方式可参考表2—19的范本。

表 2—19　　　　　　　　通信专业设备故障处理指南范本

通信专业故障处理指南			
故障类型	故障现象及影响范围	所属系统	故障原因及处理方法
交换机交换控制层故障	全部用户或大范围用户无法使用； 控制中心交换机的影响：控制中心机房及 S 站—X 站内部电话全部或部分中断； 车辆段交换机的影响：车辆段及 Z 站—W 站内部电话全部或部分中断	交换系统	故障原因：主用备用交换控制层全部故障 处理方法： 1．立即上报轮值和相关技术人员 2．检查交换控制层各模块指示灯情况 3．关闭有故障模块所在 CC 层的电源 4．更换故障模块 5．打开上述 CC 层电源重启交换控制层 6．如系统能正常启动则检查系统模块指示灯状态，并检查相关系统连接是否正常，如不正常则通知相关系统人员共同检查
			7．如系统不能正常启动，值班人员需要手动分级重启系统 8．重新登录维护终端，检查维护终端工作情况 9．检查最新用户数据是否丢失，如有丢失按资料重新输入 10．检查中继端口状态和误码率 11．抽查部分用户进行测试 12．保存相关故障信息
			故障原因：主用或备用控制层之一发生故障 处理方法： 1．立即上报轮值和相关技术人员 2．关闭有故障的模块所在 CC 层的电源 3．更换有故障的模块 4．打开上述 CC 层的电源 5．观察换板后 CC 层能否进入备用状态 6．如能正常进入备用状态则记录当前主备用位置并保存故障信息 7．如不能进入备用状态则重新检查模块状态，确定故障位置，重做步骤 2 ～ 5 8．系统正常后保存故障信息

7．建立故障经典案例库

建立故障经典案例库，可以使检修人员触类旁通，加快故障的处理速度。由于故障案例库是开放的，并取自真实案例，因此可以增加员工学习的兴趣。为了对故障案例库进行管理，方便员工查阅相关故障，有必要建立故障案例库索引。索引的格式可参考表2—20。同时，还需设定专人对案例库及索引进行更新，更新的周期可以采用定期和不定期两种。定期更新就是经过一定的周期，比如一个月，集中更新一次数据库；不定期更新就是有新的故障案例才更新一次数据库。

表2—20　故障案例库索引

专业	子系统	案例	简述
通信	无线	案例1：×× 号线Y站无线基站故障	基站母板故障导致基站不能正常开启
		案例2：×× 号线D站无线车站电台故障	无线信道机故障导致车站电台出现单通的现象
		……	……
	传输	……	……
	公务电话	……	……
	……	……	……

在编写案例库的时候，需注意阅读对象。根据维护经验及技能水平，维护人员可分为初级、中级及高级三个等级，不同等级的维护人员有不同的需求。为了使案例库更具有针对性，在案例内容的选材、分析深度上应有所区分。比如对于初级故障处理人员而言，重点是通过案例库学会面对故障时该如何入手，即学会故障处理的思路；而对于高级故障处理人员而言，重点则是对故障进行更加深入的分析，清楚故障发生的原理及处理措施。

故障案例的编写形式参考范本如下所示。

×× 号线Y站无线基站故障案例（高级）

一、故障概述

×××× 年 ×× 月 ×× 日 ××：××，部门调度报二号线Y站车站电台无信号。无线专业人员到现场处理，并首先采取先通后复的措施，提高与该站相邻的两个基站的发射功率，以保证区间的信号覆盖及行车安全。然后根据基站故障现象及相关板卡的故障指示灯，依次对基站TBC、DRMC、母板等板卡进行更换，最终定位为基站母板故障，更换基站公共子架第一排母板，重新安装基站模块后，故障消除。

二、故障处理过程

1. 部门调度报Y站车站电台无信号。

2. 无线值班人员到OCC通信设备房无线专用网管查看故障告警，发现Y站基站主时钟失败，无主控信道，且两个TTRX错误的运行。

3. 无线值班人员用指令查看Y站基站状态，两个TTRX为SE状态。

4. 无线值班人员试图远程激活两个TTRX，但只能开启其中的一个，且没有主控信道。

5. 无线值班人员回报部门调度：Y站无法远程开启，要到车站处理故障，并收拾好备件TBC、工具、笔记本电脑，准备下站处理。

6. 到达Y站后，处理人员用工程手持机测试端墙处区间场强在 −90 dB 左右，可正常发起和接收呼叫；为了更好地保证区间的信号覆盖及行车安全，现场处理人员要求OCC值班人员提高与该站相邻的两个基站的发射功率。

7. 处理人员现场查看基站设备，发现TBC亮红灯，并重启了一次TBC板卡。

8. 重启TBC板卡后故障没消除，处理人员电话通知工班长、分管技术人员。

9. 处理人员更换了一块备件TBC板，故障仍未消除。

10. 工班长、分管技术人员陆续到达现场；处理人员尝试更换TBC到备用槽位并重新配置数据，故障仍未消除。

11. 由于根据故障信息判断是基站TBC板主时钟及DRMC板故障，现场人员电话通知车辆段值班人员将车辆段测试室的TBC板及DRMC板拿到现场。

12. 再次更换基站TBC、DRMC，故障仍未消除。

13. 删除基站原有配置数据，并重新配置数据，故障仍未消除。

14. 拆开基站背板柜门，对背板连线进行检查，并将培训基站的背板信号线、时钟线及15 A电源保险更换到故障基站上做测试，但故障仍然存在。

15. 经过多次替换排查，初步确定故障原因与告警信息显示的TBC及DRMC板卡无关；故障有可能出现在连接板卡的基站母板上。

16. 更换基站母板后开启基站，告警消除，基站恢复工作。

17. 现场通话测试正常，确定故障已消除。

18. 回报部门调度，故障已消除，现场测试正常。

19. 调整相邻两个基站功率为原来发射功率。

三、故障分析

1. 基站的故障信息

TBC的REDUN指示灯为红灯，此指示灯指示基站的晶振状态异常。

DRMC板的RMC1和RMC2为红灯，指示DRMC板的低噪放大器故障。

现场用手提电脑读取基站故障信息，与告警显示一致：

06822 MAIN CLOCK FAULTY

3966 DRMC 1 LNA ALARM

06828 TTRX 1 RX BRANCH FAILURE

06828 TTRX 2 RX BRANCH FAILURE

故障信息的含义如下：

06822：基站主时钟故障，一般情况下，出现此故障信息，需要更换基站控制板TBC。

3966：DRMC 板的低噪放大器故障，此故障一般是由于低噪放大器的电压不正常引起的。

06828：基站 TTRX 的接收支路故障，此故障一般是由于 DRMC 板故障引起。

通常情况下，此类故障通过更换相应板卡可以恢复，但在本次故障处理中，替换告警板卡的方法并不能消除故障。因此，还会有其他的因素引起此类故障告警。

2. 基站板卡的连接

基站各个板卡之间通过基站母板连接，板卡之间各种信息通过母板中对应的总线进行传递；除此之外，由于基站电源模块的输出没有电缆直接连接到各基站模块，因此，母板还负责将电源模块的输出传送到其他的基站板卡，为其他板卡提供工作所需的电源。基站板卡与母板之间的连接关系如右图所示。

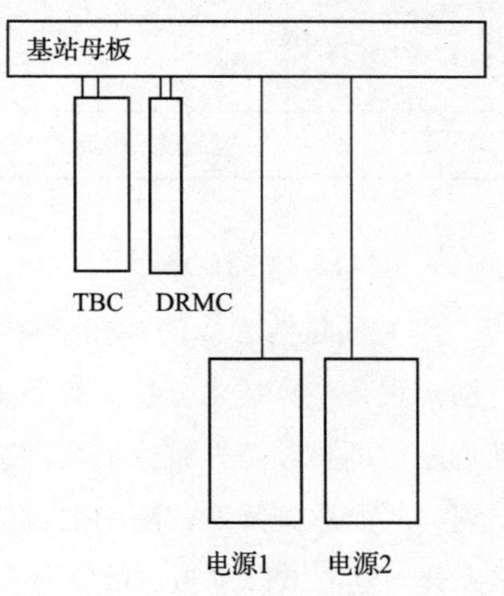

在本次故障处理中，经多次更换出现告警的板卡，但故障依然存在。考虑到多块板卡同时出现故障的概率较小，此时由于存在告警板卡的上级设备出现故障而导致下级板卡出现告警的可能性也会存在。最后通过更换母板，故障消除。

3. 母板故障分析

正常情况下，电源模块的输出到达基站母板后，由母板进行电压转换，分别输出+26 V、+12 V、−12 V、+5 V 电压，然后供给相应的基站模块。对故障母板的各路输出进行了测试，发现母板的 +12 V 电压输出异常，而正是由于这一路 +12 V 电压异常，导致了 TBC 及 DRMC 的工作异常并出现了告警。

四、故障点评

通常情况下，故障显示灯是故障最直接的反映，根据故障显示灯的状态，可以快速对故障进行定位及处理。但在某些特殊情况下，显示灯的状态并不能完全正确地反映故障的实际情况，不排除由其他故障引起的现象。因此在故障处理的时候需灵活处理，不能受限于某一类信息。

8. 修复性维修的三级措施

修复性维修不是简单的“出现故障—处理故障”过程，作为一种维修模式，需要进一步对其进行深化，使之成为一种完善的维修机制。在长期的维护维修实践中，逐步形成了“纠错—防错—防呆”的三级措施。纠错，就是现场对设备故障进行处理，使其恢复到正常的运行状态；防错，就是采用一定的措施，防止同类故障的再次发生；防呆，就是从制度上做出改变，从根源上防止此类故障的产生。

下面结合实际的案例对三级措施在维护中的应用进行说明，具体见表 2—21。

表 2—21　　三级措施在维护中的应用

故障现象	×× 号线 S 站全站无线信号掉失，行调不能通过无线设备联系该站及该站覆盖区间的列车
故障原因	S 站无线基站功分系统的功分器损坏，导致该站站厅、站台及覆盖区间无信号
纠错	现场更换损坏的功分器，无线信号覆盖恢复正常
防错	结合维护经验并分析，发现此现象是由于来自漏泄电缆上的电流对功分系统带来冲击，导致功分器的损坏。为了防止此类故障的重复发生，须在漏缆接入基站功分系统之前加装隔直器
防呆	在无线系统新线建设的施工工艺上添加此要求，在系统建设阶段就对此现象进行预防处理

9. 故障数据的统计分析

作为预防性维修的补充检修手段，对修复性维修的数据进行统计、分析、总结，有助于设备整体技术分析，有利于掌握设备的性能以及故障发展趋势，有针对性地合理规划与调整预防性维修的周期与强度，达到预先介入预防措施，避免同类故障再次出现，从而达到降低故障率的目的。因此，需要在日常设备维护中做到设备故障分析常态化，建立故障周报、故障月报、故障年度总结等制度。

（1）故障数据统计分析的意义

1）有利于设备故障的处理。当设备出现故障时，只要检索设备故障系统或是故障现象，就能马上找到相应的故障数据，同时也能找到处理方法及所需要的备件，有利于排除故障，少走弯路，提高维修效率和设备利用率。

2）改变设备故障处理的方法，将被动的事后维修方式转变为主动的预防维护方式。通过对设备故障数据库内的故障类别、故障时间、故障频率的统计分析和机理分析，找到设备故障发生周期，从而实现设备各系统、部位、板块等的检修周期预测，有利于预防性维护的准确实施。通过对设备进行有的放矢的检查维修，建立起预防维修体系，强化状态监测和检查维修，利用生产间隙对设备进行维护维修，最大限度地减少生产过程中突发的设备事故，提高设备质量，保证安全可靠地运营。

3）便于设备技术改造和大修计划的制定。通过对设备故障数据的分析，可以找出多发故障的问题和部件，分析其结构性能是否满足生产的使用需要，对不合理的部分进行技术改造。在大修前分析各设备的故障情况，制定出详细而准确的大修计划及备件采购计划，提高大修的目的性和经济性。

4）有利于对设备操作和维修人员技能的提高。通过对设备故障数据的分析，对使用故障和维修故障进行量化分析，可作为对设备操作人员、维修人员的绩效考核的依据。同时发现操作人员或维修人员工作中存在的不足，从而加强相应部分的培训工作，使操作人员的操作能力与设备维修人员的检查、维修水平得到全面提高。

5）有利于降低设备维护费用、配件采购计划制定及库存管理。通过对某个设备故障数据中单位时间内配件消耗情况的统计分析，可以得出该设备维护、维修的总费用，也可以查明该设备的主要维修部位，及时进行技改，从而降低设备的维护费用。另外，通过对单位时间内故障消耗备件的数量制定出合理的库存和采购计划，既保证不会因备件不到位而影响生产，同时也可避免盲目采购而造成的资金占用和库存积压。

（2）故障数据统计。在做故障数据统计时要求对生产维修中的每一个故障进行记录，按其类别分别记录。原始记录是反映故障情况的第一手资料，是统计数据的最基本来源，也是科学管理的基础。在这一阶段主要是收集和整理基础数据，必须保持其原始性、真实性、全面性，为生产和故障处理提供最原始的资料依据。

1）故障数据的主要内容

①故障对象的有关数据，包含系统、设备的种类、编号、生产厂家、使用经历等。

②故障识别数据，包含故障类型、故障现场的形态表述、故障时间等。

③故障鉴定数据，包含故障现象、故障原因、测试数据等。

④有关故障设备的历史资料。

2）故障数据统计注意事项

①按规定的程序和方法收集数据。

②对故障要有具体的判断标准。

③数据必须准确、真实、可靠、完整，要对记录人员进行培训，健全责任制。

④收集信息要及时。

（3）故障数据分析。故障数据统计分析的关键是“分析”二字，如果只统计不分析就失去故障统计的意义，应该说统计分析是故障管理的重要手段，就是要通过统计数据的分析找出故障规律，以便采取措施做好预防性维护及故障处理工作。

开展故障原因分析时，对故障原因种类的划分应有统一的原则。因此，首先应将故障原因种类规范化，明确每种故障所体现的内容。划分故障原因种类时，要结合设

备种类和故障管理的实际需要，其准则是管理人员或学习人员根据划分的故障原因种类，应能容易看出该故障的主要原因或设备存在的问题。当设备发生故障后进行鉴定时，要按同一原则确定故障的原因（种类）。当每种故障所体现的问题已有明确规定时，便不难根据故障原因的统计资料发现本企业产生设备故障的主要原因。

当对故障统计数据进行分析时，可以充分利用统计学原理对可能存在的故障原因进行一一排查和筛选。

在做故障统计分析时，往往会有很多的误区，容易犯很多的错误，下面几条是在做故障统计分析中应该避免的错误：

• 没有明确分析数据的目的。

要分析一个数据，首先要明确目的，为什么要收集和分析这样一份数据，也只有明确目的之后，才能够把握好接下来应该收集哪些数据，应该怎么收集数据，应该分析哪些数据等。

• 重收集轻分析。

数据分析重点应该在于分析，应该以最快的速度收集完数据，才有更多的时间整理和分析，最后经过分析的数据才是最有价值的。

• 收集数据太多，导致无法整理及分析。

在收集数据的时候需要有一个标准，什么数据是需要的，什么数据是不符合条件的，要做一个初步的筛选，这样就可以减少后面整理的工作量。

• 不懂得分析哪些数据。

这是比较普遍的问题，收集数据后不知道要分析哪些项目，哪些数据点才能体现出分析的目的。其实这也是前面讲的目的不明确造成的，不清楚为什么要收集这份数据，这份数据是用来做什么的，因此不会有一个评判标准，也就没有办法找到数据的要点。

• 表格不美观、不清晰。

做数据分析一般使用的是 Excel 表格记录，一份美观清晰的表格不仅让人可以清楚地看到这份数据的重点，方便查到所想要的数据，也可以在收集数据的过程中提高收集和分析数据的效率。同时要善于使用数据标志，一个设计合理的数据标志，可以让人一目了然地看到数据分析对比的效果，如图 2—22 所示。

• 不能坚持。

数据收集和分析是一件非常枯燥的工作，不管是收集还是分析，在海量的数据里，经常会让人摸不着头绪。数据越多，整理分析起来越麻烦，也越容易让人烦燥，就会半途而废。

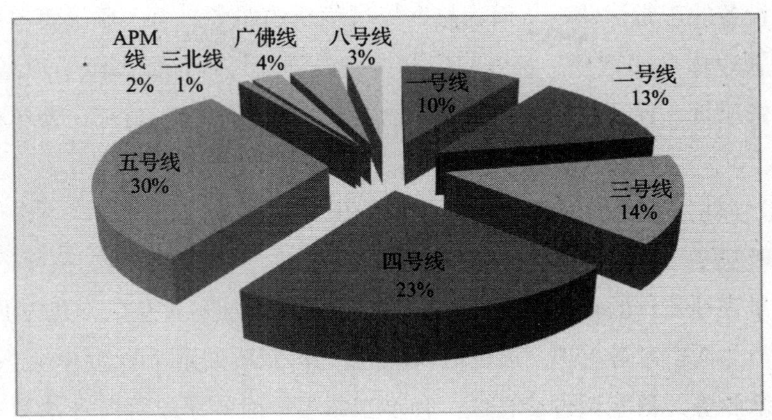

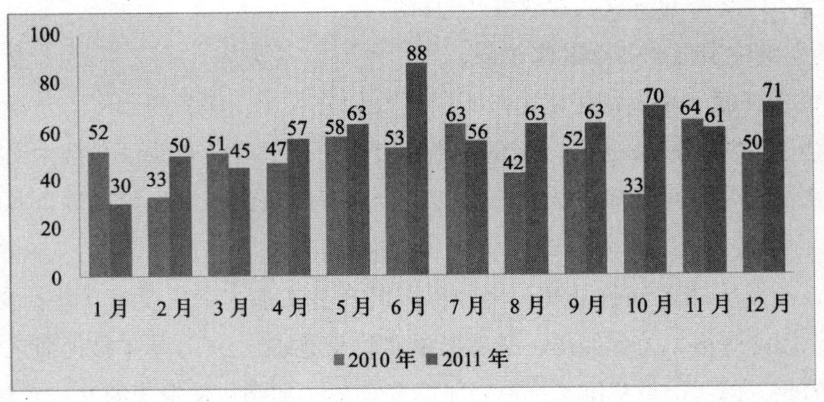

图2—22　故障数据分析图例

三、检修质量管理

要在维修部门有效地开展质量管理工作，首先，要依据已有的质量管理体系进行法律化的管理，这是质量管理体系建立和运行的前提，即要求每个部门、岗位、员工严格按照质量管理体系规定的职能和作业程序开展自己的工作。另外，在质量管理体系建立和运行工作过程中，要根据外部环境与内部环境条件的变化，不断地对质量管理体系进行改进、调整与完善，以确保质量管理体系适应环境的变化，成为有效运行的体系。

1. 质量管理体系与质量督察

质量管理是指确定质量方针、目标和职责，并通过质量体系中的质量策划、质量控制、质量保证和质量改进来使其实现所有管理职能的全部活动。

（1）质量管理体系。

1）质量管理体系实施的目的。通信设备维修部门的职责是认真做好设备的维护工作，确保设备的正常运营，从而为旅客提供优质的服务。引入质量管理体系的目的是通过质量管理体系的管理、有效应用和持续改进的过程，提高全员质量管理意识，提高设备检修质量，保证设备设施维护符合要求，增强乘客、员工、公司和其他相关方的满意度。

2）质量管理体系内容。质量管理体系的内容主要包括组织架构、岗位职责、工作接口、管理制度、维修规程或操作规程、应急管理、考评和考核、执行记录等方面。

（2）质量管理工作的重点。要做好全面质量管理，应着重从以下几方面开展。

1)加强员工岗位职务培训。通过培训，使员工树立质量第一的意识，人人关心质量，个个钻研技术业务，落实岗位责任制，使员工掌握一般的质量管理方法和本岗位所需的业务技能，达到控制质量、管理生产的目的。

2）落实岗位责任制和标准化作业。

①岗位责任制。岗位责任制是按不同工作划分职责、任务的制度，它规定各个岗位必须承担的任务和职责要求，既有数量和时间的要求，又有质量和技术的要求，形成企业严密的质量管理体系。因此，落实岗位责任制是依靠员工管理好企业的有效措施。

同时，要落实企业岗位标准。岗位标准既有员工基本素质要求（包括文化素质、专业素质、职业资格、工作经历、身体要求和职业道德），又有基本技能要求和工作质量要求。因此，落实岗位标准是提高员工队伍素质，加强科学管理的又一有效措施。

②标准化作业。标准是衡量客观事物的一种尺度，或者说，是对需要协调统一的技术或其他事物所做的统一规定。标准化是由维修部门根据实际情况组织制定、修订、优化和贯彻，以使生产作业最优化的整个活动过程。标准化工作是全面质量管理的一项十分重要的基础工作，也是部门、分部、工班各项管理工作的核心。质量管理离开了标准化，工作就不能发挥效能，生产操作过程离开了标准化，作业就无法按质进行。

③建立质量管理小组。质量管理小组是员工参加管理，实行生产全过程控制的有效组织形式。质量小组的组建一般以专业或工班为单位组建，可以推选产生，人数少的工班可全员参加，也可以跨工班组建，但不论采取何种形式组建，都必须聘请技术人员和质量管理人员参加。

（3）设备质量督察。维修部门应通过管理手段对管辖范围内的设备进行有效监控，质量管理的内容主要是对管辖范围内所有影响到设备运行的因素进行评价和控制。因此，维修部门质量管理工作一般包括管理制度 / 技术规程制定、员工培训、生产辅助设施管理、维修组织、物资管理五方面的内容。

以城市轨道交通通信维修部门的设备督察为例，介绍开展质量管理的方式方法。

1）设备质量督察的方式。设备质量督察可采用抽查的方式进行，收集线网通信设备运行的相关数据，采用统计的方法对设备运行状况进行分析，并根据分析结果进行抽样检查。检查可分为部门级检查和分部级自查两种。下面主要介绍部门级检查的组织方式和实施程序。

2）人员组织。开展质量督察工作，需成立专门的部门检查小组，专门负责开展部门质量督察工作。检查小组可分为管理工作组和专业检查组。专业检查组可按通信专业子系统划分，成立通信专业、无线专业、交换专业三个专业检查小组。专业组组长由指定专业技术人员担任，专业组成员由各子系统技术人员、技师、高级工组成。

3）检查小组职责。

①管理工作组负责制定质量检查计划并组织实施，跟进问题整改，形成月度质量分析报告并上报部门领导。

②专业检查组负责参与质量检查，实施检查计划、提交子系统检查分析小结。小结内容包括现场已整改的内容以及现场未能整改的内容。

③分部质量检查小组负责组织分部质量自查工作。

4）检查实施程序。首先由责任部门制定质量检查月度计划，经分管领导审核下发执行。实施过程主要包括以下内容：

①检查前召开检查组成员会议，组长向检查组成员布置检查内容及注意事项；

②根据质量检查计划和要求，做好具体分工；

③一般情况下，受检分部须指定人员陪同并对现场进行检查及确认；

④检查工作结束后，根据检查情况检查组开出整改通知书或考评意向通知书，由受检分部陪同人员或主任签字确认；

⑤受检分部接到整改通知书或考评意向通知书后，根据要求限期进行整改，受检分部（室）主任在整改通知书或考评意向通知书上签字确认，受检分部及时反馈整改意见及完成情况；

⑥验证检查，根据受检分部的整改回复情况，组织相关人员进行验证检查。

每月质量管理工作组形成质量分析报告，针对存在的问题制定相应的防范措施，并根据本月检查的情况确定下月质量督察的方向和内容。

UPS设备质量督察案例

针对关键不间断电源（UPS）设备故障有所上升的情况，特对UPS专检工作进行细化和调整，由部门质量安全室和技术室牵头对各线路车辆段、车站、控制中心、通信设备房的UPS、电池及电源屏设备进行专项检查。具体专项检查过程如下所示。

1. 成立专检小组

抽调各级技术骨干，对线网关键UPS进行专检，核查一线设备检修质量，牵头组织整治。对个别病害较多的UPS、整治难度较大的UPS进行会诊研判，确保每台关键UPS运行状态良好。

2. 制定计划并开展实施工作（略）

3. 原因分析及调查

案例1：在专检的过程中，专检组通过横向对比，发现个别分部对UPS的检修能力方面存在较大差异。为了统一检修方法，交流经验，专检组迅速组织了一次针对UPS的检修经验交流会，并在会后组织检修经验丰富的技师到车辆段培训基地现场对大家进行培训，收到良好的效果。

案例2：在专检的过程中，专检组发现UPS电池健康状况呈下降趋势，连续出现单个电池或几个电池电压内阻不符合技术参数要求。针对此问题专检组两位组长积极倡导和参加总部组织的技术协调会，就整治细节展开全面讨论，在技术层面及可行性方面最终达成共识，促成了UPS设备整治工作的标准化、统一化。

4. 总结及整改措施

针对专检发现的问题，专检组认为一线员工检修技能水平有待提高，思想麻痹大意是造成各种隐患存在的根本原因。具备较强检修经验和技能水平的人员不足，无法全面覆盖整个线网设备，是导致隐患存在的次要原因。建议如下：

（1）要求员工端正心态，严格按标准、流程作业，把控住检修中的每一个细节，真正做到"精检细修、防微杜渐"，切实将隐患扼杀在萌芽状态，以减少故障的发生。

（2）要特别加强员工的技能培训，尤其是解决问题的能力，提升员工对UPS设备整体把握的能力水平，能及早发现问题隐患，准确找到解决问题的办法，提高作业效率，确保设备检修质量，保证行车安全。

技能提升方面可从以下几个方面进行：

1）培训方式。随着线网增加，新员工越来越多，检修任务不断加重的情况下，在员工培训方式上要有所突破。建议针对不同的设备成立攻关小组，小组成员由来自一线检修经验和技能水平较高的工班长、技师和技术人员组成。攻关小组针对不同的设备按照标准的检修流程制作视频教学课件，在视频中可加入旁白，尤其是要通过教学视频体现检修中经常碰到的问题的解决方法。在此基础上再通过脱产培训、现场实操的方式加以理解和巩固。

2）技能的传承。在传统的"传、帮、带"基础上，可采用"每周一道题、每月一考试、每季一比武"的固定方式检验和强化员工对技能的学习，也可采用形式多样的主题活动，如技能竞赛、技能知识抢答、模拟演练等进行知识技能的巩固和再消化。

3）创新激励机制。在技能水平突出可越级晋升的基础上，可采用将员工的技能水平适当与员工的绩效挂钩，将员工在各种技能考试和比武的综合成绩按高低分为A、B、C三级，通过适当调整A级和C级的绩效，来激励员工不断加强自我技能提高的主动性，从根源上解决员工学习专业技能动力不足的问题。

（3）技术人员及高级工以上技能人员要增加现场跟岗作业次数，给予现场检修人员以必要的指导和技术支持，使一线生产活动确保在安全可控范围内。

（4）三级检查制度。三级检查制度是指由三个不同级别的人员分别组织的质量、安全检查，是一种常态化的检查制度。对通信专业而言，三级检查可分为部门级检查、分部级检查和工班级检查。其中，部门级检查由维修部门质量安全室负责实施，分部级检查由分部主任负责组织实施，工班级检查由工班长负责组织实施。

1）三级检查的内容。

①部门级检查，维修部门领导小组每月对本部门组织开展一次质量安全检查，要求对检查时间、内容、发现问题、整改措施和整改期限等应有详细的记录；本部门解决不了的问题，应及时上报上级主管部门协调解决。部门级检查由质量安全室负责组织实施，包括制定检查计划、人员安排、问题汇总和落实整改等。

②分部级检查，维修分部每两周组织一次质量安全检查，要有相应的检查过程记录，对发现的设备隐患、不安全因素应及时处理或上报。

③工班级检查，维修工班必须坚持每天的质量安全检查，包括设备的日巡视、施工作业前的安全交底、落实作业前安全检查、作业中安全监护、作业后设备功能确认、人员和物品出清检查。认真排查设备存在的隐患及各种不安全因素，及时进行整改或上报。

2）三级检查制度的相关管理规定。

①维修部门经理每月进行质量安全检查不少于一次，重点对年度目标值的完成、员工安全教育与培训、安全规章制度执行、关键设备检修、安全隐患整改、设备故障或事故管理、消防系统或设施状态等内容进行检查。

②维修部门质量安全管理人员每月进行四次安全检查，对检查时间、内容、发现的问题、整改措施和期限等填写在安全监督检查表中；不能及时解决的问题应及时上报上级主管部门协调解决。

③分部主任每月进行质量安全检查不少于四次，重点对员工作业不安全行为、工作环境对作业员工构成不安全因素，以及设备设施不安全状态等进行检查。分部安全员组织实施月度检查计划。

④分部技术管理人员每季对所管辖范围内的所有设备、工班进行一次检查，包括设备设施的运行情况、检修记录的填写情况、备品备件和工器具的使用情况及其他不

安全因素。对检查中发现的问题，及时报分部安全员进行汇总，并建立电子档案，下发相关工班进行整改，整改结果由工班报分部兼职安全员，由分部兼职安全员跟踪检查整改的落实情况。

⑤工班长每月须对管辖范围内的所有设备、车站进行一次检查，包括设备的运行情况、检修作业的完成情况、检修记录的填写、备品备件、工器具、劳保用品的使用情况及员工的教育培训情况，并保留相应的检查记录。对检查中发现的问题，应立即组织人员进行整改，不能解决的问题应及时上报上级主管部门协调解决。

2. 设备缺陷反馈与改进机制

对于检查发现的问题和隐患，有两种反馈和改进方式，一种是《整改通知书》，另一种是《质量安全检查通报》。至于采用何种方式，可结合检查的具体情况而定。一般遵循一个原则，即如果检查发现的问题和隐患的性质比较严重或影响范围较广，宜采用《整改通知书》的形式，否则，采用《质量安全检查通报》的形式。下面分别介绍这两种反馈和改进方式。

（1）《整改通知书》

1）检查小组根据检查的实际情况开出《整改通知书》，详细列出检查中发现的设备隐患或存在的问题，注明整改期限，交受检分部陪同人员或直接上级签字确认，并要求受检分部按时进行整改并回复。《整改通知书》一式两份，一份交给受检分部，一份交维修部门质量安全室存档，《整改通知书》的一般格式可参考表 2—22。

表 2—22　　整改通知书范本

整改通知书
××分部（室）： 在对你分部（室）进行技术、质量、安全监督检查中发现，贵分部（室）存在下列问题： 上述事项限于　　年　　月　　日前整改完毕，并将整改结果书面上报备案。请贵分部（室）尽快组织整改，逾期不整改的，将依照有关规定对责任人员作出处理。 签发人：　　　　被检查分部（室）代表：
注：本通知一式两份，整改通知人与被整改分部（室）各执一联

2）受检分部接到《整改通知书》后，应在规定的整改期限内组织人员完成整改，并将整改结果书面回报质量安全室，书面回复需要详细注明各项隐患或问题的整改情

况，并由受检分部主任签字确认。

3）质量安全室收到整改书面回复后，视情况对隐患的整改情况进行复查，对逾期不整改或整改不力的，将依照有关规定对相关责任分部及人员作出处理。

（2）《质量安全检查通报》

1）质量安全室每月会对检查小组查出的问题及隐患进行汇总，并以《质量安全检查通报》的形式邮件下发各分部，检查通报里包含《检查问题汇总表》，里面详细列出检查时间、检查地点、发现问题、整改措施、责任单位、整改期限、整改情况跟踪等内容。检查通报的格式可参考如下范本。

维修部质量安全检查通报

各分部：

现将维修部《质量安全检查通报》（7 月 1 期）下发给你们，请各分部按要求落实整改措施，并把整改情况或跟踪情况于 2014 年 7 月 30 日下班前反馈到部门质量安全室（书面或电子版）。

附件：维修部质量安全检查问题汇总

联系人：张三（667788）

维修部质量安全室

2014 年 7 月 19 日

表 2—23　　维修部质量安全检查问题汇总范本

序号	时间	地点	发现问题	整改措施	责任单位	整改期限
1	7月3日	×× 号线 C 站通信设备房	传输机柜光板上的尾纤存在拉扯现象	对尾纤的安装、固定方式进行整改，避免拉扯现象	维修分部	立即
2	7月6日	×× 号线 F 站通信设备房	发现鼠迹	立即检查设备房封堵情况，并报灭鼠部门	维修 ×分部	立即

2）责任分部收到检查通报后，应在规定的整改期限内组织人员完成整改，并将整改结果分别以邮件和书面两种方式回报质量安全室，书面回复需要责任分部主任签字确认；同时还需要组织全体员工进行学习，防止类似情况再次出现。

3）质量安全室设专人对检查通报整改情况进行跟踪和归档，督促分部按时整改并回复。并在下一次检查中对上一期《质量安全检查通报》的整改情况进行复查，对于没有按期整改或整改不力的，质量安全室将按相关规定对分部进行处理。

3. 评估与考核机制

质量管理评估与考核机制是质量管理活动的重要内容，它既能反馈重要的质量体系运作信息，又对质量管理工作具有重大的指导作用，因此制定质量管理评估考核评价机制是非常必要的。

通信维修部门的质量管理评估应围绕与通信设备运行相关的规章制度建设、员工培训、维修组织等方面的内容。评估的重点是不合格事项。

（1）不合格项事项。不合格事项指质量管理体系在建立和实施过程中出现的未满足质量管理体系要求、通信设备质量要求的项目。

1）严重不合格项

①质量体系运行出现系统性失效。

②质量体系运行出现区域性失效。

③影响设备质量或体系运行。

2）一般不合格项

①个别的、偶然的、孤立的，性质轻微不合格项。

②对整个系统或区域的有效性影响轻微的不合格项。

3）观察项

①个别的、偶然的、孤立的，性质未达到一般不合格项。

②对整个系统或区域的有效性影响未达到一般不合格项。

（2）质量考核

1）质量考核原则

①实事求是原则：客观、公正、实事求是地评价质量工作绩效。

②结果公开原则：评价结果在维修部门内公开。

③指标量化原则：以评价分值体现质量工作绩效，具有科学性，可操作性。

2）质量考核的内容及要求。围绕影响通信设备运行的因素，质量评价的内容包括管理制度（技术规程）、员工培训、基础设施维护、维修组织、物资管理等方面。对各维修分部（室）的质量评价周期为每月一次，评价的结果直接与维修分部（室）的月度奖金挂钩。

3）质量考核。维修部门质量考核可根据每月质量督察报告中不合格项的数量和性质进行评分，首先要设置一个基准分值，然后对每一个考核项设置扣分值，按照对生产设备的影响每项制定不同的分值。如出现严重不合格项可考虑扣除对应项目的所有分值；出现一般不合格项和观察项应扣除相应的分值。

质量考核等级根据总得分的情况进行评定，可分为优秀、良好、中、合格、不合格。

评价结果应与安全绩效奖直接挂钩。

4. PDCA闭环管理

PDCA循环也可称为质量环，是管理学中的一个通用模型。它包含了质量管理活动的全部过程，即质量计划的制定和组织实现的整个过程，是按照PDCA循环周而复始地运转的，其模型如图2—23所示。

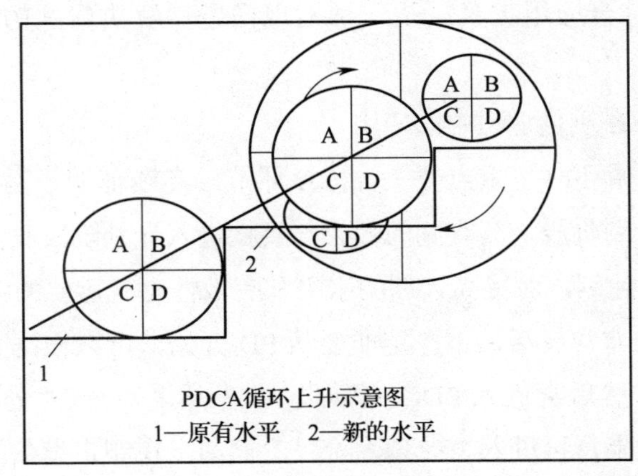

图2—23 PDCA模型

（1）PDCA循环的含义。PDCA循环是能使任何一项活动有效进行的一种合乎逻辑的工作程序，特别是在质量管理中得到了广泛的应用。在实际的通信设备维护维修中，P、D、C、A四个英文字母所代表的含义如下：

P（Plan）——计划：根据设备维护维修的要求和组织的方针，建立必要的目标和过程；

D（Do）——实施：结合生产的开展，实施质量管理的过程；

C（Check）——检查：根据设备维护维修的要求和组织的方针，对质量管理过程进行监视和评估，并报告结果；

A（Action）——处置：根据检查结果采取相应的措施，以持续改进质量管理。

（2）PDCA循环的特点。PDCA循环可以使维护维修的工作思路和工作方法更加条理化、系统化、科学化。PDCA循环的特点如下：

1）周而复始，不断前进。PDCA循环的四个过程不是运行一次就完结，而是周而复始地进行。比如对某个通信子系统进行一个PDCA循环，解决了某个部件的问题，可能还有其他部件问题没有解决，或者又出现了新的问题，再进行下一个PDCA循环。

2）大环带小环。通信专业是一个整体，它是由无线、传输、交换等子系统组成。

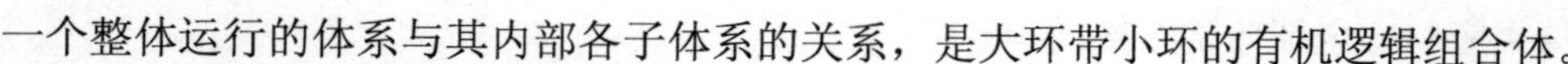

一个整体运行的体系与其内部各子体系的关系，是大环带小环的有机逻辑组合体。

3）阶梯式上升，不断提高。PDCA 循环就像爬楼梯一样，一个循环运转结束，维修的质量就会提高一步，然后再制定下一个循环，再运转、再提高。循环不是停留在一个水平上的循环，而是在不断解决问题的过程中，维修水平会逐步上升的循环。

4）科学管理的综合应用。PDCA 循环应用了科学的统计观念和处理方法，是一种很好的科学管理综合应用工具。是一种发现问题、解决问题的行之有效的管理工具。

（3）PDCA 循环在质量管理中的应用

1）进行 PDCA 循环时，重点要关注 CA 环节，实践证明，是否先检查前一循环的实施效果再进入计划阶段，其收到的效果与直接进入计划阶段收到的效果截然不同，在 CA 的基础上进行计划，对提高计划的水平和有效性有着重要的意义。因此，PDCA 循环理论的应用可以非常灵活，不一定非要从 PD 开始，可以根据具体情况灵活运用。如可先从 CA 入手，然后再进入 PDCA 循环，即先从“检查”“处置”阶段入手，根据前一循环的实施效果，再进入“计划”阶段。例如，在制定设备维护维修年度方针、目标及实施计划方案时，可先回顾上一年度的方针、目标的实现情况，即对上年度的 PDCA 循环效果进行充分验证后，再制定本年度的计划。

2）为了改进和解决设备维护维修的质量问题，在进行 PDCA 循环时还可以利用相关的数据和资料，如同一类通信设备历年来的故障记录，以及质量管理中常用的统计分析方法做出科学的分析判断。

PDCA 循环法在质量检查活动中的应用案例

下面介绍某城市轨道交通 ×× 维修部应用 PDCA 循环为基础开展质量检查活动的一些做法，按照 PDCA 循环法（计划、实施、检查、处置）的工作程序，组织开展每月的质量检查活动。

（1）计划阶段。由部门质量安全室根据上月设备的运行情况（如上月设备故障统计、上月质量督察情况）进行分析，找出各种影响设备正常运行（或影响设备检修质量）的因素，通过相关的统计方法，找出其中的主要因素。

针对该主要因素，确定本月质量检查的侧重点，并制定部门质量检查月度计划。

（2）实施（执行）阶段。根据部门制定的质量检查月度计划，组织相关检查组成员，落实质量督察工作。其中，主要工作及注意事项如下：

1）检查前召开检查组成员会议，组长向检查组成员布置检查内容及注意事项；

2）根据质量检查计划和要求，到受检分部请点；

3）如检查组需受检分部派人员陪同检查的，应及时向受检分部提出；受检分部必须指定人员陪同并对现场进行检查及确认；

4）检查工作结束后，根据检查情况，检查组开出《整改通知书》或《考评意向通知》交受检分部陪同人员或主任签字确认；

5）受检分部接到《整改通知书》或《考评意向通知》后，根据《整改通知书》或《考评意向通知》的内容限期进行整改，受检分部（室）主任在《整改通知书》或《考评意向通知》上签字确认，受检分部及时向质量安全室反馈整改意见及完成情况。

（3）检查阶段。质量安全室组织检查，将《整改通知书》或《考评意向通知》一联返回给受检分部存档，另一联由质量安全室存档，并对检查发现的问题进行汇总，并评估执行的效果。

（4）处置阶段。质量安全室在每月 25 日前，根据质量督察的情况形成质量分析报告，针对不合格项分布及影响程度分析，提出整改意见及措施、总结质量工作上的优点及不足之处。将成功的经验和措施进行标准化、制度化，并在部门范围内加以推广。

PDCA 在质量管理工作中的应用案例

某城市轨道交通 ×× 维修部对管辖范围内所有影响设备运行的因素进行评价和控制，分别从管理制度（技术规程）、员工培训、生产辅助设施、维修组织、物资管理五方面开展质量管理工作，如图 2—24 所示。

从图中可以看出，每项工作都应用了 PDCA 循环法，下面以维修管理组织为例说明 PDCA 的运用。

（1）计划阶段。首先根据维修规程中检修周期的规定，制定日常检修计划（包括日、月、季、年）。

（2）实施阶段。工班根据检修计划，安排人员实施检修作业。其包含现场作业前的安全讲话、作业中的安全控制、作业后的检修质量达标、现场工具清理等。

（3）检查阶段。检查应包括过程检查和结果检查。过程检查是指现场作业前的安全讲话、作业中的安全控制、作业过程是否按步骤执行、现场工具清理等是否符合要求。结果检查是指检修结果是否符合技术规范要求，是否存在安全隐患等。

（4）处置阶段。根据检查中发现的问题，制定相应的整改措施。如出现检修结果不符合技术规范要求的，有可能是以下原因造成的：一是标准不合适；二是人员技能不达标；三是工具不能满足检修需要。针对这三方面原因我们就要采取以下措施给予整改；根据实际情况修订维修标准；对员工进行有针对性的技能培训；采购合适的工器具。

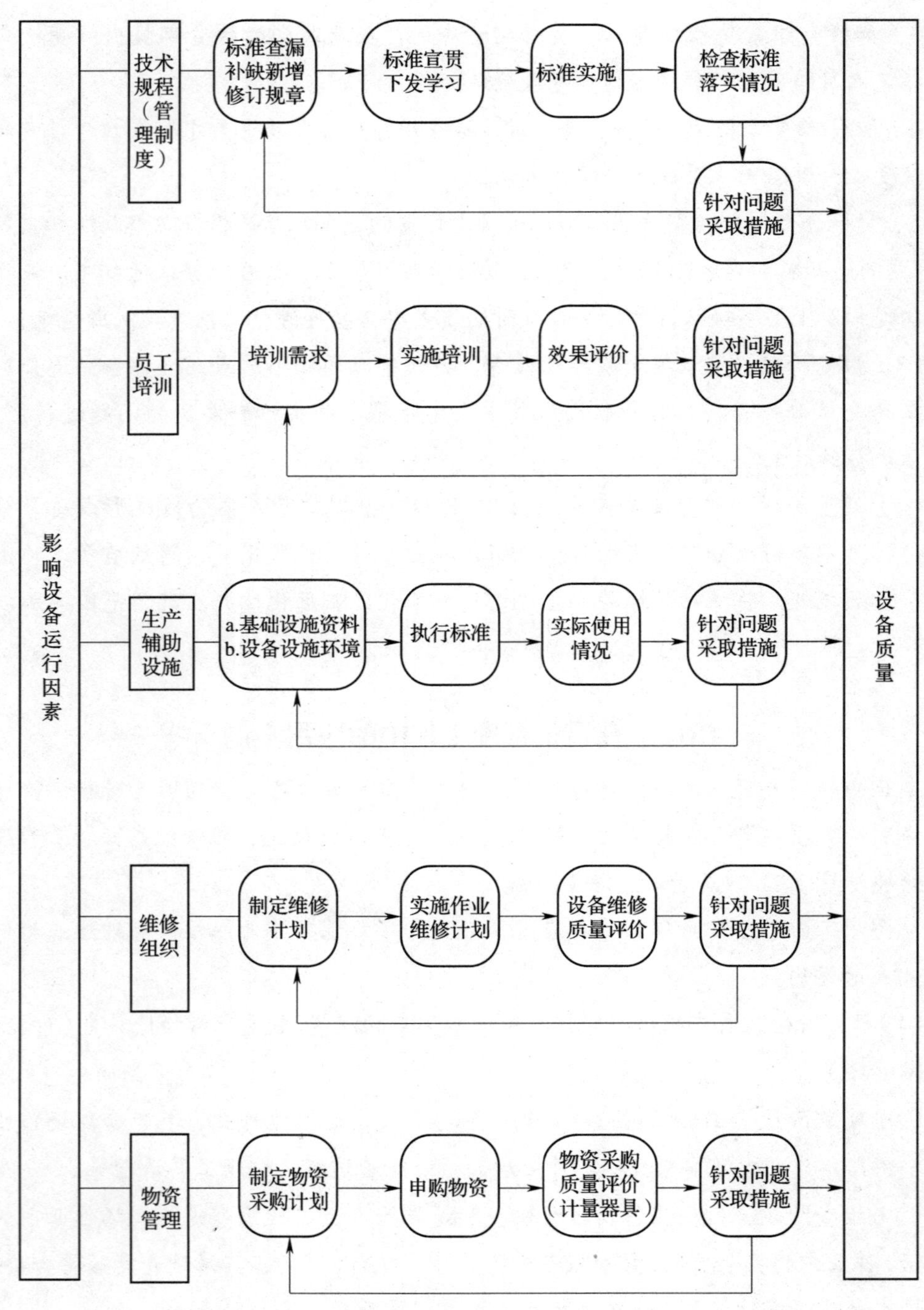

图2—24　PDCA循环应用图示

5. 合理化建议

（1）合理化建议制度。合理化建议制度又称为奖励建议制度，它是企业内部沟通制度的一种，目的在于鼓励员工直接参与企业管理，让员工能与企业的管理者保持连续、有效的沟通。合理化建议制度最明显的优势在于它能够快速汇聚集体智慧，并进行推广。

员工合理化建议反馈表见表2—24。

表2—24　　维修部门员工合理化建议反馈表

处理时间：2012年7月1日				
序号	建议者	提案主题	提案类别	审核领导小组意见
1	张三	在无线调度台配置本地数据库	生产类	采纳
2	陈五	更换车站乘客导向音源为女声	其他类	不采纳，广播音源的录制原则不区分男女声

（2）合理化建议的范围。合理化建议制度是一项先进的管理方法，适用于所有企业和组织，针对不同企业、组织的特点，合理化建议的范围可能有所不同，对于通信专业而言，合理化建议的内容主要包括以下几个方面：

1）生产类：主要包括检修技术、检修工艺、检修工器具的改进，设备测试、检测手段的改进，材料、成本的节约等。

2）技术管理类：主要包括科技成果“四新”技术推广应用，引进技术、进口设备的消化、吸收和革新，设备技术改造；安全技术、劳动保护技术的改进；企业现代管理方法、手段的创新和应用，经营管理的建议等。

3）其他类：其他方面的合理化建议，如企业精神文明建设、企业文化建设和企业职业道德建设方面的建议。

（3）合理化建议的组织机构。为保证合理化建议活动的顺利开展，需要成立必要的组织机构。以维修部门为例，可成立合理化建议评审小组及评审领导小组，领导小组由部门经理任小组组长，组员包括部门副经理及相关职能室管理人员。

评审小组的日常工作包括组织、宣传与发动员工参与，并对员工提出的合理化建议进行整理、分类、汇总、转达及上报。评审领导小组主要工作是审批建议项目的方案、评定等级、实施奖励等。维修部门合理化建议需定期开展，并对收集的建议进行定级、奖励。评审结果在部门范围内进行公布，同时，部门将合理化建议纳入员工的年度业绩考评。

第四节 安全管理

一、安全管理内容与工作方针

安全管理内容应包括安全目标、事故管理、安全培训、安全检查、安全奖惩、设备安全操作规程、特种作业管理、特种设备管理、劳动保护管理、安全关键点、事故预案、自然灾害应急预案、紧急信息处理、消防管理、危险化学物品管理、安全档案、OHSAS 和 ISO 14001 系统运行管理等方面。

运营维修安全工作方针为：安全第一、预防为主、综合治理。

二、安全责任制

运营维修部门在承担维修生产进度、成本、质量责任的同时，还需承担安全管理、安全生产的责任。

（1）维修部门第一负责人为安全生产第一责任人，应有组织、有秩序地开展安全管理活动，并承担安全生产的责任。

（2）维修部门建立层级人员安全生产责任制，明确各级人员的安全责任，抓制度落实、抓责任落实，定期检查安全责任制的落实情况。

1）建立健全安全生产规章制度。维修部门对安全管理、安全生产责任落实、安全会议、危险品管理、施工安全管理、教育培训、绩效考核、应急管理等，应制定专项规章制度或综合类规章制度；同时，还应制定专业系统设备的安全操作规程和各岗位的安全作业注意事项。

2）建立安全会议制度。维修部门每月应召开不少于一次的安全网络例会。会议内容应包括维修分部的安全工作情况，特别是预防事故的措施和事故调查分析情况；讨论、学习有关安全生产的方针政策、法律法规和各项规章制度，贯彻上级有关安全生产的指示。

3）安全检查制度。维修部门可实行多级安全例行检查制度。不同层级由不同的分管室或分管人负责实施，将安全检查落到实处。

三、安全教育

维修部门必须对所有员工进行安全生产教育和培训，安全教育是进行人的行为控制的重要方法和手段。因此，进行安全教育要适时适宜，内容合理，形式多样，最终形成制度。安全教育工作要做到严肃、严格、严密、严谨，讲求实效。通过开展安全教育，能增强员工安全意识、提高安全生产水平，有效防止人的不安全行为，减少人为失误。

1. 安全教育的目的

安全教育的范围应包括安全知识、安全技能、安全意识三部分。进行安全教育的目的是不仅要让员工具备必要的安全生产知识，掌握本岗位的安全操作技能，增强预防事故、控制职业危害和应急处理的能力，而且能正确、认真地在维修作业过程中表现出安全的行为。

（1）安全知识培训，使操作者了解、掌握生产过程中潜在的危险因素及防范措施。

（2）安全技能培训，使操作者逐渐掌握安全生产技能，减少操作中的失误现象。

（3）安全意识培训，在于激励操作者自觉坚持实行安全技能。

2. 安全教育的架构与内容

（1）安全教育的架构。安全教育采取层级教育的形式，在不同层级上设立专门的负责组织或人员，开展相应的安全教育。安全教育的架构如图 2—25 所示。

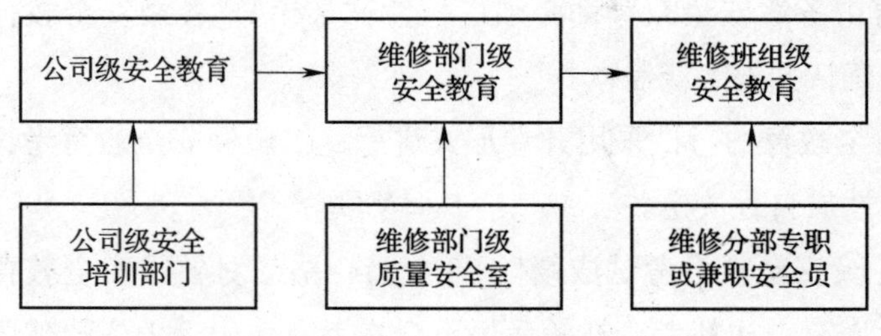

图2—25　安全教育组织架构

（2）三级安全教育。三级安全教育制度是企业安全教育的基本教育制度，新员工入司必须进行三级安全教育。对于新员工的入司三级安全教育，应偏重于通用安全知识、生产组织原则、生产环境及作业纪律等内容。

1）公司级安全教育

①公司级安全教育的内容：市级安全生产宣传教育中心编制的通用安全知识，公司级编制的员工通用安全知识及职业健康安全管理体系、接触轨区域安全及环保知识（含公司级安全生产规章，作业场所和工作岗位存在的危险因素、防范措施及事故应急措施，相关事故案例等）。

②部门级安全教育的内容：部门通信安全规则、部门的安全组织与管理规定，相关事故案例等。

③工班级安全教育的内容：根据具体的通信专业、工种制定，内容必须含有维修工班安全生产状况和规章制度，作业场所和工作岗位存在的危险因素、防范措施及事故应急措施，有关事故案例等。

2）三级安全教育的组织实施

①新员工办理入司手续后，公司级培训部门负责组织公司级安全教育，并组织考试。新员工完成公司级安全教育后，由培训部门核发《员工安全教育卡》和《安全培训证书》。新员工完成三级安全教育后，培训部门将安全教育卡交用人维修分部建档保存。维修部门建立部门级安全教育电子台账，维修分部建立工班级安全教育电子台账，维修分部每月最后一天将更新的电子台账上报维修部门质量安全室备案。

②部门级安全教育由维修部门质量安全室负责组织，进行相应的安全教育与考试，对安全教育的考试成绩，由维修部门质量安全室负责签字确认。

③工班级安全教育由维修部门质量安全室指导、由维修分部专职或兼职安全员负责组织实施。具体可由工班安全员负责组织实施，进行相应的安全教育与考试，分部安全员及工班长对安全教育的考试成绩进行签字确认。

3）三级安全教育的考核及档案的建立

①安全教育中各级安全教育都必须进行考试（核），各级安全教育的负责人需对考试（核）成绩确认并签字或盖章。

②部门级安全教育的考试采用开卷形式进行，工班级安全教育考试形式由各分部及工班根据工作性质自行决定。

③部门内各级安全教育考试成绩以 80 分为合格，对各级安全教育考试（核）不合格的人员，允许有一次补考，补考后仍不合格者，交由人力资源部门按相关规定及程序处理。

④公司级的安全教育及考试资料由培训部门负责保存，部门、工班级安全教育考试试卷由维修分部安全员负责保存。

⑤三级安全教育培训工作结束并经考核成绩合格后，维修分部应及时为员工建立安全教育档案，档案里应包含《员工安全教育卡》《安全教育合格证》和各级安全教育考试试卷。原则上每位员工应独立设置一个档案袋，安全教育档案由维修分部安全员保管。

⑥员工调离分部时，其安全教育档案随个人转移到相应的单位存档。

（3）复工安全教育。复工是指由于各种原因脱离原岗位较长时间，又重新上岗操作。其中脱离原岗位一年以上重新上岗时，须重新接受部门和岗位安全教育，如脱离原岗位半年以上重新上岗时，须重新接受岗位安全教育。复工安全教育偏重于生产现场操作技能的安全教育。

（4）日常安全教育

1）维修部门需对所有从业人员进行经常性安全生产教育。安全培训的主要内容包括：安全生产法律法规知识、安全生产思想意识，安全生产规章制度、安全生产技术知识、安全操作规程、安全操作技能，安全生产新知识、新技术，作业场所和工作岗位存在的危险因素、防范措施及事故应急措施，事故案例分析等。

2）维修部门员工日常安全教育一般每周开展一次，通常以工班为单位组织开展，安全教育结束后需要填写必要的安全培训记录并永久保存。

（5）专项安全教育

1）消防安全培训。消防安全培训的目的是通过消防基本常识培训，使员工从思想上高度认识到消防安全的重要性和必要性，了解基本的消防安全常识和单位的消防制度，熟悉掌握消防器材的使用方法，从而满足安全生产的需要。维修部门必须定期组织员工进行通用安全知识和防火责任人的培训、考核，培训的主要内容应包括：介绍公司基本概况，生产特点、火灾的危险性、重点部位、防火制度、消防设施、防火、灭火和逃生自救常识等。另外，消防设备操作的培训也是非常重要的，培训内容还要包含介绍管辖范围的消防重点部位、灭火方案和工作区域范围内消防器材的分布，掌握使用初起火灾扑救方法，熟悉本岗位安全操作规程和本岗位周围消防器材的分布。培训效果也就是要达到消防“四知四会”，即知防火知识，知灭火器材，知防火制度，知重点部位；会报警，会用灭火器材扑救初起火灾，会组织疏散，会逃生。

员工的消防安全培训应当至少每年进行一次，志愿消防队员的消防安全培训至少每半年进行一次。

2）特种作业人员安全培训。特种作业人员安全教育是安全管理中一个极为重要的环节。特种作业，不仅危险性大，极易发生群死群伤的重大伤亡事故，而且对周围环境以及他人的生命安全也有着重大的威胁。对当前发生的事故统计分析结果表明，由于特种作业人员的违章作业、违反劳动纪律以及冒险作业等原因造成的事故在各类人员伤亡事故中占到40%，比重较大。因而，特种作业人员技能熟练与否，安全意识强烈与否，直接关系到生产是否安全。

维修部门必须建立特种作业人员台账，对取得《特种作业操作证》的特种作业人员，按规定进行定期复审。坚持对特种作业人员进行各种安全培训，并做到持证上岗，是提高安全技能和安全意识，避免和减少伤亡事故的前提和基础，同时也是保证企业安全生产，降低事故发生率，实现安全生产目标的重要措施。

四、安全检查

安全检查是发现不安全行为和不安全状态的重要途径，是消除事故隐患，落实整改措施，防止事故伤害，改善劳动条件的重要方法。

1．安全检查的内容

安全检查以查思想、查组织、查规章、查设备、查隐患、查落实为主要内容。安全检查应有重点、有标准、有记录、有考核，检查结果应列入单位考核内容。维修部门应对有较大危险因素的场所及有关设备、设施，设置符合要求的安全警示标志。

2．安全检查的方式

维修部门通过定期检查与不定期检查相结合的方式检查、监督安全生产情况，落实安全生产责任。

（1）定期检查。维修部门定期对管辖范围安全生产情况进行安全检查，检查计划应列入年度、月度安全管理工作。定期安全检查的周期：维修部门安全检查一般一个月不少于一次，工班必须坚持日检。消防重点部位也必须坚持日检。

（2）不定期检查。主要是对特殊设备、特殊区域的不定期安全检查。

（3）关键时间与专项安全检查。关键时间安全检查一般是指元旦、春节、五一、国庆、交易会等节假日及大型活动前的安全检查。专项安全检查是根据上级有关要求和生产经营实际情况，开展消防、危化品、职业健康等方面的安全生产检查活动。

3．安全检查的组织

（1）按照“逐级负责、人人负责”的安全责任制原则，确保安全组织管理工作横向到边、纵向到底。

（2）建立安全检查制度，按制度要求的规模、时间、原则落实。

（3）成立由维修部门第一责任人为首，业务部门、专业技术人员参加的安全检查组织。

（4）安全检查必须做到有计划、有目的、有准备、有整改、有总结、有处理。

五、安全演练

1．安全演练的分类

安全演练一般可以分为设备故障演练和安全应急演练两种。设备故障演练是指有针对性地在运营设备上人为制造故障点，并按流程组织故障抢修的演练。安全应急演练是指在城市轨道交通范围内组织的，或配合城市轨道交通以外单位组织的消防灭火、客流疏导、生化危机处理等关系到人身、财产安全的演练。

2. 安全演练的目的

开展安全演练的目的有以下几方面：

（1）查找应急预案中存在的问题，检验员工对应急预案的熟悉程度及反应速度，进一步完善应急预案，提高应急预案的实用性和可操作性。

（2）检查突发事件或关键设备故障时所需应急队伍、物资、装备、技术等方面的准备情况，发现不足及时予以调整补充，做好应急准备工作。

（3）增强演练组织单位、参与单位和人员等对应急预案的熟悉程度，提高其应急处置能力。

（4）进一步明确相关单位和人员的职责任务，理顺工作关系，完善应急机制。

3. 安全演练的实施

（1）演练计划。每年年初，根据通信专业的特点、上一年设备故障、安全事件的发生情况及设备的重要性，编制年度应急安全演练计划。对通信专业而言，演练计划一般包含关键设备故障演练、特殊气象应急演练、消防疏散演练、恐怖袭击演练等。

（2）演练策划。为了演练工作的有效实施，演练前必须进行详细的策划，包括设置演练组织架构，选择演练地点，参演人员的配置，演练背景的设置，相关工器具、材料、道具的准备等。

（3）演练方案。演练方案一般由演练负责人组织编写，如演练设有文案组，则由文案组负责编写。演练方案必须通过相关专业技术人员、安全管理人员进行评审后，由演练领导小组批准实施。如果演练涉及其他部门，演练方案必须经过所涉及部门的会签，必要时还需报有关主管单位同意并备案。演练方案主要内容包括：

1）演练目的；

2）演练时间、地点；

3）演练组织架构及职责；

4）演练背景设置及实施步骤；

5）演练评估标准及方法；

6）演练保障及安全防护措施。

（4）演练控制

1）组织参演人员学习相关的应急预案。演练开始前，要求参演人员学习相应的应急预案和故障处理流程，使参演人员熟悉相关的应急处理程序。

2）组织技术人员、安全管理人员模拟突发事件场景或设置设备故障。

3）演练记录。演练实施过程中，一般要安排专门人员，采用文字、照片和音像等手段记录演练过程。演练记录一般可由评估人员完成，主要记录演练开始及结束时间、演练过程控制处理情况、参演人员的表现、故障处理过程的关键时间点、设备恢复时间、应急流程的执行情况等内容。

4）演练结束与终止。演练完毕后，由演练总指挥宣布演练结束。演练结束后所有人员停止演练活动，按预定方案集合进行现场总结讲评。演练负责人组织人员对演练现场进行清理和恢复。

演练实施过程中如出现特殊或意外情况，演练负责人可提前终止演练。

（5）演练评估与总结

1）演练评估。演练评估是在全面分析演练记录及相关资料的基础上，对比参演人员表现与演练目标要求，对演练活动及其组织过程做出客观的评价，所有应急演练活动都应进行演练评估。

演练评估可以通过组织总结评估会、填写演练评价表和对参演人员进行访谈，参演单位提供自我评估总结等方式进行。

演练评估的主要内容一般包括演练执行情况、预案的合理性与可操作性、应急指挥人员的指挥协调能力、参演人员的处置能力、演练目标的实现情况、故障的响应时间及处理情况、对完善预案的建议等。演练评价表样式可参考表 2—25。

表 2—25　故障演练评价表范本

____部门____专业故障演练评价表

故障演练项目：　　演练日期：

故障演练项目的故障原因或情况描述：

故障处理达标时间（根据故障原因或情况合理给出）：

序号	项目	内容	评价分值	评分办法	得分	其他情况说明
1						
2						
3						
4						
5						
6						
	合计得分					

参加演练人员：　　故障演练评价人员：

2）演练总结

①现场总结。演练结束后，由演练总指挥、演练评估人员在演练现场有针对性地进行讲评和总结。内容主要包括本次的演练目标的实现情况、参演队伍及人员的表现、演练中暴露的问题、解决问题的办法等。

②事后总结。在演练结束后，由演练负责人根据演练记录、演练评估表、应急预案、现场总结等材料，对演练进行系统和全面的总结，并形成演练总结报告。演练总结报告的内容包括：演练的时间和地点、参演单位和人员、演练概要、演练过程描述、发现的问题与整改措施、经验和教训、相关改进建议、对本次演练的总体评价。

下面以某地铁公司交换机故障演练为例，介绍应该如何组织通信设备安全演练。

交换系统故障演练案例

为检验我部事故抢险及处理突发事件的应急能力，检验分部员工对应急预案的熟悉程度及反应速度，并进一步完善应急预案，定于2012年7月24日（星期二）进行一号线交换系统故障演练。具体安排如下：

一、演练时间：2012年7月24日 0:30—2:30

二、演练地点：车辆段通号楼

三、演练组织

演练组长：分管领导

演练副组长：质安室主任、技术室主任、维修分部主任

演练小组成员：质安室安监、技术室专工、维修分部安全员

记录人员：质安室安监

四、演练内容及目的

1. 模拟一号线公务系统交换机中继故障，检验分部交换工班人员在交换机发生故障情况下的应急抢险及反应能力。

2. 检验分部故障处理响应速度、组织和技术水平，以及检验现场处理人员在抢修过程中与各单位之间的协调配合能力，检验对应急处理程序的熟悉程度，及时发现应急抢修各个环节存在的不足。

五、演练的准备与安排

1. 由部门质安室负责组织演练的具体实施，技术室、维修分部安排相关人员参加。

2. 维修分部准备演练所需的工器具、材料、备件、仪器仪表及通信工具。

3. 演练开始后，由质安室会同分部技术人员、技术室专工现场模拟故障，并通知部门调度通知值班人员赴现场进行抢修。

4. 交换工班人员接部门调度通知后，赶到故障现场，并按照相关流程处理故障。

5. 演练结束后，演练小组成员确认现场设备恢复正常并交付使用，并对这次演练进行总结点评。

六、安全防护措施

1. 如演练期间发生突发事件，由现场指挥决定是否立即终止演练，按《通信专业应急管理办法》组织抢险。

2. 参加演练人员需穿戴好劳保防护用品，听从演练负责人的安排。

3. 参加演练人员要做好自控、互控、他控。

七、本次演练预计用时

1. 演练前准备时间：30 分钟。

2. 故障处理时间，参照《设备设施不良技术状态管理办法》内的服务承诺时间规定，本故障处理时间要求在 60 分钟内完成。

六、事故调查与处理

只有认真贯彻“安全第一、预防为主”的方针，落实生产安全事故责任追究制度，及时正确处理生产安全事故（事件），维护生产秩序，才能全面提高安全生产管理水平。

事故是违背人们意愿且又不希望发生的事情。一旦发生事故，不能以违背人们意愿为理由予以否认。关键在于对事故的发生要有正确的认识，并用严肃、认真、科学、积极的态度，处理好已发生的事故，尽量较少损失。处理事故（事件）时，要以事实为依据，以规章为准绳，按照“四不放过”原则处理事故，认真调查分析，查明原因，分清责任，追究责任人，吸取教训，制定对策，防止同类事故（事件）再次发生。

处理突发事故（事件）时，要牢固树立“安全第一”的思想，抢险组织工作要贯彻“高度集中，统一指挥，逐级负责，先通后复”的原则，确保抢险救援工作反应及时、措施果断、有序、可控、快速、及时，减少事故影响、尽快恢复生产。

1. 建立事故（事件）调查与处理制度

为了落实《中华人民共和国安全生产法》，贯彻“安全第一、预防为主”的方针，落实生产安全事故责任追究制度。公司安全管理应执行党、政、工、团齐抓共管的原则，由公司制定《生产安全事故（事件）调查处理规则》，各级领导把安全工作当作首要任务来抓，加强安全管理和安全思想教育，强化员工安全意识。

2. 落实事故（事件）与处理制度

努力培育城市轨道交通安全文化，通过 OHSAS18001 职业健康安全管理体系的运作，实现生产安全。

（1）良好的业务技能和严格执行规章制度是生产安全的重要保证，每一位员工都要严肃劳动纪律、作业纪律和标准化作业，要教育员工自觉执行各项规章制度，开展业务技能培训和安全教育，深入开展安全生产和优质服务的竞赛活动，提高员工的业务水平和安全意识。

（2）安全生产事故（事件）的管理贯彻“大安全”的管理理念和“铁腕治理、科技兴安”的管理思想，通过加大对事件苗头的管理力度，遏制严重违章行为，减少险性事件或一般事件，进而避免一般事故及以上事故的发生，实现城市轨道交通运营或生产安全可控。

（3）发生生产安全事故（事件）时，要严格按《应急信息报告程序》立即报告，并按“先通后复”的原则，快报告、快处理、快开通，积极采取措施，尽快抢救伤员，尽快恢复运营和生产，尽量减少损失。信息报告应当做到及时、客观、真实，对迟报、谎报、瞒报、漏报者应予以严肃批评教育或纪律处分。

（4）处理事故（事件）要以事实为依据，以规章为准绳，按照“四不放过”的原则（事故原因没有查清不放过，事故责任者没有严肃处理不放过，防范措施没有落实不放过，广大员工没有受到教育不放过）处理事故，认真调查分析，查明原因，分清责任，吸取教训，制定对策，防止同类事故（事件）再次发生。

（5）对事故（事件）责任者，应根据事故（事件）性质和情节，予以批评教育、经济处罚、行政处分直至追究法律责任。事故（事件）性质恶劣、情节严重的，要按有关规定逐级追究领导责任。

（6）对事故（事件）的调查、分析、处理拖延，推托责任，姑息纵容，隐瞒不报或不如实反映事故（事件）情况者，应予以严肃批评教育或纪律处分。

3. 事故（事件）调查

（1）事故（事件）调查原则

1）发生一般事故及以上事故的，由公司安全委员会负责组织调查处理；若上级部门组织调查处理的，由公司安全委员会负责组织相关配合工作。

2）险性事件由安全部门负责组织调查处理。若险性事件只涉及一个部门，安全部门可以授权事件由部门调查处理，安全部门负责监督。

3）一般事件、事件苗头有事故（事件）发生的部门负责调查处理，将调查处理结果报安全部门备案。

4）涉及两个以上部门并有争议的一般事件，由安全部门裁定，必要时报安全委员会裁定。

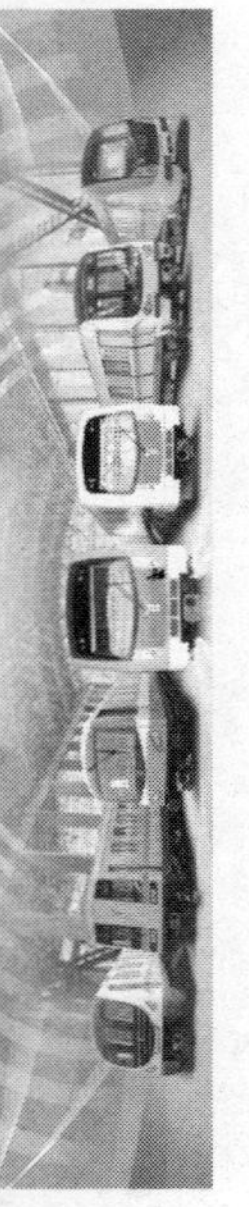

（2）一般事故及以上事故的调查和处理程序

1）公司领导接到报告后，立即组成以公司总经理或副总经理为组长，安全部门和有关部门负责人为组员的调查处理小组迅速赶赴现场，组织指挥有关人员积极抢救伤员，采取一切措施，迅速恢复生产。同时做好以下工作：

①保护、勘查现场，详细检查车辆、线路及其他设备，做好调查记录。绘制现场示意图、摄影录像，如技术设备破损，应保存其实物；

②若事发地点的线路破坏严重，无法检查线路质量，则应对地点前后不少于50米的线路进行测量，以作为衡量事故（事件）地点线路质量的参考依据；

③对事故（事件）关系人员分别调查，并由本人写出书面材料；

④检查有关技术文件的编制、填写情况，必要时将抄件附在调查记录内；

⑤提高警惕，注意是否有人为破坏的迹象；

⑥必要时召开调查会；

⑦根据调查结果，初步判定原因及责任，及时向公司安全委员会汇报。

2）责任单位应于事发后三日内写出生产安全事故（事件）报告，一式四份，其中调查处理小组一份，安全部门三份。

3）调查处理小组接到责任单位事故报告后，由组长主持召开事故分析会议，分析原因，判明责任，制定防范措施。然后，由相关部门主稿调查报告，于五日内报公司安全委员会。

4）公司安全委员会接到报告后，由安全委员会主持召开分析处理会议，审议调查报告，认定事故性质，并对事故责任人提出处理建议。

5）若初步判明是属于外部单位责任时，调查处理小组应立即发出电传，通知城市轨道交通外部责任单位，说明情况和原因，要求责任单位迅速派员参加调查分析会议。若双方意见不一致时，可提请上级部门处理。

6）上级部门组织进行调查时，调查处理小组应协助、配合。

（3）险性事件、一般事件或事件苗头调查的处理程序

1）发生险性事件，由安全部门负责人立即组织有关人员进行调查。

2）发生一般事件或事件苗头，各部门立即进行调查。召开事故（事件）分析会，查明原因及责任者，提出处理建议，制定防范措施，并于三日内将生产安全事故（事件）上报公司，一式四份，送安全部门。

3）公司安全委员会认为有必要时，可派人员对一般事件、事件苗头进行调查，并对事故（事件）性质提级处理。

4）险性事件、一般事件或事件苗头调查和处理程序参照一般事故及以上事故的程序执行。

（4）其他。每个单位及个人均有责任配合调查取证工作，必须主动、及时、如实地反映事故（事件）的情况，拒绝、拖延或弄虚作假，影响调查的，按公司有关规定严肃处理。

公司安全委员会成员、公司安全监察，或公司安全委员会和安全部门授权部门的人员，有权进入各场所，有权调阅、封存各部门及个人的表格、记录和资料等，并有权要求期限提交书面材料。

4. 事故（事件）的判定

事故事件判定的原则：以事实为依据，以规章为准绳。

（1）生产安全事故（事件）责任按责任程度分为全部责任、主要责任、次要责任、一定责任、同等责任和无责任等。按责任关系分为直接责任、间接责任、领导责任等。

（2）设备（包括零、配件）质量不良造成事故（事件）时，判定为设备主管部门责任。如确属城市轨道交通外部责任的，技术或经济管理部门负责追究，由其赔偿经济损失，可不影响安全成绩；若不能确定为城市轨道交通外部责任的，应定为该部门的责任事故（事件）。

（3）凡因货物装载不良造成的事故（事件），定装载部门的责任事故（事件）。因城市轨道交通设备的施工、维修而造成的生产安全事故（事件），定施工维修负责单位的责任事故（事件）。

（4）涉及两个及以上部门的事故（事件），若各方推托扯皮，不配合事故（事件）调查分析，造成责任难以分清时，事故调查小组可以裁定各方均负全部责任。

（5）对故意破坏或改变事故现场、阻挠事故（事件）调查分析的，调查小组可以裁定其负全部责任。

（6）事故（事件）发生部门不认真组织事故（事件）调查分析、调查资料不全、原因不明、列非责任事故（事件）依据不足的，定发生部门的责任事故（事件）。

（7）城市轨道交通外部单位责任事故（事件）列其他事故（事件），但同时追究有关部门的管理责任。

（8）因不可抗拒的外因造成的事故（事件），因城市轨道交通外部因素、乘客自身原因、治安案件等造成的事故（事件），不列责任事故（事件）。若因处理不当造成的次生事故（事件），应仍列责任事故（事件）。

（9）凡经公司批准的技术革新、科研项目进行试验时，在规定的实验期内，被试

验的项目发生事故（事件），不列生产安全责任事故（事件）。但由于违反操作规程以及其他人为原因导致的事故（事件）仍列责任事故（事件）。凡已经正式投入使用的各种技术设备，发生生产安全事故（事件）时，一律列生产安全事故（事件）。

（10）当一起事故(事件)同时符合两类以上事故（事件）的定性条件时，按最重的性质定性。

（11）各级安全部门负责对生产安全事故（事件）的定性定责，上级安全部门发现下级安全部门对生产安全事故（事件）的定性定责和处理不准确时，有权加以纠正。

七、安全管理体系

职业健康安全管理体系是一种现代安全生产管理模式。随着城市轨道交通线网的发展壮大，必须采取更为先进的管理模式，将包括质量管理、职业健康安全管理等在内的所有生产经营活动科学化、标准化，才能保障广大员工的人身安全，有效控制和减少职业伤害给城市轨道交通事业所带来的损失。

1. OHSAS18001职业健康安全管理体系

（1）OHSAS18001管理体系简介。职业健康安全管理体系（OHSAS18001）是一项管理体系标准，目的是通过管理减少及防止因意外而导致生命、财产、时间的损失，以及对环境的破坏。OHSAS18001提供了一套控制风险的管理方法：通过专业性的调查评估和相关法规要求的符合性鉴定，找出存在于企业的产品、服务、活动、工作环境中的危险源，针对不可容许的危险源和风险制订适宜的控制计划，执行控制计划，定期检查评估职业健康安全规定与计划，建立包含组织结构、职责、培训、信息沟通、应急准备与响应等要素的管理体系，持续改进职业健康安全绩效。

（2）OHSAS18001管理体系的内容。2001年我国国家质量监督检验检疫总局发布的《职业安全卫生管理体系》中规定标准主要由三个部分的内容组成。第一部分“范围”，提出了对职业安全卫生管理体系的基本要求，目的是使组织能够控制其职业安全卫生危险，持续改进职业安全卫生绩效；第二部分“术语和定义”，提出了“事故”“危害”“危害辨识”“危害评价”等17个术语和定义；第三部分“职业安全卫生管理体系组成要素”，提出了职业安全卫生管理体系主要包括17个组成要素，分别是：总要求、职业健康安全方针、对危险源辨识、风险评价和风险控制的策划、法规和其他要求、职业健康安全管理方案、实施与运行的机构和职责、培训意识和能力、协商和沟通、文件和资料控制、运行控制、应急准备和响应、绩效测量和监视、事故/事件/不符合/纠正和预防措施、记录和记录管理、审核、管理评审。

职业健康安全管理体系模式如图 2—26 所示。

（3）OHSAS18001 管理体系的特点

1）系统性；

2）先进性；

3）预防性；

4）全过程控制；

5）持续改善。

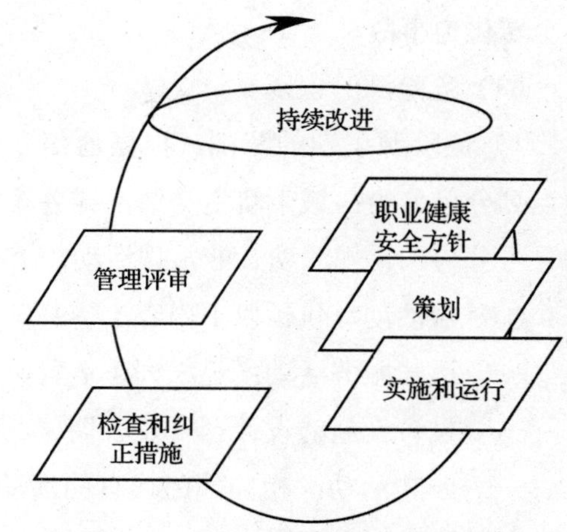

图2—26　职业健康安全管理体系模式

（4）OHSAS18001 管理体系的目的。用来消除、减少或控制作业场所内与职业活动有关的安全健康风险，避免作业场所内的员工、访问者或其他人员的安全和健康受到伤害。

2. 危险源识别与控制

（1）危险源的定义。危险源是指一个系统中具有潜在能量和物质释放危险的、可造成人员伤害、在一定的触发因素作用下可转化为事故的部位、区域、场所、空间、岗位、设备及其位置。它的实质是具有潜在危险的源点或部位，是爆发事故的源头，是能量、危险物质集中的核心，是能量传出来或爆发的地方。危险源存在于确定的系统中，不同的系统范围，危险源的区域也不同。例如，对通信系统来说，电源子系统是危险源。对电源子系统来说，蓄电池是危险源。因此，分析危险源应按系统的不同层次来进行。一般来说，危险源可能存在事故隐患，也可能不存在事故隐患，对于存在事故隐患的危险源一定要及时加以整改和防范，否则随时都可能导致事故的发生。在实际管理中，对事故隐患的控制管理肯定要与危险源联系在一起，因为没有危险的隐患也就没有必要去控制它；而对危险源的控制，实际上就是通过一定的防范措施消除其存在的事故隐患或防止事故隐患的出现。

（2）危险源的要素。危险源由三个要素构成：潜在危险性、存在条件和触发因素。

1）危险源的潜在危险性是指在事故触发的情况下，可能会带来的危害程度或损失大小。

2）危险源的存在条件是指危险源所处的物理环境、化学状态和约束条件，例如，设备房的温度、蓄电池的化学稳定性、车站周围环境障碍物等。

3）触发因素是危险源转化为事故的外部因素，不属于危险源的内在属性。危险源总是与一定的触发因素相关联，在触发因素的作用下，危险源就会转化为危险状态，

甚至转化为事故。

（3）危险源的识别

1）危险源识别的范围。根据通信专业的管理及其他活动情况，危险源的辨识按地点划分可分为：城市轨道交通沿线各车站、车辆段、OCC 大楼、办公楼等；按活动划分可分为：常规活动、非常规活动、潜在的紧急情况。

①常规活动。包括以下内容：

——运营服务活动：组织列车运营、客运服务过程；

——设备设施的设计、安装、调试、验收、接管、使用过程；

——公共活动：相关部门均有的活动，包含办公、消防设施、抽风机使用、化学物品搬运储存与废弃等。

②非常规活动。包括：通信设备设施维护保养、消防及行车疏散演习、因公外出、合同方在管辖范围内的活动（如工程施工、维修、委外施工作业等）；

③潜在的紧急情况。包括：行车、火灾、爆炸、台风、雷击、碰撞等事件；潜在紧急情况的危险辨识需考虑紧急情况发生时和发生后进行抢险救援过程中存在的危险。

④危险源识别时还须考虑的其他情况，如：

——有关法律法规、行业标准的符合性审查；

——工程遗留设计缺陷；

——本单位及同行业以往发生的安全事件。

2）危险源识别的基本步骤

①准备工作，主要是收集各单位识别范围内的资料。

②组织各单位划分和确定危险源事件类型，根据城市轨道交通运营的特点，危险源事件类型可参考表 2—26。

表 2—26　危险源事件类型划分

类型编号	事故类型名称	备注
1	物体打击	伤害事故
2	机械伤害	
3	触电	
4	火灾	
5	高处坠落	
6	……	

续表

类型编号	事故类型名称	备注
1	噪声聋	职业病
2	尘肺	
3	视力受损	
4	……	
	……	……

③识别存在的危险源。根据通信专业的生产经营活动或工作流程所涉及的所有方面（如人、机、物、管等环节）进行危险源识别，可采取现场观察、问卷调查、检查表、设备分析法、工艺流程分析、法律法规分析等方法进行。识别过程中，先将生产经营活动或工作流程分解为每个“单元过程”，如每种设备检修过程，采购、存放、检测物资的过程，行车组织、客运组织过程及委外施工的相关过程等。

在进行危险源辨识时，应考虑生产经营活动的三种状态，即常规状态、非常规状态、紧急状态。常规状态指活动中连续作业状态，其包括日常生产、日常事务管理活动；非常规状态指临时性的或周期性的活动，如设备停机、检修状态等，其安全健康问题与常规状态有所不同；紧急状态指可预见的如发生火灾爆炸、化学危险品的严重泄漏、重要安全设施故障等情况。

在进行危险源辨识时，应结合有害因素的分类情况，从是否存在物理性危险、化学性危险、生物性危险、心理或生理性危险、行为性危险、其他危险等几个方面进行辨识。

（4）危险源的风险评价。风险评价一般采用定性的权重打分方法并通过专业组讨论的形式进行。评价时应参考本公司通信专业以往发生的事件资料、同行业发生的事件资料、监测和测量结果、员工的意见、国家相关法律法规及评价标准的要求，从事件后果严重程度（S）和事件发生的可能性（L）两方面进行评价，得出风险程度（R）。它们三者之间的关系是：

风险程度（R）= 事件后果严重程度（S）× 事件发生的可能性（L）。

1）风险程度分级。风险程度可分为五级：第Ⅰ级为极其危险（特别重大风险隐患）；第Ⅱ级为高度危险（重大风险隐患）；第Ⅲ级为中度危险（较大风险隐患）；第Ⅳ级为一般危险（一般风险隐患）；第Ⅴ级为可接受的危险（轻微风险隐患）。

2）根据 $R=L\times S$ 公式，职业健康安全管理代表组织本专业安全监察和职业健康安全员工代表等相关人员，共同讨论确定本专业中度（包括中度）以上风险和需要控制的中度以下风险。风险程度等级划分、危险事件发生的可能性及危险事件后果严重程度分别可参考表2—27、表2—28及表2—29。

表2—27　风险程度等级划分（R 的取值）

风险隐患分级	风险程度 R	危险程度	处理措施
Ⅰ级（特别重大）	>320	极其危险	1. 不能继续作业 2. 暂停相关部分的运作，制定改进目标及措施
Ⅱ级（重大）	101～320	高度危险	1. 建立目标及控制措施 2. 建立运作应急程序
……	……	……	……

表2—28　危险事件发生可能性分值表（L 的取值）

分数值	实际发生的可能性 L	判断标准
10	完全会被预料到	1. 操作规程未建立 2. 人员无证上岗 ……
6	相当可能	1. 一年内多次发生 2. 使用超期没有检查的设备 ……
……	……	……

表2—29　危险事件后果严重程度划分表（S 的取值）

分数值	人员伤亡情况	健康危害	直接经济损失	中断运营时间
100	30人以上死亡，或者100人以上重伤	1. 100人及以上急性工业中毒 2. 30人及以上职业病	1亿元以上	一条或多条线路全线停运48小时以上
……	……	……	……	……

（5）确定风险控制措施。根据通信专业需要控制的风险，组织单位员工讨论，确定本专业中度以上风险控制和中度以下需要控制风险及其控制措施，经单位职业健康安全管理代表审核后上交上级安全部门备案并发布实施。

风险控制的具体要求有：

1）对Ⅰ级、Ⅱ级风险，一定要制定职业健康安全目标和职业健康安全管理方案；

2）对 III 级风险，视情况制定职业健康安全目标和职业健康安全管理方案；

3）对 II 级、III 级、IV 级风险，要制定运行控制程序，按程序进行管理；

4）对 V 级风险，可维持现有的风险控制措施，并按照相关安全管理办法中对一般事故隐患的处理要求进行控制；

5）其他认为需要控制的风险则根据实际情况的需要制定管理方案。

下面以某地铁公司为例，介绍如何识别危险源及制定风险控制措施。

车站设备区施工配合作业案例

车站设备区施工配合作业，有可能发生因没有按规定要求办理动火作业令而动火作业、松节水密封不好挥发泄漏，而发生动火作业造成火灾的事故（事件），可识别为因行为危险而造成的火灾事故。其风险防范措施在《外单位施工进场管理规定》第 6 点中进行描述。

隧道轨行区电工作业案例

隧道轨行区电工作业，有可能发生因违章操作或缺乏安全防护措施造成触电的电伤事故(事件)。针对这类行为性危害，采用做好警示标识和穿戴劳保用品作为控制措施。

根据对本专业所有危险源的识别与风险评价，制定本专业的风险评价表，具体内容可参考表 2—30。

表 2—30 风险评价表

地点	活动	设备/设施/物料	可能的事故/事件	事故类型	危险源	危险源类别	风险评价			风险级别	现有控制措施
							L	*S*	*R*		
线路	车站设备区/隧道轨行区	施工配合作业	动火作业发生火灾	火灾	没有按规定要求办理动火作业令而动火作业	行为危险性	1	15	15	一般危险	《消防安全管理办法》中 8.7、《外单位施工进场管理规定》第 6 点
					烟火	行为危险性	0.5	3	1.5	可接受的危险	
					松节水密封不好挥发泄漏	行为危险性	0.5	3	1.5	可接受的危险	
		电工作业	电伤	触电	违章操作	行为性危害	0.5	1	0.5	可接受的危险	
					缺乏安全防护措施	行为性危害					

第五节　物资的管理

一、物资的管理架构

物资的管理架构采用逐层管理的模式，一方面需要将具体的物资管理工作逐级向下分解到各个使用部门，按“谁使用，谁管理”的原则进行管理，另一方面各个使用部门需要定期逐级向上汇报物资的管理情况，上级管理部门需及时掌握物资的总体情况。物资的管理架构逐层管理模式，如图 2—27 所示。

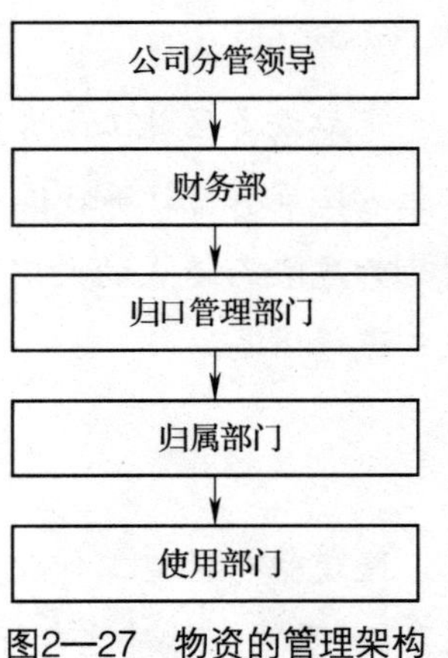

图2—27　物资的管理架构

二、物资的管理方法

要管理好物资，需要有相应的管理手段，用于指导物资管理工作的开展，常见的物资管理手段包括定额管理、全面预算、综合管理等。

1. 定额管理

库存定额是保证企业生产经营活动正常进行所确定的合理库存数量，又称为物资储备定额。物资消耗、需求的多样性使合理库存量呈现不同状况，要依实际情况来确定。当企业生产具有经常性、连续性的特点时，对物资的需求比较均衡，就可以计算一个周期的合理库存量标准，这就是定额管理。定额管理一般由物资的采购部门负责牵头组织，由维修部门参与并根据实际生产中的消耗情况制定，其内容涵盖国内和进口备品备件极限安全库存、最低库存定额和最高库存定额，常规生产物料最低库存定额，工器具配置标准等方面。

（1）极限安全库存量。为了满足用户和生产的需求，使生产和经营不间断，并达到一定的用户服务水平而保留的库存最低量。极限安全库存量也叫做缓冲存量，这个存量一般不为平时所用，只用于紧急备用的情况。

（2）最高库存量。又称最高储备定额，指某个固定时期内，某项物资允许库存的最高数量。

（3）最低库存量。是指某个固定时期内，能确保配合生产所需的物资库存数量的最低界限。

（4）常规生产物料最低库存定额。根据生产消耗规律编制，按具体的管理架构逐级向上送审，待审批后实施。对总库库存低于定额的物料，需要在临时采购计划中提出补仓（领用）计划，采购后立即补仓。

（5）工器具定额。工器具配置标准（含仪表、抢险工具）根据实际生产中的使用需求编制，按具体的管理架构逐级向上送审，待审批后实施。

（6）备品备件（含周转件）定额。分为最高库存、最低库存和极限安全库存定额。备品备件的库存定额是编制年度预算的依据。在备品备件消耗过程中，当备件的数量低于备件最低库存备定额，原则上以紧急计划进行申报；低于备件最高库存的以季度计划或年度计划进行采购。备件库存超出最高库存定额的备件，若有采购需求且无预算的备件，需要列明需求原因，并提交分管领导审批。

2. 全面预算

全面预算是指生产维修部门以及职能部门根据实际的物资消耗需求编制备品备件和生产材料（含低耗、油料、材料）清单，作为下一年度的资金预算的编制依据。

（1）全面预算的编制。全面预算的编制主要是依据上一年度的物资实际消耗数量，现有库存数量，以及下一年度将会新增的维修、改造项目所需要的物资，来编制下一年度的预算数据。一份准确、全面的全面预算将会大大减少日后因统计漏项或申报数量不足而造成的不必要的工作量。

随着实际维护维修工作的开展，材料、工器具、库存等定额会不可避免地出现波动，此时，就有必要对定额进行调整。定额的调整可根据上一年度的实际使用情况，在下一年度的全面预算中调整。

（2）资金预算。年度材料和备品备件采购预算经审批后将会下达资金，生产维修部门以及职能部门在预算资金范围内控制本年度的计划资金。对超出下达预算申报的计划，需进行全面预算的调整，按相关规定申请追加预算，待预算调整批准后，再申报相关的采购。全面预算可分为以下两种类型：

1）采购支付资金预算。指用于支付本预算年度所到物资的采购资金的预算额度。包括上年度结转和本年度新增两部分。

2）采购计划资金预算。指本预算年度内，计划申报物资的采购资金的预算额度，包括备品备件和生产材料预算额度。

3. 综合管理

综合管理主要包括两方面的内容：一是建立相应的物资管理数据库系统，二是定期汇总物资管理自查报告。

（1）建立物资管理数据库系统。将所有仓库的物资录入系统数据库，当进行物料发放或移库时，须编制、打印统一的物料移库单，并由相关人员签字确认，作为原始凭证妥善保留。按核算要求和物资领用的实际情况，定期按统一的格式、分类、范围编制物资管理相关的报表，并上报相关管理部门；主库存数据由物资管理部门作定期清理，并对编码描述等数据的修改做好记录。

（2）汇总物资管理自查报告。使用部门定期向上级管理部门提交上一个统计周期内的物资管理自查报告。报告内容包括库存资金情况、劳保、工器具、账外料台账、自购自提台账、呆滞物资可调拨清单、急需到位物资等情况。上级管理部门根据自查报告有针对性地进行物资管理检查工作。

三、物资的分类管理

物资的分类方法有多种，从资产管理的角度来分，可以分为固定资产和非固定资产两类，其中，固定资产是指企业使用期限超过 1 年，单位价值在 2 000 元及以上的房屋、建筑物、机器、机械、运输工具以及其他与生产、经营有关的设备、工器具等。不属于生产经营主要设备的物品，单位价值在 2 000 元以上，并且使用年限超过 2 年的，固资管理部门判定是否属于固定资产。非固定资产是指不符合固定资产条件的设备、工具、材料、油料、备品备件、低值易耗、办公用品、办公家具、劳保用品、服装、消防器材、药品及车票等。

1. 固定资产的管理

固定资产的归口管理部门根据“谁使用，归属谁；谁归属，谁负责”的原则，把固定资产的具体归属和管理责任落实到归属部门，归属部门进一步将固定资产的具体归属和管理责任落实到具体的使用负责人。

(1)归属部门的管理职责。归属部门是直接的使用部门，需要承担直接的管理责任，具体包括以下内容。

1）严格执行有关固定资产管理的各项规章制度，并开展相关工作。

2）设立专门的固定资产管理员，对所属固定资产的安全、完整、使用情况和管理情况承担责任；督促对固定资产运用及管理中存在的问题采取改进措施。做好固定资产日常维护保养，保证固定资产的正常运转和安全生产。

3）建立完善的固定资产台账，根据固定资产的使用情况及时更新台账。按时填报固定资产管理报表。掌握固定资产的拥有情况、使用情况和技术状态等。

4）编制本部门的固定资产购置方案，组织固定资产的申购工作。对新到的固定资产进行验收、登记及入账。

5）对本部门所属固定资产的利用情况进行分析，定期向上一级固定资产归口管理部门提交实物资产利用分析表。

6）负责本部门所属固定资产的使用管理、维护、维修管理及转让、调拨、转移、变更、封存、出租和报废等工作，并根据管理流程及时办理相关手续。

7）每年对本部门管辖的固定资产进行盘点，及时更新管理台账信息。

8）每年对设备固资开展综合评定工作。

（2）固定资产的日常管理。固定资产的日常管理包含固定资产的增加管理、减少管理、调配管理、调拨和外借管理、维修管理、使用状态及其他变更管理等内容，如图 2—28 所示。

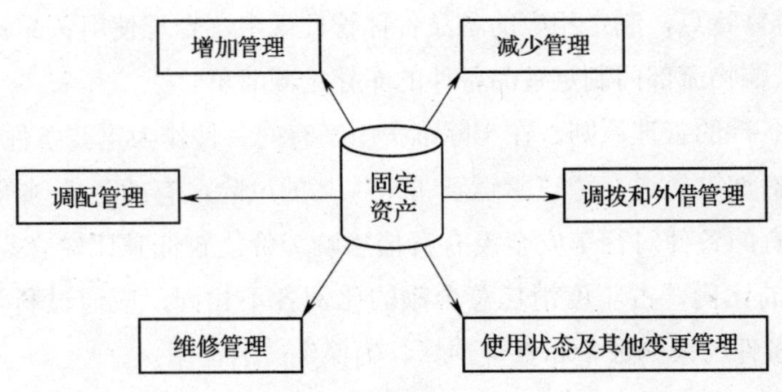

图2—28　固定资产的日常管理

固定资产的增加是指固定资产的数量发生增加，按其增加渠道，可分为购置、投资转入、租赁、接受捐赠、盘盈和其他。

固定资产的减少是指固定资产的数量发生减少，按其去向，可分为转让、投资转出、对外租赁、对外捐赠、报废、盘亏和其他。

固定资产的调配是指归口管理部门组织各归属部门加强资产的利用分析，提高资产的利用率，各归属部门负责对闲置的资产提出封存、调拨、转让、出租等处理建议。

固定资产的调拨是指由于生产需要，固定资产在归属部门内部或归属部门之间的转移。

固定资产的维修是指有针对性和预防性地开展各项养护维修工作。

固定资产的使用状态及其他变更管理是指各归属部门对本部门内资产状态、存放地点和保管人员发生变更的过程监控和管理。

（3）固定资产的清查。为了确保固定资产的安全完整，归属部门每年对固定资产进行全面的清查。由归口管理部门组织开展固定资产清产核资工作，归属部门要对固定资产进行一次全面的清查。平时也可根据需要，组织局部的或分专业的轮流清查或抽查。

2. 备品备件的管理

备品备件是指为修理本企业的设备而从外部购入的专用零部件，它是设备检修的基本要件。对备品备件的管理实行全面和全过程的管理，即从预算、下达计划、采购、入库保养、发放消耗整个过程的管理，建立健全备品备件管理体系，加强组织、制度建设。

（1）归属部门的管理职责

1）根据本部门系统设备的维修计划、备品备件库存定额及消耗情况，编制年度备品备件预算。

2）根据维修特点，制定相应的备品备件管理规定，合理使用备品备件。

3）配合采购物流部门制定备品备件的库存定额清单。

（2）备品备件的管理原则。在实际维护中，有的备件作为重要备件，但价格昂贵，一旦缺乏就会对城市轨道交通正常运营带来很高的风险；有的备件风险系数较高，价值相对便宜；有的备件对行车安全没有直接影响，价值较低且比较容易采购。各种备件占备件总量的比例、占年度消耗总金额的比例各不相同，应通过科学的管理方法，综合平衡各类备件的采购数量和资金预算，确保生产的需求。

1）分类管理原则。分类管理原则就是根据备品备件的风险系数及价值，对备品备件进行分类。在科学调查、预测和决策的基础上，通过系统分析、精确计算和综合平衡，制订采购计划，确保备品备件供应，并降低备品备件库存量和物资短缺概率。

2）定额管理原则。定额管理原则就是使用部门根据本身的检修计划、备件消耗频率等因素制定本身的备品备件库存定额，并将备品备件年度采购总量控制在最高库存定额以下，如出现年度采购量高于最高库存定额的情况，需提交相关的专题分析报告。根据上年备件消耗情况，每年年初应对库存定额进行修订并报相关管理部门审批，在当年制定年度预算时执行新的库存定额标准，以适应实际生产的需求。

3）备品备件的计划管理。备品备件的计划是以年度计划为主，临时计划或紧急计划作为年度计划的补充。全面预算是备品备件的采购计划的重要依据，以检修内容以及库存情况为基础，编制下一年度的备品备件年度采购预算清单，由于突发故障以及紧急检修的不可预见性，在申报年度预算时还需预留一部分资金作为临时或紧急备件申购的备用资金。

3. 工器具的管理

工器具（含仪表）与其他的物资有所不同，在实际使用中需要定期对其有效性进行检测，避免由于工器具(仪表)的失准导致工作上的错误。因此，工器具的管理与其他物资的管理方式也存在差别，对工器具的管理可按分责任管理模式实行管理。

（1）工器具的管理模式。工器具的管理可按分责任管理模式实行管理，如图2—29所示。

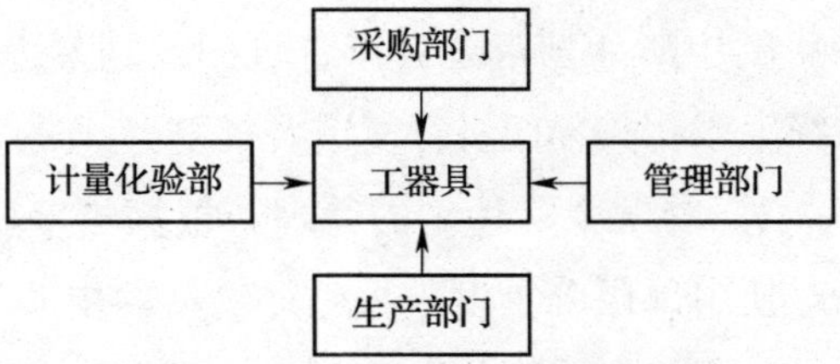

图2—29 工器具的管理模式

（2）各管理部门的职责与分工

1）采购部门负责所有维修部门工器具的购置、发放、报废等管理及工具使用情况、保管方法的检查监督。工器具的生产厂家原则上由采购部门根据市场调查来确定，采用质优、价格适宜的产品。

2）生产部门应明确一名工器具管理员。工器具管理员负责管好本部门的工器具，认真建立本部门的工器具领用、借用、登记卡等台账，做好办理特殊需要的工具的申请和上报工作，以及工具的报废鉴定、领用新工器具及遗失工器具的赔偿等申报手续。

3）管理部门负责对生产部门的工器具配置标准进行审核。

4）计量化验部门负责对工器具配备标准中计量器具的名称、型号规格、精度等级进行审核，指导计量器具正确使用、维护保养，检查计量器具周期检定情况及对计量器具进行报废鉴定。

4. 生产物料的管理

生产物料是指在生产中用到的，除去固定资产、备品备件、工器具以外的其他材料。一般来说，此类材料的价值相对较低，日常生产中的消耗量较大。

（1）生产物料的申购计划。生产物料的申购计划一般结合定额、全面预算等工作开展，按其申购方式，可分为年度申购计划、季度申购计划、临时申购计划及紧急申购计划四类。如图2—30所示。

1）年度申购计划的管理。使用部门申报的生产物料年度申购计划，首先应由使用部门编制。使用部门组织相应专业人员召开专题审查会，对年度申购计划的必要性、可行性、经济性、规格型号的完整性和数量的合理性进行审查。使用部门分管领导也

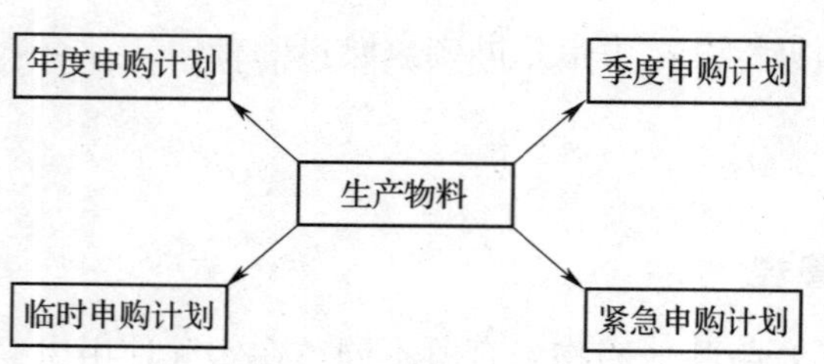

图2—30 生产物料的申购

应参加物资采购的审查会，并负责决策申购计划中的各种物资的删除、增加、保留。经年度申购计划审查会审查过的计划，由相应的专业主管工程师和分管领导确认后，逐级上报相关部门进行复审及批复。

2）季度申购计划的管理。根据年度申购计划审查会审批的计划和生产的实际情况，使用部门分季度申报生产物料的申购计划。年度申购计划审查会审查的计划内的项目，直接在季度申购计划中申报。年度申购计划外的项目，使用部门需逐级上报相关部门审核及审批，启动采购申请工作流。

3）临时申购计划的管理。使用部门根据生产检修作业的需要，提出临时申购计划申请，相关专业人员会对计划进行会审，审核后的计划逐级上报相关部门审核及审批，启动采购申请工作流。

4）紧急申购计划的管理。使用部门根据生产的需要，申报紧急申购计划并审核计划的合理性，再组织相关专业人员会审，审核后的计划逐级上报相关部门审核及审批，启动采购申请工作流。

（2）生产物料的申报及领取。由于生产物料数量众多，周转周期短，为了便于生产物料的管理，生产部门应设立专门的生产物料管理员。生产物料管理员作为与采购物流部门的接口人，负责向采购物流部门提交各项申购计划，并及时跟进各项计划的执行进度。此外，生产物料管理员还需按要求办理物料的领取手续，组织到货物料的领取。

（3）生产物料的消耗。根据实际情况，生产物料的消耗可采用分散消耗或集中消耗的形式来消耗。分散消耗就是结合具体的检修作业，将物料的消耗分散到具体的检修作业上，随着检修作业的完成而完成计划内的物料消耗。集中消耗就是按一定的时间周期，集中对物料进行消耗。物料的消耗需包含本统计周期内计划内的物料消耗，及本统计周期内由于处理临时作业而导致的计划外的物料消耗情况。同时，还需做好相关的物料消耗记录，为下一年定额的修订及全面预算的开展提供依据。

第三章

基本维修模式——设备生命周期的维修策略

所谓设备生命周期，是指设备从出厂开始直到退出服务的生命循环过程。实践证明，大多数设备的故障率是时间的函数，若取设备的故障率作为设备的可靠性特征值，可作出一条以使用时间为横坐标，以故障率为纵坐标的曲线，如图 3—1 所示。该曲线两头高、中间低，像浴盆，故称为“浴盆曲线”。通信设备的整个使用寿命也符合“浴盆曲线”规律，所以在设备生命周期的不同阶段，除了贯穿始末的预防性维修与修复性维修之外，还需有针对性地加入适合各阶段特点的维修手段。

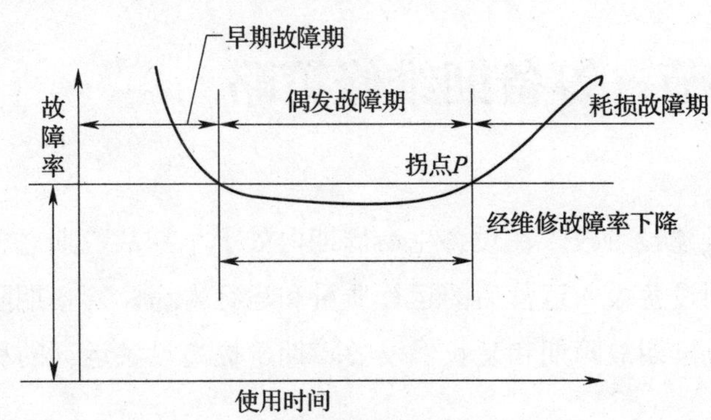

图3—1　设备生命周期浴盆曲线

第一阶段是早期故障期，又叫磨合期。在此期间，设备投入使用开始阶段的故障率很高，但随着时间的推移，设备故障率迅

速下降。此期间发生的故障主要是设计、制造上的缺陷所致，或施工安装质量和新线安装调试的环境较为恶劣所造成的。

为缩短这一阶段的时间，引入设备筹备期的概念：在设备筹备期，运营设备维修部门可提前介入新线建设，通过参与用户需求书的编制、设计联络、厂验、制定施工验收标准等手段降低由于设备质量和施工安装问题对设备运行造成的不良影响，提前发现设备存在的隐患和缺陷，从而提高设备运行可靠性。

第二阶段是偶发故障期，也称随机失效期。这一阶段的特点是设备故障率较低，且较稳定，往往可近似看作常数，产品可靠性指标所描述的就是这个时期，这一时期是产品的良好使用阶段。偶然失效主要原因是由于质量缺陷、材料弱点、环境和使用不当等因素引起，可以通过改进设备管理、采取适当的维修策略使设备故障率降到最低。

第三阶段是耗损故障期，阶段的失效率随时间的延长而急速增加，主要由磨损、疲劳、老化和耗损等原因造成。

设备生命周期的每一个阶段都具有该阶段的独特性能，维护人员即可根据设备所处的生命周期对其进行相应的维护工作。本章分别介绍通信设备的筹备期、投入期、稳定期和衰退期所对应的维修策略。

第一节　筹备期维修策略

筹备期是指通信系统新线建设阶段，在设备生命周期内处于早期故障期之前。筹备期阶段工作质量直接关系到设备投入运营后的运行质量和运行寿命。筹备期阶段工作开展得好，可以有效地缩短早期故障期和延长偶发故障期，提高设备运行的稳定性和可靠性。

为此，运营设备维修部门可根据“早介入、早发现、早解决”的原则，在筹备期提前介入，通过参与用户需求书的编制和审定、参与设计联络会议、设备工厂验收试验、施工安装验收标准的制定、施工现场过程监管、参与设备综合联调，提前发现需求、设计和施工的问题，从而及时将问题反馈至新线建设部门和相关责任方，争取在设备投入正式运营前解决问题，确保设备以最佳状态投入正式运营。

同时，筹备期也是培养人才、锻炼队伍的良好时机。运营维修部门可借提前介入筹备期的契机，组织维修人员参与设计联络、工厂培训、施工现场过程监管和设备综合联调等实践环节，有助于维修人员加深对设备的了解，掌握和总结设备调试和维护经验，提高维修人员设备维修的水平。

一、早介入，早准备

在"需求分析—设计方案—项目实施—项目收尾"生命周期中，用户需求书编制和设计联络是整个新建线路通信系统建设项目前两个关键步骤，也是运营维修部门介入筹备期的头项工作，直接决定通信系统建设项目的建设质量和设备运行水平。

1. 用户需求书编制

运营维修部门的设备维护人员参与用户需求书编制，可以更好、更深入地了解将来开通线路的工程概况，通信系统的性能、功能及设计参数；同时可根据自身的设备维护经验，提出修改意见，以便能更好地满足设备维护需求，并有助于缩短设备的磨合期，减少因后期发现未能满足用户需求从而导致的设计变更和重复施工等整改工作。

设备维护人员可以重点关注以下几个方面的内容，必要时可以从维护的角度提出要求。

（1）可靠性、可维护性、可扩展性

1）可靠性。元件、产品、系统在一定时间内、在一定条件下无故障地执行指定功能的能力或可能性。可通过可靠度、失效率、平均无故障间隔来衡量其可靠性。

2）可维护性。满足设备可维护操作需求，系统和它的主要元素均应设计成只需最少的调整和预防性维护以及运行维护。系统设计应包括有适当的测试点、故障隔离及诊断措施，以减少设备修复时间、维护材料和人工成本。应通过制定合理的维修（更换）策略、在线维修措施及维修支持设备的最佳运用来减少停机时间。

应采取如下维修 / 更换策略：

①与安全无关的电子设备应维修到板级；

②所有与安全有关的电子设备只能更换印制电路板，不考虑现场维修；

③卖方应在投标文件中提出所提供通信系统的全寿命周期成本的计算方法和计算结果；

④如买方要求，卖方应将分包制造商介绍给买方，以协助买方在质量保证期满后与之建立直接服务协定。

3）可扩展性。安装在车上、沿线、车站和控制中心的设备，在设计时应留有扩展能力，以适应线路远期扩展的需求。系统扩展时应不影响原有线路的正常运营，满足设备接入既有网络（如电话系统、骨干网传输系统等）的兼容性。

（2）设备供货范围。设备供货范围包括设备、备品备件、测试仪器和专用工具等。设备、备品备件、测试仪器和专用工具等直接影响到设备正式投入运营后的运行状态、设备维修和故障修复等工作，运营通信维修部门在编制用户需求书时应根据安全性和可维护性原则进行编制和审查。

1）随机附件

①卖方应提供各阶段系统和设备质保期结束后三年中的维护和维修所需的随机附件，并在合同的设备单中附上列有全部随机附件及其单价和总价的清单。

②若这些随机附件的数量不足以维持三年维护和维修，则对经买方、卖方确认在正常使用条件下损坏的部件，卖方应免费在三个月内对故障部件给予修复或更换并交回买方。若在三年的正常运营期内，损坏的部件在合同随机附件清单中没有的，卖方也应免费提供。

③对于质保期后三年内，卖方应按运营要求的时间提供随机附件：直接影响行车的设备应在收到运营部门的随机附件需求后，24 小时内交付到运营部门；间接影响行车的设备应在收到运营部门的随机附件需求后，72 小时内交付到运营部门。

其中车载设备的随机附件应满足各阶段最后一列车的车载设备预验收签发后三年的正常运营所需。

④在系统生命周期内，卖方应能长期提供系统维护所需的随机附件。为此目的，卖方给出的承诺书中应有随机附件价格换算公式，根据该承诺书，当买方需要的时候，可达成最后一段工程正常质保期结束起至二十年的随机附件供应合同。在此情况下，应可根据单独协定进一步供应随机附件。

2）备品备件

①合同中包括的备品备件，应与合同其他设备一同供货。在安装、实验和质量保证期内，卖方应自备足够的备品备件。

②卖方应提供各阶段系统和设备质保期内维护和维修所需的备品备件，并在合同的设备单中附上列有全部备品备件数量的清单。

③对于质保期内，卖方应按运营要求的时间提供备品备件；直接影响行车的设备应在收到运营部门的备品备件需求后，24 小时内交付到运营部门；间接影响行车的设备应在收到运营部门的备品备件需求后，72 小时内交付到运营部门。

3）专用测试仪器及工具

①卖方应提供用于各阶段系统和设备安装、诊断、测试、维护和维修所需的专用

仪器仪表和工具。

②卖方应提供为维持系统正常运行所需的测试设备和专用工具。这些设备和工具应允许系统能够维修到板级，安全系统应可板级替换。其成本包括在合同总价中，卖方应提供按工程各部分划分的测试设备和专用工具清单。

③合同中包括的测试设备和工具的数量、类型，应有效地保证系统正常运行下的维护使用。此外，假如买方要求提供质量保证期以外的设备或工具，则买方和卖方应安排另外的协议。

④便携式设备应满足保证系统所需的现场维护使用。这些设备应带有适当的箱包，以防运输中的震动和灰尘。

⑤在工程安装开始前 2 个月，卖方应提供测试设备的技术规格书、操作手册、维护手册和其他资料。

⑥卖方无权在安装和测试期间使用合同测试设备和专用工具；但在紧急情况下，买方可将本方的专用工具和测试设备提供卖方使用。当这些测试设备和专用工具损坏时，卖方应负责更换新件给予买方，买方不承担任何费用。

⑦投标方在投标文件中应分别给出详细的仪器仪表和工具清单。

⑧投标方应根据开通线路具体设备、线路、分期开通、可维修性等情况来考虑仪器仪表和工具的配置情况，要求每种不应少于两套。

（3）设备的使用需求。运营通信维修部门在参与用户需求书编制或审查系统技术规定部分时，应首先关注系统功能是否能够满足使用需求。系统功能是指在新建线路的通信系统建设中要求本系统实现的功能。如城市轨道交通通信传输系统的功能定义为能迅速、准确、可靠地传送公务电话、调度电话、无线电话、视频监控、有线广播、时钟、信息网络（EMIS）、信号、AFC、门禁、FAS、BAS、SCADA 等信息，构成传送语音、文字、数据和图像等各种信息的综合业务传输网。

运营通信维修部门作为一线生产部门，在日常生产作业过程中经常与设备使用部门接触，具有熟悉用户设备操作使用规范和习惯的优势，因此可在用户需求书编制和审定过程中提出符合设备操作使用规范和习惯的用户需求建议。

例如，某城市地铁运营通信维护部门根据调度部门调度员使用无线电话调度台的习惯，并结合设备维护经验，本着规范性、统一性与可延续性的原则，编制无线调度台操作界面的用户界面需求书。

无线调度台界面以功能框、弹出页面、功能按键、信息栏组成，主要分为两个部分，一为默认页面部分，二为其他弹出页面部分，如图 3—2 所示。

1）在默认页面部分，主要设计思路是根据常用功能框架排列，左边为机车、车站、通话组的组呼栏，由于该框中资源组多，同时为使列车通话组能全部显示于调度人员眼前，因此该框占页面大概一半的位置；右上方为呼叫请求框，由于调度与列车的通信为首要保障，因此该栏置于右上方；中间为呼入信息框，显示曾呼入调度的通话信息；右下方为紧急呼叫框，虽然使用频率很低，但鉴于其在突发情况下的重要性，因此置于右下方。

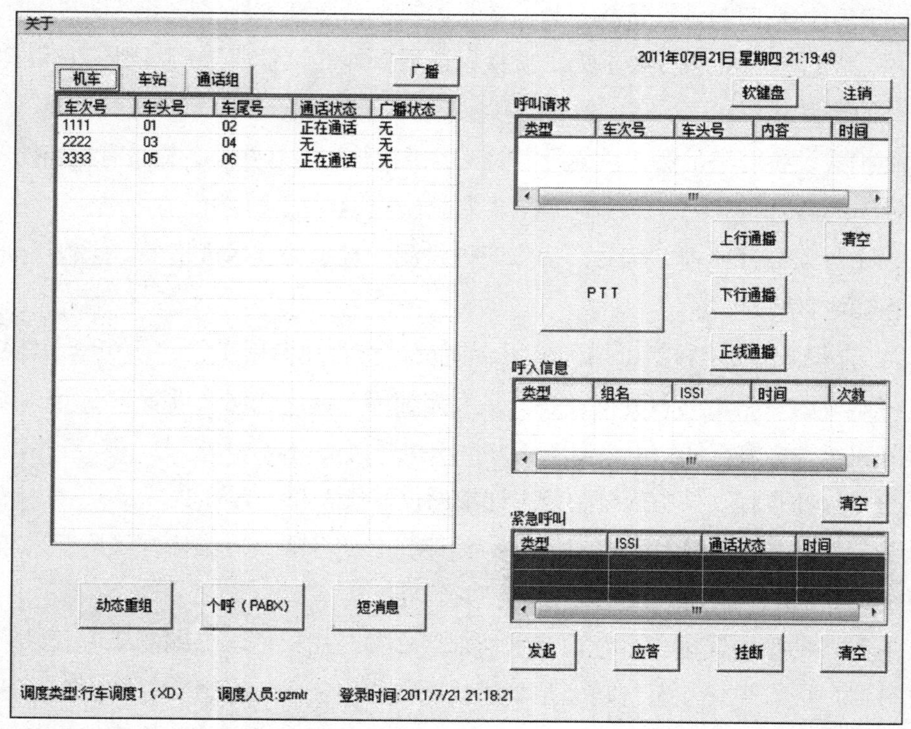

图3—2　调度台界面主体窗口

2）在其他弹出页面部分，由于动态重组、个呼（PABX）、短消息等为非常用功能，因此将其设计为弹出页面，当按下相应功能键时，即弹出相应功能的功能框。三个功能框均在机车、车站、通话组的组呼栏中以标签页形式弹出。按使用频率由高到低排列，将动态重组、个呼（PABX）、短消息功能键从左至右排列。

3）在默认页面中其他位置则放置较为常用的功能按键，包括“PTT”“上行通播”“下行通播”“正线通播”“软键盘”“注销”按键，同时于其他空间放置时间信息、调度信息的信息栏，而操作信息及调度台状态指示灯功能则不显示于调度台界面或另设功能键，而在调度台服务器中进行说明。

（4）设备的技术要求

1）设备设计准则

①在电路的设计中应考虑到设备的上述参数值在设备启动时会有变化，或在设备生命期的运行中会有周期性或非周期性变化，设备的设计应允许一定范围内的此类变

化或使变化的影响得以补偿。这种补偿不应采取调整控制的方式。

②只应采用标准元件，而不应根据个别选择来满足特殊参数。

③所有设备的输入和输出应遵照 ANSI 标准 C 37.9CA—197A“抗浪涌控制测试”或类似标准，以使设备不受损坏或产生误动。应可不损坏地拆除 / 更换模块，且不影响设备或系统其余部分的运行。从正在运行的设备中拆除一模块不应导致任何损坏，否则应采取预防措施。

④零部件的布置、固定和排列应使检查、拆除和更换时不致影响或损坏连线上的其他零部件。

⑤印制电路板所用材料应为带有镀金连接件的单面、双面或多层环氧玻璃。

⑥每块印制电路板都应具有防护涂层，以防止因潮湿、盐气或其他腐蚀性环境，发霉和灰尘引起的开裂、生锈和变质。

⑦所有设备都应具有短路保护，包括电源本身的保护。设备或其接地、电缆布置都不应产生任何类型不利于任何其他设备性能的干扰，或者使人员烦恼或不适的干扰。

⑧由于电源系统切换、线路故障或地电位升高引起电压幅度和相位变化时，设备不致受到损坏且能保持正常性能。

2）维护和失效管理

①系统中应包括对系统故障和非正常条件，进行识别、响应所需的硬件、软件，其目的是减小故障对系统运营的影响。系统中各元素尽可能保持功能应作为工作的目标，必须且只有在危及安全时才准许停止运营。

②系统对故障和非正常条件的响应可包括如下策略：自动或人工改变系统配置；系统操作方式的调整。

③系统故障的检测、报告和响应的设计应使故障对系统运行效率的影响减至最低。系统或子系统的故障应报告给控制中心操作员。

④故障报告应为带硬拷贝后备的视觉显示方式，并补以听觉告警。故障的自动响应优先级应首先为系统安全，然后为保持部分运行。

⑤在任何情况下，控制中心操作员应有措施压制或修改任何自动失效管理策略。此外，中心操作员还应有措施启动任何系统内置的失效管理策略。无论何时，一旦失效管理策略被选中，自动系统应执行其功能，而无须控制中心操作员的进一步介入。

⑥运行恢复应包括排除故障元素的所有动作，使系统恢复完全运行。

3）设备的监督和测试。所供设备应具有下述性能：

①前面板上的视觉指示，用来表明设备中包含的各主要组成的运行状态，比如内部电源等。

②具有可在设备运行时进行测量的测试点。

③根据需要设内置仪表。

④所有微处理器控制设备的内置诊断程序按周期运行时，可将故障至少定位到模块级。

⑤具有周期性实时输出测试结果，实现远程监督、测试、诊断。

⑥能进行人工测试，且应提供各模块上的测试点，以方便测试。

4）小设备的可互换性和标准化

①所有相似零部件应具有充分的可互换性，而不需修整或调整。所有系统项目的可互换性应遵照商业惯例。

②卖方应对工程中所有零部件、材料和器件的标准化负责。卖方应安排并执行在标准化方面与其分包商的协调工作。所有的设备、零部件和元器件均应是标准产品，这类项目包括人机接口终端、打印机、低压断路器、灯泡、插座、插头、按钮等。

③系统内相同功能的元件在电气上和机械上都应是可互换的。在有美观要求时，其外观也应一致。

5）防雷及接地

①卖方应根据使用地区的雷电灾害情况对雷电感应过电压进行防护，根据设备的冲击耐压水平采取相应的雷电防护措施。防雷元件不应影响被防护设备的正常工作，被防护设备与防雷元件之间的连接线应尽量短。

②卖方应对城市轨道交通设施的带电部件安全措施提出建议（防止电击、电位升高和间接冲击）。乘客、工作人员在站台、车站建筑或隧道可能接触到的所有金属部分，诸如钢杆、钢管以及其他金属设备应接地，以防电击。

③现代通信系统的电子设备的人身及设备防护方式应是非常有效的。

④车站、控制中心、车辆段通信设备接地均接入室内综合接地系统，接地系统电阻值不大于 1 Ω；区间设备接入区间接地扁钢后，接入车站综合接地系统。

（5）材料和工艺。所选择的材料和工艺应能适应预期功能，且适应工程现场条件。通用工艺应具最高质量，且应采用高档设备和最好的现代化工艺。所有室内外的端子转接均应采用良好的接线端子。

系统采用的材料、工序和零部件应经选择或组合，以使其能够满足合同中关于性能、物理和功能特性的要求，以及关于安全性、可靠性和可维护性的要求。材料、工序和零部件应按相应的规范和图纸进行控制。

1）光、电缆

①卖方应提供其供货设备所需的所有室内线缆、连接器、端子排和其他附件。所有电缆应终接于机柜的端子排。

②所有的端子排、电缆和接线应采用买方确认的适当标签标识。同样，所有室内

外设备也应采用买方确认的适当标签标识。

③电缆应具有下列一般特性：

——铜导体间用聚乙烯或类似材料绝缘；

——外层绝缘材料应采用 PVC 或同类材料，在电缆表面的保护层要达到规定中要求的厚度；

——根据需要的铠装带应镀锌，镀层厚度最小 0.2 mm；

——卖方应提供分色或分组的电缆。

④光缆应具有下列一般特性：

——所有光缆均应采用单模光纤，规格均应符合相关的标准、规范，经国家电线电缆质量监督检验中心测试合格，并附有检测报告。

——光缆护套以内的所有间隙采用油膏填充阻水措施，包带及其内外的缆芯间隙采用油膏连续充满，内套和护套之间的间隙连续放置阻水膨胀带。

——光缆护层结构采用内护层为双面涂塑铝带粘接 PE 套＋双面涂塑轧纹钢带＋低烟、无卤、阻燃聚乙烯护套。光缆结构与护层应具有防电蚀、防鼠咬、防虫害等特性。地面及引入控制中心的光缆外护层还应具有防紫外线的特性。

——光缆的纤芯应采用国际知名品牌。

——单芯光纤应有适当的防护层以防止机械损伤。系统元件应以良好的商业惯例制造加工。应特别注意下述过程的整洁和仔细：锡焊、配线、零部件铭牌、电镀、喷涂、铆接、机械化装配、电焊气焊，以及零部件的倒角和去毛刺。

2）机箱

①卖方应提供容纳和保护所供设备所需的机柜、机架和其他机箱。钢制机柜、机架、盘和其他支撑结构应经细致清洗和防锈处理，并可经受所处的环境条件。机箱和支撑结构应涂底漆并着色。机柜、机架、盘和机箱的颜色应协调，并提交买方确认。

②所有机柜应可独立放置，电缆架需要在墙上安装侧向支撑。机柜和电缆架可锚固于地板上或者安装在支撑架上，机柜或电缆架的高度应不高于 2.4 m。电缆应从底部进出机柜。除挂墙式机柜外，所有机柜应具有前后门，柜门应提供锁匙或扳手安全措施。卖方应以有利于散热通风的方式设计机柜和机箱，以及布置设备机架。

③在通信设备室内，每排机柜应有一个带有便于连接、检查照明和测试设备使用的电源引出端，该电源应取自通信机械室主电源。这些引出端的布置应在设计阶段取得一致。

④机柜的设计应防止空气中灰尘和昆虫的侵入。

⑤应在每一机箱的正面提供描述设备功能的铭牌。

（6）一致性。在整个系统中，设备的形式和外观的协调一致应给买方和公众一个统一的形象以便于识别。这一要求可通过采用统一风格的标志、字母和符号，以及采用协调的颜色和符号来实现。

（7）伴随服务。卖方应提供项目管理、设计、技术文件、设计联络、出厂检验、包装、运输、保险、安装督导、调试、培训、联调、试运营和质量保证期的服务。

2. 设计联络

城市轨道交通通信系统完成设备招标和系统初步设计后，城市轨道交通通信系统建设部门、城市轨道交通设备维修部门、设备供货厂家、设计单位和城市轨道交通通信系统集成商应共同对包含系统设计、设备功能、设备供货等的设计联络文件进行多方审查、讨论和确认。

设备维修部门可通过参与设计联络，在设备安装和调试前初步了解通信系统设备的功能、性能和接口特性。同时，设备维修部门根据自身维护经验并结合设计联络文件提出相关的改进建议，设备供货厂家或设计单位根据建议的可行性变更设备供货或者系统设计方案，以使设备在安装、调试和验收过程中减少设计变更，并使设备正式投入使用后能够高水平运行。

通信系统设备一般会进行两次设计联络会议。

（1）第一次设计联络会议。第一次设计联络会议是城市轨道交通通信系统建设部门、城市轨道交通设备维修部门、设备供货厂家、设计单位和城市轨道交通通信系统集成商首次集中对设计联络文件进行全面、深入的审查和讨论，其主要任务为：

1）进行与招标技术条件偏差部分的澄清。

2）确认系统设计所需有关工程信息，主要包括线路数据、车站数据等。

3）讨论系统技术规格书，主要包括不间断电源系统功能规格书、传输系统功能规格书、公务系统功能规格书、无线系统功能规格书、广播系统功能规格书、时钟系统功能规格书、闭路电视系统功能规格书、集中告警系统功能规格书。

4）讨论系统构成方案，主要包括中央公务系统的系统构成及本线路，线网组网，传输系统的构成及组网，无线系统的构成及操作界面，闭路电视、广播、时钟系统的构成及设备分部等，操作界面要符合中国人的习惯，且位置、高度要便于维护。

5）确认与其他系统接口，主要包括通信电源与通信各其他子系统、传输与通信各其他子系统、时钟与通信各其他子系统、集中告警与通信各其他子系统的接口。

6）讨论设备供货清单。

7）讨论工程界面。

8）讨论会议纪要。

会议最后形成设计联络会议纪要，与会各方确认会议讨论内容并作为各方开展下一步工作的依据。

（2）第二次设计联络会议。第二次设计联络会议是城市轨道交通通信系统建设部门、城市轨道交通设备维修部门、设备供货厂家、设计单位和城市轨道交通通信系统集成商共同针对第一次设计联络会议各方提出的意见和建议（主要以会议纪要为准）以及开展工作的成果、工期计划进行讨论和审定。其主要任务为：

1）讨论工程进度计划及供货计划；

2）确认施工设计所需有关系统设计文件，主要包括确定配套电缆、光缆技术规格、类型，室内室外设备连接要求，通信设备配电要求和接地要求；

3）讨论确定无线系统二次开发软件以及集中告警系统二次开发软件的功能及界面；

4）讨论通用接口，再次确认通信各子系统直接的接口参数、协议以及硬件；

5）确定各类人机界面，其显示要符合中国人的习惯；

6）根据系统设计确定的功能要求，讨论详细设计中间结果和详细规格书有关设计参数；

7）讨论各类服务器、终端的人机界面、功能显示、操作控制等，完成详细功能规格书，其显示要符合中国人的习惯；

8）根据施工设计和系统设计，讨论详细系统结构，主要包括系统设备配置、规格、产品型号、系统网络结构等，完成系统设备之间连接图、架间连接图，供货材料清单；

9）讨论供货设备材料数量和交货时间安排计划；

10）讨论施工单位招标要求的基本文件、最终的施工图和相关技术文件；

11）讨论会议纪要。

第二次设计联络会议最终形成设计联络会议纪要，与会各方确认最终设计联络文件，并作为设备供货厂家供货和设计单位深化、细化系统设计的依据。两次设计联络会议纪要中有冲突的地方，以第二次设计联络会议纪要为准。

二、从源头开始严控把关——厂验

厂验，又称工厂验收试验，是在供货设备厂家的工厂内对其供货设备进行设备验收测试。质量证书由卖方提供。厂验测试内容主要包括设备产品外观、设备技术参数和设备功能等的测试。

1. 通信系统厂验依据和准则

（1）设备合同。

（2）设计联络文件。

（3）《城市轨道交通设计规范》。

（4）《铁路运输通信设计规范》。

（5）工信部、国家铁路局的其他有关标准。

（6）电子工业协会（EIA）的有关标准。

（7）国际电工学会标准（IEC）。

（8）国际电气与电子工程师学会标准（IEEE）。

（9）国际无线咨询委员会标准（CCIR）。

（10）国际电信联盟（ITU-T）的有关建议。

（11）国际标准化组织（ISO）相关标准。

2. 通信系统厂验实施

（1）设备和系统的出厂检验须有买方到场参加。出厂检验应在卖方工厂或分包商制造厂内进行。

（2）若买方检验人员已到卖方场地，而检验无法按计划进行时，所有由此产生的包括买方人员在内的直接费用及成本由卖方承担。

（3）卖方应提前一个月向买方提供出厂检验测试大纲供买方确认，测试大纲至少包括测试项目、测试步骤、检查标准、要求到达的测试目标，买方如对测试大纲有异议，卖方应及时进行修改。

（4）系统应被证实满足功能要求，被发现的故障及功能失效应在出厂前纠正。

（5）厂验测试项目、测试步骤、检查标准、测试目标描述应清晰完整，并在买方厂验时能提供功能非常完备的软件完全版本。模拟实验的测试信号应同线路实际运行相似。

三、早发现、早解决

城市轨道交通通信系统建设在完成系统设计和设备工厂验收测试后，进入设备安装施工、设备调试阶段。运营维修部门在设备安装施工、设备调试阶段严格把关，可以及早发现设备缺陷、功能缺陷和安装施工质量问题，以便及早反馈给相关责任方，做到早发现、早解决，有效降低潜在的上述问题对设备投入正式运营后的影响，提高设备的运行质量。

1. 制定规范的施工验收标准

新线建设工期紧，通信系统设备多，如何在紧张的工期内高质量完成通信设备的安装，为后续调试、联调和演练提前提供可靠的通信工具向来是新线建设的难题。

维修单位根据经验，提前制定规范的施工验收标准，并在与施工方进行充分沟通、做好技术交底、达成共识的基础上，从刚开始施工，就可以将验收工作结合到施工质量跟踪工作中。这样一方面使业主随时掌握施工质量；另一方面也使施工方清楚验收技术标准，清楚业主的需求，从而随时作出改正，提高设备质量，使验收工作能顺利通过。

（1）施工验收标准参考文件。《铁路运输通信工程施工质量验收标准》《地下铁道工程施工验收规范》《铁路通信施工规范》《城市轨道交通设计规范》《铁路运输通信设计规范》《城市轨道交通工程项目建设标准》《数字同步网工程设计规范》《基于 SDH 的多业务传输节点（MSTP）本地光缆传输工程验收规范》《数字集群通信工程设计暂行规定》《数字集群移动通信系统体制》《漏泄电缆无线通信系统总规范》《无线通信系统室内覆盖工程设计规范》《视频安防监控技术要求》《公众建筑电气设计规范》《电子信息系统机房设计规范》《通信局（站）防雷与接地工程验收规范》《固定电话交换设备安装工程验收规范》《通信电源设备安装工程验收规范》《数字集群通信设备安装工程验收暂行规定》。

以上相关通信验收标准在实际应用中应用，但不仅限于以上标准。

（2）施工验收标准要点。设备维护部门必须在国家、行业相同设备的施工验收标准的基础上，结合自身特点，总结同类设备以往的施工、验收、运维经验，制定符合自己的施工验收标准。国内某城市轨道交通，总结自身多条线路开通的建设及维护经验，摸索出一套符合其设备特点及地理特点的施工验收标准，在此列举部分以供参考与借鉴。

1）室外线缆及设备施工验收要点

①电缆托臂是否安装良好，各托臂是否缺损，使用非金属材质的电缆托臂施工方案是否每隔 10 个安装 1 个金属托臂。

②电缆支架、吊夹不应安装在具有较大震动、热源、腐蚀性液滴及排污沟道的位置，也不应安装在具有高温、高压、腐蚀性及易燃易爆等介质的工艺设备、管道以及能移动的构筑物上。

③各层电缆是否始终在同一层铺设，电缆是否平直，是否存在上下内外串放、扭绞现象。

④在隧道洞口、隧道风机等架空位置时，架空电缆是否使用钢缆或特制钢托臂加强支撑，是否采用钢扎带或塑包钢扎带。

⑤电缆拐角的弯曲半径是否符合标准，是否对拐角进行处理，以防止电缆损伤或弯曲半径不足。

⑥在部分拐角位置电缆弯曲半径较小时，是否加密电缆托臂以保证电缆绑扎牢固，是否采用钢扎带或塑包钢扎带。

⑦电缆需穿墙通过时，是否采用钢管防护以保证电缆安全。

⑧屋顶天线必须有避雷针，天线与避雷针应各有独立支架，天线必须在避雷针下方45°投影区内，同时天线与避雷针距离应大于等于200 mm，天线必须安装防雷装置和可靠接地。

⑨楼梯、扶梯正上方范围内不应设置外设。

⑩每根电缆是否按要求在每个托臂处用绑扎带进行独立绑扎，每隔5个托臂用绑扎带交叉固定。

⑪绑扎带材质是否符合要求，扎带必须符合防腐、抗老化要求，地面、高架隧道线缆绑扎应选用钢扎带或塑包钢扎带。

2）无线子系统施工验收要点

①基站机柜、机柜配线、射频电缆等安装规范应符合室内外设备、线缆安装标准。

②基站天线应使用1/2英寸的超柔射频跳线。

③功分器的输入、输出口应在同一水平面上。

④直放站设备应符合轨旁设备的IP65防护标准。

⑤隧道直放站设备安装高度应大于1.2 m，且1 m内应无其他设备。

⑥漏缆安装必须保证漏缆开口对准隧道中心线。

⑦漏缆接头应做好密封。

⑧漏缆吊夹间距不得大于1 m，不大于每10个间隔应增加一个金属防火吊夹。

⑨漏缆吊夹不得安装在隧道盾构接缝、伸缩缝或者有堵漏等位置。

⑩漏缆必须加装隔直环装置，隔直环安装在基站功分器输出口处。

2. 过程监控

为确保工程质量，提高新线运营筹备的运作效率，必须对整个施工过程进行监管。对整个工程持续进行监管，一方面使业主持续掌握工程质量、进度，从而适时提出要求，作出调整；另一方面在过程监管中使施工方清楚业主的需求，清楚施工、验收技术和技术规范，从而随时对工程作出调整、修正，提高设备质量，满足业主需求，最终使验收工作顺利通过，争创优质工程。这种过程监管及沟通对业主、施工单位、监理等相关单位都有十分重要意义的。

（1）成立质量管理领导小组（以下简称领导小组），在此基础上，成立一支由业务技术过硬、经验丰富的现场技术骨干组成的专业现场小组（以下简称专业小组）。领导小组负责整个工程持续监管领导、协调等工作，而专业现场小组主要负责现场施工质量跟踪，以现场监管为主。与施工单位共同建立工程质量负责制，做到质量管理机构健全，质保自检体系完善，工程质量保证措施有力。

（2）现场过程监管总的指导原则为“工程初期创样板，工程中期查质量，工程末期查整改”。在施工进场前，领导小组与施工单位充分沟通，可以以协调会、施工培训等多种方式，将业主的质量要求、施工验收标准规范、各种设备的工艺、注意事项等与施工单位充分传达沟通，双方可以就有关标准和要点进行坦诚公开的讨论，并达成共识，建立起工作开展的基础。各种设备的第一次安装应由双方的现场技术骨干、质量管理人员全程参加，在安装过程中将各种标准规范、问题要素等一一展现，达到双方认可的施工质量和规范，把业主的需求、要求及时准确地与施工方进行沟通，尽量将问题解决在萌芽阶段。必要时，可以进行试装。业主适时派经验丰富的技术人员或生产骨干进行现场检查，及时发现问题，纠正问题。与施工单位共同协商，选定样板站、段，作为施工示范点，在工程初期，领导小组的工作重点是在各项施工中，务必与施工单位建立样板工程或标准工程，此样板工程必须是高标准、高质量、双方认可的，然后后续全面铺开的工程均按样板工程的标准执行。在工程的中期，领导小组的工作重点是检查工程质量，可以采取全查、抽查结合的方式，将质量问题及时反馈给施工单位。在工程的末期，领导小组的工作重点则是前期工作的整改情况审查。

（3）专业小组对施工现场的全程跟踪监管是整个工程监管的重要工作。对于施工单位现场的施工质量、各种信息、现场的第一手资料等将全部由专业小组进行跟踪和反馈。根据工程进度和计划，专业小组将每天安排成员到施工现场跟踪施工，并与施工人员沟通，此为现场级沟通。专业小组成员每天以日报形式将所收集的施工质量问题、要素、信息及时反馈，及时整理并向领导小组汇报，并每周以周报形式将一周的情况进行整理、归纳，并得出分析报告上交给领导小组。领导小组以周会的形式，每周定期将存在的问题、要求等与施工单位进行协调、沟通，此为管理级的沟通。领导小组和专业小组可以每月根据所掌握的日报、周报进行汇报、分析，并得月报，每月定期与施工单位、监理单位进行沟通协调，或交由更高一级的工程管理单位进行协调，此为领导级的沟通。

在整个过程监管中，现场专业小组的跟踪是最重要的基础，领导小组的协调是工作成功的保证。跟踪监管和沟通协调是两个核心工作，只有把这两项工作抓好，相互促进，才能出色完成过程质量管理工作。

3. 阶段控制

（1）设备安装。城市轨道交通通信系统施工地点包括线路隧道、车站、车辆段和控制中心范围的各个角落，其中区间内主要是安装电缆支架、安装轨旁设备、敷设光电缆、漏缆等作业内容；车站、车辆段和控制中心主要是站内机房设备的安装、各终端设备（如扬声器、摄像头、电话机等）的安装、各种管线槽及电缆的安装与敷设，具有涉及系统多、作业点分散、技术要求高的特点。因此，在施工的全过程，运营维修部门应全程跟进做好设备安装，以“工程初期创样板、工程中期查质量、工程末期抓整改”的总体工作原则，加强与新线建设部门、设计、监理、供货厂家、通信系统集成商、施工单位做好相关接口专业的协调与配合。

1）根据施工验收规范全面跟进设备安装。在工程初期，维修部门与新线建设部门、施工单位和设计单位等开展样板车站和样板区间施工建设确定施工验收规范后，维修部门根据施工验收规范开始全面跟进设备安装全过程，检查施工单位设备安装施工有无按规范施工，对关键设备、工艺派专人现场监督施工安装，执行旁站制度，对现场设备安装工艺严格把关。

如在某线路通信设备安装施工初期，维修部门新线筹备小组人员发现施工单位为赶工期，部分设备安装没有按照施工验收规范执行；广播系统的喇叭安装接线工艺没有使用接线端子、没有使用热缩套管处理接头；区间接地扁钢的扁钢间连接处，螺钉固定没有按施工规范加装弹簧垫片。

2）收集问题，及时反馈整改。在全面跟进设备安装的同时，新线筹备小组要注意做好问题的收集。现场跟踪作业一旦发现问题，及时与施工单位现场作业人员沟通进行现场整改。现场配合跟踪作业人员需要做好记录和问题汇总，不能现场整改的问题，及时向新线筹备小组反馈，由新线筹备小组汇总并及时在每周施工例会上提出，要求施工单位及时整改，并要求施工单位给出具体的整改时限，并指定专人全程跟进问题的整改。

某线路新线筹备小组在跟进设备安装施工的过程中发现，部分车站不间断电源系统机柜安装布置设计存在问题，不利于日后开展维修组织，即不间断电源系统机柜维修时需要拆卸机柜左门进行维修，但部分车站不间断电源的安装方式是机柜左侧紧靠电池柜，将会造成今后无法对不间断电源设备进行维修。问题发现后，新线筹备小组马上将问题向新线建设部门、设计单位、施工单位和不间断电源供货厂家反馈该问题。由于问题反映及时，多方协商后由设计单位重新出具施工图后由施工单位按变更后的施工图重新施工。

3）多方协调沟通，解决施工问题。在设备安装跟进过程中发现问题或隐患，设备维修部门应安排专人及时跟进施工问题的反馈和整改，并与新线建设部门、集成商、设计单位、监理单位、施工单位和设备供货厂家等相关方面多沟通、多协调，争取将发现的施工问题在开通运营前完成整改，避免问题在开通运营前未完成整改从而产生遗留问题，影响系统设备的正常使用及耗费更多人力财力。

如在前面所述的广播喇叭施工工艺、区间接地扁钢安装弹簧垫片、不间断电源系统机柜安装布置方式等问题如没有在设备安装阶段发现即与相关方面沟通协调和解决，到开通运营后将成为施工遗留问题，需要耗费更多的人力和财力进行整改。

（2）设备单体调试

1）在设备单体调试期间，维修人员需特别关注调试的关键点，确保设备调试后能够满足技术规格书的要求及今后维护需求。

2）在设备单体调试过程中，维修人员可根据设备维护经验，优化系统的数据配置，提高设备的稳定性和可靠性。

（3）联调

1）联调的范围。城市轨道交通通信各子系统间存在接口关系，如传输系统与公务、有线调度电话、无线、不间断电源系统、视频监控、广播、时钟等系统存在接口关系；同时城市轨道交通通信子系统与城市轨道交通其他系统也存在接口关系，如传输系统与AFC、信号ATS、供电SCADA、计算机网络间存在接口关系。因此，通信系统的联调范围主要有以下几种：

①传输系统与AFC、无线、CCTV、公务电话、有线调度电话、电源、时钟、广播系统、综合网管、计算机网络、SCADA等系统间的系统联调。

②无线系统与信号ATS间的系统联调。

③无线系统与车辆间的系统联调。

④有线调度电话与综合监控系统（或称主控系统）间的系统联调。

2）联调的组织实施

①在联调阶段，卖方负责通信系统的调试及与其他有关系统的接口检查，以保证所需联调的每组设备通过其接口达到的系统功能满足合同要求，买方配合并参加综合联调。

②在144小时实验成功后，设备将进入联调实验。包括两个阶段：与其他系统的所有接口功能实验和综合联调实验。接口功能实验是证明所有与其他系统的接口功能正确。由于工期等方面原因，对综合联调实验的安排可以灵活处理，买方对联调工作做出的决定，卖方应执行并配合相关专业的工作。买方有权利根据工期的进展情况，调整综合联调的时间。

实验内容可包括有144小时实验中未完成的或未成功的项目、与其他系统接口的稳定性指标。其测试指标必须达到144小时实验中的安全性、可用性指标。

4. 现场验收、FAC/PAC控制

在施工完成后，相关单位会组织一次最终的现场设备验收工作。此时买方需组织

最强的技术力量、最富有验收工作经验的人员，全面组建各验收小组，分项分组启动验收工作。每验收小组设立小组长，全面负责该项目的验收及后续整改工作。

对整个系统的各个设备开展地毯式的全面检查，并将存在的设备缺点、隐患等逐条进行记录，并让施工方进行确认，落实整改工作，必要时进行返工。

（1）预验收（PAC）证书。如果系统通过了试运行，买方将于收到成功试运行报告后45天内签署预验收证书。如果买方在试运行成功结束后的45天内尚未开具预验收证书，系统将被认为已被买方接收。

试运行期间发现的问题，卖方应及时克服，如在试运行结束前没能解决，买方可以视问题的严重程度采取以下3种处理方式：签发预验收证书；签发有条件的预验收证书；不签发预验收证书，直到问题解决为止。

对系统所有在联调中没有达到的指标的评估将截至系统被事实的接收之日或预验收证书开具之日，数据将取自该日前一个月内的运行数据。评估结果将不影响卖方对系统的进一步改进工作。

（2）最终验收（FAC）证书。如买方对整个项目无异议时，买方应于质量保证期结束后45天内签署最终验收证书。若买方认为工程中出现的疏漏和错误不影响最终验收证书的签署，买方应签署最终验收证书并注明存在的疏漏和错误。在此情况下卖方应采取措施对存在的疏漏和错误（包括潜在的）在6个月内进行修正，直至使买方满意为止。

四、开通前运营筹备组织

1. 成立新线维修组织架构

维修部门应抽调骨干力量成立专职新线专业小组，对新线进行施工质量及进度的跟踪；分部技术管理人员定期到现场检查新线专业小组工作质量及新线筹备组织工作。

新线专业小组人员的职责分工见表3—1。

表3—1　　新线专业小组人员的职责分工

负责人	负责新线工作主要内容
分部主任	全面负责新线筹备工作，领导新线筹备工作小组开展新线安装调试、验收接管的各项工作
分部副主任	协助分部主任完成新线筹备各项工作，执行落实分部主任的各项工作安排，合理组织人力、物力等资源完成各项任务
技术主管	负责新线筹备工作，包括与外单位沟通协调、汇总新线问题、跟进新线进度、编写新线总结等，以及负责所辖系统的安装调试、验收接管和员工培训
技术主办	负责跟进新线进度，反馈新线问题，以及负责所辖系统的安装调试、验收接管

续表

负责人	负责新线工作主要内容
技术助理	负责协助对应专工完成新线工作
工班长	负责跟进新线进度，反馈新线问题，以及参与所辖工班设备的安装调试、验收接管和员工培训
新线安全员	负责新线下工地前的安全教育，管理新线劳保，监督现场员工的劳保穿戴；每天汇总新线现场发现的安全隐患报至分部主任处、跟踪安全隐患整改情况

2. 新线人员培养

城市轨道交通建设高速发展，应用的通信设备越来越先进，专业维护人员的培养就显得日益重要。国内城市轨道交通专业维护人才紧缺，如何培养合格专业维护人员对于城市轨道交通运营单位是必然要面对的问题。而城市轨道交通新线建设阶段包含设备安装和设备调试、联调，是专业维护人员培养的良好时机。在城市轨道交通新线建设阶段专业维护人员的培养方式主要有厂家培训、施工及调试现场培训和老员工带教新员工。

（1）厂家培训。厂家培训是设备安装调试前，运营维修部门派技术底子好、学习能力强的员工到供货厂家工厂参加设备操作维护培训。厂家培训一般由供货厂家安排富有现场维护经验的工程师对培训学员进行培训，培训现场一般安装有专用的培训设备，因此厂家培训一般以实际操作维护的方式为主。

通过厂家培训，参与培训的员工能够全面掌握设备的调试及维护技能，可由参与培训的员工编写设备培训教材和维护手册，由其对新线筹备小组其他员工开展司内培训。

（2）施工及调试现场培训。施工和调试阶段，涉及设备安装、线缆配线、接头安装、设备调试等在设备正式投入使用后较少涉及的实际操作环节，上述环节的工艺技能一般为维修岗位员工掌握较为薄弱的，因此维修部门可通过与新线建设部门、施工单位和调试厂家协调，在施工和调试工期允许的情况下，施工单位员工和调试厂家现场调试工程师在施工和调试现场对维修部门员工进行现场培训。施工和调试现场培训方式可多种多样，不拘泥于形式而着重培训效果。部分现场培训是施工单位师傅或供货厂家调试工程师在现场一边工作一边讲解，然后让维修部门员工实操学习，该培训方式效果最为理想。

施工单位员工和调试厂家现场调试工程师对维修部门员工培训后，也在一定程度上有助于施工单位和调试厂家加快施工进度和调试进度。例如，在某线路控制中心通信设备房交换专业总配线架施工上，施工单位的师傅培训维修部门员工如何进行用户电缆的配线工序和工艺后，维修部门员工在施工单位师傅的指导下一同进行用户电缆

配线施工，比预定工期提前一周完成控制中心总配线架用户电缆的配线。在某线路无线车载台的调试过程中，由于供货厂家人员紧张，调试进度滞后，维修人员主动向供货厂家人员请教无线车载台调试工序和方法。在维修人员掌握无线车载台调试工序和方法后，维修人员完成20多列列车近50个无线车载台的调试工作，有效地加快调试进度并减轻供货厂家的调试工作压力。

（3）老员工带教新员工。新线筹备小组除了部分作为技术骨干的老员工外，更多为城市轨道交通的新鲜血液——新员工。而新线建设阶段，老员工可以充分利用设备安装施工和设备调试平台提高自身技能水平，也可以利用该平台带教新员工，向新员工传授设备维护技能。

如在某线路建设时，在施工单位进行各种管线预埋，线槽铺设阶段，老员工就带教新员工开始跟进线槽铺设，熟悉各种线缆走向的来龙去脉。某老员工设计跟踪培训用的《车站管线、桥架及缆线工程跟踪培训表》，要求新员工填写每一根线缆的起点、终点，线缆的走向，线缆的型号和数量，归属哪个子系统等内容，让新员工到达工地现场后明确自身的工作重点。在设备机柜安装的阶段，老员工组织对新员工进行卷面和现场即问即答式考试：卷面考试要求新员工画出自己专业机柜内部板卡的结构顺序图；现场即问即答的问题由老员工随意指出一根线缆，请新员工回答这根线缆的起点、终点分别在哪里，功能是什么。通过这种考试方式，极大地提高了员工的学习热情，提高全体新员工对设备和线缆了解和掌握的熟练程度，取得良好的培训效果。

3. 编制运营技术文件

新线筹备小组人员在城市轨道交通通信设备接管前应组织专业人员编制相应运营技术文件，为设备接管后及开通运营后的维修组织、故障抢修及使用部门使用操作提供规范性文件。需编制的运营技术文件见表3—2。

表3—2　运营技术文件

序号	技术文件	备注
1	通信设备维修规程	
2	传输设备故障应急指南	
3	交换设备故障应急指南	
4	无线设备故障应急指南	
5	不间断电源故障应急指南	
6	交换设备使用操作手册	

续表

序号	技术文件	备注
7	无线设备使用操作手册	
8	广播设备使用操作手册	
9	闭路电视设备使用操作手册	
10	传输设备维护手册	
11	交换设备维护手册	
12	无线设备维护手册	
13	不间断电源设备维护手册	
14	广播设备维护手册	
15	闭路电视设备维护手册	
16	时钟设备维护手册	

4. 接管后维修组织

运营部门对新建线路“三权”（调度指挥权、属地管理权、设备使用权）接管后，设备维修部门应立即开始组织通信设备维修工作，保障通信设备以高水平投入正式运营。

（1）明确分部各工班的职责范围和分工。“三权”接管后，维修部门组织开展维修工作，统一组织，形成以分部技术管理人员为主的分部生产管理和技术支持核心，明确技术人员各自承担一个或多个子系统的技术支持与指导、人员培训、生产计划的审核等职责，工班配属技术人员以辅助，工班长负责生产的具体组织和人员管理，同时明确分部各工班的职责范围和分工，具体见表 3—3。

表 3—3 工班职责分工

序号	部门	职责范围和分工
1	生产技术组	负责分部日常的生产组织工作，并向工班提供技术指导和支持
2	传输工班	负责传输、电源系统设备、光缆的日常维护和故障处理
3	通信工班	负责广播、闭路电视、时钟和安防系统设备的日常维护和故障处理
4	交换工班	负责有线调度系统、程控交换系统、站内和轨旁电话系统、隧道和直埋电缆的日常维护和故障处理
5	无线工班	负责无线系统设备、车载无线电台、无线漏缆的日常维护和故障处理

（2）设备维护模式。“三权”接管至运营开通时期内，通信系统设备实行计划性维修和故障处理相结合的设备维护模式。考虑到“三权”接管至运营开通时期部分车站交通不便，计划性维修主要包括日巡检和月度检修。

1）日巡检。由工班组织一线维修人员负责，除对设备的运行状态进行检查外，还应进行设备机柜、机架的清洁，设备房卫生的清扫等维护工作。

2）月度检修。主要由维修一线人员负责，专业技术人员以抽查形式检查检修质量，保证通信设备的完好。

3）故障处理。由于“三权”接管至运营开通时期，设备尚处于调试或联调阶段，通信设备发生较大故障时维修部门可要求供货厂家参与，并由供货厂家出具故障说明和分析。对行车安全和效率有影响的设备故障，一般由专业技术人员组织处理，工班参加进行故障抢修。对于一般故障，由工班组织，专业技术人员参加进行故障修复。

第二节　设备投入期维修策略

在筹备期后，设备维护的下一个阶段就是设备投入使用期，也就是所说的设备磨合期。在设备磨合期内，让设备维护人员能够更好地掌握设备的运行情况，及时快速地解决设备在磨合期内出现的各种问题，设备维护部门需要对所辖设备建立相关台账并对投入初期发现的各种问题跟进解决。

一、建立设备台账

随着城市轨道交通通信系统业务的多样化发展，设备设施类型也随之不断增加，为使设备维修部门能够高效地管理所辖设备设施，建立设备台账是一个必要的手段和方法。完善的设备台账可以帮助维修人员更好地掌控设备运行质量，并针对设备实际情况制订设备检修周期、开展设备检修计划。设备台账的建立、记录、管理必须持之以恒，为日后设备管理过程提供最有价值的原始数据，更有效地达到设备管理目标。鉴于台账的重要性，使用者在记录台账时必须对设备的各个参数做到详尽、准确。

1. 设备的分类

做好设备的分类工作有助于做好设备的维护维修及管理工作，保证设备的状态良好。设备一般可分为 A 类、B 类和 C 类。

（1）设备分类方法。设备的分类方法大体上有两种：一种是经验判断法，另一种是评分法。

1）经验判断法。经验判断法是由设备维护部门根据日常维修积累的经验，初步选出一些发生故障后对均衡生产、产品质量和安全环保等影响大的设备，包括行业主管部门规定的大型精密设备，经征求生产部门意见后，制定重点设备清单。在实施重点设备管理的工作中，可以按实际需要进行修改与补充。

2）评分法。评分法是以生产、质量、安全等六种影响类别为标准进行评分，一般以设备总得分为 35 分及以上定为 A 类设备；25 ～ 35 分定为 B 类设备；25 分及以下定为 C 类设备，见表 3—4。

表 3—4　　设备评分表

类别	序号	项目内容	评分	评定标准	得分	备注
可替代性	1	发生故障后的替代设备	5	无替代		
			3	可以外部协助		
			1	有替代		
影响	2	故障影响	5	影响全单位		
			3	影响部分		
			1	影响本身		
质量	3	设备加工状态	5	精加工设备		
			3	一般加工设备		
			1	粗加工设备		
安全	4	影响行车安全程度	5	对行车有绝对影响		
			3	对行车有影响		
			1	对行车无关		
	5	影响人身安全程度	5	影响多数人安全		直接影响人身安全、间接影响人身安全
			3	影响个人安全		
			1	影响不大		
频数	6	故障次数	5	季度发生三次及以上		
			3	季度发生三次以下		
			1	无故障		
其他	7	陈旧情况	5	投产五年及以上		
			3	自制设备		
			1	投产五年以下		
……	8	……				

（2）设备分类原则。不管以哪种方法进行分类，其遵循的原则都是一样的。

1）A 类设备具体划分原则为：

①直接影响运营安全的设备；

②承担生产中的关键任务且单一设备或担当产品关键零件、关键工序加工的设备；

③价值高，维修复杂，备件购置或制造困难，维修费用高的设备；

④大型、精密、稀少的设备；

⑤故障多，总停机时间长，利用率高又不易更新的设备。

2）C 类设备具体划分原则为：

①设计、制造质量差，结构落后的设备；

②发生故障对生产影响不大的设备；

③用于粗加工的自制设备；

④无修理价值的设备。

3）B 类设备具体划分原则为：未列入 A、C 类的生产设备划分为 B 类设备。

2. 各类设备管理概述

（1）A 类设备的管理。A 类设备除应按主要生产设备管理的一般要求外，还应做到以下几点：

1）重点设备上要有明显标志；

2）操作工人切实实施日常维护和定期维护；

3）明确专责维护人员，逐台落实定期点检内容；

4）维护人员要组织好重点设备的故障分析与管理；

5）保证备件的制造与储备；

6）使用与维护部门共同保证实施的预修计划；

7）从技术改造入手，提高设备的可靠性；

8）重点设备的改造、更新计划，要优先安排，认真落实。

（2）B 类设备的管理。B 类设备占生产设备的大多数，应进行正常管理。除要加强日常维护工作，做到正确使用、精心维护外，维护部门也要认真做好点检、巡检和设备检修工作。

（3）C 类设备的管理。对 C 类设备在保证安全、润滑的前提下，可适当降低精度标准，并按要求做好日常维护和维修工作。

3. 设备档案的建立

设备台账是设备管理的基础性资料，是做好设备管理工作的基础。设备台账从狭义上来说就是做好设备登记、记录和统计工作，但从广义上来说就是做好设备的各项管理工作。为确保日常生产的顺利进行，实现安全稳定运行的目的，必须对所有设备的购置（设计、制造）、安装、验收、保养、维修、变更、报废的整个过程进行跟踪控制，在此过程中，不断收集、整理、鉴定相关材料，并将相关材料以履历簿、图纸、文字说明、凭证和记录等形式记录下来，形成设备档案。设备档案建立之后需要存放在指定的地点，并安排专门的人员负责档案保管工作。

（1）设备档案的内容

1）设备概况；

2）设备外形图或照片；

3）附属设备及随机工具记录；

4）运转台时（公里）记录；

5）设备技术鉴定评定情况；

6）技术资料登记；

7）设备评比及检查评定情况；

8）设备动态（调出、调入、封存、报废）；

9）事故记录；

10）设备大修、专项修、中修记录。

（2）设备档案管理。设备档案资料原则上按每台单机整理，存放在档案袋内，档案编号应与设备编号一致。设备档案由部门设备管理工程师负责管理，要求做到：

1）明确设备档案管理的具体负责人，不得处于无人管理状态；

2）明确设备档案的各项资料的归档路线，包括资料来源、归档时间、交接手续、资料登记等；

3）明确定期登记的内容和负责登记的人员；

4）明确设备档案的借阅管理办法，防止丢失和损坏；

5）明确重点管理的设备档案，做到资料齐全、登记及时正确。

二、跟踪遗留问题

城市轨道交通的开通改变了广大市民的出行方式，增加出行选择，缩短空间距离，节约有限的时间，极大地方便市民。开通之后运营安全保障就至关重要，城市轨道交通各大系统相互关联、相互影响，都不得有任何问题，其中通信系统是重中之重，若

发生故障轻则影响行车效率，重则影响行车安全。因此，搞好通信设备维修，及时发现问题隐患，尽早解决遗留问题，不断改善维修工艺，探索好的处理办法是通信维修人员的首要任务。

1. 在维修过程中发现问题

通信设备维修的主要目的是保障通信设备正常良好的运行，降低通信故障发生的可能性和严重性，确保行车安全。维修大致可分为状态维修、周期性维修、预防性维修、故障性维修等。

新线开通初期，通信设备各子系统的运行都还处于一个初始的磨合阶段，往往会因为设计、安装、材料或操作失误等因素出现一些问题，对运营造成一定影响。因此，在通信设备投入运营初期，通信维修人员如何通过维修来发现问题，对及早处理问题、降低故障发生频率和减小故障影响就显得尤为重要。

（1）强化维修基础知识，区分问题。俗话说：打铁还需自身硬。要在维修过程中要发现通信问题，就必须先会区分问题，不然就是有问题摆在面前也不知道。要会区分问题就要强化维修基础知识，知识丰富，掌握一眼就能发现问题的本领。

1）重点学习通信设备维护手册、通信设备用户指南、通信设备使用说明等，这些资料都是从厂家出来的，各项功能说明、要求、参数、设置、注意事项都比较标准。掌握这些就有区分问题的依据。

2）熟练掌握城市轨道交通通信设备维修规程，通信维修人员必须通过本规程的学习和考试，考试合格后方可上岗作业。维修规程都是在满足城市轨道交通通信安全、可靠、便捷的要求下制定的，是城市轨道交通通信设备维护的基本规章，是现场开展检修作业的标准，也是区分问题的标准。

3）多做多学多经验。在维修过程中，也要学习，结合现场维修实践，认真总结经验，注意积累资料。现场经验是书本资料以外的知识，给人新的启发，有了丰富的现场经验，很多对照书本资料都区分不出来的问题都能迎刃而解。

（2）掌握多种实用方法，发现问题

1）感官检查法。所谓感官检查法就是利用人的视觉、听觉、触觉、嗅觉去发现问题及故障。通过眼睛可观察设备的外观有无变形，电源线有无破损，接线有无虚焊、断线现象，部件是否变形等。通过耳朵可以检查设备在运行状态下是否有异常及不规则的响声。通过手触摸，可以检查设备是否发热、温度过高，各件是否紧固等。通过鼻子去闻，可发现有无异常气味，可以判断电线、电子元件、板块等是否烧坏。感官检查法方便易行，操作简单，效果明显，是通信维修人员在作业的过程中发现设备问题使用最普遍、最常用的方法。

2）电路分析法。所谓电路分析法是根据电气设备的工作原理、控制原理和控制回路，结合感官，初步诊断设备问题性质，分析问题原因，确定设备问题范围的方法。采取顺藤摸瓜的检查方式找到问题原因及所在部位，是常用的一种方式。分析时先从主电路入手，再依次分析各个控制回路及其辅助回路。

3）仪表测量法。所谓仪表测量法是利用仪表仪器对通信设备进行检查，根据仪表测量某些电压、电流、频率等参数的大小并与正常的数值比较后，确定问题的原因及部位的方法。此方法是对电路分析法的进一步补充，通过电路分析法找到问题出在哪个部位，然后通过仪表测量法去判断问题出现的具体点。

4）再现故障法。所谓再现故障法就是通过各种方法模拟问题或者故障发生时的现象以及相关的操作，让故障现象再次出现，以找出故障点所在部位。

5）断电复位法。断电复位法多为电子设备、软件、网络等出现问题，所采取的重新启动软件、重新开关机器设备、通断电源等方法。城市轨道交通通信设备多为自动装置，由各种电子元件、软件、网络等组成一个整体，由于设备长时间带电运行，设备房温、湿度变化或者外界的干扰等不稳定因素，常引起元器件工作不稳定，软件运行缓慢、设备死机等偶发性故障时有发生。这些问题通过以上方法都无法处理，只有通过断电复位法才能较快较好地处理。但应做好故障现象记录，如果相同现象的问题及故障频繁出现，则应深入查明问题或故障原因。

（3）严守各项规章制度，减少问题。规章制度时刻提醒并规范员工行为，减少员工的错误倾向。严格遵守各项规章制度可以减少很多问题的发生，避免问题的扩大化。通信维修人员时刻要记住并严格执行的规章有“三不动”“三不离”“四不放过”“五注意”“六必须”“七不准”“八严禁”“事故十防”等。

（4）正确对待问题，合理处理问题。通信人员在维修过程中要善于利用各项设备的技术指标及维修标准，运用各种方法去主动发现问题，并及时处理，把每一个问题都看作同等重要，不要等到出现故障后再去找问题。一般的问题或故障报告及处理流程如下：

1）发现设备有问题时，立即清楚、准确地向工班长、技术人员、调度等汇报；

2）根据监控报警和报文信息、测量数据、设备运行动作情况及现场检查情况，判断问题及故障范围并确定正确的处理程序；

3）当问题或故障对设备正常运行造成严重影响时，应迅速向上级报告，以服务优先为原则，迅速临时恢复故障点，并请求启动应急抢险预案，通知相关接口部门，请求必要的现场配合；

4）凡对系统运行无重大影响的问题应先隔离，再根据现场实际情况向相关部门申请处理或自行处理；

5）进行针对性的处理，在合理的时间内尽快恢复设备运行；

6）做好问题或故障现象及处理过程的详细记录等。

2. 遗留问题跟踪

随着设备使用时间的增长，维护人员对设备的检修程度也在加深。随着检修的深入，同时也会发现问题。首先，设备维护人员应该对新线建设过程当中发现的设备遗留问题进行跟踪解决，当发现设备遗留问题无法解决或设计不合理造成设备存在隐患时，就需要进行技术改造。

设备遗留问题主要存在于新线开通初期，在城市轨道交通建设过程中有诸多因素导致设备安装调试期间存在的一些问题悬而未决，而这些遗留问题的长期存在很可能会导致城市轨道交通通信设备处于不稳定阶段。如果这些遗留问题不能得到很好的解决，设备故障发生的隐患就会一直存在。

在通信系统中遗留问题出现较多的是无线二次开发系统，由于城市轨道交通无线系统是由两部分组成，一部分是原装的TETRA系统，另一部分是由二次开发厂家开发的调度系统和车载台设备。在设备投入运行初期，无线二次开发系统由于软件不稳定或系统功能与用户使用习惯、维护需求不一致，导致出现影响运行的各种问题。下面列举一些作者在工作中遇到的实际情况，以供参考。

案　例

某城市轨道交通运营企业，称它为A，首次使用一厂家的二次开发系统。在此之前，已有多个城市轨道交通线路应用该厂家的二次开发系统，因此该厂家把已在其他轨道交通线路推广的调度系统和车载台系统照搬到A。由于无线二次开发系统涉及与列车广播的接口和信号ATS系统的接口，A所采用的列车广播系统和ATS系统与该二次开发厂家仍使用已有的接口协议，导致无线调度台不能实现列车广播功能以及无线系统显示的列车ATS信息出现错误。

在A企业用户和维护人员的强烈要求下，该厂家按照通信系统维护人员的建议，修改了与列车广播系统的接口和ATS系统的接口协议和并在软件上修改了调度系统功能实现方式，使无线二次开发系统适用于A，并符合用户的操作习惯。

案　例

在系统运行初期，由于设备的质量和软件的不稳定性导致故障高发。在这个阶段，设备仍在质保期中，但城市轨道交通运营单位的维护人员不应完全把解决问题的责任交给设备厂家，应该配合设备厂家寻找故障点，更换问题设备，完善软件功能，在解决问题的同时也可以提高维护人员的经验和能力。如某城市轨道交通无线调度台设备在投入运行初期，经常出现音频故障，用户不能接收调度员的声音。经过厂家和维护人员的多次检测、排查，发现调度台的音频驱动程序与调度台的软件不匹配而导致此故障的发生。解决此问题后，调度台设备运行稳定，无线系统维护人员对调度台的软、硬件的结构和性能也相当了解。

（1）遗留问题的分类。遗留问题主要包括新线建设期间的施工遗留问题和设备缺陷导致设备存在安全隐患。新线建设期间的遗留问题，一种是施工单位在设备安装、线缆敷设期间没有按照设计要求执行，导致设备无法满足正常使用的条件。另一种是指通信设备安装使用后存在软、硬件缺陷，导致设备无法安全、正常运行。

（2）遗留问题的解决方法

1）成立新线建设遗留问题小组，由各设备维护负责人跟进处理设备遗留问题。

2）建立新线遗留问题台账，在检修工作中加强对设备性能的测试并对发现的问题做好记录。明确问题性质、属性、系统、责任部门，制定处理时间，见表3—5，逐条跟进，处理好一条就消除一条，直到所有的问题全部解决。通过统计新线问题汇总表，能够及时掌握遗留问题的处理进度，并有针对性、有计划、有目的地开展工作，不会遗漏问题。

表3—5　新线问题汇总表

序号	线号	专业	系统/工程	问题描述	问题性质	问题属性	发现日期	发现部门	整改要求	配合整改部门	整改情况	备注
1												
2												
3												

备注：填表时请先阅读填写说明，其中“问题性质”分重要、次重要、一般三类，“问题属性”分设计缺陷、施工质量、设备质量三类。

3）组织现场工程师对设备进行研究，探讨遗留问题解决方案。在维护过程中发现的问题种类有施工时遗留细节问题，设备软、硬件缺陷，设备安装位置设计不合理，维护费用过高，设备停产等影响到设备正常运营的关键性问题，具体解决方案如下：

①在日常维护中根据检修表格检查各项细节，修复、紧固由于使用时间长造成的松脱等连接标识类问题。若有施工遗留或漏做的工序，应及时与施工方联系，协调补做。

②当发现运行设备存在硬件缺陷时，先通过拆机并核对设备线路图，分析缺陷的成因及可能的影响范围，以是否影响行车来判断修复该缺陷的必要性和及时性。尝试通过改变安装方式或增加额外的固定方式进行处理；涉及设备内部的缺陷则应向厂家

咨询，是否有高版本的备件可供后续采购。

③当发现运行设备存在软件缺陷时，先收集所有的故障现象和告警，交由厂家负责分析解决。对比版本匹配表，确认目标版本，并由厂家提供软件更新服务。

④当在维护过程中发现由于设计造成的缺陷，包括影响维护的可操作性，设计缺失造成性能指标不达标等。例如设计时对机柜检修方式的考虑不周，排列时没有预留维护空间，造成部分侧开门式的设备机柜无法原地维护，需要移动设备进行维护工作。又如某车站日常维护测试时发现其中一出口的无线信号偏弱，造成该位置无线手持终端的接收指标不达标，经过现场室内覆盖走线的跟踪勘测及利用手持测试终端路测，判断为设计时在出口漏装了一副天线，造成该位置弱信号现象。维护技术人员立刻与设备厂家沟通，制订改造的计划，组织施工单位协助安装，并对最终的改造效果把关，确认原故障点成功解决。

⑤在日常维护中，经常需要更换备件，备件作为主要的维护成本占用者。在维护费用总额固定的前提下，备件的单价必然会影响整体的维护质量。当发现备件购买价格过高，导致存量减少时，作为维护管理者就需要考虑能否将该部件进行国产化改造，并且寻找委外维修的合作方，降低维护成本。

⑥由于通信技术的日新月异，产品更新换代的速度很快，当出现新技术时，生产厂家很快就会更新生产线，造成老设备的减产甚至停产。这种情况一方面影响备件的采购维修，另一方面旧备件与新备件的兼容性不确定，使维护方缺少生产厂家技术支持和软件匹配。这需要在开始的几年里有计划地采购一些更新较快、故障率较高的备件。当出现相关备件停产的时候只能以循环返修的方式保持备件数量，然后再启动国产化技改进程，争取使用替代品。

4)做好遗留问题处理过程中的数据收集与统计。有些遗留问题不是一时能解决的，需要长期跟踪不断测试、试验。面对这样的问题，要做好每次测试数据的收集和统计。例如软件缺陷问题的克服就需要不断更新软件来解决问题，必须做好每次更换记录。这样可以了解到克服问题的时间、地点、工作内容及工作效率等。

5）制定临时解决办法。根据需要，制定由于遗留问题引起故障的处理办法或者在遗留问题处理好之前的一些限制性操作规定。

3. 开展技术攻关，提高设备性能

设备维护工作是一项长期、规范化的工作，在日常的工作中需要维护人员发现问题、分析解决问题、设备性能跟踪，并具备从中学习经验的能力。

在开展日常检修的基础上，开展技术攻关，改善设备性能，提高服务质量。在发现问题，处理问题，总结问题后要根据实际情况制定技术攻关项目。开展技术攻关，

可以提高员工工作积极性，消除故障隐患，提高设备性能，延长使用寿命，充分发挥设备潜力。

案　例

某城市地铁3号线由于甲乙站区间隧道结构复杂，如图3—3所示，其中甲站有六个方向隧道漏缆，设备房基站信号进入POI后需要比普通站点多分2路漏缆信号。自与甲点相连的新线开通以来，甲站的客流不断攀升，造成话务量膨胀，当地运营商也多次对甲站基站进行扩容。随着频点的增加，每频点的功率相应降低，造成甲站信号辐射范围缩小。

在该线移动通信设计及施工期间由于对该站的特殊性考虑不足，加上该线首期开通时与后通段开通后的列车行进方向有所更改，使得甲站新线站台往乙站没有设计和安装漏缆覆盖。后来该线更改运营线路图，甲站新线站台加入运营，造成信号盲区，由当时无线覆盖厂家加装漏缆覆盖。但在路测的过程中，发现新加漏缆的覆盖区域有高掉话的现象。

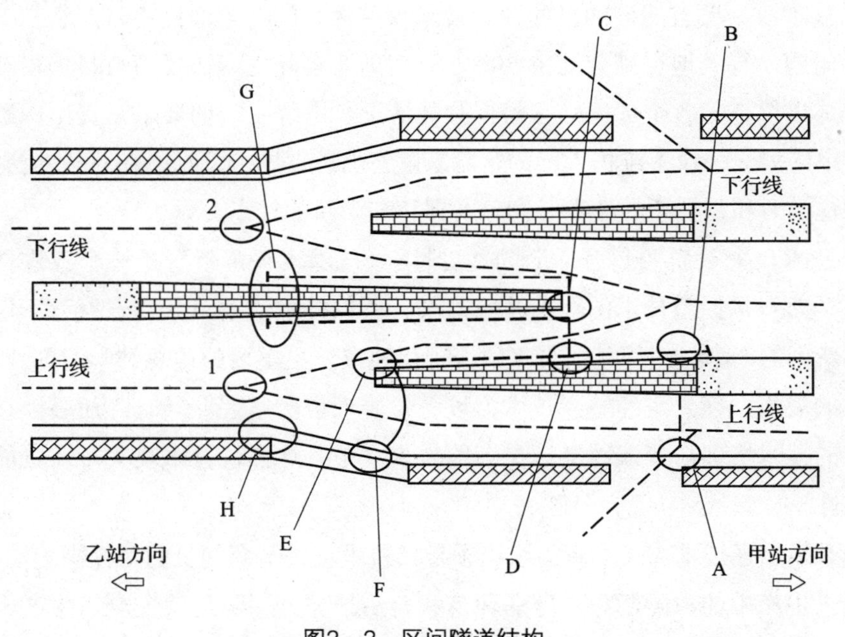

图3—3　区间隧道结构

根据现状分析，目前该线甲乙站区间列车运行方式为：乙站开往甲站，列车从乙站上行线往甲站方向的1点处转入甲站新线站台；甲站开往乙站，列车从甲站新线站台往乙站开出，在2点处进入乙下行线。基站信号从设备房输出后经过A点一分二，B点10 dB耦合，C点一分二，最终CG段漏缆信号只有原来的约25%（0.5×0.9×0.5=0.225）造成该段信号的功率较弱。根据漏缆的安装路径，甲站的信号

只能覆盖图中红色虚线（A ~ G点），乙站信号沿着图中绿色虚线进行信号覆盖。甲站新线站台开出后并没有乙站信号覆盖，所以当列车高速从1点进入E点时，列车上手机仍使用乙站信号，进入E点后，乙站信号骤降至 -90 dB以下，虽然此时甲站的信号强度足够，但是从时间上分析已经不能形成平滑的切换，所以手机就会掉话。搭乘列车时由于车体屏蔽，信号强度更差，会出现 -100 dB以下的情况。

通过技术支持部门多次到现场路测勘查，敲定将甲乙站上行线无线漏缆在H点截断，利用耦合器件和射频电缆将原上行线甲站方向的漏缆在G点处原漏缆接通。这样可以使乙站信号能通过H—G点跳线连通甲站方向的新线隧道漏缆覆盖。该方案从原理上改变甲乙站区间的信号覆盖环境，可提高新线D点附近乙站基站信号场强，满足不同小区之间平滑切换。

在技术攻关过程中必须注意以下几个问题。

（1）各部门应该从上到下，结合本岗位生产任务的具体情况，布置安排技术攻关，加强对于技术攻关的领导，对技术攻关过程中的各种困难必须认真地加以解决，对于已有的经验教训必须认真地总结和推广。

（2）技术攻关要有明确的目的性。技术攻关的目的在于通过将群众智慧集中起来解决实际问题，有效地提高劳动生产率。一切离开实际生产需要而盲目提倡革新的做法都应该加以纠正。各个部门必须根据具体情况，围绕生产的要求，提出课题，发动群众，集中广大一线设备维护人员的智慧来解答这些课题。特别是在新线的建设当中，应十分重视学习和掌握新的技术，充分发挥和利用新的技术、设备。

（3）技术攻关革新要具有广泛的基础性。“技术攻关革新”是一个改进技术、提高技术、学习和掌握新技术的概括性的口号。所以技术攻关革新的开展，不仅应该重视攻关创新者的创举、组织基层员工的合理化建议，更重要的是总结学习创新的经验、推广创新的成果，使先进经验、技术为设备检修人员所掌握。同时，还必须重视设备检修人员的技术培训，普遍地提高员工的技术水平。这样，技术攻关革新才能真正具有可操作性。

（4）必须加强技术攻关革新的组织领导。技术攻关革新的目的是提高劳动生产率，不断地消灭生产中的故障隐患、薄弱环节和落后现象，保障运营安全。生产中的故障隐患、薄弱环节和落后现象无论生产水平怎样提高，都是相对存在的，这就决定技术攻关革新不能是一个突击运动而应是经常性的运动。因此，各个部门应当建立和健全领导的机构，健全负责合理化建议工作的机构——负责编制课题、审查批准、组织试验、进行奖励等工作。各个部门应该大力组织员工学习推广先进技术和经验，建立和健全合理化建议流程。

公司和员工的长远发展，不仅仅决定于员工的劳动态度、劳动纪律、劳动强度，而且决定于员工在技术上的学习和进步，所以技术攻关革新必须持续下去，必须成为一个经常的、持久的机制。

在设备运行中，故障发生是不可避免的，所以处理故障是日常维护中的一个重要技能。当一个故障被首次发现或重复出现时，技术人员应该与工班协作推进故障的处理进度，技术人员深入现场收集第一手故障信息和资材，分析故障原因，集中力量攻克技术难度高、关键部位的技术难题，运用可调用的资源在实验环境中模拟故障原因，分析影响范围，并考虑如何解决问题。最终制定指导性的故障处理流程，指导同类的故障排查工作。通过集体力量攻克技术难题，同样能够提升整体的技术水平。

三、开通运营后维修手段不断完善、调整

开通运营后，各种不可预知的问题不断出现，仅用之前的维修方法和手段已满足不了现场的实际情况，所以只有在不断地发现问题、克服问题的过程中不断完善和调整维修手段，才能确保设备正常、良好的运行，降低和避免通信故障发生的可能性和严重性，确保行车安全。

1. 合理制订检修计划

单项设备的维修周期要合理制定，要以通信设备维修规程为指导，结合运营安排和设备运行状态合理制定周期。每年八九月份需提前制定下一年的年度维修计划，需根据年度维修计划制订季度维修计划和月度维修计划，根据月度维修计划制订周计划和日计划。同时，对于一些突发的故障，还需制订临时检修计划。检修计划的制订要准确、详细，计划实施的准确率要高，减少计划的变更。

2. 严格落实检修计划

设备维修需要标准化，各项设备要有统一的质量标准。在检修过程中应注意各项性能指标是否达到规定的要求，如果达不到标准，必须立即查明原因并彻底解决，以绝后患。否则，如果“带病”运行，对小问题视而不见，必然会引起更大的问题，造成恶劣影响。同时各级管理人员要加强维修质量的检查，对维修质量差，抄表、漏检现象要及时纠正并追究责任。

3. 及时开展各类专项检查工作

专项检查的目的就是“找不足、压事故、保稳定”，其优点：一是组织务求严密，有专项检查领导小组，可加强对专项检查工作的领导；二是有结合实际，制定出行之有效的专项活动方案，检查重点、检查步骤等详细、具体；三是覆盖面广，从上到下

各个部门都通过会议等方式开展大量宣传、发起工作；四是有详细工作任务分工，确保专项检查活动取得实效。如：UPS专项检查整治、隧道电光缆检查整治、隧道设备安装固定检查整治等。

4. 及时总结分享经验

不断总结经验，有所发现，有所发明，有所创造，才有所前进。通信维修过程是不断地发现问题、解决问题的过程，要对这个过程进行全面的总结，吸取经验，优化流程，使今后检修工作做得更好。具体应做到以下几点。

（1）实事求是。要对解决问题的过程进行全面总结，分别提出做得好的和不好的方面，不能以偏概全。

（2）找规律，出经验。总结要深入，要认真分析、比较，不能停留在表面现象的认识和客观事例的罗列上，必须从解决问题的过程中归纳出规律性的结论，这样才能有益于今后。

（3）提出今后的努力方向。根据分析总结出来的规律做出相应的完善和调整计划，并进行实践。

四、标准及规程制定

建立设备维护检修规程与编制管理规定的目的在于让设备维护检修规范化、标准化。设备的检修规程是一种经过比对并形成书面文件的维护检修标准程序，是对如何维护检修做出指导性的说明。检修规程要求语言简练、严谨、通俗、易懂、术语规范，编制要合理、可行、紧凑、标准。

1. 制定新的标准及规程

面对新的线路开通，新设备、新技术的使用，即使既有的设备标准及规程已经很齐全，但是这仍不能满足新设备、新工艺的检修要求，所以要把新线的设备维护好，就必须针对新设备和新技术制定一个完善的维修标准。新的标准及规程的制定，确保了新设备维修有标准和规程可依，使设备维护人员在维修时符合规定要求，也因有标准可依，可使检修更加科学、准确，极大地提高设备维修质量。新设备的标准及规程，使作业标准化，可提高维修效率、稳定设备质量，规范员工的操作方法。根据规定好的工艺参数、标准及规程就能确保维修质量符合要求，对降低生产成本、稳定设备质量起着积极的促进作用。

设备维修规程包含检修间隔期和检修内容两个部分。

（1）检修间隔期

1）检修类别：检修类别分为大修、中修、小修、二级保养、日常维护，设备维修规程应该规定各设备的大修、中修、小修、二级保养、日常维护种类；

2）根据各设备的性能使用说明、应用范围，分步制定相应的大修、中修、小修、二级保养、日常维护间隔期。大修、中修、小修分别对应10年检、5年检、年检；二级保养、日常维护对应季检和月检以下的日常维护项目。

（2）检修内容。大修、中修、小修、二级保养、日常维护分别规定检修规程及安全技术要求。

1）检修前的准备：一般分为技术准备和物资准备两方面，分部规定其准备项目、内容、程序、方法等；

2）检修方法：根据设备拆装程序、状态显示、告警监控，按照各设备的检修规程进行大修、中修、小修、二级保养、日常维护；

3）检修后的状态确认及验证方式；

4）维护与常见故障处理：规定维护方法、周期及常见故障排除内容，旨在体现预防为主，加强设备维护的原则。

2. 修改相关的维修规程

根据检修的实际情况，对影响检修质量、不利于检修等的相关内容进行适当的修改，既可以减少维修成本、方便维修，又能达到最好的维修效果。比如有的设备技术标准虽然由厂家给出，但现场实际使用时与厂家的参数存在一定的差距，有的数据甚至相差很大，对于这类问题，设备维护人员需要在日常的检修工作中不断地收集数据，通过一段时间的数据收集，并做好详细的记录，将现场数据与厂家给出的标准进行比较，然后取一个合理的范围作为维修标准。

3. 制作维修工艺卡

维修工艺卡的主要特点有：

(1)详细描述检修步骤和方法。根据维修规程中的内容要求，逐条描述检修的步骤、使用的工具、操作的方法、判断的标准以及注意事项等，力求把维修规程中技术规范类的内容要求，融会贯通于每一步操作说明中。

（2）使用大量的图片进行说明。相对于维修规程的枯燥，检修工艺卡在编制时使用大量的图片进行描述，使检修以直观化的方式呈现出来。

（3）增加检修过程经验性提示。检修操作不可能做到完全的量化管理，针对外观平整型检查等无法具体量化的检验项目和一些检修过程中可能出现的偏差项，可以采取经验描述和重点提示的方式，加强对检修人员的指导。

（4）将主要成本量纳入检修作业管理。结合作业的技术要求和执行经验，合理评估员工的投入，并以中级工的执行能力综合核定作业的标准工时和材料的消耗量。最终将人员配置要求、工时消耗和材料消耗等成本控制因素，细化到每一项检修作业中。

五、关键性系统初期运营保障策略

1. 根据对运营影响的程度确定关键设备

城市轨道交通线网的安全、高效运营，需要一个庞大而且功能完善的通信网络为之提供服务，而通信网络的建设中，光传输系统、无线通信系统、不间断电源系统等作为城市轨道交通线路通信网络中的核心设备，在日常的行车调度、维修指挥和客流疏导等工作中发挥着巨大的作用，三大系统中的任何一个系统出现较大的故障都会对行车安全产生直接影响，因此在城市轨道交通线网通信专业中，以上几个系统自然要划分到关键设备的行列。

2. 针对关键设备制定应急预案

根据实际情况做好关键设备运营保障工作是确保安全稳定的重点。制定关键设备故障应急预案，涵盖通信系统故障抢险应急组织总则、报告流程、抢险组织、抢险管理、现场应急处理等。目的是在发生突发事件时，高效、有序地组织应急处理，最大限度地减轻事件造成的损失和影响，尽快恢复运营。

（1）制定应急分类处理表（见表3—6）。应急分类处理表是在实际的生产过程中总结出来的，对新线开通的运营保障有重要的提示作用。特别是对故障影响大的关键设备进行分类列出，明确通信保障重点和相关应急预案的启动。

表3—6　　通信专业故障应急分类处理表

分类	故障现象	
一类故障	影响全线行车的关键设备故障	1. 控制中心无线交换机发生故障的情况下，全线无线基站进入单站集群状态，控制中心将不能通过无线系统联系正线上运行的列车，对全线的行车均会造成影响
		2. 有线调度交换机或服务器瘫痪，造成全线有线调度电话无法使用
		……
二类故障	对客运服务构成影响且影响在可控范围的局部设备故障	1. 车站单站CCTV无图像显示
		……
三类故障	一般故障	1. 不影响正常行车的设备或外设故障
		2. 设备单个业务或者功能故障

单站UPS设备故障应急预案案例

1. 应急抢险原则

（1）事发部门主导原则。由故障设备归属分部牵头负责，其他各分部（室）参加抢险人员均要听从指挥，积极协助。

（2）确保人身及设备的安全。最大限度地减少事故灾难造成的损失，先全面、后局部，先救人、后救物，先抢救主要设备、后抢救一般设施。

……

2. 应急抢险组织及职责

（1）抢险负责人

①第一个赶到事故现场的通信专业员工，自动成为突发事件抢险现场抢修负责人，负责现场抢险及情况反馈工作。

……

（2）现场抢险负责人的职责

①负责现场抢险救援的组织、指挥。

……

（3）生产调度职责

①接到故障（事故）报告后，立即判断故障或事故的性质及其影响范围，根据判断的结果和当时系统设备的实际情况，调整和进入应急运行模式或方式，立即采取一切能用的手段，在“安全可靠、先通后复”原则的前提下减少故障或事故的影响范围，并立即组织相关维修人员进行抢修。准确地将故障现象描述给故障抢修人员。

……

（4）抢修作业不可免除必要的清、销点手续，以及各类安全防护措施

①需要立即抢修的故障、事故不需办理“施工进场作业令”，与调度联系即可。

……

3. 信息通报

部门调度立即通知故障所属分部的值班人员、工班长、分部技术人员到现场处理故障，并将现场情况上报给分部主任、行车调度。

……

4. 通信抢险应急预案启动及解除的原则

（1）通信抢险应急预案的启动：由生产调度根据行调命令或接收到的信息来判断启动抢险应急预案。

（2）通信抢险应急预案的解除：由生产调度根据现场抢修负责人的命令或值班主任助理的命令来解除抢险应急预案，并通知相关人员。

5. 作业取证

（1）事故现场作业前取证

……

（2）操作取证

①查看操作过程，拍摄照片或录像。

……

6. 应急处理流程

维修分部主任以下各级人员在接到分部以外人员的故障（事故）信息时，不得自行组织抢修，必须报告生产调度，由调度组织抢修。

（2）开展关键设备的故障演练。故障演练是针对可能的重大故障，使通信人员能迅速、有序、有效地开展应急与救援行动，降低故障影响而预先制订的有关计划或方案。它是对关键设备可能发生故障后，对人员、技术、设备、物资、应急行动及其指挥与协调等方面预先做出的具体安排。认真做好关键设备演练，能够熟练掌握各种故障的处理能力，做好前期的准备工作，就能在故障发生时从容应对，减少影响，为畅通运营保驾护航。故障演练的意义如下所述。

1）通过演练，不断摸索如何能更合理、有效地分配人员，在遇到故障时更好、更快、更有效地组织抢险工作。

2）锻炼应急应变能力。凡事预则立，不预则废，不管是什么样的演练，其目的都是培养和锻炼突发故障的处理能力。做好处理各类突发故障的思想准备、组织准备、材料和技术准备，建立健全演练体系和应急机制，不断提高预防和处理突发故障的能力，才能达到降低故障和减少故障影响的目的。

当故障发生时，相关通信人员应能迅速做出反应，但这是建立在对故障中可能出现的各种情况与相应措施均熟练掌握的基础上的。

3）在平时演练过程中出现不足的地方可以进行修正和弥补，这一点在演练中也十分重要。

3. 关键设备初期对运营保障人员的技能培训

随着轨道交通行业的快速发展，新线建设速度越来越快，因此要确保运营的安全、正常进行，基层员工的技能培训显得尤为重要。

由于值班人员对设备的熟悉程度直接决定其临场处理故障的能力，因此，提高值班人员对设备的理解层次显得尤为重要。在日常的生产生活中要有计划的安排工班员工参加设备维护相关技能的培训，并在新员工不断增加的情况下注意梯队建设，以逐步提高每个设备维护人员的专业技能。日常工作中对员工培训计划的制订是至关重要的。

第三节　稳定期维修策略

在系统设备经过开通初期的磨合期后，设备生命周期性能开始进入稳定状态，运行质量较好，设备故障率处于一个比较低水平的阶段。除了设备自身的因素外，设备管理维护工作的优劣，决定了是否可以延长设备稳定期、推迟进入退化期。设备检修、故障管理、缺陷技改、员工培训工作是延长设备稳定期的关键要素。做好稳定期管理工作，不但能让设备运行稳定、故障率降低，而且使设备延长使用寿命，减少对设备的投入经费，节约成本，在行业竞争中占有先机。稳定期的工作十分重要，以下从设备检修、技术改造、定额管理等方面探讨稳定期设备的维修策略。

一、设备检修

设备在投入运行初期，由于前期的施工、安装、设备缺陷等因素使故障率较高。经过对设备调试、遗留问题整改，人员操作、维护的适应后，设备开始稳定运行，设备稳定期的可持续时间关键在于检修是否到位。具体应做到以下六点。

1. 改善、保持设备运行环境

设备的运行环境是影响设备寿命的关键因素，温度高会加速电子元器件老化，湿度大会引起电源线短路，所以，控制通信设备房的温、湿度非常重要。通信设备的温度一般控制在23±2℃，湿度一般控制在45%～65%。因此，通信巡检人员应该每天监控通信设备房的温、湿度，发现异常情况及时处理，保持设备运行环境恒温、恒湿状态。通信中心机房环境条件要求（YD/T 1821—2008）如下所示：

一类通信机房温湿度：10℃~26℃，40%～70%；

二类通信机房温湿度：10℃~28℃，20%～80%；

三类通信机房温湿度：10℃~30℃，20%～85%。

2. 进行必要的检修、维护

由于通信设备房无法达到无尘条件，城市轨道交通隧道环境比较恶劣，设备长期运行不可避免地出现积尘、锈蚀、线缆接头松动等情况，这些因素都会影响设备稳定运行。通信检修人员按照通信设备维修规程对设备进行各种级别的保养，可减少因环境因素对设备稳定运行的影响。

3. 开展有效的设备技术管理和寿命管理，减少设备运行风险

在设备月检和年检时，对设备的技术参数进行检测，如果设备的技术参数不能达到正常范围值，那么就应更换性能不佳的设备。除正常检测手段外，还要配合设备寿命管理。当设备运行到一定年限时，虽然各项技术参数仍然在正常范围值内，但是，故障率渐高，运行风险加大。因此，应实行设备寿命管理，根据各类设备的条件，制定相应的设备寿命，如：计算机终端的运行寿命为 5 年，到期更换。

4. 保持充足的备件库存

根据备件库存定额配置备件，当设备发生故障，可立即更换备件，缩短因设备故障而影响正常运营的时间。

5. 加强员工的检修技能培训和作业过程监控

定期组织开展检修技能培训和考核，对一些重要设备的作业应安排技能较高的员工参加，采取双人作业模式，并组织各级技术人员跟岗作业，实现自控、互控、他控，避免人为操作失误造成设备故障。

6. 不断完善、修订各类规程、技术标准，优化检修流程

一般情况下，在设备投入运行前已制定相应设备维修规程，这是基于对旧设备的经验累积和新设备的初步了解而制定的。随着设备运营时间的推移、故障的发生、设备的技术整改，在实践过程中发现维修规程不足，不能完全适应检修的工作需要，需要从检修规程的检修方法、标准、周期着手进行修订，以适应检修的需要，让维修人员依据维修规程进行检修设备。以下是改进设备检修规程的案例。

某设备 HIpath 4000 v4.0 型公务交换机维修规程案例

模拟用户振铃电压标准“75 V ± 11.3（AC）”，检修时发现新模拟用户板 SLMAC 与旧 SLMAC 板有差异，基准振铃电压 48VAC，标准与实际设备不同，所以标准改为“48 V ± 7.2（AC）”。

以上案例中，发现了实际设备与标准存在差异，优化、完善技术标准，可提高检修工作质量。

某设备 HIcom350E 型公务交换机维修规程案例

检修周期实行日检，对设备状态进行每天跟踪，但在实际检修中，设备处于稳定期，设备运行稳定，故障率非常低，维修部门为了提升检修效率，节约人力的投入，将该设备一级保养，改为每周检修。

以上案例中，在稳定期的设备，根据不同的情况和特点，实施差异化的检修方法，选择最优的检修途径，既不牺牲设备的运行稳定，又节约成本的投入，提高检修效率。

二、设备综合评定

维修部门每年都需要对所辖设备开展设备综合评定工作，根据评定结果，把设备划分为优良、合格、不合格、报废四个等级，对设备评定等级不良的设备进行针对性维修和改造。

通过每年进行的设备评定，能够及时发现设备的运行情况，从而有针对性地制订检修计划、开展设备整治等工作，提前对设备隐患部位进行预防性维修，延长设备的使用寿命，增强系统的稳定性。

1. 设备评定周期

每年规定一个时间进行设备年度综合评定和审核工作。为突出重点，提高效率，可结合设备的年度或季度的检修计划一并进行评定，根据分类的不同执行相应的评定周期，直接影响运营安全的设备每年评定一次，对运营安全影响范围较小的设备每两年评定一次，发生故障对生产影响不大的设备每三年评定一次。

2. 设备评定内容

设备综合评定采用技术管理基础评定和技术状态测定评定相结合的方法。

（1）设备技术管理基础评定。技术管理基础包括：设备操作规程、设备管理负责人、设备操作人、设备保养负责人、设备履历簿、设备检修计划、设备检修记录、设备故障记录、设备巡检记录、备件计划及备件储备和备件的修理等。是否建立相应的管理细节并落实到每台设备是技术管理基础评定的主要内容。

（2）设备技术状态测定评定。设备技术状态测定评定包括：根据具体设备技术要求进行检验，包括电压、电流、电阻、频率、灵敏度、电功率、误码率、失真度等技术参数。应根据不同设备的要求采用特定的仪器仪表测定。

3. 设备综合评定等级划分标准

设备综合评定等级最终分为 1、2、3、4 四个等级，1 级为优良、2 级为合格、3 级为不合格、4 级为报废。设备综合评定按百分制进行逐项评定，其中技术管理基础评分占 30%，设备技术状态测定评分占 70%。应先确定设备的技术管理基础评分、设备技术状态测定评分的单项等级，然后再评定其综合等级。

（1）1 级综合优良设备。设备综合评定总分应≥ 90 分，且技术管理基础分应≥ 27 分。若设备综合评定总分≥ 90 分，但技术管理基础分＜ 27 分的，也不能评为综合优良设备，只能评为综合合格设备。

（2）2 级综合合格设备。设备综合评定总分应≥ 60 分，且技术管理基础分应≥ 18 分。若设备综合评定总分≥ 60 分，但技术管理基础分＜ 18 分的，也不能评为综合合格设备，只能评为综合不合格设备。

（3）3 级综合不合格设备。设备综合评定总分＜ 60 分的或不能评为 2 级的设备。

（4）4 级报废设备。技术状态测定＜ 52 分，且设备无法修复；不具备基本设备功能、性能；设备危及安全，并无法整治；技术落后已列为淘汰产品。满足以上其中一条的设备应列为 4 级报废设备。

4. 设备综合评定完好率计算

设备综合评定完好率计算公式：

设备综合评定完好率 =（优良设备台数 + 合格设备台数）÷（生产设备鉴定总台数）×100%

5. 设备专项整治措施

针对设备评定等级为 3 级和 4 级的设备，制定提高设备质量的措施，改善设备的性能和状态。对不合格设备，提出整改、整修办法和建议或开展技术攻关和技术改造，并为下一年的设备管理工作和采购计划提供参考依据。

三、技术改造与国产化

设备投入期开始时的故障率很高，但随着时间的推移，设备故障率迅速下降。设备出现偶发故障的同时，维护人员也开始对设备性能状态、故障规律等有了深入的认识和理解，对设备的隐患也开始有所掌握，但还会有一些故障是随着设备运行时间增长而逐渐暴露出来的。随着质保期的结束，已无法依靠施工单位或供货商的整改来解决上述问题，这就需要针对这些问题来开展科研、技改解决或研究出解决方案。

1. 概述

科研和技术改造（简称技改）、国产化工作，是设备维护进入稳定期（偶发故障期）的一项重要工作内容。

轨道交通科研项目通常是以为城市轨道交通的规划、设计、工程建设、运营、资源开发和管理服务提供技术储备、积累技术资料为工作目标，为解决城市轨道交通工程建设、运营、资源开发和公司发展中重大、综合、关键、迫切的技术和管理难题，提高企业技术水平和经济效益而实施的研究项目。

轨道交通技术改造是指为了提高经济效益、提高设备性能和质量、降低成本、节约能耗、加强资源综合利用和“三废”治理、加强劳保安全等目的，采用先进的、适用的新技术、新工艺、新设备、新材料等对现有设施、生产工艺条件而实施的改造项目。

轨道交通国产化项目是指采用国内（国产是指产地在中国大陆）生产的设备及零部件替代现有的进口设备及零部件而实施的项目，包括应用软件备份和升级等。

2. 启动源

启动源即实施科研技改工作的动机，主要表现为以下工作的开展或问题的考虑。

（1）设备评价。设备进入稳定运行期后，每年对设备开展一次质量鉴定，结合年检修程和年度故障记录，重点掌握设备的运行状态和各部件的健康状态，并对每个设备运行状况进行评价。这是了解系统或设备设计缺陷、设备软硬件质量的重要手段，为开展有针对性的科研和技术改造工作提供目标依据。

（2）多发故障（由设备缺陷而来）。设备中确实存在的缺陷，往往表现为某一类乃至某种特定的故障频繁发生，无法通过简单的整改手段或部件更换来杜绝，而且规律性十分明显。此种情况也是实施科研和技术改造项目的依据之一。

（3）备件短缺。设备在开通使用时，供货商提供的随车备件往往没有完全覆盖到所有设备部件。系统设计、合同配备中也往往只是考虑预计故障率高、寿命较短的部件备件，设备开通运行后，由于各种原因，某些部件实际故障率可能比预计要高，或者在以往应用中不会出现故障的部件可能会出现故障，还有设计或供货中没有考虑到的备件，所有这些都可能造成实际运营中某类部件备件短缺。另外，某些设备部件虽然有备件供应，但存在返修周期过长、周转困难、或者供货价格过高（尤其是进口备件），导致维修成本增加的情况。针对以上情况，开展技术改造，在保持功能一致的前提下，将没有备件供应或周转困难、备件价格高昂的设备或部件，改造为备件齐全且相对容易获得、价格低廉的设备或部件。技改国产化，是解决备件短缺、维修成本高的重要途径。

（4）检修手段提升、抢修效率提高，持续运营需要。技术改造另外一个重要作用

是在日常检修、故障处理方面对效果、效率、质量方面的提升。除上述性能、故障及备件问题外，设备在实际运行后虽然正常稳定，但由于设计等原因往往使得某些检修或故障处理步骤烦琐、复杂，或者需要动用大量人力物力来进行，导致检修效率低下，检修（人力）成本上升。针对此情况进行技术改造，改变设备检修难度、复杂度，提高检修质量和效率，降低人力成本，是相当必要的。另外，也有一些改造项目并不直接影响在线设备的检修，而是在对设备检测，备件保养、修复或对实现这些功能的设备有所改进（常见于综合检修、电子检修专业），从整体提升在用设备的运行质量、检修效率，也属于此种技术改造范畴。

总体来说，技术改造与国产化工作是运营企业提高经济效益、提高设备性能和质量、降低成本、解决现有进口设备的备品备件来源，提高运营维修水平的重要手段。

3. 国产化工作应遵从的原则

（1）根据运营维修的需要，本着先急后缓、先易后难的原则，并充分考虑运营维修人员的技术力量及国内市场的技术发展水平。

（2）国产化方式可采用与合作单位签订国产化技改合同，按要求研发，成功后，按需求采购，也可采用由合作厂家按需求开发，试验成功后，通过物资批量采购实现。

（3）国产化备件应在功能、安全性能、主要技术指标方面达到原进口备件的要求。

（4）国产化备件应易于采购、便于维护。

4. 项目实施

项目实施相关流程如图 3—4 所示。

（1）项目立项。科研、技改、国产化项目实施首先需要立项，通过正式途径确定实施内容及计划。各项目小组自行编制相关立项资料，从技术角度、经济角度对项目进行论证，并需要做好项目实施的步骤、时间、资金的初步计划。科研、技改、国产化项目立项遵从一般项目立项的管理办法，通过技术、经济逐级审查，最终决定是否批准项目立项。

1）立项组织。科研技改项目会涉及资金使用，一般在全面预算中集中申报，立项工作也由预算业务管理部门组织进行。项目立项工作小组由技术审核和预算管理部门人员组成，并由负责预算业务的部门归口管理。为保证项目立项审核的质量及后评估报告评审的客观性、合理性，全面预算委员会下设的项目立项专业审核组，负责业务立项的审核和项目预算的编制工作，并对重大项目立项及项目后评估报告进行审核。

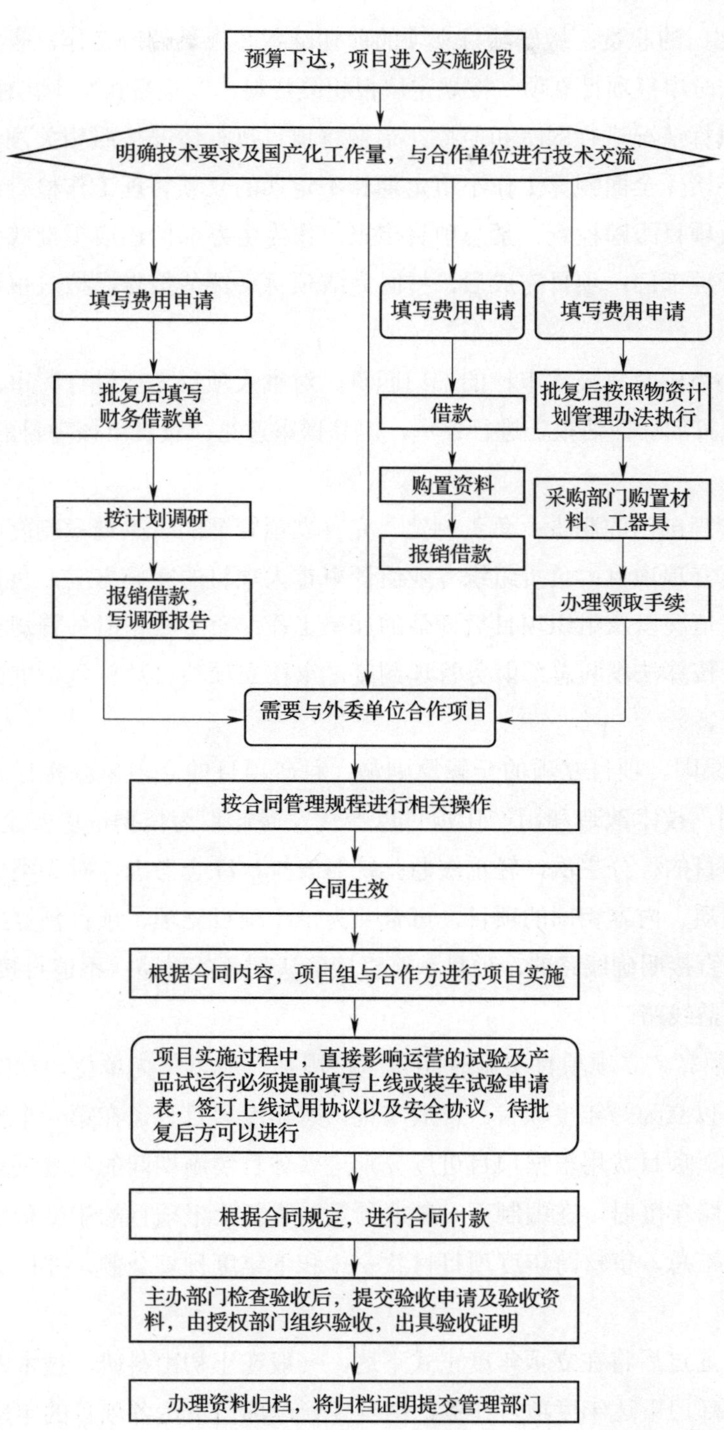
预算下达，项目进入实施阶段
明确技术要求及国产化工作量，与合作单位进行技术交流
填写费用申请
批复后填写
财务借款单
按计划调研
报销借款，
写调研报告
填写费用申请
借款
购置资料
报销借款
填写费用申请
批复后按照物资计
划管理办法执行
采购部门购置材
料、工器具
办理领取手续
需要与外委单位合作项目
按合同管理规程进行相关操作
合同生效
根据合同内容，项目组与合作方进行项目实施
项目实施过程中，直接影响运营的试验及产
品试运行必须提前填写上线或装车试验申请
表，签订上线试用协议以及安全协议，待批
复后方可以进行
根据合同规定，进行合同付款
主办部门检查验收后，提交验收申请及验收资
料，由授权部门组织验收，出具验收证明
办理资料归档，将归档证明提交管理部门

图3—4 项目实施流程

2）职责分工

①主办部门的职责：做好项目立项的前期准备和市场调研工作，收集立项所需的相关资料；按时申报项目立项，按规定填报相关资料；在项目执行中，建立项目台账，定期对项目执行情况进行跟踪和监控；定期将项目执行情况按照相关规定报送各级项目管理部门；接受全面预算工作小组定期和不定期的立项管理工作检查；负责项目流程调整，以及项目跟踪检查、紧急项目申报，作为主办部门还应报批或报送相关材料给各级项目管理部门；项目完成后，按时完成项目后评估报告，按时报送各级项目管理部门。

②审核小组中负责技术审核的部门职责：对重大项目立项进行评审，提出专业意见；对重大项目的后评估报告进行评审，出具评审意见；负责审核项目的技术必要性、合理性。

③预算管理部门的职责：负责制定、完善立项管理的有关规章制度和流程；负责组织审核年度立项项目；负责组织专业组评审重大项目的实施方案；负责组织检查立项项目的执行情况以及组织项目后评估的评审工作；负责根据财务管理要求、资产管理政策、会计核算法规和总部财务管理制度，审核立项项目预算资金安排及构成的合理性、可行性。

3）立项原则。项目立项的一般原则是：科研项目的立项来源实行上下结合、以上为主的原则，技术改造和国产化项目以经营发展计划为依据，以安全生产为前提；以经济效益为目的；分主次，轻重缓急；统筹安排，综合考虑。对于类似城市轨道交通各线路间性质、内容相同的项目，可合并为一个项目立项，项目预算根据分线原则分摊，对于能直接明确线路的，项目预算直接确认到各条线路；不能直接明确线路的，平均分摊到受益线路。

4）立项预算。立项项目实施时间和考核周期一般以年为单位，如实施时间需要超过一年的可以立为跨年度项目。一般来说，跨年度项目只需在第一个预算年度进行立项审批手续，项目费用根据项目进度分别进入项目实施期间的年度预算。项目的实施或付款需要跨年度时，在编制下一年度预算时重新上报项目的年度费用预算。项目主办部门负责汇总、审核跨年度项目付款安排和下年度预算金额，并以业务预算稿的形式上报预算。

项目立项通过后将在立项年度正式下达，一般在年初由科研、技术改造和国产化业务相关管理部门下达年度项目任务，由预算管理部门下达各项目的年度预算。对于跨年度项目，下达项目任务时将同时下达未完成的以往年度项目，预算方面将根据之前年度上报调整情况下达以往年度立项项目的本年度预算。

5）立项报告申请书。项目立项文件中最重要的是立项报告申请书，其主要内容包括项目设置理由（项目的背景、起源、具备的条件等）、项目实施内容（项目方案、实施手段等）、项目目标和最终成果、项目预计的社会及经济效益、项目组主要成员及角色、项目资金来源及投资预算、项目工作进度安排及所需配合要求。

（2）项目执行

1）项目的类型

①对于技术改造与国产化项目，根据对轨道交通的安全影响和项目实施方式可以进行类型细分，不同类型项目在实施过程、管理过程中可能具有不同的实际内容。按安全等级分为Ⅰ、Ⅱ、Ⅲ三类，Ⅰ类项目指涉及设备安全、运营安全的项目；Ⅱ类项目指不涉及设备运营安全，但使用量大、涉及面广的项目；Ⅲ类项目指不涉及设备运营安全，使用规模小，对设备部件技术规格、型号及性能未做重大改动的项目。

②对于国产化项目，按项目合作方式可分为A、B两类：A类指市场上已有国产成熟产品或国内有同类型产品的生产厂家，可先由厂家提供产品试用，在产品检验、试用合格后，凭验收单批量购买以替代进口产品，对于代理商的产品与进口备件属同一来源的，可根据需求直接购买；B类指国内没有厂家生产同类型产品的情况下，采用自行研发或寻找合作单位联合开发。

③对于技术改造项目，按实施方式不同可以分为与合作单位签订合同共同研发、自主实施（无合同）两种。

2）项目实施计划。如前所述，各项目在立项时需要制订项目实施的具体时间计划和资金计划（一般以月度为单位），经各级审定后，项目任务下达和预算下达时将同时下达月度分解工作计划及相应资金计划，项目主办部门需根据此既定计划进行项目实施。项目开始实施后，项目管理部门及预算授权控制部门也将根据计划对项目进度、资金进度进行检查和考核。

对于与合作单位签订合同的项目，根据合同业务管理规定，还需要另外编制合同实施计划，制定项目合同流程中如需求书的审批、招标（比选）文件申报、合同谈判、合同签订等各关键环节的时间计划。合同业务管理部门将根据此计划协助项目主办部门开展相应的工作，同时定期进行检查和考核。

3）项目实施

①有调研计划的项目需要进行出差调研时，项目组应提前申请调研，调研申请文档中应详细说明调研目的、理由，调研目标、调研路线和参加人员。调研申请由各级项目管理部门和财务部门审核，审批流程同样需要遵守公司财务相关制度进行。调研完毕后，项目组须编写和上报调研报告。

②涉及物资材料采购的项目，主办部门应根据项目计划及时向物资采购主管部门提出采购申请。项目采购的一般原则是：因项目实施需要购置材料、配件、试验样品时，

采购申请应尽可能一次提出，便于采购部门的操作；项目只能购置材料、配件、试验样品，不得购买设备、仪表、专用工具等设备；技术图书资料应在每年的专业书籍购置计划中购买，如果属于特殊资料，因项目实施必须购置的，应提出充分的购置理由并报批；公司资料室已有的图书资料原则上应到资料室借阅，项目需要采购的图书资料应按公司图书资料管理规定由相关部门统一管理。

③备件国产化项目如果通过物资采购方式实施，按合同管理规定签订采购合同和技术开发协议，可由合作方免费进行研制。主办部门项目组明确产品的技术参数、功能要求、国产化技术标准、验收标准等技术开发协议内容，并填写协议相关会签审批表进行会签，会签通过后与厂家签订技术开发协议，原则上根据授权范围由相应管理部门与厂家签订开发协议。确定通过研发或直接采购的采购对象后，采购主管部门按照相关规定进行操作，负责组织主办部门、安全管理、技术管理等相关部门进行采购合同谈判，技术开发协议作为采购合同的附件（应包括技术标准、验收标准等），经上述各业务管理部门审核同意后，与采购合同一起生效。采购合同生效后，上述各级管理部门对项目采购进行监控。

④因项目实施需要委托其他单位合作（包括产品设计、研制、试验、调试、安装、运输、技术文件编制）的，需要签订相关合同。项目合同由项目组提出技术要求和委外项目内容，涉及合同签订、付款的严格按照各级业务部门合同管理办法执行，合同中需明确知识产权归属、知识产权产生的收益归属情况。所有合同及协议中必须明确双方的保密条款，应明确合作中涉及的资料、数据都属商业秘密，未经对方同意，不得对外公布及引用，否则需承担法律后果。协议中有关风险的条款应明确项目开发的风险承担者、明确上线试用过程中产品故障造成的运营安全事故及财产损失的责任承担者。

国产化项目的合同与协议有其特殊性，涉及开发研制费、模板试制费问题，且轨道交通产品未形成市场、购买数量偏少，因此在与合作厂家签订合同时既要考虑长远的备品储备，也要考虑经济因素。鉴于以上原因，在与国产化项目的合作方协议中需就项目的投入模式、实施中的配合方式、装车（机）试验安全协议、成果共享方式、利益共享方式、后期采购供应方式等内容与对方进行约定。在合同中明确试验成功后采购的参考价格，作为采购的依据。项目组必须根据资金的投入情况决定项目的科技成果所有权的归属。

另外，科研项目合同应明确约定中间验收和成果验收要求，全面反映立项内容、成果要求，明确项目各阶段的成果、完成时间和验收标准、费用支付条件、投入的人力物力情况、违约责任等内容，保证维护公司的成果权益。科研合同中有关研究开发合同的标的内容、进度安排、项目成果、成果提交形式、验收标准等有关内容，应符合所批准的立项申请书要求，并报科研管理部门会签。科研项目合同中还必须明确约定知识产权的归属。

⑤在合同实施之前，主办部门需要编写《技术需求书》和相关技术资料，并根据授权范围上报各级项目技术管理部门审批。项目合同签订后，厂家开始研发，主办部门应按时向项目管理部汇报研发进展。合同内需采购的项目，在研发成功后，须由各级项目技术管理部门对产品进行验收，验收通过后才可进行采购。

4）上线试用。所有技术改造与国产化项目涉及运营安全的试用和测试，原则上需由安全管理部门与合作厂家签订安全协议后，才能实施。但对于某些特殊情况，合作厂家不愿意签订安全协议时，项目组认为该项目符合上线试用条件时，在填报上线试用申请时附专题说明，同时制定试用和测试方案，依次报项目管理部门和安全管理部门审批。审批通过后主办部门负责组织具体实施，安全协议可与新产品上线试用协议合并签订。关于上线试用的时间，原则上Ⅰ类的项目，提交使用部门测试的时间不得低于 3 个月，Ⅱ、Ⅲ类项目，提交使用部门测试的时间不得低于 2 个月。

5）项目验收。项目组在完成项目工作，完成项目验收文件编制时，应填报验收申请表申请验收。根据项目授权情况，项目验收原则上由各项目授权管理部门组织进行，但必须同时报授权以外各级管理部门备案。对于直接采购的国产化 A 类项目原则上不需组织正式验收，由需求单位根据试用情况出具相关试用报告，采购主管部门根据试用报告组织采购。

①项目组需要编制的项目验收文件一般包括（A 类项目可简化，应根据具体情况确定）：

——项目验收申请表；

——立项申请书及合同（立项及签订合同的项目）；

——产品竣工图纸（包括外观尺寸、安装图、内部结构及原理图，安装软件、使用及维修手册等）；

——项目技术报告（国产化项目包括实物照片）；

——试验报告及产品检验报告（盖提供单位公章）；

——使用单位的试用报告（盖使用部门章）；

——经费使用情况报告（盖主办部门章）；

——国产化产品信息登记表；

——技术资料归档要求的成果文件（如在项目实施过程中形成的，具有保存价值的文字、图表、数据、声像、产品合格证等各种形式载体的文件材料）；

——安全协议（针对于Ⅰ类项目），Ⅰ类项目原则上首先由生产厂家提供正式安全检验报告，再由各级安全管理部门组织对项目的安全性进行审定，审定通过后方可

组织验收；

——外单位资质（复印件盖单位公章）；

——项目后评估报告（按相关要求填报，其中经济效益相关数据包括已经产生的增收和节支效益，同时包括预测的企业效益和社会效益；证明材料包括财务部门、技术管理部门提供的证明材料）。

②验收组织。验收组织部门在收到验收申请表和相关成果资料（书面及电子文件）后，对项目完成情况和成果资料进行形式审查，确认符合验收条件后，组织验收。验收一般采用小型专家审议会的形式进行。专家数量应视项目的大小及涉及的范围来确定，一般在5人以上（含5人），且专家人数应为奇数。重要项目可召开规模较大的验收会。项目组人员原则上不得参加验收专家组，项目承担部门成员数不得超过验收成员总数的三分之一（部门验收项目除外）。验收专家审定成果，填写相关专家验收意见表。

③归档。项目通过验收后，项目组应按验收要求完善成果材料，送组织验收部门审核，审核通过后，由组织验收部门编发项目验收报告。项目组在验收后按照资料管理部门的要求，办理项目成果科技归档。形成的固定资产，应办理固定资产登记和交接手续。项目结算时，项目组应提交验收报告和资料归档证明。

5. 过程管理

（1）分级授权。根据公司组织架构，科研技改、国产化管理可实行分级授权制度：根据项目规模（一般指项目总预算的大小）、涉及范围、影响程度等对各项目进行等级划分，授予各级管理部门相应级别的项目相关流程的权限与管理职责。项目立项、实施中的各项流程、审批环节与项目所属授权范围相关。除技改本身管理的授权机制外，与之相关的合同管理、财务管理、安全管理也有相应的授权机制。

（2）各类业务的平行管理。科研技改、国产化项目可能涉及合同、物资采购、财务开支、安全等业务范畴，因此，除科研技改、国产化本身的管理外，项目实施还要遵从这些业务相应的管理办法，并受到这些业务模块的监控管理。对一个项目来说，各业务模块的管理是平行关系，即互不干扰，按照各自相关流程来开展，项目所涉及的所有业务模块均进展正常才能认为项目是正常推进的。

（3）项目实施进度监控。对项目进度的掌握一般采取定期报送的形式进行，项目主办部门应在指定时间（一般以月度为单位）以统计报表形式向项目技术管理部门上报技术改造与国产化项目开展进度情况和存在的问题。项目技术管理部门负责项目实施的监控、跟踪，并建立项目实施的跟踪档案，并根据年度计划跟踪项目的具体进展情况，对于不能按期完成的部门，给予考核预警，如不按时改进，将按照相关规定进行考评。

对于科研项目，项目组长所在部门作为主办部门，由各业务主办部门负责项目的日常进度监控，项目组应根据统计信息要求，按科研进度管理要求定期向主办部门申报科研项目进度情况统计，由主办部门签署意见后送科研项目管理部门备案。项目进度上报需要逐级进行，各级管理部门应根据上级业务管理部门具体要求积极组织管辖范围内的科研技改、国产化项目进度监控，并将情况按要求定期上报上级部门。各主办部门应设技术改造与国产化项目管理员负责项目日常管理和绩效信息统计与报送工作，统计报表数据应真实可靠。如发现有弄虚作假行为，将根据严重程度进行处理。属轻微问题的，进行批评教育；较严重或严重的，将通报批评或对所在部门做年度科研绩效降档等处罚。

项目执行过程中由于特殊原因导致项目滞后或严重滞后的，在经过相关部门协调后仍不能按工期计划完成项目验收时，项目组应按相关规定提前填写项目延期申请表格申请项目延期，并按项目延期审批流程进行审批，审批同意后重新调整该项目的工期与资金计划，并上报项目管理部门备案。科研项目需要调整的，由主办部门填写科研项目调整审批表格，并按调整涉及的业务范围，按程序逐级报批。若项目调整不涉及经费调整，则只需科研项目管理部门审批。科研项目合同或计划滞后，应查明原因，提出整改措施并送科研项目管理部门备案，科研项目管理部门负责跟踪管理。如果发生滞后情况后没有采取措施整改，主办部门及承担部门须承担管理责任，并计入年度考评。对因研究进度严重滞后或客观条件限制不能或不宜继续开展研究的项目，科研项目管理部门可要求业务主办部门提出结题，并组织结题审查。业务主办部门也可根据需要提出结题申请，按相关程序报批。

6. 项目考评与奖励

为调动员工参与积极性和更好推动项目进展，科研技改、国产化工作应建立完善的奖惩机制。

（1）纳入年度考评范围的技改国产化项目，一般有以下情况。

1）需要实施技术改造与国产化项目的部门，没有按要求上报技术改造与国产化进展情况及相关的资料，相关部门应承担相应责任，并纳入考评。

2）项目滞后或严重滞后，主办部门及相关配合、审批、组织、监督部门没有采取有效改进措施或在预警通知后无实质改进措施的，相关部门应承担相应责任，并纳入考评。

3）技术改造与国产化项目成果可作为项目承担部门、技术人员年终考评依据之一，可作为技术人员职称评定的参考。通过成果验收的项目，可申请参加公司有关评奖活动，并按相关的奖励办法给予项目组个人和主办部门相应的奖励，优秀成果更可申报市级或更高级的鉴定。对于科研项目，完成的科研成果可申请总公司科技进步奖和上级的奖励，具体办法依据科研业务相关奖励办法的有关规定执行。

（2）项目考核。科研、技改与国产化项目根据使用经费归属范围，由范围内的项目管理部门对主办部门进行绩效考核。根据项目实施进度定期报送和检查情况，项目绩效考核应定期开展（一般有年度及月度考核）。考核形式可有多种，如将各主办部门该项业务绩效得分进行通报排名、点评等。年度绩效考核结果可以与年度绩效奖项挂钩，同时作为年度评先和年度考评的主要依据。科研、技术改造与国产化考核指标一般分为进度指标、质量指标、管理指标、成果指标等，考核部门根据检查情况，对项目主办部门的各项目上述指标进行评分，并综合各指标、各项目情况统计出主办部门的月度、年度考核结果（得分）。考评由相应的项目管理部门执行，结果由负责绩效考核工作的部门发出。

四、完善定额管理、成本控制细化

运营企业实行精细化管理，成本控制是企业经营管理的一个重要组成部分。成本是一个企业生产经营效率的综合体现，是企业投入和产出的对比关系。低成本是指在不降低设备运行质量和检修水平的前提下，以较少的成本投入，来提高检修效率，延长设备生命周期。所以，成本管理控制目标必须是全过程的控制，不应仅是控制生产成本，而是控制影响设备运行质量的全部因素。实践证明，只有当设备运行质量和设备检修质量得到有效控制、平衡，综合成本才会显著降低。对于设备稳定期，重点应考虑如何延长设备稳定期并且节约资源。

1. 定额及定额管理

定额是在生产经营活动中，对人力、物力、财力的配备、利用和消耗以及获得的成果等方面所应遵守的标准或应达到的水平。定额管理是指利用定额来合理安排和使用人力、物力、财力的一种管理方法。

2. 定额的分类

根据城市轨道交通检修业务的特点和性质，定额可分为劳动定额、材料消耗定额、维修备件库存定额、仪表工器具与劳保定额。

（1）劳动定额。劳动定额是指在维修单项特定设备需要配员的人数、工时数量。

1）劳动工时定额。劳动工时定额是指完成符合设备检修质量，单项维护任务所消耗的工时。城市轨道交通通信系统维护的劳动工时定额主要应用于执行维修的劳动管理。

2）配员标准。维修单项设备配员标准是将员工配置数量与产出指标建立起数学关系，根据维修规程、维修作业的难度、设备对运营的作用，以及预计产出量预计人员需求数量。城市轨道交通通信系统维护配员标准，主要依据每公里或每个车站配置的维护人员数量，乘以线路长度或车站数量。

例如，每公里轨旁电话及区间通信电缆二级保养的劳动工时定额、配员定额：

劳动工时定额：工时 1 小时；

配员：高级通信工或以上 1 名、中级通信工 1 名、初级通信工 2 名。

据此可以统计出单一线路所需要人员，核算出人力支出，可以细化人力成本。

（2）材料消耗定额。材料消耗定额是指在一定条件下，完成维修工作消耗材料的数量。表 3—7 列举了车站时钟系统二级保养材料定额，据此可以统计出单一线路所需要的材料，核算材料支出，制定采购依据，从而确定有效物资库存量，有效控制成本。

表 3—7　　车站时钟系统二级保养材料定额

<table>
<tr><th>材料名称</th><th>规格型号</th><th>计量单位</th><th>单价（元）</th><th>核定数量</th><th>金额（元）</th><th>维修规程</th></tr>
<tr><td>环保碳性电池</td><td>9 V，1 604 S，GP</td><td>个</td><td>2.00</td><td>1</td><td>2.00</td><td rowspan="11">1. 清洁二级母钟表面
2. 二级母钟工作状态是否正常
3. 检查机柜紧固件、线缆及接头
4. 检查母钟面板的按钮能否调整时间
5. 整治机柜的地线
6. 检查紧固件
7. 二级母钟复位测试
8. 清洁子钟外部
9. 检查子钟线路及接头
10. 检查子钟走时和校时功能
11. 检查数显子钟显示
12. 检查指针式子钟灯管</td></tr>
<tr><td>抹布</td><td>祝君早安</td><td>条</td><td>1.60</td><td>5</td><td>8.00</td></tr>
<tr><td>油刷</td><td>25 mm，椰树牌</td><td>个</td><td>1.60</td><td>2</td><td>3.20</td></tr>
<tr><td>全能水</td><td>500 mL</td><td>支</td><td>3.80</td><td>0.1</td><td>0.38</td></tr>
<tr><td>电气绝缘胶带</td><td>3 M：10 m/ 卷，带黏性，黄色</td><td>卷</td><td>1.80</td><td>1</td><td>1.80</td></tr>
<tr><td>T5 环形光管</td><td>32 W，飞利浦</td><td>支</td><td>12.30</td><td>4</td><td>49.20</td></tr>
<tr><td>水晶插头</td><td>8 位，8P 8C，21×11 mm，深圳</td><td>个</td><td>0.20</td><td>6</td><td>1.20</td></tr>
<tr><td>超五类双绞线</td><td>8 芯网络双绞线，AMP，305 米 / 箱</td><td>箱</td><td>1 220.00</td><td>0.01</td><td>12.20</td></tr>
<tr><td>耐水砂纸</td><td>P80（100 号）</td><td>件</td><td>0.60</td><td>1</td><td>0.6</td></tr>
<tr><td>热缩胶管</td><td>ϕ6，125 度，黑色</td><td>米</td><td>0.30</td><td>0.1</td><td>0.03</td></tr>
<tr><td>压缩气体喷洁剂</td><td>EAD400D</td><td>支</td><td>170.00</td><td>0.1</td><td>17.00</td></tr>
<tr><td></td><td></td><td colspan="3">单站设备检修消耗金额合计</td><td>95.61</td><td></td></tr>
<tr><td>设备数量</td><td>27</td><td colspan="2">年内检修次数</td><td>1</td><td>年度全线检修金额合计</td><td>2 581.47</td></tr>
</table>

（3）维修备件库存定额。维修备件库存定额应编制在系统设备生命周期内，为替换故障部件所需的备件库存。表 3—8 列举了电话公务系统备件定额，库存应与消耗挂钩，综合考虑库存数量，可以订立安全、最低、最高库存，避免备件数量库存无序增加。维修部门和采购部门根据此定额制定采购预算和计划，可以有效控制成本。

表 3—8　　　　　　　　　　电话公务系统备件定额表

物资描述	平均单价	预计月均消耗量	预计年消耗量	安全库存定额（保险储备定额）		最低库存定额（经常储备定额）		最高库存定额	
				库存量	库存金额	库存量	库存金额	库存量	库存金额
铃流板 RG：S30810-Q2258-X（公务系统）	××××	0.016 666 7	0.2	1	××××	1	××××	2	××××
信令板 SIUX：S30810-Q2233-X（公务系统）	××××	0.016 666 7	0.2	1	××××	1	××××	2	××××

（4）仪表工器具与劳保定额。仪表工器具与劳保定额是指根据劳动法规、运营维修规程，在维修时使用的仪表工器具、劳保用品配置标准。定额制定时应对工具使用周期给予规范，设定使用的年限，定期更换、检查。如高空作业时使用的安全带，订立工班定额为两条，每季度进行安全检测，使用年限为 5 年；又如 2M 误码测试仪，每年送检测部门检测仪器是否有效，能否工作正常。

以上四点定额管理是运营企业管理的一个方面，定额管理与企业的成本支出息息相关。企业间竞争以成本论成败，管理好定额，是在竞争中取胜的关键要素。

3. 定额编制的依据

（1）劳动工时定额编制的依据是城市轨道交通通信系统维修规程和作业任务，具体应按照维修作业的维修规程，将工序工时定额构成单个作业任务的劳动工时定额。

（2）配员标准的编制依据是轨道交通线路的长度、所辖设备的数量、类型。

（3）材料消耗定额的编制依据是城市轨道交通通信系统维修规程。

（4）物资库存定额的编制依据是物料的需求频率、订货期、运输距离等因素。

（5）配置标准的编制依据是各项维修作业，具体包括配置对象、配置依据和配置原则。此外还要结合生产和管理需要，全面考虑配置的物资（名称、型号、规格和数量），综合考虑物资消耗或使用的年限和品质标准。

4. 定额的编制方法

（1）定额的编制方法分类。定额的编制方法根据定额指标的类别，可分为写实查定法、统计分析法、经验估算法和技术计算法。

1）写实查定法。根据现场生产、运营的具体条件，在对资源消耗进行实际查定的基础上，制定出消耗定额的方法。写实查定法主要用于劳动定额、材料消耗定额和配置标准的编制。

2）统计分析法。是指在分析、研究统计资料并考虑有关影响因素的基础上编制定额的方法。统计分析法主要用于能源消耗定额的编制，并作为劳动定额、材料消耗定额、物资库存定额和配置标准的辅助编制方法。

3）经验估算法。以有关人员的经验或有关的资料为依据，通过主观估算制定定额的方法。根据定额编制原则，总部的定额尽量不采用经验估算法进行编制。

4）技术计算法。根据设备的结构、原理、技术要求、检修设备的条件和所采取的工艺流程，通过技术计算来制定物资消耗定额的一种方法。技术计算法可作为材料消耗定额和能源消耗定额的辅助编制方法。

（2）定额的编制方法和要求

1）劳动工时定额的编制方法和要求。劳动工时定额的编制主要采用写实查定法，辅以统计分析法进行。

计划修和故障修劳动工时定额以城市轨道交通通信系统设备操作规程和维修规程的每项工作内容描述为基础，要能够体现各修程或故障修中每个工序单位工时耗时情况。计划修劳动工时定额的编制单元与计划修材料消耗定额保持一致。

一些计划维修的作业对象是属于分布于各车站的同类设备，可对单独一个设备的一个计划维修编制劳动工时定额，再乘以配备这种设备的车站数量，即可得到该设备此维修的劳动工时定额。例如一些计划检修作业，如各车站 OTN 机柜。

2）材料消耗定额的编制方法和要求。材料消耗定额的编制主要采用写实查定法，辅以统计分析法进行。

计划维修的材料消耗定额的编制单元要以生产检修规程为基础，并与生产组织程序、实际检修作业相匹配。

3）物资库存定额的编制方法和要求。物资管理部门对物资库存管理，可参考维修定额的编制，选用写实查定法作为主要方法，辅之技术计算法和统计分析法进行编制。

物资库存定额应清晰、明确、具体，做到既保证总部日常生产的需要，同时不能过分地夸大所需。编制部门应参考生产管理信息记录的实际物资消耗情况，并综合考虑到技术革新、设备更新、员工素质提高及作业流程等相关因素的影响，依据技术管

理相关规章制度、标准及现有生产技术组织条件，逐项进行对标检查核定，编制物资库存定额，确保物资库存定额的科学性、合理性、先进性。

物资库存定额以总物资储备的最高库存定额和最低库存定额为编制单元，考虑国内材料和备品备件（进口及国内）库存的实际需要进行编制。

5. 定额的应用和执行

定额主要应用于预算管理、成本管理、绩效考核和决策支持四个方面。

（1）预算管理。定额能提高预算管理的科学性，提高年度预算、编制的准确性，从而实现资源的有效配置，提高企业资金的利用效率。

（2）成本管理。定额是成本核算、成本控制和成本分析的基础，能有助于降低营运成本，实现减亏增效。

（3）绩效考核。定额能为企业的经营目标考核提供科学、有效的依据，真正发挥绩效管理的作用。绩效考核通过实际数值与预算目标值的对照，考核各部门的经营业绩，决定相关的奖惩。

（4）决策支持。定额一旦稳定下来作为一项可执行标准，可为企业管理者在人力资源配置、维修材料成本投入等方面提供决策支持。

6. 定额的修订、完善

企业外部的经济发展的变化包括通货膨胀、技术革新和市场变化等，内部的经营环境变化包括业务发展、管理变革和技术改进等，由于受外部和内部因素的影响，定额的标准应全面、科学和合理地反映实际运营维修和管理的需要，与时俱进，适应实际维修需要，修订相关定额。

（1）例行修订。例行修订是指公司每年对所有定额进行全面的检查，总结上年度的定额执行情况，分析实际与定额的差异原因，对不科学、不合理的定额进行修订。

（2）及时修订。及时修订是指当出现政策法规的调整，管理模式、生产组织形式发生重大变化，技术、工艺等条件发生改变时，由定额执行单位提出修改意见并能提供合理依据时，进行定额的及时修订。

7. 定额执行的评价、反馈

定额在执行过程中，各定额管理单位应至少每季度对所辖定额和配置标准的执行情况进行自查，分析产生定额标准与实际消耗情况差异的原因，给予合理的改进措施。

第四节　退化期的维修策略

退化期是设备生命周期中的第四个阶段，处于“浴盘曲线”最右端。在这个阶段，设备已经投入使用了相当长一段时间，各种问题相继涌现。对比之前三个阶段，退化期有以下显著特点：从故障时间看，设备性能下降速度加快，故障周期频繁，故障间隔时间越来越小；从故障种类看，不同类型设备故障的增加，相同类型设备出现新故障，甚至会有跨系统的故障。因此，退化期的设备维护对城市轨道交通通信人员是一个很大的挑战。

一、因时制宜确定退化期的维修主策略

设备进入退化期，因各类部件老化引发的故障占各类故障总量的70%以上，因此在这个时期，设备维修的关注点应转移到如何改善老化部件的性能、寻找停产部件的替代升级产品以改善整体设备质量上。这里总体介绍一下退化期的维修主策略，并结合实例对退化期的维修模式进行详细描述。

1. 改善老化部件的性能

各通信专业子系统设备的老化现象按照使用频率的高低，或早或晚地浮出表面。用户终端设备由于使用率最高，最早呈现老化迹象，表现出超高的故障率；其次分别是散热器件、电源（功率）器件、开关类部件、接口类部件、控制类部件等。为改善这些老化部件的功能，使其不影响设备整体功能，维护人员可以从以下几个方面进行努力。

（1）精检细修，保证预防性维修的质量。城市轨道交通通信设备的预防性维修主要指有一定检修周期的日常维修，根据检修周期分为：日常保养（每周，中央级设备为每日）、二级保养（每月，区间设备为每季度）和小修（每年）。维修方式为在线式维修，以清洁设备外部、目测设备状态、测量记录设备运行数据为主。设备进入退化期后，更应利用计划性维修的检修密度来及时跟踪设备状态，做好设备及设备房的清洁工作，降低灰尘对电子设备寿命的影响。

1）传输系统的清洁维护。传输系统是通信专业的“命脉”，是通信专业各系统里能影响行车的关键网络。传输设备在投入运营第八九年之后，表现出进入退化期的迹象。作为一个依赖于组网稳定性的系统，传输设备在退化期的表现让人捉摸不定，其

网络稳定性大不如前，简单的更换板卡或者更换备环链路都可能引发网络重组，而网络重组的过程也危机重重：原本相安无事运行着的用户接口板在网络重组时必须进行重新初始化，这个过程中不定时地会有一些老化板卡出现问题，无法顺利完成初始化。看似不可思议，但其实是由于这些板卡上线运行年限太长的缘故，一些关系到板卡初始化的电子元件已经老化，网络正常时这些元件无用武之地，其故障状态没有及时体现出来。

因此，退化期的传输设备应尽量减少其网络重组的可能性，在预防性维修中减少关闭电源的次数。电子板卡除尘时，需要将传输节点关闭，拔出板卡清洁。因此对于电子板卡的除尘作业建议在中修时实施，3 ～ 5 年开展一次。

2）无线系统维护。无线系统涉及行调与司机的直接联系，关系到行车安全，在通信专业里的重要性不言而喻。在投入使用八九年后，逐渐有退化表现，故障率明显升高，尤其体现在终端设备上。除了除尘清洁等作业内容之外，维护部门在进行无线关键设备（主交换机和基站、直放站等设备）的小修和中修时，应有计划地准备充足备件，将关键部件（控制类和接口类部件）轮换上线，确保无线关键设备的实时稳定。对于更换下线的板卡或部件再组织攻关小组进行有针对性的设备整治。

3）UPS 系统加强维护。UPS 系统在通信专业各系统中的作用除了提供净化稳定的电源外，很重要的一点是能在市电停电时，为其他子系统提供一定时间的后备电源保障。这项功能的关键在于蓄电池组的整体性能。蓄电池组的稳定运行依赖于整组电池性能的平均性。

在蓄电池组的维护中，需要关注的两个主要性能指标是电压和内阻值。蓄电池老化过程中，单体电压逐步下降，内部电解物质活性降低，蓄电池内阻值升高，导致该蓄电池发热量升高，进而会引起鼓胀甚至爆炸的危险情况。维护人员在小修（年检）中利用内阻测试仪表测量并记录电压和内阻值时，必须对整组电池的测量值逐一比较。上线运行了 5 年以后的蓄电池，不同程度上都有老化迹象，这个时期比较测量值的关注点不在于是否劣于出厂额定值，数值比较应侧重于是否偏离整组电池的平均值。

例如：阳光 A412/50 AH、12 V 的蓄电池，额定值为浮充电压 13.5 ～ 13.8 V，内阻为 8 ～ 9 mΩ。某年检测试中，整组蓄电池电压尚在额定范围内，内阻普遍为 9.5 mΩ 上下，其中某一节电池内阻却高达 12.6 mΩ，对于整组电池而言，内阻明显偏高。

通过多年的数据对比，可得出蓄电池组进入退化期的时间大约在投入运营 5 年以后。

4）有线调度系统维护。有线调度系统与行车指挥调度直接相关，投用八九年后，故障率会呈明显上升趋势。尤其是调度台，用户使用频率高，除预防性维修和故障修外，设备进入退化期，应及时准备充足备件。对于电子类板件，整体分析其故障数据与故障趋势，对关键板件和高频故障板件进行轮换修，替换下线的板件做好性能检测后，性能达标的可继续上线使用，或作为备件。

5）CCTV、PA、时钟等小系统的检修。这几个小系统与上述大系统相比，个体独立性强，除中央设备外，车站级设备不受网络上其他站点影响，对于机柜内设备的除尘作业可以在运营结束后安全进行，利用清洁布、软毛刷、压缩空气、电子仪器仪表清洁剂等辅助用品完成清洁。

（2）结合大、中修，大面积更换易损器件。通信设备的大、中修作业也属于计划性维修范畴，其检修周期一般为 3 年以上。大、中修作业中设备停电维护，拆卸各模块进行深层清洁及检测。大、中修作业前一两年（结合采购部门的采购周期），各维修分部统一申报大、中修所需的材料及备件等物资，作业中即可利用备件将风扇、保险、电池等易损部件更换。拆卸下的各功能模块，具备现场维护条件的，可现场完成老化部件整治；不具备现场维护条件的，需利用备件将老化模块更换下线，再统一完成整治。

1）散热设备。易损件中可列入计划性更换的只有节点散热风扇。风扇属于机械运转类部件，存在磨损和疲劳状态，在连续运行 3 ～ 5 年后应有计划地整批更换。

2）电源类器件

①电源类器件（电容、电阻、熔丝等）建议在中修时开展全面更换整治。根据电源类板件的老化特性，可采用备件轮换修的方式：第一个作业将备件更换上线，线下将更换下的板件进行维修，更换易损的电解电容、电阻等元器件，将板卡全面除尘清洁并上电测试通过后，更换到下一个作业对象上，以此反复。经此番整治，能有效地延长设备使用寿命，保证中修作业后提升设备运行的稳定度。

②开关类器件建议在第二次中修作业时（或大修作业，10 年左右）全部更换，因为开关类器件内的金属触点长期使用后会产生氧化物，严重的会影响接触面，降低开关性能。

③蓄电池。除了电容、电阻、熔丝、风扇等易损部件需定期更换之外，蓄电池的老化也不容忽视。建议在第 8 年左右将蓄电池组整组更换，保障设备后备用电。

3）生产用计算机及电脑配件类。各子系统的维护终端、显示器、监视器和以太网交换机等计算机部件长期 24 小时不间断运行。根据维护部门的故障维护经验表明，在上线运行五六年为这类部件的故障高发期，建议统一更换。

4）电源线缆。电源线缆的老化容易被忽视，事实上线缆的使用寿命也确实比较长。但若使用年限过长，后期众多的设备新增、迁移、改造作业可能会改变了原先线缆的

敷设环境，期间发生线缆拐角过大、外皮磨损等不良现象都不可知。而作为对稳定运行要求甚高的专用通信系统而言，未知的安全隐患同样是需要避免的，因此建议有计划地在 15 ～ 20 年将电缆进行更新换代。

利用大、中修深层维护，能够全面提升设备的整体水平，提高设备运行的稳定性，有效降低设备故障率。

（3）有针对性地实施设备整治

1）首先是故障及老化模块的整治计划：各维修分部在对各自管辖设备的故障率进行统计后，对故障原因进行比较分析，寻找共同点，针对故障多发部件制订整治计划。

2）其次针对存放年限较长的备件，尤其是电源及功率器件类备件，应定期（可为 5 年）进行检测及整治。

此时在常规维修队伍之外，有必要成立专业的板件维修小组，对大、中修及故障维修中更换下来的大批老化或故障模块进行修理，复原功能；必要时可实施委外维修。修复件经上线测试后，可以补充备件库存，节约维修成本。

2. 寻找停产设备的可替代升级产品

设备进入退化期时，由于年限已久，加上市场的不稳定性使得维修部门无可避免地会陷入部分备件停产、库存量不足的困境。这时，维修部门必须考虑联系设备原厂家或者国内其他同类厂家，寻找可实现原有功能的替代型号产品或是升级型号产品，以满足日益老化设备的维护需要。寻找可替代产品的一般途径为国产化或技术改造。在国产化过程中，若涉及与进口设备的兼容性问题，则必须同时进行技术改造。

各维修分部自行成立改造项目组，充分评估设备现状和功能需求后，可立项申请进行设备部件国产化技改或整体设备国产化技改。

（1）部件国产化技术改造。由于备件停产、备件采购成本高或维修难度大等原因，针对设备部件或模块进行的国产化或技术改造，用于解决寻找停产或濒临停产备件的可替代产品，或利用技术改造降低备件的故障率。

（2）整体设备国产化技术改造。出于整体功能缺陷、大范围备件停产或备件采购成本高于改造成本等原因，项目组可提出单站点整体设备国产化技术改造需求。相当于整个系统更新换代的试点项目。

二、退化期维修模式

上述退化期主策略可以概括为：退化期宜采用计划性检修、补充性设备整治和国产化技改三种维修模式相结合，同时，根据实际情况做好整个系统更新换代的准备。

退化期维修策略流程用简易图表示为：

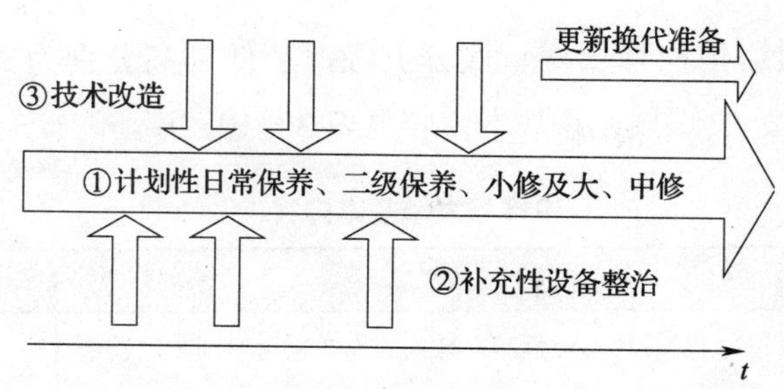

图3—5　退化期维修策略流程图

从图3—5中可以看出，计划性日常保养、二级保养、小修及大、中检修一直贯穿于退化期的整个过程；补充性的设备整治和技术改造穿插在计划任务中，作为计划任务的必要补充；更新换代和计划性任务平行，在退化期后期，就要把整个系统更新换代提上日程，并做好新旧设备割接的准备工作。

退化期维修策略各要素的特点见表3—9。

表3—9　退化期维修策略及其特点

类型		特点
退化期维修模式	计划性检修	伴随整个退化期一直进行，加入了大、中修全面查看设备状态与评估设备性能
	补充性设备整治	在计划外灵活加入，作为计划性检修的补充
	技术改造	针对备件缺乏，积极展开国产化技改
设备更新换代准备		在退化期后期提上日程，并做好新旧设备割接工作的准备

1. 计划修、设备整治、国产化技改结合的维修模式

本节将结合实例对各退化期的维修模式进行详细说明。

（1）加入大、中修的计划性检修。计划性日常保养、二级保养、小修及大、中检修一直贯穿于退化期的整个过程。除了传统的日常保养、二级保养、小修外，退化期还加入了大、中检修，全面评估设备状态与设备性能。退化期计划性检修如图3—6所示。

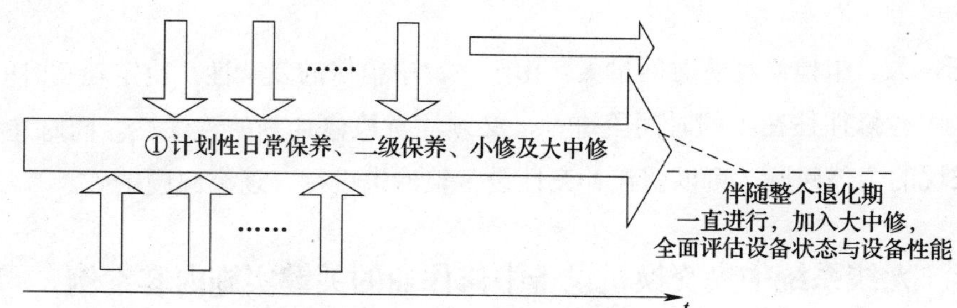

图3—6　退化期计划性维修模式

城市轨道交通通信检修规程一般分五级，从低到高分别为日常保养、二级保养、小修、中修和大修。中修与大修基本内容见表3—10。

表3—10　　中修与大修基本内容

检修类别	检修周期	内容	完成者及复杂性说明
中修	2～5年	（1）对现场可拆卸、替换的设备采用运回车间检修的方法进行检修；对不易拆卸、替换的设备采用现场集中检修的方法进行检修 （2）对设备进行全面分解、整修、补强、调整 （3）对关键、主要部件进行修复、更换，对淘汰的设备、器材进行更换 （4）对系统进行全面测试、调整，以保证设备的机械特性与电气特性符合原设计的技术要求	（1）由专业技术管理人员带领检修队，在现场或车间进行 （2）需要专用检测仪器、工具和设备，以及全面详细的技术资料
大修	5～15年	（1）在设备机械磨损超限、强度不足，电气特性不符标准，电缆、配线老化，设备质量下降而不合格，系统设备不合格达一定比例时，应对系统设备进行大修 （2）设备大修应与改变设备制式、技术改造相结合进行 （3）大修设备应采用标准设计、标准定型器材，经大修的系统设备应在竣工验收完成后方可投入使用	可自行承担，也可由制造厂商或专业大修单位承担

从表3—10中可以看出大、中检修的特点：

第一，大、中检修具有很大的检修力度。通信维修人员通过大、中检修后，应该能够对设备的每一个模块进行修整及评估，为抢险、补充性设备整治或技术改造提供必要的依据。

第二，大、中检修需要相当的技术力量支持。大、中检修需要对设备有丰富经验的员工带头进行。由于有之前三个阶段的积累，通信维修人员能够组织起一支这样的团队。对于关键设备的大、中检修，需要时也要请厂家到场支持，为恢复设备随时做好准备。

第三，大、中检修耗费时间量大。由于大、中检修的复杂性，决定耗费时间量大。因此大、中检修往往在不同时间段进行，必须注意检修计划的连续性。同时在大、中检修中发现的个体问题，可以留在补充性设备整治中进行，逐个问题击破。

无线系统中央交换机设备中修作业的关键实施内容案例

1. 了解待修设备的运行现状

该无线系统模拟集群中央级主交换机为全进口设备，已经在线运行15年，中修间隔为 5 年。

2. 明确中修作业目标

（1）需完成设备小修的作业内容。

（2）关闭设备，对各模块进行深层清洁。

（3）更换风扇、各类电源模块等易损部件。

（4）交换机数据备份。

3. 明确中修作业的影响范围

中央交换机断电，系统将进入无线降级模式，各调度台无法使用，各调度只能通过进行调桌底下的降级调度电台发起呼叫。

4. 作业人员安排

1 名高级工或以上人员、2 名初（中）级工。技术人员在场指导。

5. 制定详细作业方案

由技术人员及工班长制定详细的作业方案。方案需有详细的人员分工及作业步骤。充分预想到设备关机后可能产生的任何影响设备功能恢复的故障情况，并制定应急预案。

6. 作业前准备

（1）工器具、仪表准备。

（2）备品备件准备。

（3）检修记录表格（空白）准备。

（4）设备操作手册、配线资料等图纸准备。

（5）除尘工具、数据记录工具准备。

7. 作业中注意事项

（1）所有作业人员均理解作业方案，明确各自的分工。

（2）所有作业人员互相形成互控、他控的作业习惯，预防作业事故的发生。

（3）严格按照通信专业维修规程进行操作。

8. 实施步骤

（1）查看各指示灯，并详细记录。

（2）按照操作指引，使系统进入降级模式。

（3）断开主交换机与基站的联系，确认降级模式正常开启，降级调度电台能正常使用。作业期间需安排人员关注基站设备状态，确保降级模式使用正常。

（4）关闭电源，拔下接头。

（5）设备除尘。

（6）更换散热风扇、更换完好的电源板卡备件。

（7）设备上电，启动交换机，等待数据加载完全，备份数据。

（8）测试并记录各项参数，恢复设备正常功能，完成作业。

9. 作业后工作

（1）整理作业现场，恢复设备功能并完成参数测试。

（2）记录作业过程中的关键点，完成设备状态评估报告。

（3）作业后安排值班人员持续观察交换机状态，每天巡视两次，及时通报工班备案。

（2）补充性设备整治。与计划性检修针对对象是“面”不同，补充性设备整治针对的是“点”，即重点整改故障发生率较高的设备和计划性检修中未得到解决的问题。它不要求面面俱到，只需要集中力量解决某一方面的问题。

退化期补充性设备整治没有固定的日程表，贯穿于整个退化期中，如图 3—7 所示。

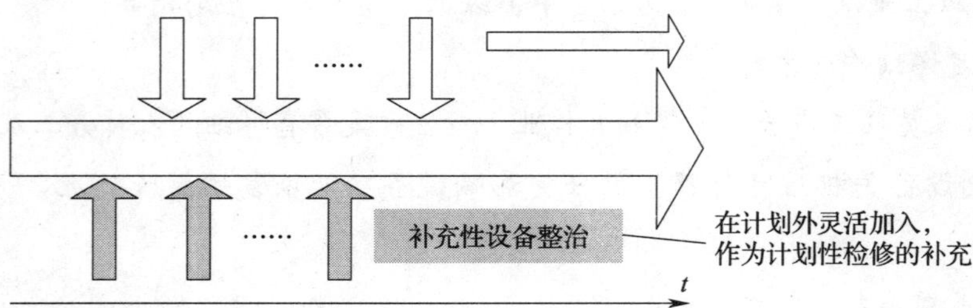

图3—7　退化期补充性设备整治

退化期的设备整治作为计划修的补充，从整治需求源上区分，主要可以分为三类：计划修的遗留问题整治；重大社会活动下的专题整治；故障件的集中修复。

1）计划修的遗留问题整治。在退化期，除了计划性检修外，还需要补充性设备整治。因为年检、中修、大修等检修虽然能够深入解决设备问题，但是检修持续的周期长，往往跟不上退化期中设备的老化与故障变化。日检、周检、月检等检修能够及时发现问题，但是对设备检修、整改力度不足。计划修存在许多遗留问题，所以加入补充性设备整治，针对某一遗留问题，改善整体设备的质量，显得很有必要。

案　　例

某上线运行约 15 年的无线主交换机，在一次中修作业中，设备重新上电时交换机背板烧毁。将模块拆下后发现该背板上的电容元件完全烧毁击穿，甚至临近的区域均烧焦。为保障设备的正常使用，作业人员利用备件更换上线，完成中修作业。

由于该背板已经停产，唯一一件备件更换后无库存，维修部门组织对该故障背板进行抢修。为验证修复后板卡的功能，防止出现类似故障，维修部门有必要针对这一遗留问题做补充性整治计划。完成整治计划的关键步骤大致如下：

（1）确定作业期间，申请作业许可令。

（2）确定作业内容：将修复后的几个模块上线试验，测试功能是否正常。

（3）明确作业影响范围：作业期间，中央交换机断电，系统将进入无线降级模式，各调度台无法使用，各调度只能通过行调桌底下的降级调度电台发起呼叫。

（4）作业人员安排及分工：技术人员、工班长、高级工、中（初）级工各1名。

（5）制定作业的详细方案：除详细的作业安排之外，方案中需对作业中可能导致的任何影响设备恢复的异常情况作出预想，并做好应急预案，确保次日正常运营。

（6）作业前准备：工器具、备件、图纸资料、标识牌、标签纸、笔、记录本、测试数据记录表等。

（7）实施步骤：

1）按照操作指引，使无线系统进入降级模式，并确认其状态；

2）关闭交换机电源，拆下在线板卡，换上待测的修复件；

3）设备上电，根据各待测板件的不同特性，多角度、多模式下对该板件进行功能测试，做好测试记录；

4）待测板件测试完毕并详细记录后，将原来的在线板件更换回去；

5）继续下一块待测板件的测试；

6）所有待测板件测试完毕后，将设备恢复作业前的状态，测试各项参数，确保设备正常。

（8）作业后工作

1）整理作业现场，恢复设备功能并完成参数测试。

2）记录作业过程中的关键点，完成设备整治情况报告。

3）作业后安排值班人员持续观察交换机状态，每天巡视两次，及时通报工班备案。

2）重大社会活动下的专题整治。城市轨道交通作为市政公共交通行业，应市政府的统一部署，在重大社会活动下需对各专业设备进行专题整治，重点保障活动期间关键设备的运营质量。

通信专业在重点保障期间的设备整治活动关键内容包括：

①根据设备投入使用以来的运行情况，确定故障高发的部件，制订整治计划，预计完成部件更换及故障件的离线修复；

②检查各系统终端设备（如手持台、车站台、监视器、广播台、键盘等），性能不良及外观老旧的必须更换；

③核对备件库存现有数量，对于库存不足的备件做紧急采购申请。

3）故障件的集中修复。到了退化期，因故障更换下的板件及因存放时间过长发生老化的备件数量将成倍上升，考虑到部分备件停产、采购价格高等原因，这时应采取必要的技术措施使得这些故障件尽可能多地可再生利用。由经验得知，故障板件中

大多数是因板件上的小元件故障导致，具备一定的一致性，完全可以组成技术攻关小组专门从事这方面的修复工作。这类型的设备整治又叫做深度维修，是加深维修人员对设备的认知，提高技术水平的重要手段，同时也借此整治，提高各类备件的库存数量。

4）因备件停产造成的隐患整治。设备投入使用多年后，原设备厂家由于产品升级、生产线变动等原因将停产某些型号的产品，若该型号产品恰好无库存，则设备维护的难题就出现了。维护人员面临的选择将是舍弃功能、重新寻找替代产品，或者整体设备改造。若是停产的型号恰好又是系统关键部件，而系统整体改造无法立即进行，则寻找可替代产品进行设备整治则无法避免。下面以国内某城市轨道交通无线调度台硬件网络板卡的设备整治为例进行说明。

案　例

无线调度台硬件网络用于调度台之间的连接，用于区分调度台角色和引入 ATS 信号。硬件网络使用总线型方式连接各调度台和无线调度台服务器（OPC）。由于系统使用 10 年以上，接头及电阻终端都出现了老化和接触不良问题，影响通信链路畅通。有必要通过整治计划更换老化的接头和电阻终端，保障调度系统高效安全。

控制中心（OCC）调度台使用 BNC 型网卡，用行调 1、行调 2、维调、环调共 4 个调度台，调度台间使用细以太网线连接；车辆段调度台使用串口型网卡，有车厂调度 1、车厂调度 2 两个调度台，调度台之间使用粗以太网线连接。系统在线运营的十几年内，串口型网卡备件逐渐耗尽，市场上不再生产，而 BNC 型网卡还有较充足备件。在充分验证 BNC 型网卡和串口型网卡的兼容性后，无线技术小组把车辆段调度台改成细以太网线连接，使车厂调度 1、车厂调度 2 可以使用 BNC 型网卡。这次整治是在退化期中设备维护的一个典型例子，即在市场上买不到备件的情况下，灵活利用手上的其他备件，加以研究和整改，寻找其替代产品，经济、高效地解决问题。

设备整治的关键点有：

（1）确认整治范围：对控制中心和车辆段所有调度台的接头进行更换；将车辆段车厂调度台的粗以太网络更换为细以太网络，同时在传输节点上更换相应的以太网接口卡；备份调度台服务器（OPC）硬盘。

（2）确认整治作业的影响范围：无线调度台服务器将停止工作，所有调度台无法使用；无线调度台的 ATS 信息传输将停止，调度台界面出现“ATS 故障”红色告警提示，在无线调度台上车辆信息得不到及时更新。但是不影响无线调度台的通话功能。传输系统的操作将影响车辆段有线交换机的所有外设话机使用。

（3）编写整治方案，对作业的各个步骤都进行充分预想。方案中明确作业前线缆敷设、工器具准备的内容，明确作业参与人员及分工，明确各作业步骤，制定应急预案。

1）此次整治涉及跨系统的操作，现场需和传输系统的技术人员合作完成以太网络的搭建。

2）此次作业共分为3个作业小组，2个作业地点，具体分工和作业步骤如下：

作业地点1——OCC

更换4个无线调度台OPT和1个服务器OPC总线式以太网的BNC接头，三通接头，终端50 Ω电阻。备份通信设备房OPC服务器硬盘。

作业分工：

第一小组		
作业地点	OCC通信设备房	
作业内容	备份OPC服务器硬盘，更换3个BNC接头，1个三通接头，1个50 Ω 终端电阻	00：30-4：00完成作业
作业步骤	作业内容	注意事项
1	请点得到批准后，通知第二和第三作业小组开始作业	4月29日00:00请点，等待批准时间，预计0：30得到批准
2	关闭OPC服务器计算机，卸下计算机硬盘，备份OPC服务器计算机硬盘	预计需要2小时
3	更换OTN上的2个BNC接头	15分钟
4	更换OPC服务器的BNC接头	15分钟
5	更换50 Ω 终端电阻	1分钟
6	将原OPC服务器的硬盘装回，用万用表测试所有制作的接头连接，在确保没有问题时重新启动服务器，检查是否正常	预计在2：30开始本步操作
7	询问第二和第三作业点是否完成作业，如果完成执行第8步，如果没有完成，继续等待完成作业	
8	检查调度台功能是否正常，结束作业，消点	用时30分钟，预计全部完成时间在3：30左右

第二小组		
作业地点	OCC指挥中心	
作业内容	更换维调、行调1、行调2、环调无线调度台OPT共7个BNC接头，4个三通接头，1个50 Ω 终端电阻	00：30-3：00完成作业
作业步骤	作业内容	注意事项
1	制作行调1、行调2无线调度台的4个BNC接头	以第一小组的请点时间为准，得到批准后开始作业，本步骤大约用时50分钟
2	制作维调、环调无线调度台的3个BNC接头	不需要关闭计算机，可以直接拔下原BNC接头，本步骤用时40分钟

续表

作业步骤	作业内容	注意事项
3	用万用表测量制作的接头，确保正确后恢复连接，在恢复连接时更换原来的三通接头和 50 Ω 终端电阻	用时 10 分钟，预计到 2：30 完成本步骤工作
4	等待第一小组作业完成对 OPC 服务器加电后，观察四个调度台的 ATS 连接恢复情况	预计到 3：30 开始
5	检查调度台功能是否正常，结束作业，消点	预计 4：00 完成

作业地点 2——车辆段通信设备房和车厂 1 调度室（说明：本作业点需要传输系统相关人员配合）

作业分工：

第三小组		
作业地点	车辆段通信设备房和车厂 1 调度室	
作业内容	对车厂 1 无线调度台的网卡进行设置，把车厂 1 调度台的 AUI 接口拔下，更换为 BNC 接头。配合通信专业传输人员的工作，等待他们完成 OTN 节点的配置	00：30-3：00 完成作业
作业步骤	作业内容	注意事项
1	关闭车厂 1 无线调度台 OPT 计算机，打开计算机外壳，拔下网卡，将其上的跳线由 AUI 改变为 BNC	以第一小组的请点时间为准，得到批准后开始作业。本步骤预计用时 25 分钟
2	重新装回网卡，安装好计算机，等待通信专业配合人员完成对 OTN 节点的配置后把 BNC 接头连接到 OPT 上	预计 1：30 开始本步骤操作，注意连接 50 Ω 终端电阻和三通接头
3	等待 OCC 第一作业组完工，在确认 OPC 服务器工作正常后，启动 OPT 计算机	大约在 3：30 完工
4	等待观察调度台的 ATS 告警是否消失	10 分钟
5	试验调度台功能是否正常，试验车辆段、西郎一芳村的专用电话，验证其通话功能是否正常	10 分钟
6	结束作业，报告第一作业组	4：00

（4）作业注意事项

1）焊接 BNC 接头时，需要一人作业，一人在作业后对其进行测试。确保 BNC 头接触良好，没有开路、短路状态。

2）在焊接之前，确保要焊接的线的对端已经从设备上脱离，防止烙铁的感应电压损坏对端设备。

3）操作规范，作业中戴好防静电手环。

4）如果在作业过程中出现其他问题，由无线专业技师成立临时小组立即进行攻关。

（5）作业后工作

1）在作业当天早晨开始行车运行后，由值班人员对调度台服务器及所有调度台的运行状态进行观察，观察时间为30分钟。在值班日志上记录观察到的情况。

2）对更换网络后的车辆段无线调度台的功能使用情况进行观察和记录。

无线专业维护人员通过设备整治行动，重点整治了无线集群系统中最关键的设备：无线集群交换机和无线调度台。通过设备整治行动，细致检验交换机性能，清晰掌握了交换机在退化期内的运行状态；同时，保障调度台的稳定，保证备件可更换，延长了已经使用十多年的无线集群系统使用寿命。

（3）国产化技术改造。设备投入运行多年，开始进入退化期，各备件也经过了长时间的市场筛选，某些设备厂家出于经济上的考虑，陆续将停产一些采购需求量较少的备件。而设备尚未达到报废期限，且总体性能仍在可控状态，还不具备整体更新换代的必要。在这种情况下，对设备部件进行国产化或技术改造很有必要，并将一直伴随整个退化期进行。另一种情况是，由于整体设备大范围的备件停产，或系统存在无法弥补的功能缺陷等原因，维修部门可在全面评估后立项申请进行整体设备国产化改造。如图3—8所示。

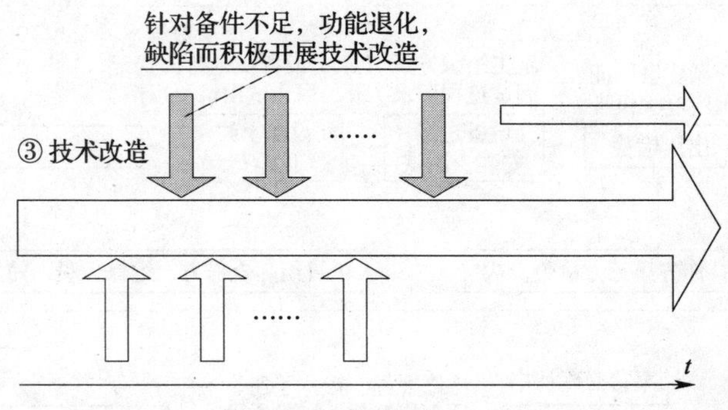

图3—8　退化期国产化技术改造

国产化技改的流程大致可以概括如下：

1）成立项目组，开展市场调研，编制技术需求书；

2）提出立项申请，由各生产管理及监督部门进行会签审批；

3）完善项目合同的商务部分和技术部分，经由各生产管理及监督部门进行会签审批后，由合同管理部门启动合同签订的各项流程；

4）与项目合作方签订合同，跟进合同管理的各项环节，包括：制订合同实施计划、合同支付、合同实施计划跟踪等；

5）设备生产、出厂质量检验、设备进场、设备安装调试，记录上述各个过程的时间点和实施内容；

6）设备上线试运行三个月，详细记录上线运行情况（维修情况、用户使用情况），针对功能不足及设备质量缺陷等问题进行整改，最终形成上线试用报告；

7）设备功能正式割接；

8）开展设备维护培训及对用户开展使用培训；

9）文件整理，资料归档：

①整理改造全过程的技术资料，形成技术报告，与其他所有过程文件、技术图纸、维护手册等形成验收申请文件，向项目授权管理部门提出验收申请；

②通过验收后，将项目形成的各类文件交予档案管理部门归档；

③项目组根据技术资料及培训成果，编制新设备的维修标准文件，将新设备正式纳入日常维修设备中。

将上述流程绘制成图 3—9：

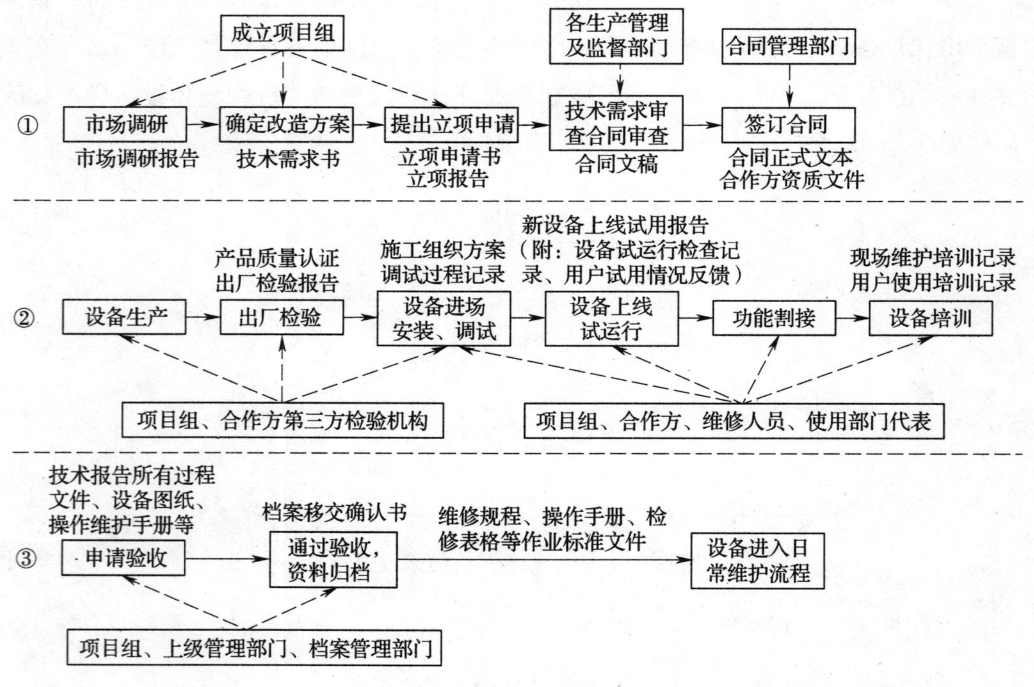

图3—9 退化期国产化技术改造流程

2. 设备更新换代

进入退化期的末段，很多设备的性能、备件、容量等问题渐渐变得不可控制。趁旧设备还能保障运营时候，更新换代要提早提上日程。

（1）设备更新换代需求的提出。设备要求更新换代，可能是单个原因，也可能是由多个原因造成；可能是由于容量不足不能满足自身业务需求，也可能是由于容量不足或其他功能缺陷无法满足其他系统业务需求。设备更新换代的要素及思考如图 3—10 所示。

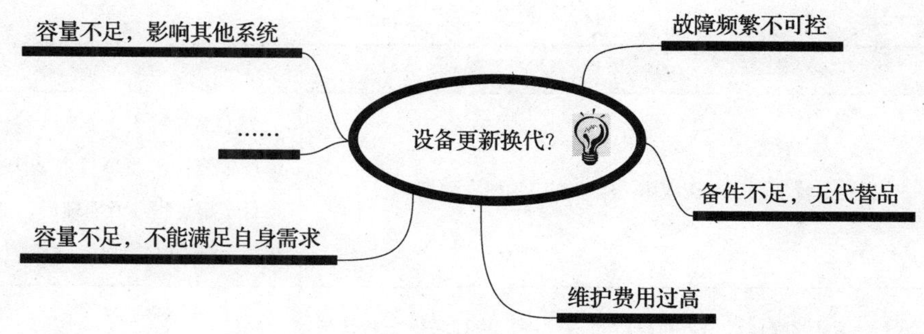

图3—13　设备更新换代的要素及思考

据统计，通信系统更新换代的依据见表 3—11。

表 3—11　　城市轨道交通通信系统更新换代的依据

系统类别	更新换代依据
无线系统	1．自身容量不足，不能满足增购列车对无线系统要求 2．备件已停产，不具备升级扩容的可行性 ……
传输系统	带宽不足，不足以支撑其他系统业务 ……
UPS 系统	1．电气器件老化，设备故障率提升 2．备件已停产 ……
广播系统	1．存在功能缺陷，无法实现平行广播，不能满足日益增长的大客流疏导需求；自动广播操作界面存在漏洞，误操作导致的故障率高 2．备件已停产，不具备升级的可能性 ……
公务系统	1．自身容量不足，不能满足办公电话扩容需求 2．设备老化，备件停产，不具备升级扩容的可行性 ……
……	

（2）设备更新换代方式的选择

1）根据更新换代的性质，若不需进行科研改造，则可采用直接采购方式；若涉及科研改造，则需采用技术改造流程。

2）根据各子系统的不同特点，更新换代可采用先进行单站点试点，功能验收后再进行整系统推广的方式，也可考虑采用整系统一次性全面升级改造的方式。二者特点列举见表 3—12。

表 3—12　　两种更新换代方式的特点

序号	试点后推广方式特点	一次性改造方式特点
1	项目资金较小，启动流程快；维修部门掌握主动权	项目资金较大，前期流程长，启动速度较慢；因为项目资金大的关系，项目实施过程涉及面较广，部分流程进度无法为维修部门掌控
2	（1）试点验收通过后方可进行推广，推广项目必须重新立项（采购或工程方式），因此全系统改造持续周期很长 （2）系统本身需允许长期处于新旧网络并存状态 （3）新旧网络并存，维修难度加大 （4）改造有先后，整系统的使用年限无法统一定义	项目启动后，所有设备一次性到货、安装、调试、试运行，全系统改造持续的周期短
3	由于各站点存在改造顺序，在推广中可能实施了优化措施，存在后改造站点功能优于试点站，试点站需要进行二次改造	各站点设备、产品及功能统一
4	在改造的长周期中，先完成改造的设备下线后，可拆卸部件作为其他未改造站点的备件	改造周期短，不存在可拆卸部件作为其他未改造站点备件的情况

总之，设备更新换代是一项大工程，不仅耗资巨大，更重要的是需要在运营时候割接，这使它比新线建设更有难度，因此设备更新换代决定前需要慎重考虑清楚各方面情况。决定需要更新换代后，就要尽早做准备。

三、退化期设备改造和更新换代实例分析

传输系统数据通道性能改造案例

某传输子系统与外部用户线路的电气连接链路在设计上未考虑设置线路保护装置，在应对来自用户线路上的各种浪涌、脉冲等有害干扰时，主要靠各网络板卡自身的防护能力。设备进入退化期后抗各种干扰的能力下降，设计上的缺陷越来越凸显，尤其以电力监控 RS422 通道的故障最为严重。

系统投入运营初期，板件的电气性能处于最佳工作状态，防护能力较强。然而随着投入运营时间的不断增加，在灰尘、温度等外部运行条件的影响下，板件电气性能会逐渐下降，相应地，防护能力也会降低。同时，外部用户线路运行环境也可能发生变化，各种浪涌、脉冲等有害干扰源可能会增加。传输系统就是这种情况的典型

表现。

在设备运行第 9 年里的一次雷暴天气中，地面站点的 RS422 功能板卡损坏了 2 块。之后通过在 RS422 配线架上加装保护装置，设备中修除尘，避免了此类状况继续发生。之后另一地面站与电力监控系统相连的 RS422 板卡频发故障，导致多块 RS422 板卡损坏，不但影响电力监控系统监控功能的正常使用，同时也影响了无线、信号 ATS 等多个重要系统的使用。而该传输系统 RS422 板卡已停产，无法采购。一旦这种卡消耗完，对系统故障的处理可能要升级全线所有 48 块 RS422 板卡才能解决，费用将高达 120 多万元。

后期 RS422 板卡损坏时间大多为非雷雨季节，且设备位于车站设备房内，排除了雷击的因素，判断应为线路上的浪涌、脉冲等干扰导致板卡损坏。为保护现有的 RS422 板卡，拟在线路上加装可靠的线路保护装置。

本项目的成功实施，在传输设备上使 RS422 板卡与用户线路间实现了完全的电气隔离，彻底杜绝了用户线路上可能产生的各种浪涌、脉冲等有害干扰，保护了设备，延续了 RS422 板卡的生命周期。

1. 技术分析

传输系统用户的接入均采用电气连接。电力监控系统用户接入传输网络采用的是通用 RS422 协议。该传输网络为 RS422 协议用户配备的是 RS422 板卡，每块 RS422 板卡可提供 12 路使用 RS422 协议的用户接入。RS422 板卡通过专用 50 芯电缆连接到通信设备房的 MDF 配线架内线侧，电力监控系统通过 4 芯电缆直接接入通信设备室的 MDF 配线架用户侧，两者通过 MDF 架配线端子实现直接电气连接。

具体连接如图 3—11 所示。

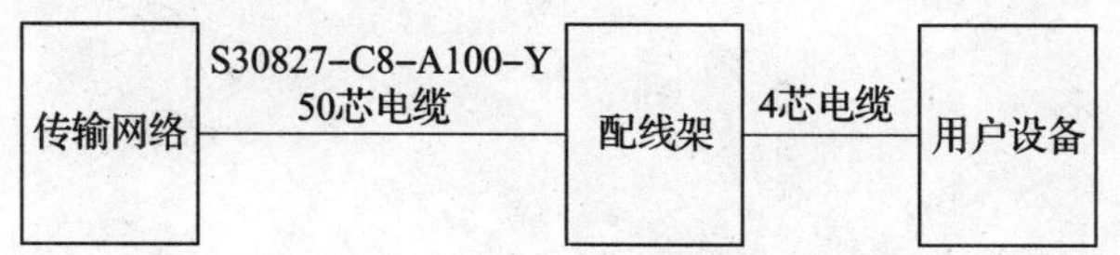

图3—11 传输系统用户的接入图

该线路传输系统 RS422 板卡设计有 12 路用户通道，最多可供 12 路用户同时接入传输网络。根据电力监控系统用户的实际需要，每站点用户通道均采用主 / 备方式，共 2 ~ 6 路用户接入传输网络。

为最大可能地保证电力监控系统用户的使用，避免因同一站点中某一块 RS422 板卡故障导致本站点用户中断，设计上每个电力监控系统用户的主 / 备通道接入同一站点不同的 RS422 板卡。这样，每个 RS422 板卡上同时为包括电力监控用户、信号 ATS 系统、时钟系统等其他用户共同提供 RS422 通道。

上面提到，第二个地面站在非雷电天气发生多起 RS422 板卡单个或多个通道损坏故障，每一次的 RS422 板卡损坏故障中，均存在电力监控系统的通道损坏情况，而板上的其他用户，如 ATS、PA、CLOCK 等用户通道，并非每一次 RS422 板卡出故障时都会发生故障，呈随机性。鉴此，初步判断导致 RS422 板卡故障来源于电力监控线路。根据现场勘查电力监控用户线路，该用户线路主要敷设在室内，且故障发生时间为非雷雨季节，可基本排除雷电感应对线路造成影响，应为线路上非周期性的、超出该传输系统板件承受能力但未超过电力监控用户设备承受门限值的浪涌、脉冲等干扰造成板件损坏。

2. 技改方案

为避免继续出现板卡损坏情况，需在线路上加装防护设施。根据现场设备情况及对市场上常用线路防护产品的了解，项目组按序号顺序对项目方案进行了筛选。

方案一：在传输系统设备与外设连接的 MDF 配线架的科隆端子排上加装采用气体放电管（或固体放电管）的并联式防雷器件。该方式常用于语音线路外设端，用于对交换机等设备的防护，如图 3—12 所示。该保护方式主要是通过并联的泄漏电阻（气体放电管）将瞬间大电流对地进行放电。该方式对电气线路的保护效果取决于泄漏电阻的响应时间、阀值电压以及接地是否良好等因素，被保护线路与外部线路间未采取隔离手段，是直接电气连接。市场上某品牌该类型防雷器的参数见表 3—13。

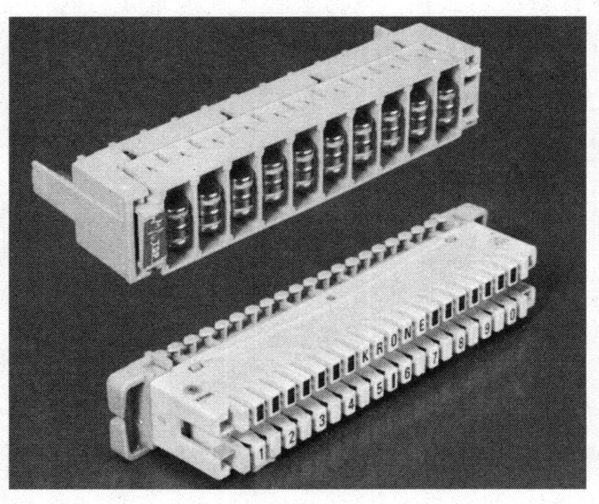

图3—12　并联式防雷器

该防雷器件主要应用于电话线路用户侧的线路防护。过保电压 135 V，远高于 RS422 线路 -2 ~ +6 V 的端口工作电压。故该防护产品不适用于 RS422 数据线路防护，因此方案一不予采用。

表 3—13　　　　　　　　　　某品牌并联式防雷器主要参数

主要参数	参数值及要求
使用环境	温度：－10～＋45℃
	相对湿度：≤85%（＋30℃）
	大气压强：70 kPa～106 kPa
电气性能	绝缘电阻≥1 000 MΩ
	直流击窜电压：190～260 V
	冲击击窜电压：≤800（在 1 kV/as 上升率时）
	耐脉冲电流：100 A（10/1 000 μs 300 times）
	耐脉冲电流：10 kA（8/20 μs 10 times）
	耐交流电流：10 A
	过保持电压：135 V
	极间电容：＜3 PF
	横向电压持续时间：≤200 ns
	能承受 40～60 Hz 正弦波，有效值为 1 000 V 的交流电压、历时 1 分钟无击穿和飞弧现象

方案二：使用串联式数据口防雷产品，在线路上加装串联式防护装置，典型的产品如图 3—13 所示，一般分为电气隔离和光电隔离两种保护方式。该保护方式可实现被保护线路与外部线路的完全隔离。但防护能力取决于电气耦合元件或光电耦合元件性能。市场上某品牌该类型产品参数见表 3—14。

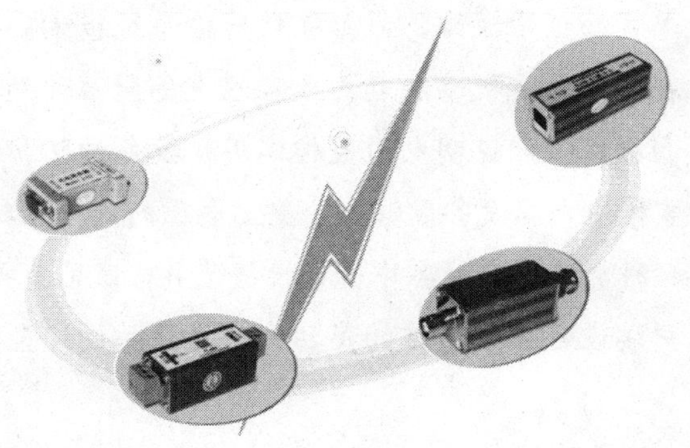

图3—13　串联式防护装置产品示意图

表 3—14　　　　　　　　　　某品牌该类型产品参数

型号	AS05Y	AS12Y	AS24Y	AS36Y4
标称工作电压 U_n	5 V	12 V	24 V	36 V
标称放电电流 I_n	3 kA			
最大放电电流 I_{max}	5 kA			

续表

<table>
<tr><td rowspan="2">保护水平 Up
8/20 μs In</td><td>芯线—芯线</td><td colspan="4">≤ 30 V</td></tr>
<tr><td>芯线—接地线</td><td colspan="4">≤ 100 V</td></tr>
<tr><td colspan="2">响应时间</td><td colspan="4">≤ 1 ns</td></tr>
<tr><td colspan="2">适应传输速率</td><td colspan="4">10 Mbps</td></tr>
<tr><td colspan="2">插入损耗</td><td colspan="4">≤ 0.5 dB</td></tr>
<tr><td colspan="2">接头形式</td><td colspan="4">压接式</td></tr>
<tr><td colspan="2">保护路数（对）</td><td>1</td><td>1</td><td>1</td><td>2</td></tr>
<tr><td colspan="2">外形尺寸（不包含接地线）(mm)</td><td colspan="3">52×25×25</td><td>90×23×54</td></tr>
<tr><td colspan="2">防护等级</td><td colspan="4">IP20</td></tr>
<tr><td colspan="2">安装模式</td><td colspan="4">串联 / 导轨安装</td></tr>
<tr><td colspan="2">工作环境</td><td colspan="4">环境温度：－ 40 ～＋ 85℃
相对湿度：≤ 95%（25℃）
海拔≤ 3 km</td></tr>
</table>

该类型产品由于使被保护设备与用户线路间实现了电气隔离（或光电隔离），且工作电压更贴近被保护设备，故防护效果要优于方案一。

实施起来需满足以下要求：

线路的通信容量需与用户端设备匹配，响应时间需满足用户需求，保护电路（光耦）质量要符合 IEEE 相关标准，性能要稳定且便于维护。由于每一次 RS422 板卡损坏故障中，均为传输系统单方面板卡故障，假如导致传输系统板卡损坏的干扰来自与电力监控连接的线路上，在传输系统板卡和电力监控端设备同时受到冲击的情况下，仅导致传输系统板卡单方面损坏，即说明电力监控端用户设备的防护能力较传输系统板卡要强，相应地，电力监控用户端设备能够承受更高电压的线路干扰。

要在市场上品牌、种类繁多的产品中选择性能优异，既能有效保护传输系统板卡，又能保证电力监控用户端设备正常通信的产品，项目产品的定型需经过反复试验，难度较大。

因此，方案二为备选方案。

方案三：将原有与电力监控系统用户端连接的电缆更换为光缆。

从电力监控用户端设备机房至本站点通信设备室 MDF 配线架处敷设一条光缆，在光缆两端通过光电转换设备接入各自系统。该方案的优点在于完全隔离了原电缆线路上存在的各种干扰，但存在以下难点：光电转换设备的抗干扰性要求高，需满足完全抵抗原有电气线路上存在的未知干扰；因光缆需求量小，采购困难；需从原有限的电缆孔洞穿线，施工难度大；电力监控用户端需指定专用安装位置，难以解决；设备维护接口多、维护程序复杂，不利于检修。

因此，方案三为备选方案。

方案四：不敷设从电力监控用户端设备机房至本站点通信设备室MDF配线架处敷设的光缆，而将方案三中安装在光缆两端的光电转换装置均安装在本站点通信设备室内，使用光纤跳线直接连通光电转换装置。方案四保留了方案三中在用户线路中串入一段光路，彻底隔离线路上各种电气干扰的设想，同时避免了方案三中施工、维护难度大的缺点。

项目产品接线图如图3—14所示，方案总图如图3—15所示。

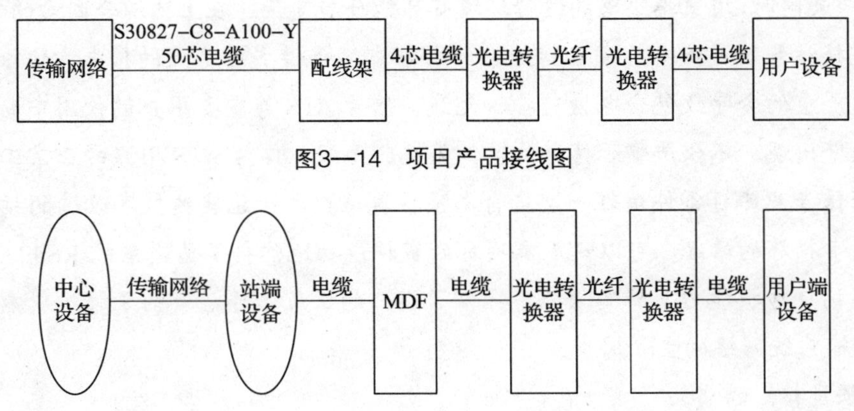

图3—14　项目产品接线图

图3—15　方案总图

电力监控用户的电气线路在接入通信设备室MDF之前，使用一对光电转换器在线路上串入了一段光纤链路，实现了完全的光电隔离，彻底隔绝了线路上非周期性的浪涌、脉冲对传输系统板卡的影响，有效地保护了板卡。光电转换器自身接口带1 500 V浪涌保护，能有效抵抗线路上常规的浪涌、脉冲等有害干扰。

综合设备稳定性、防护效果、施工难度和今后的维护难度考虑，方案四为最佳方案。

3. 光电转换装置的选型

本项目选择了国内某厂家生产的光电转换器件，满足本项目的参数要求，具体如下：

（1）零延时自动转发；

（2）异步传输，点对点或多点运用，RS485/422接口与光纤转换；

（3）自动侦测串口速率、判别和控制数据传输方向；

（4）最大通信速率500 kbps；

（5）5VDC电压；

（6）工作波长：850 nm（多模），1 310 nm（单模）；

（7）接口提供1 500 V浪涌保护，15 kV静电保护；

（8）多模通信达到 2 公里，单模达到 20、40、60、80 公里；

（9）RS-485/422 支持 32 点轮询（可定制 128 点）。

4. 用户评估

项目产品自安装调试试运行后，上线运行两年来运作稳定，未发生影响用户通道故障，保证了电力监控系统的正常运作。

5. 项目成果

传输系统 RS422 板卡的平均成本为 2.5 万元人民币 / 块，且已停产，无从采购。现有运行中的传输系统 RS422 板卡随着使用年限的增加，电气性能和端口防护能力日趋下降，与此同时，用户端线路的运行环境有可能日趋复杂。在上述综合因素的作用下，导致的直接结果就是传输系统 RS422 板卡损坏。不但造成经济上的损失，使维护成本增加，更严重的会导致包含电力监控、无线、信号 ATS 等重要用户的使用中断。这种情况的频繁出现，不仅严重干扰电力监控系统、无线、信号 ATS 用户的正常工作，还几乎将通信专业库存备件消耗一空。自本项目实施至今，已实施技术改造的站点未发生同类板卡损坏的情况，可以说，本项目的实施成功地弥补了传输系统 RS422 板卡电气性能、端口防护能力下降的缺陷，保证了用户的正常工作，节约了维护成本，同时延续了传输系统网络的生命周期。

6. 项目推广的意义

本项目可在城市轨道交通运营线路传输系统同类低速数据通道上推广应用，杜绝低速数据通道上可能存在的非周期性的脉冲、干扰，提高通道的抗干扰能力，为重要设备（如传输设备关键板件）提供了额外的保护。

该项目成功经验应根据实际需要进行推广，一般应用于因线路原因导致板卡故障频发的站点，或已知的线路运作环境恶劣、各种干扰复杂的场所。对于已投入运营多年的线路，产品更新换代快，备件采购不到或价格高昂，而现有产品日趋老化，如因不确定的外部线路原因导致板卡故障频发，可考虑采用本项目方式改造。

无线调度手机电池国产化改造案例

此次改造涉及的无线调度手机从 1997 年使用至今已经连续使用多年，其配套电池由于老化等原因性能不断下降，故障率持续攀升，在最近的电池检查过程中都出现了电池成批故障的情况，使得电池库存逐渐减少，逐渐对无线调度手机的安全运行造成危害。另外，由于该无线调度手机已为厂家所淘汰停产，并且不再为手机提供电池的备件供应，而该型号的手机电池属于专用产品，国内没有相同型号电池可供直接采购，因此必须进行国产化改造。

由于无线调度手机仅在单一线路中使用，使用量少，因此所需配套的手机电池用量也相应较少，很难找到合适的国产化厂家。项目组通过对市面上各个厂家的技术力量、市场诚信度等摸查研究后，最终选定了一家公司作为无线调度手机电池国产化项目的合作厂家，并与之签订合同，进行无线调度手机电池的国产化研发生产。

1. 国产化进程

（1）项目组确定了本国产化项目的合作厂家，经过谈判，该厂提出了初步报价及方案并草拟了合同送至城市轨道交通合同实施管理部门。

（2）合同实施管理部门随后组织厂家进行谈判，对合同初稿中电池模具价格和部分合同细节提出异议，要求厂家进行修改。

（3）厂家对合同进行了修改后，合同二次初稿送合同实施管理部门；经初步审核后，正式合同下发，送厂家进行合同审议和签订；两个月后，厂家返回已签订的合同并送上级部门进行合同会签；经过各方会签后，合同终稿成立，随后完成合同签订。合同签订后一个月内，向厂家支付合同预付款作为模具开模启动费用。

（4）厂家生产出两块电池样品送来实验，经过检验发现该电池样品出现充不上电的现象，经过与厂家研究发现是由于设计时考虑不周导致。充不上电的原因是对原装充电器了解不够，电池中设定的充电过热保护热敏电阻阻值偏小，不匹配，致使电路处于保护状态，从而不能充电，而后厂家通过采用加大热敏电阻阻值的方法进行了改进。

（5）经过对第一版电池进行改进后再送两块电池进行确认，发现充电问题已经解决，但又发现电池输出弹片容易接触不良，究其原因是在设计输出弹片弹力时，使用海绵垫底，结果弹力不够，造成接触不良。厂家将海绵垫更换为弹簧，解决了上述问题。另外一个问题，在第二版电池进行待机实验时发现，待机时间只比设计要求略大，为此要求厂家在第三版电池更换更大容量的电池芯。

（6）经过上述改进后，第三版电池的各项指标均达到使用要求。

（7）经过一个多月持续的充放电和待机使用，第三版电池的待机参数均达到了设计的使用要求。

2. 设计思路

（1）产品外型同原装电池，但要使外形精美、达到且超过原装质量；考虑使用条件在室外较多，移动使用较多，外壳要具有一定的强度，能够耐一定的冲击和摔打。为此，在外壳选材上确定用 PC 塑料和 ABS 塑料。

（2）为防止电池短路和充电过热损坏，在电池中增加过流保护器与过热保护电路。

（3）为使通话和待机时间足够长，保证使用效果。电芯宜选用高品质、高容量进口电芯，与此同时可以保证电池的充放电次数及使用寿命。

3. 设计性能参数

电池额定容量：1 700 mA · h（进口电芯）

额定电压：7.2 V

充电电压≤ 10.8 V

充电电流：350~1 000 mA

放电电流：350~1 700 mA

终止放电电压：6 V

使用环境温度：−18~+55℃

4. 经济技术指标分析

目前该型号无线调度手机共有 92 台，在用数量为 76 台左右，供全线各车站管理人员、各专业维护部门、工程车司机、环控维护人员使用。在用电池数量与手机数量一一对应，备用电池已经基本消耗完毕，而且在用电池性能也已大幅下降，不能满足使用要求，需要及早更新。原装进口电池的进口单价为 593 马克，折合人民币约 3 138 元，国产化后单价报价为 220 元左右，节省 93％，而且解决了进口电池停产而无法进口之忧，保证了设备的长久正常运行。

有线调度新旧系统割接案例

国内某城市轨道交通线路使用的有线调度系统在上线使用 15 年后，由于用户扩张，既有交换机门数无法满足新增需求，同时交换机老化，且备件不足，备件停产等原因给运营带来隐患。

该交换机安装在控制中心通信设备房内，在同个控制中心临近的另一设备房内新安装了一台双机热备有线调度交换机，该交换机为另一条线路提供有线调度电话，容量充足。项目组通过反复论证后，将在此次改造中将原有交换机的既有用户及新增用户（12 台）全部割接至新交换机中。

在项目实施过程中需考虑割接不成功回退到旧的调度系统，因此在割接过程中需要采用在配线架上并接的方式，以实现新旧交换机均可对分机用户进行接入。

日后若需要再新增调度分机可在后续工程中作为新加用户增加，不影响中央及系统功能，无须在此次改造中考虑。在本次系统割接顺利完成后，新的调度交换机移交维修部门使用和管理，旧的调度系统仍上电运行一个月左右时间，方便系统故障时切换回退，实施切换回退应依据设备厂家提交的回退相关标准。

1. 工程实施条件及工作安排

本项目针对调度系统的分拆及割接方案，经过运营主管部门、设备厂家、设计单位、施工单位长达 4 个月的讨论，形成最终割接方案。确定方案后，施工单位准备人力和材料于半个月后开始进场施工，设计单位开始收集维修部门提交的既有用户外线侧资料，设备厂家开始制定实施设备数据配置及调试方案，并在3个月后开始设备调试。在各方的一致努力下，基本满足割接所需条件，制定了阶段性任务完成的时间节点：

（1）新交换机安装完成节点。

（2）新交换机单机上电节点。

（3）新交换机功能调试完成，确认满足割接条件。

（4）依据数据配置，完成内线侧号码表提交施工单位。

（5）设计单位出具新配线架内外线端子图（已经维修部门确认），出具正式施工图。

（6）施工单位依据施工图，完成各用户线对的摸查校对。调度电话系统具备实施割接条件。

（7）新调度系统MDF架上，各调度分机用户线完成并线方式连接。

（8）功能割接时间。

2. 割接前工作

（1）设备厂家对维修人员及调度电话使用人员进行现场培训（包括系统数据配置及终端使用），确保割接后正确使用。

（2）施工监理单位分别对公务、调度施工安装进行大检查，完成所有整改，具备条件完成单体设备移交。

（3）施工单位核对完成所有用户号码表。

（4）新设终端安装：有线调度台（共新设12个有线调度台及相关线缆）。

（5）对调度交换机进行功能测试，完成设备功能测试报告，维修部门对测试结果进行最终签字确认。

（6）设备厂家对软件进行升级，完善系统功能测试。

（7）施工单位确认调度台相关用户电缆及调度电源线敷设完毕。

（8）新调度系统完成数据更新。

3. 工程实施方案

在新的调度交换机安装调试完成、新设交换机用户板已连接至新设MDF架后，在既有调度系统MDF架与新设MDF架之间新敷电缆。施工单位依据号码簿及配线端子图，先完成新设MDF外线侧跳线，再用断路塞断开新设MDF外线侧，之后在既有调度系统MDF架上将调度分机进行并接。割接时，先断开既有调度系统用户线，再在新设MDF外线侧拔掉断路塞即可。

具体割接实施方案如下：

（1）完成新调度台的连接，并确认线缆连接无误，接通调度台电源；

（2）新有线调度系统完成调度台内线侧的连接，并确保各调度台线缆正确连接；

（3）在旧调度配线架内线侧插上断路器，或拔下旧调度交换机用户电缆，使旧调度交换机退出使用；

（4）开启或拔出新调度配线架内线侧断路器，使新调度交换机投入服务；

（5）对所有调度台及调度分机进行测试；

（6）故障后实施系统回退。

在割接当晚3：00时，如果割接不成功，那么实施系统回退。在系统割接前先把新旧调度交换机数据备份到维护终端，方便交换机出现数据混乱时，能及时导入数据。系统回退时，用断路塞断开新设MDF外线侧，重新安装原有调度台及旧交换机用户板，重新启用旧的调度系统，维修部门安排员工对原有系统功能及终端进行测试，完成回退。

割接细化步骤及人员安排见表3—15。

表3—15　割接细化步骤及人员安排

项目阶段	割接步骤	人员角色			备注
		维修人员	设备厂家	施工单位	
准备工作阶段	1．完成新设配线架侧的断路塞安装	配合	配合	实施	
	2．作业内容分组：作业负责人对现场工作人员进行作业前安全讲话及工作分工	配合	实施	实施	
	3．查看新设调度交换机，确保系统的性能状况运行良好	配合	实施	实施	
	4．工器具、备品备件的准备到位。施工单位清点，准备实施	配合	实施	实施	
割接实施阶段	1．在旧调度配线架内线侧插上断路器，或拔下旧调度交换机用户电缆，使旧调度交换机退出使用	配合	实施	实施	
	2．开启或拔出新调度配线架内线侧断路器，使新调度交换机投入服务	配合	配合	实施	
测试检查阶段	1．在各调度台上进行测试（群呼、组呼、单呼等），测试调度分机是否能准确呼叫到各站。原则每个调度分机都要通话一次以上。检证配线是否有错，如果有错，施工人员立即整改	配合	实施	配合	
	2．检查录音台录音是否正常，录音记录是否正确	配合	实施		
	3．检查维护台工作是否正常	配合	实施		
出现异常情况	如果系统出现不稳定情况，立即切换到旧调度交换系统	配合	实施	实施	
割接成功后保障	测试正常后，交由各调度员使用，有关人员留守到早上8：30，继续检测系统运行状态	实施	配合	实施	

4. 工程实施影响及保障措施

（1）作业影响范围。工程实施当晚，旧的调度交换机退出服务。因此从请令批准后开始，原有有线调度台、有线调度分机停止使用，影响时间为 3 小时。期间内线公务电话使用不受影响，车务部门可提前依据此情况制定相应的应急措施，作业报批一线无线调度或者手机作为通信手段，维修部加强无线系统通信保障。

（2）应急保障

1）割接失败措施。目前就系统运行状态来说割接失败的风险较小，但如果割接失败，立即按照割接方案中的步骤实施回退，启动旧系统。此步骤用时约 20 分钟，之后维修部及施工单位对原有系统及终端进行各项测试，恢复原状。若出现部分设备故障，则立即进行终端故障处理。

2）调度交换机出现系统故障措施。由于系统包括两套板件配置齐全的交换机，当主用交换机的某些板件出现故障后，完全可以使用备用交换机的板件进行替换来保证系统的稳定运行。为了最大限度地提高系统故障恢复的保证系数，设备厂家将另外从公司借出一块数字调度台所在模块的模块处理器板 CPU 和交换机的通讯检测板在现场作为备件使用。一旦发生故障，2 小时即可处理好。

3）割接时线缆错误及线缆故障措施。施工单位和设备厂家在运维人员配合下，按照一般单机故障处理，时间不超过 1 小时。

4）割接成功后保障措施。运维人员管理新设交换机及终端；新旧系统回退倒换参考设备厂家提交的切换建议，设备厂家按照新线开通标准响应相应的售后服务。

5. 割接人员组织、职责与分工

（1）车务部门：给出明确的指挥及配合负责人（相应联系方式），协调施工作业所需时间（尽可能保障作业申请时长），尽可能减少作业当晚的调度电话使用时间，配合维修部对割接终端设备进行测试。

（2）设备维修部门：组织实施，安排人员进行现场测试及终端故障处理，同时安排传输人员、无线人员现场配合以防传输、无线系统故障。

（3）新线建设部门：组织实施割接，并负责现场工作的指挥、协调。

（4）设备厂家及集成商：负责系统割接期间的设备安全，准备好系统数据备份，安排人员对割接后终端进行测试，并负责相应的设备调试、故障处理。

（5）施工单位：提前向调度申请作业令，负责现场施工（线缆故障处理，割接工序实施），安排人员对割接后终端进行测试，并负责系统回退等作业。

割接后的功能测试见表 3—16。

6. 割接后续工作

（1）设备厂家：整改相关遗留问题，制定割接后系统“五一”期间维稳预案，准备好关键部件的备件，提供和开通标准一致的售后服务。

表 3—16　　割接后功能测试表

调度台名称：□ A 交换机　□ B 交换机

检查内容	测试结果	备注
检查调度台显示屏是否正常	□是　□否	
检查调度台台号是否正确	□是　□否	
检查调度台端口号是否正确	□是　□否	
检查调度用户键数据是否正确	□是　□否	
检查调度台组呼按键数据是否正确	□是　□否	
测试内容		
测试调度台单呼是否正常	□是　□否	
测试调度台组呼是否正常	□是　□否	
测试调度台全呼是否正常	□是　□否	
测试呼叫是否有错误并记录	□是　□否	
查看录音是否完整	□是　□否	
录音记录信息是否正确	□是　□否	
设备检查		
检查模块 1 状态是否正常	□是　□否	
检查模块 2 状态是否正常	□是　□否	
检查模块 3 状态是否正常	□是　□否	

说明：

1．系统出现单机主备用倒换，视为系统不稳定；

2．系统出现 A、B 倒换，视为系统不稳定；

3．系统出现呼叫混乱，视为系统不稳定。

（2）施工单位：负责在割接后的一个月内负责现场安装遗留问题整改，在割接后，调度交换机正常运行一个月左右，准备好单体移交材料，在 2010 年 5 月底实施调度交换机及单体设备移交。

（3）设备维修部门：负责割接后系统设备的使用与管理，处理日常故障。

不间断电源主机更换项目案例

本项目对单一站点的专用通信 UPS 设备进行更新改造，以提升设备性能，满足专业通信设备的稳定运行需求。

1．项目范围

本次施工作业范围为更换不间断电源系统主机，并相应更改蓄电池组和输入输出配电柜的配置以满足现有系统的负载量需求。更换后的UPS需接入既有的干接点告警系统中，实现设备实时监控。

此次施工需根据现场情况重新敷设由电源室内机电专业低压配电柜到UPS主机之间的输入电缆、UPS主机到蓄电池柜的连接电缆（由蓄电池厂家提供）、UPS主机到通信输出配电柜之间的配电输出电缆及UPS主机内部配线电缆、输出配电柜内部配线电缆，并根据重新分配的负载量进行空开和负载之间的连线。

2. 工期计划

此次作业自UPS到货时起按照以下几个时间节点进行施工安排:

（1）前期准备阶段: 3天。

（2）设备进场及设备单体安装: 1天。

（3）设备单体调试: 2天。

（4）系统更换: 1晚。

（5）系统试运行: 1个月。

3. 作业安全

（1）遵守设备安装、硬软件更换及调试、试验安全管理相关的办法和规章。

（2）外单位施工需遵循施工管理的相关办法和规定。

4. 人员安排

本项目参加的人员及分工如下:

维修部门UPS系统技术人员: 1名;

维修部门UPS系统高级、中级、初级检修工: 各1名;

维修部门传输系统负责人: 1名;

传输涉及的接口用户负责人: 各1名;

维修部门无线系统负责人: 1名;

维修部门有线交换系统负责人: 1名;

维修部门供电配合人员: 1名;

维修部门CCTV、PA、时钟等小系统负责人: 1名;

设备方技术人员及施工人员: 2名。

5. 前期作业实施

设备安装前的前期准备应在3个工作日内完成，内容包括: 支架安装（UPS支架利旧）、各线缆敷设、输出配电柜（以下简称DB柜）的固定、DB柜内部配线及其他经确认后可以提前完成的作业、机柜及DB柜安装位置的确认、负载量统计、负载分配、蓄电池组数量的确认、UPS与网管干接点接口的确认等。

前期的资料准备包括: 施工方案、施工图、负载分配表、UPS与网管接口配线表。

（1）新设备安装位置确认。设备房空间有限，需提前确认新设备的安装位置，考虑线缆敷设的便利、新设备安装空间的便利、旧设备拆卸工作的便利等因素。

（2）线缆敷设。由低压配电柜接入UPS机柜的电源缆规格：依据UPS安装手册的建议由UPS机柜接入DB柜的电源缆规格：依据UPS安装手册的建议通信电源室是通信系统各设备信号电缆敷设至电缆井的必经之处，且由于地板下线缆较多，在敷设时，电源缆需与运行中的信号线缆隔开距离，避免对信号传输造成干扰。电源缆敷设在强电槽内。

（3）负载量统计及分配

1）现有系统负载量统计，见表3—17。

表3—17　现有系统负载量统计

系统	原设计负载（VA）	扩容后负载（VA）（预想）
传输	1 688	5 000
有线交换机	2 990	2 990
无线系统	2 829	10 000
CCTV	3 500	3 000
PA	1 520	2 000
时钟	400	800
集中告警	750	800
其他系统		10 000

上表第三列预想负载是基于未来5年内将进行通信部分子系统改造的新设备负载量和在为其他系统做预留的考虑上做的一个粗略估算。

新UPS为三相输出设备，而实际每组负载只需单相供电，此次改造将各负载分配至三相中。

2）1小时负载与4小时负载。根据城市轨道交通运营需要，在市电异常导致由蓄电池供电的情况下，对于各通信子系统的后备时间长短的需要，做如下分类：

4小时负载（重要系统、重点保障）：传输系统、无线系统、公务电话系；

1小时负载：除4小时负载之外的所有通信子系统。

本次改造，确定A相所接负载均为4小时负载；B、C相所接负载为1小时负载。1小时定时装置安装于输出配电柜内。

3）蓄电池组的数量确认。蓄电池组利旧，共64节，分2组，每组32节。2组蓄电池并联连接。

（4）新UPS与既有网管系统的接口方案。利用干接点方式接入集中网管系统，对 UPS 系统的运行状态进行监控并对故障情况进行声音和 LED 告警，如图 3—16 所示。新系统的干接点告警信息包含：电池放电下限告警、电池供电告警、旁路供电告警。

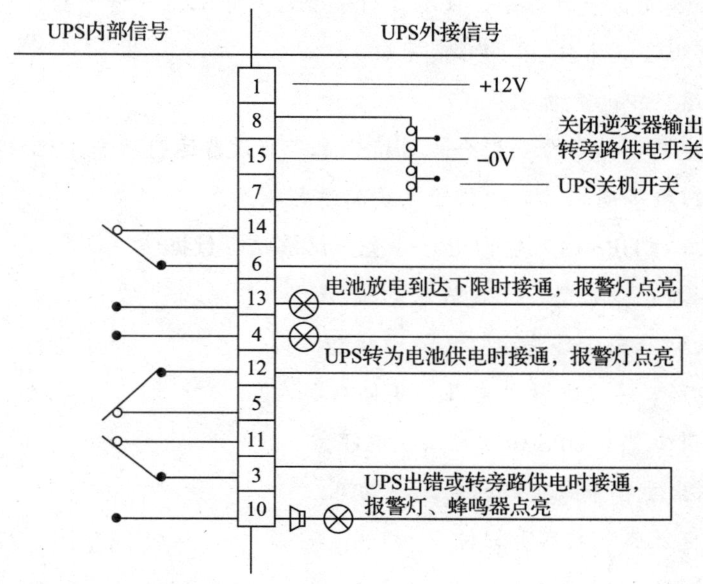

图3—16　新UPS与既有网管系统的接口

同时，新设备可建立本系统的网管终端：通过 RS232 口与安装了点对点形式 UPS 监控程序的计算机连接，当 UPS 出现故障时，值班员可以通过 UPS 监控程序查询包含上述监控内容要求的 UPS 故障点状态以及 UPS 的运行记录。

6. 设备进场及单体安装

（1）设备进场后的安装位置已在前期准备中确定。

（2）厂家提供 UPS 机柜内部接线图纸。（交货时，随机附带）

（3）厂家提供 DB 柜内部配线图纸。（交货时，随机附带）

7. 设备单体调试及切换前试运行

为避免因调试出现异常而影响正常使用中的设备，设备单体调试（包括定时器部分的调试）只能使用三类电（墙边的插座）。

将调试数据整理归档。

8. 系统更换

（1）工具材料

1）工器具材料：冲击钻、手枪钻、长一字旋具和十字旋具、小扳手、活动扳手、绝缘胶布一卷、静电手环、记录纸、标签纸、笔。

2）仪表：数字万用表、钳流表、兆欧表、内阻测试仪。

3）安全保护用品：绝缘垫、绝缘手套（由通信维修部提供）。

4）应急备件：原系统备件。

5）资料准备：新 UPS 操作手册、机柜配线图纸各一套（含纸质及光盘资料，厂家提供）；旧 UPS 简易手册一套、技术资料一套、网管配线资料一套。

（2）作业前准备（当晚 24：00 前完成）

1）关闭试运行中的先控主机。

2）UPS 断电前，请各专业配合人员检查本专业设备运行状态，记录必要数据。

3）通信工班检查所辖其他通信子系统的运行状态。

4）通信工班对 UPS 输入输出进行检查，记录以下数据：

低压配电柜显示灯状态、UPS 输入电压；

UPS 机柜运行状态，各指示灯的显示状态；

蓄电池组电压、蓄电池单体电压、单体内阻；

DB 柜各空开状态，UPS 输出电压、电流；

从 DB 柜输出至各系统负载的电压、电流。

5）确认机电低压配电人员到位。

（3）应急预案

1）出现以下情况，当晚作业取消：1：00 仍未批点；临时出现相关专业中有当晚不得断电的需求；市电异常。

2）考虑到各系统上电后需预留启动时间，此次切换作业需在 3：45 前结束，否则切换回旧系统。

3）切换回旧系统时，对可能出现的紧急情况采取如下措施。

①整流器无法启动：查看指示灯是否正常显示，确认输入主电源 1 是否正常；确认主电源输入保险是否正常；如发生异常看指示灯实际情况处理。

②逆变器无法启动：确认整流输出是否正常；查看板件指示灯是否正常显示；如发生异常看指示灯实际情况处理。

③风扇故障：更换相同型号备件。

④ UPS 输入、输出、充电器、蓄电池组等熔丝烧毁：更换相同型号备件。

⑤静态旁路无法启动：查看板卡指示灯是否正常显示；可按压板卡上的 reset 复位按键，直至静态旁路正常工作；如发生异常看指示灯实际情况处理；如上述步骤仍未能排除故障，可更换静态旁路控制板件。

9. 系统试运行

新设备安装后，在线试运行一个月，在此期间，通信值班人员随时观察设备运行情况，每日测量相关数据并做好记录，厂家保证故障响应时间在 30 分钟内。若发生短时内不能解决的大故障，需在保证城市轨道交通运营的前提下，尽快换回旧系统。

10. 作业总结

（1）记录当晚作业过程、时间点。

（2）详细记录当晚出现的突发情况并进行分析。

（3）对此类作业的作业流程和人员分工的实施情况进行总结。

（4）保存好厂家提供的新设备操作手册、相关图纸、软件等的纸质及电子技术资料。

时钟系统国产化项目（小系统代表）案例

1. 项目实施背景

（1）原有时钟系统设备。待改造的通信时钟系统设备，主要设备包括17套二级母钟系统，1套中心母钟系统；其中还包括子钟221个，有300 mm、600 mm和800 mm三种规格子钟。所有设备从该线路开通投入使用至今，已近15年。

（2）项目预期的目标

1）解决旧系统功能缺陷

①解决子钟无法独立走时的缺陷。旧系统使用的子钟，采用的机芯为步进制电机，只能通过二级母钟发送的脉冲信号驱动，如果接收不到脉冲信号，子钟就停止运转。按照目前使用情况，二级母钟故障导致的全线子钟停止运行的故障，近两年内共发生20起，均造成了全站子钟停止运行，对客运服务造成了较大的影响；同时，这个缺陷对时钟系统的维护工作造成了极大不便，如果要对二级母钟系统进行年检以上级别的维护和检修，为避免出现全站子钟停运的现象，只能在夜间城市轨道交通停运后再进行。

改造后的子钟需具备自身晶振的智能化机芯，能接收二级母钟的标准时间信号，并且能够自动追时，在收不到二级母钟信号的情况下，子钟可以单独运行，并且具备向时钟系统监控终端发出告警的功能。

②解决母钟无冗余设计的缺陷。旧系统使用的二级母钟无冗余设计，一旦电源模块或控制模块故障，该站点的时钟设备将瘫痪。

改造后的母钟必须具备冗余功能，主用设备故障时必须实现自动无延时的转换。

③解决子钟供电缺陷。旧系统的子钟供电设计没有接入UPS电网，而是就近取照明用电，直接承受市电的不稳定影响。一旦市电出现停电故障，站台站厅的子钟也无法继续走时，无法为乘客提供准确时间。

改造后将重新考虑子钟的接电方式，使子钟用电也受到UPS电网保护。

2）摆脱对进口备件的依赖。目前进口备件的采购周期较长（经常长至15个月及以上），并且进口备件采购价格较高，旧系统的所有备件价格都在万元以上。国产化后，设备备件采购可以依赖国内厂家提供，可缩短采购周期，同时采购价格将大幅降低，具体经济效益（在后面会有详细分析）。

3）为时钟系统的全面更新换代打下基础。旧时钟系统已经连续运行近 15 年，设备故障率逐年增加，近两年共发生故障 95 起。其中电源模块和标准时间接收模块的故障率较高，同样以近两年为统计单位，全线共烧坏 7 块电源模块。通过此次的国产化项目，在一个车站试验成功后，以后可以通过采购计划，逐步更换各站的时钟系统设备为国产化设备。

（3）合作厂家的选择。通过调研分析，项目组确认国内某老牌时钟设备厂家有能力达成本项目的需求。该厂家的产品目前已经成功应用于线网其他线路中，与该厂家合作，将有利于各条线路系统设备的兼容和信号源的统一，实现了各条线路时钟系统维护资源共享，可大幅节约库存及避免人员重复培训且有利于日后系统的升级改造。所以我们选定该厂家作为国产化合作厂家，开展项目工作。

2. 试点项目实施改造方案

项目计划改造对象为站点 A 的时钟系统设备。改造后的设备能够实现原有系统的所有功能，并且子钟增加自动走时功能，在二级母钟停用的情况下，仍能显示正确时间。300 mm 子钟由原来的指针式子钟改为数显式子钟。

（1）二级母钟系统。二级母钟系统为标准的 19 英寸机柜，设置在各车站及车辆段的通信设备室内。为了保证系统的可靠性，二级母钟设置为主、备机。正常情况下，主机工作，当出现故障时，自动转换到备用机上工作，提高了系统的可靠性。

二级母钟主要由二级母钟（含主备）、输出接口箱、电源分配盘三部分组成。

1）二级母钟。正常情况下，二级母钟采用标准 RS422 协议通过传输通道接收中心母钟发出的标准时间信号，随时与中心母钟保持同步。发送标准时间信号，用于控制本站子钟运行，并能够向中心母钟回送设置在本站的二级母钟及子钟的工作信息。

二级母钟具有独立的恒温晶振，中心母钟对二级母钟是校对的关系，而不是绝对的指挥关系，当中心母钟或传输通道出现故障时，即不能正常接收到中心母钟发送来的标准时间信号时，二级母钟将依靠自身晶振指挥子钟运行，并向网管设备告警。告警采用干接点方式，收到中心母钟信号时，干接点接通，收不到信号时，干接点断开。

二级母钟具有计时和日期、时间显示功能，时间显示器以年、月、日、星期、时、分、秒格式显示。

2）输出接口箱。二级母钟具有多个标准 RS422 接口，其中一个用于接收来自中心母钟的时间信号，同时预留给监控终端传送网管信号的功能，经由多路标准 RS422 接口通过电缆线路连接到本车站内各子钟、其他系统发送标准时间信号。

二级母钟预留一路监测数据传输接口（RS232），可接入便携机在各个车站实现对全线设备的监控。

3）电源分配盘。二级母钟备有电源分配盘，统一提供 8 路交流 220 V 电源给车站、停车场、车辆段内子钟。

（2）子钟。改造后的子钟通过 RS485 接口，直接采用电缆方式与二级母钟相连，接收二级母钟发送的标准时间信号，对自身的精度进行校准。子钟在接收到标准时间信号后，回送自身的工作状态给二级母钟。

子钟均具有独立的计时功能，平时跟踪二级母钟工作。当二级母钟出现故障或因其他原因接收不到标准时间信号时，子钟仍能以自身的晶振工作并向时钟系统监控终端发出告警。采用的子钟为指针式子钟和数显式子钟两种。

数显式子钟的运行是靠自身系统进行，通过定时接收二级母钟的标准时间信号，将时间指示刷新后与二级母钟一致，数显式子钟可脱离二级母钟单独运行。

指针式子钟采用带自身晶振的智能化机心，能接收二级母钟的标准时间信号，并且能够自动追时，在收不到二级母钟的信号的情况下，子钟可以单独运行。

800 mm、600 mm 子钟的改造：对原来的子钟内部机心进行更换，更换子钟钟面，更换照明装置，增加控制子钟运行的子钟信号控制板等。

300 mm 子钟换成数显式子钟：以时、分、秒显示，采用 4 英寸红色数码管。

由于原子钟只有信号线与二级母钟系统连接，用于接收脉冲驱动信号，而电源从附近低压照明电源取电，仅用于子钟灯管照明使用。而国产化后新的子钟，要接收二级母钟发送的标准时间信号，对自身的精度进行校准，保证走时功能，必须安装 JS1 带反馈的智能化机芯，需要稳定供电，如果此时仍从照明配电取电，将导致子钟工作建立在不稳定的电源基础上，无法保证不间断正常工作，因为照明配电经常出现停电现象，所以有必要将子钟电源接入通信 UPS 供电网中。所以必须对设备房时钟电源配线进行改造，新增低压断路器，增加子钟供电回路，从时钟机柜引出电源到每个子钟，同时对原有信号线进行整理，以适应子钟与二级母钟之间的 RS485 接口需求。

（3）接口信令格式。时钟系统有多个接口，时钟系统内部与子钟的接口均为内部接口；时钟系统与传输通道的接口，与车站通信系统内部其他系统及与无线、传输、ATS、AFC 等其他专业和系统的接口均为外部接口。

1）中心母钟与二级母钟之间采用 RS422 接口，接口设置 9 600 bps、8 数据位、无校验位、1 停止位；每分钟发一次；信令格式：采用 ASCII 编码。

协议与旧时钟系统中心母钟和二级母钟之间的通信协议一致。

2）二级母钟与子钟之间采用 RS422 接口，接口设置 4 800 bps、8 数据位、1 起始位、无校验位、1 停止位；信令格式：采用二进制数据，共 12 个字节。

3）与其他系统之间采用 RS422 接口，接口设置 1 200 bps、7 数据位、无校验位、1 停止位；每分钟发一次；信令格式：采用 ASCII 编码。

协议与现有的二级母钟和其他系统的通信协议一致。

（4）国产化设备技术参数，见表 3—18。

表 3—18　　国产化设备技术参数

设备名称	技术参数
二级母钟	工作电压：交流电 220 V±20%，50 Hz
	自身计时精度：±0.01 秒 / 天
	负载能力：子钟 20 个以上（每个子钟输出接口可负载）
	传输距离：1 200 m
	输出接口：RS422 接口
	MTBF：6 万小时
双面指针式子钟	工作电压：交流电 220 V±20%，50 Hz
	自身计时精度：≤ ±0.1 秒 / 天
	力矩：≥ 800 g · cm
	功耗：40 W
	输入接口：RS422 接口
	MTBF：6 万小时
单面数显式子钟	工作电压：交流电 220 V±20%，50 Hz
	自身计时精度：≤ ±0.1 秒 / 天
	功耗：25 W
	输入接口：RS422 接口
	显示方式：时、分、秒（4 英寸红色数码管）
	MTBF：6 万小时

其中的计时精度换算成旧时钟系统频率准确度如下：

二级母钟走时精度（瞬时日差）：±0. 01 秒 / 天；

换算为频率准确度：0.01 秒 / 天 ÷86 400 秒 / 天 $=1.157\times10^{-7}$；

子钟走时精度（瞬时日差）：±0.1 秒 / 天；

换算为频率准确度：0.1 秒 / 天 ÷86 400 秒 / 天 $=1.157\times10^{-6}$；

原二级母钟准确度为 1×10-6，国产化后设备技术指标优于原设备。原子钟无独立走时功能，无准确度参数，无法对比。

3. 改造步骤

由于设备改造是在原有设备上的改造，在改造过程中不能影响到现有设备的运营需要。因此，应在不影响正常运营的情况下对设备进行逐步改造，各类设备的改造时间安排在非营运时间。

（1）子钟改造。为避免对原有设备干扰，并且保证子钟一直显示标准时间信息，因此首先对子钟进行改造，因为改造后的子钟具有独立走时功能，在没有二级母钟的情况下，仍可以显示标准时间信息。这样，在新的二级母钟仍未调试安装好时，子钟仍可以正常显示时间。

（2）二级母钟改造。在所有子钟均安装完毕，正常运行后，进行二级母钟的安装调试工作，二级母钟到货前，必须先赴厂家进行出厂检验，产品必须符合各项功能要求和技术规格。现场调试安装，首先拆除旧的二级母钟，因为所有子钟已经更换为新的子钟，不需要二级母钟的支持可以独立显示时间信息，所以可提供充裕的时间用于调试二级母钟。接通电源以及和子钟的连接线，测试子钟能否正常接收到同步时间信息。

（3）中心母钟与二级母钟同步调试。在旧有的中心母钟不变的情况下，新装的二级母钟必须能接收并识别中心母钟传送来的时间信息，在前期准备阶段，我们已经提供给厂家中心母钟下传的时间信息编码格式，依据此格式，厂家开发了二级母钟的接收部分程序以适应现有系统。经过现场调试，测试二级母钟能否正常接收中心母钟发来的同步时间信息。

（4）报警信息的调试。与旧有系统的兼容，报警信息是重要的一环。1号线原时钟系统，提供一路报警信息给网管系统，采用干接点方式，收到GPS信号时，干接点接通，收不到信号时，干接点断开。通过改造，国产化后时钟系统专门开发了一块接口板，用于干接点报警使用。现场进行调试，功能可以正常实现。

国产化后的时钟系统，具有较强的报警功能，除可保留以上干接点报警外，随着中心母钟的更新，可以做到将本站的所有故障信息传送到中心母钟，可包括各个子钟的故障信息、二级母钟工作信息等，甚至可以在OCC知道哪个车站、哪个房间子钟出现故障。可以说，比原有的报警功能更为完善。

4. 项目效益

（1）技术性能对比见表3—19。

表3—19　　技术性能对比

项目	改造前	改造后
主要技术参数	二级母钟准确度：1×10^{-6} 工作电压：220 VAC 10% ～ 15% 负载能力：每个子钟输出接口可负载子钟10个	二级母钟准确度：1.157×10^{-7} 工作电压：220±20% VAC 负载能力：每个子钟输出接口可负载子钟20个 （主要技术指标均优于原设备要求）

续表

项目	改造前	改造后
接口协议	中心母钟与二级母钟之间：采用 RS422 接口，接口设置 9 600 bps、8 数据位、无校验位、1 停止位；每分钟发送一次 信令格式：采用 ASCII 编码	达到原设备要求，可与原系统兼容
子钟走时功能	依赖二级母钟，当二级母钟系统出现故障时，子钟停止工作，无法显示时间	子钟均具有独立的计时功能，平时跟踪二级母钟工作；当二级母钟出现故障或因其他原因接收不到标准时间信号时，子钟仍能以自身的晶振工作并向时钟系统监控终端发出告警
报警功能	告警采用干接点方式，收到 GPS 信号时，干接点接通，收不到信号时，干接点断开	除满足原设备功能外，还可监测子钟工作状态，如果子钟故障，可显示在二级母钟界面上

对比技术性能，均等于或优于原设备技术性能要求，达到了预期的功能要求。

（2）经济效益。经列表（本例中略去实际价格对比内容）对比后，可发现明显的经济效益。

由于此次国产化是针对整套设备整体进行国产化，所以，以上列出的 13 个备件，进行国产化采购时，必须打包统一采购，即整个车站的设备必须以试点车站 A 为模式进行整体更换。依据子钟数量的不同，具体金额有所不同。

5. 项目推广计划

试点项目成功验收后，后续 16 套二级母钟系统的国产化通过物资采购的方式，直接采购设备进行安装替换。在推广过程中逐步替换下的原进口设备，可以作为其他还未国产化站点设备的备件使用。按照项目组制订的更新改造计划，每年更换 1 ~ 2 套车站二级母钟系统设备，逐步地对全线原有时钟系统设备进行更新换代。

另外，中心母钟国产化项目也在计划中展开，由于设备内容不一致，不能在二级母钟推广计划中进行，所以重新立项进行国产化改造。通过在 OCC 增加一套国产化中心母钟系统，与原有中心母钟系统在一定时期内双机并联运行，在原有输出端口基础上，新增部分的输出端口，以解决原有中心母钟系统无备用输出端口的问题，并且预留新增二级母钟系统的通信端口。同时新增时钟系统网管终端，国产化后中心母钟可利用现有的 RS422 传输通道接收各车站二级母钟回馈的时钟设备的工作状态和告警信息，将接收到的网管信息通过网管终端的串口，传送给网管计算机，网管计算机通过网管软件的运行，可以实时显示出各车站时钟设备的工作状态。

通信系统无线、传输子系统全线升级改造案例

本项目研究范围是对国内某城市轨道交通线路专用通信系统无线系统进行改造以及对1号线专用传输系统进行升级扩容，从而满足增购城市轨道交通列车的业务需求。

1. 研究依据及规范

（1）《城市轨道交通工程项目建设标准》（建标104—2008）。

（2）《城市轨道交通设计规范》GB 50157—2003。

（3）《铁路光（电）缆传输工程设计规范》TB 10026—2000。

（4）《集群通信工程设计暂行规定》YD 5034—97。

（5）《电子计算机机房设计规范》GB 50174—93。

（6）国际电信联盟（ITU）的有关建议。

（7）国际电气与电子工程师协会IEEE的标准。

（8）欧洲邮政及电信联盟（CEPT）最新文件及其附件。

（9）电子工业协会（EIA）的有关标准。

（10）原电子部、邮电部及信息产业部、铁道部的有关部标和规定。

（11）轨道交通运营资料（客流、行车等）。

（12）待改造系统设计资料。

2. 项目背景

专用无线系统作为城市轨道交通行车指挥的重要通信工具，为保障城市轨道交通列车的安全运营发挥了不可或缺的作用。既有系统采用450 MHz模拟集群无线调度通信系统，系统是单基站大区制结构，并按城市轨道交通建设初期的运营服务水平设计系统容量为25列车。随着城市轨道交通客流的大幅度增长以及城市轨道交通服务水平、列车运输能力的不断提升，行车密度、列车数量需求相应增长，列车增购后总数达到35列，大大超出了原无线系统25列车的容量，从而使无线系统的容量和通信指挥能力无法满足增购列车的业务需求。另外，随着技术的发展，原无线系统采用的模拟集群通信系统设备已停产，系统不具备升级扩容的可行性。因此，为了保证增购列车后安全运营，必须对既有的专用无线系统进行改造。

专用传输系统是给专用无线系统提供传输通道的支撑系统。既有的传输系统设计容量也是基于建设初期的业务带宽需求而定的，系统带宽为150 M。专用无线系统改造后新增带宽需求大约为600 M，因此，为了配合专用无线系统改造，必须对传输系统进行系统升级扩容。

3. 改造方案

（1）无线系统改造方案。为解决既有无线系统无法满足增购车辆业务需求等存在

的一系列问题，拟在新建一套 800 MHz TETRA 数字集群无线系统，完全替换既有的模拟系统。

在控制中心 OCC 新建 800 MHz 数字集群主站，在沿线车站、车辆段设基站，基站通过有线提供的 2 M 传输通道接入 OCC 的数字集群交换中心，隧道区间、站台用漏缆覆盖，站厅、出入口和主要设备区用室内天线覆盖，车辆段采用室外天线覆盖，更换新的手持台、车载台（含天馈）和固定台（含天馈），以及相应的二次开发。由于新建数字集群系统的工作频率在 800 MHz 频段，而原模拟集群工作在 450 MHz，原系统的无源设备（区间漏缆、射频电缆、天线、功分耦合等器件）主工作频段在 450 MHz，不能满足 800 MHz 的性能指标，需要更换。

（2）传输系统改造方案。考虑到既有设备已投入运营，为确保既有传输业务的平稳过渡，将设备升级扩容对运营造成的影响降至最低，改造将不改变传输系统的拓扑结构，不改变品牌，仅仅将原 150 M 带宽的设备升级至 2.5 G 带宽。该方案还可以充分利用旧系统的部分接口板及测试维修工具等，将部分接口板作为备品备件。

2.5 G 的传输系统在保证既有传输系统承载的业务需求的前提下，能够满足改造后的数字集群无线调度系统 600 M 的带宽需求，并为各类型用户可能增加的带宽需求预留了一定的冗余。

在控制中心、车辆段及各车站等 18 个站点，采用 2.5 G 的设备替换即有 150 M 设备。根据实际用户需求，以及改造后系统的电气特性，配置各类接口卡。

4. 项目实施

（1）区间漏缆吊夹安装。

（2）区间漏缆及光缆布放。

（3）天线安装、射缆布放。

（4）设备房内新设备安装。

（5）新设备调试。

（6）传输系统各业务割接。

（7）无线系统业务割接。

（8）新旧系统互备运营阶段（新系统上线试运行）。

（9）新系统正式上线。

（10）系统功能预验收。

（11）设备质保、整改阶段。

（12）系统功能最终验收。

第四章

线网规模下的维修策略

一个城市的轨道交通建设，从宏观上来看，都会经历从单线路运营到多条线路运营，最终形成规模化的运营线路网络的过程。在城市轨道交通发展为线网规模的过程中，需不断调整其维修策略，以最优的资源分配方式、最低的成本、最高的效率解决运营生产中的问题。

线网集中化管理，是城市轨道交通线路初具线网规模时常采用的维修模式。在这个阶段，基本仍然采取专业化管理的思路，采用集中化的维修管理，有利于实现线路间技术、信息、人员、物资的资源共享，提高管理的强度与效率。

当线网规模继续发展，其线路数量大幅增加，线网覆盖地域不断拓远，集中化管理就会显现出不可避免的局限性，区域化管理则成为更合适的维修模式。线网区域化的维修模式一般会将运营线路按照地域方式进行划分，其管理则更偏重于在各管辖区域内打破专业间的壁垒，加强跨专业、跨部门间的业务与技术合作，在简化接口与流程、提高管理效率、提高生产效率与人力资源优化等方面具有更大的优势。

同时，建立合理的前后台维修机制，形成高效的人才培养机制，都是对线网规模下，提高运营维修质量与效率的有力保障。

第一节　线网集中化管理

一、线网化的集中保障管理体系

随着城市轨道交通的发展，线网化发展成为必然，健全线网管理工作及保障体系是以后的趋势。轨道交通通信专业线网集中保障体系就是建立一套科学的生产管理体系，实现安全、高效、资源共享的生产管理模式，最大限度地保障运营安全，主要包括保障体系制度，高素质调度员培养、资源调配等方面。

1. 建立保障体系

（1）建立线网保障队伍。按专业、归属线路和居住位置等因素，建立线网保障队伍。将保障队伍名单记录在案，在发生紧急事件时，可调配线网保障队伍成员跨线路支援。

（2）保障体系的运作模式

1）划分保障体系的响应等级。根据“最大化保障运营安全”的原则，并结合设备运行特性，设备故障影响范围、程度，将通信设备保障划分为三个等级，见表 4—1。

表 4—1　　通信设备保障等级

保障等级	设备故障影响范围、程度
Ⅰ级	（1）严重影响正线行车的设备故障 （2）全线网通信传输网络故障 （3）全线网公务交换机故障 （4）单线路以上无线功能全失效 （5）单线路有线调度电话功能失效 （6）PIDS 系统全线网功能失效 （7）民用通信全线网功能失效 （8）设备设施侵限 （9）预计造成列车 15 分钟以上晚点事件
Ⅱ级	（1）单线路通信传输网络故障 （2）单线路有线交换机故障 （3）PIDS 单线路功能失效 （4）民用通信单线路功能失效 （5）设备设施侵限苗头 （6）其他造成列车 10 分钟以上 15 分钟以下晚点事件 （7）特殊气象预警
Ⅲ级	非Ⅰ级、Ⅱ级响应事件

2）保障体系的分级响应策略

①Ⅰ级响应事件现场处理指挥人由线网负责人（通常为分管领导）担任，信息通报相关线网人员。可调配线网内所有人员、物料，协调其他部门的人员、物料及后勤支援到位，每10分钟通报现场处理进度。

②Ⅱ级响应事件现场处理指挥人由分线负责人担任，信息通报相关分线人员。可调配分线相关人员、物料，不能按时处理可向调度申请线网技术、物料支持，每20分钟通报现场处理进度。

③Ⅲ级响应由分线值班人员处理，如不能及时处理，应逐级派遣支援，一般由本线路的保障人员提供技术支持。

3）保障体系的作战能力培养。由于保障的线网化，保障体系人员必须定期学习各线路的设备专业知识，了解各线路的基本情况。对紧急、突发事件进行预想，编制预案，组织保障体系人员学习应急预案，并定期开展演练，不断修正各环节的不足。汇总各线路的典型故障案例，定期组织线网保障体系人员开展故障分析处理的业务学习，提高保障体系队伍的作战能力。

4）保障体系的考评管理。

①故障定责

——以实事求是的原则客观、公正地进行设备、运营故障技术分析定责；核实故障影响，按故障影响时长、范围、性质定责。

——以结果公开的原则将分析定责结果向司内公开。

——以责任方承担指标值方式明确责任。

②考核指标，见表4—2。

表4—2　　保障体系考核指标

系统	设备	影响及范围	分挡	权重（件）	用时（分钟）
通信	通信设备	因检修失误导致设备故障	一	1	——
无线	主站/主交换机	主站/主交换机瘫痪故障导致基站大面积中断、集群服务全部中断等	一	1	30
	基站	基站瘫痪、无业务信道、FALLBACK模式无效	一	1	30
	基站	基站瘫痪、无业务信道，单站集群无效	二	0.5	60
	直放站	直放站瘫痪（含电源、数据设备及线路原因）	二	0.5	60
	无线调度台	两个行调调度台及以上故障	二	0.5	60

续表

系统	设备	影响及范围	分挡	权重（件）	用时（分钟）
传输	中心级节点	传输系统中心级设备故障，并已对无线系统或有线调度系统造成了与其一类故障相同影响的	一	1	30
		传输系统中心级设备故障，并已导致其他系统业务类通信中断的	二	1	30
通信	通信不间断电源设备	电源设备故障导致无线、传输、公务、调度设备停机	一	1	30
	CCTV	全线图像无法上传 OCC	二	1	60
交换	有线调度电话系统	有线调度系统瘫痪，造成全线调度电话无法使用	一	1	30
	公务及站内交换机系统	OCC 公务交换机瘫痪，造成管辖电话全部无法使用以及全线电话无法跨线及出局呼叫	二	1	60
		车站交换机瘫痪，造成全站电话无法使用	二	0.5	60
PIDS	车站	单侧及以上站台故障或倒计时显示故障 3 小时内未恢复，配合人员不到位，不按时回复	二	0.1	24 小时
	列车	列车视频监视器故障或视频录像功能失效超过 24 小时未恢复，配合人员不到位，不按时回复	二	0.1	48 小时
	重复出现故障	一周内出现同一设备多次故障	二	0.5	
	设备资产保护	有责引起设备设施损失	二	0.5	
	责任不正点列次	≥ 3 min，＜ 15 min	一	2	
		≥ 15 min	一	1	

③考核流程。根据考核指标和故障信息系统记录信息为定责依据，对故障处理时间超过规定时长的维修分部进行考核。考核的标准依据相关的《绩效考核管理办法》进行扣分。被考核部门有权对考评结果提出申诉，综合评价机构在收到被考评人申诉单后须予以回复。

2. 高素质调度员培养

在线网化的调度日常工作中，信息互动多，要求生产指令严谨、清晰，坚持紧急优先、有条不紊。这就需要有一套科学的事件（故障）定级指引来支撑整个生产的资源配置，必然要求调度员应具备一丝不苟的工作态度，良好的心理素质，清晰的逻辑思维能力，熟悉、掌握规章，应急反应思维迅速，表达、沟通、协调能力强，有深厚的技术功底和丰富的现场经验，才能胜任跨线网的调度工作。

（1）线网化调度的任务。以生产任务为目标，对关键工作节点进行监控，根据生产需要，及时发布准确、清晰指令。协调、处理、跟踪好各类故障及应急事件的流程，科学统筹好人和物料的调配，保证人员安全和设备的正常运行。

（2）线网化调度特点。线路长、设备杂、专业多、技术广、流程细、应急紧。关键设备多，设备功能缺失对行车安全影响和服务影响大，应急处理需求紧迫。

（3）线网化调度组织原则。采用集中调度，统一指挥的原则。做好资源共享、信息流畅、指令统一、节约资源。

（4）线网调度工作原则。坚持“安全第一”思想，树立全局观念，严格按章操作，做到周密计划、合理安排、及时协调、详细记录。

（5）调度员的培养方向。调度工作的性质要求调度员当班时间态度严谨、思路清晰、工作闭环，长期处于紧张状态。特别是线网化管理后，一名调度员需要应对多条线路的生产管理，不同线路设备差异性较大，应急事件呈现多样化。应从专业技能、应变能力到抗压心理各方面加强培训，只有制定针对性的培训计划，加大培训力度，才能满足生产需要。

培训方式包括开展自发学习、分组讨论、开班授课、班内交流、跟岗学习、出外培训、案例模拟汇编、评估考试等。既要维持好学习氛围，又要突出阶段学习重点的特色。以下是培养调度员的关键点：

1）拓宽知识面，多读各类书籍，多学各方面的应急处理方法。调度员涉及专业多，面对的生产情况并无常态，要做好“举一反三”，就要拓宽知识面，了解社会各行各业的生产和应急处理信息，提高敏感度。

2）温故而知新，回顾以前案例，反复学习相关规章，巩固基础；自发及定期组织学习案例和规章，集中组织讨论、分享工作经验，夯实基础。

3）专业知识的深入学习，提高专业水平。专业知识是做好调度工作的根本，从作业安排，故障信息筛选、通报、跟踪到突发事件应急处理都跟调度的专业水平息息相关，定期组织学习，分组讨论、考试评估，请相关专家授课、答疑，是调度员高效、准确做好生产调度工作的保障。

4）适当加入逻辑推理能力的训练。良好的逻辑推理能力能够帮助调度员更清晰地发布调度指令，避免浪费资源，购置相关学习资料是有效提高逻辑推理能力的方法之一。

5）注重分析问题能力的培养。分析问题的能力是调度员自我提高必须具备的，只有提高分析能力，才能做到遇事不惑、处世不惊。

6）加强心理方面的辅导。调度日常工作压力较大，应对生产事务繁忙，应急处理事件概率高，为更好地开展工作，应提供适当心理辅导，作出科学评估，保障调度员的心理健康。

7）加强个人气质修养的锻炼。个人修养的提高，对调度的心理调节，沟通技巧的提高有较大的影响。气质的提高可以更好地树立调度的威信，有助于工作效率的提升。

8）提倡劳逸结合，释放压力。调度员应注重运动和休息，保障身体健康，可适当开展工间操活动，有助于精神压力的舒缓。

3. 跨线网物资、备件调配

在建立跨线路的生产体系中，调度工作“精心组织、科学调度”的核心更为突出，在物资、备件、人员的调配权上，应赋予调度员更高的权力。制定故障应急事件分级体系，在满足条件的情况下，调度员可以调用管辖范围内的物资、备件、人员。在特殊情况下，调度员有可先调用，后补手续的权力。这不仅需要建立严谨细化的制度，还要定期开展相关演练，不断总结、改进来检验和提高跨线支持流程的效率。

（1）专业工器具的利用模式。对于专业性强、价格昂贵、使用频率不高或配置不足的工器具，为了合理利用资源，可以根据工具使用对象的实际应用情况，采用跨线共用的模式。制定相关管理规定后，存放在最便于各方调配的有人值守点，统一由部门调度行使调配权。

（2）通用备品备件的调配。随着线网的扩张，设备越来越多，备品备件的需求量也随之增大。为了合理利用现有的资源，保障设备运行正常，对于线网范围内的通用备品备件，根据库存量及设备状况，可以采用跨线调配的方式，灵活利用有限的备品备件保障线网设备的正常运行。备品备件台账应共享给线网所有设备维护部门，设备维护人员根据需要可以通过台账及时获取信息，提高备品备件使用效率。一般以“谁领用、谁补充”的方式对共享备件进行补充。

由于备品备件归属各维修分部管理，为了调配工作的顺利进行，可以采用由部门统一进行调配。具体调配流程如图 4—1 所示。

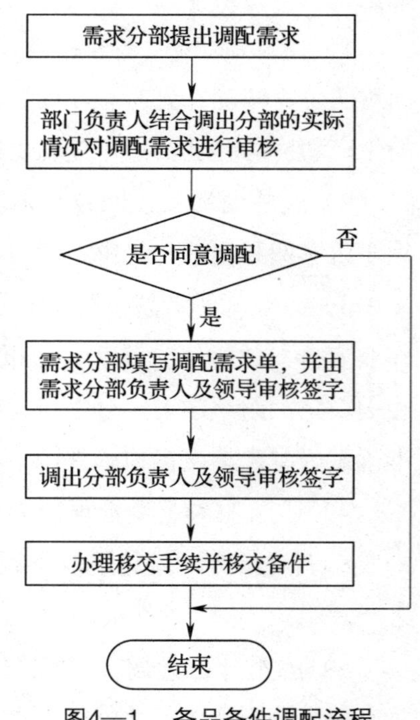

图4—1　备品备件调配流程

对于紧急情况下的调配，可以采用电话通知的形式调配，在部门调度同意后，调配流程可在故障恢复后再进行补办。

（3）抢险物资存放原则及管理

1）抢险物资采用“统一管理、科学存放，方便领取”的存取原则。按物资的具体归属，由相应的维修分部进行统一的存放。存放的地点应综合考虑物资的适用范围、人员值班情况、物资调动的便利性等因素。

2）对抢险物资的管理采用部门统一协调，分线管理的模式。当一条线路的台账有更新时，需及时知会部门负责人，并由部门负责人更新汇总台账后下发各线负责人，保障台账的时效性，便于跨线调配。相应维修分部负责人应定期对抢险物资进行清查，及时更新台账。抢险物资的管理组织架构如图4—2所示。

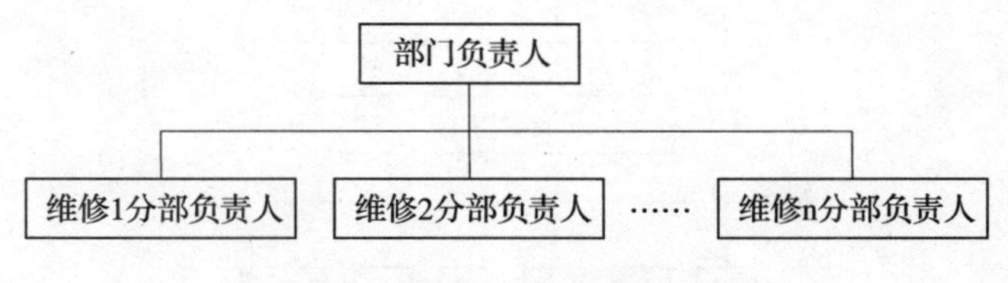

图4—2　抢险物资的管理组织架构

二、线网集中化的离线保障

1. 离线及离线保障

对于城市轨道交通通信专业来说，离线是指设备上的配件、板卡等因发生故障或到达服务时限，由专业技术人员按照操作规程将其退出服务后所处的一种状态。离线保障是指城市轨道交通专业技术人员对处于离线状态的配件、板卡等设备进行故障检测、修理，恢复其功能的工作。

2. 离线保障的必要性与紧迫性

随着城市轨道交通线网开通后运营时间的不断延长（例如国内某一线城市城市轨道交通1号线从开通至今已经运营14年，2号线从开通至今已经运营8年），服务于运营线路的各种通信设备不断老化，设备已经进入到了“退化期”。在这个阶段，设备故障率会不断上升，很多进口板件、模块已经超出了厂家售后服务的期限，或该设备已停产，原有的备品备件难以保证充足的供应。这需要对故障板卡、配件开展离线维修工作，克服城市轨道交通运营维修工作中对厂家维修的依赖性。独立自主，自力更生，修复发生故障的紧缺配件和板卡就成为城市轨道交通通信专业在维修策略上必不可少的内容之一。为此，就需要建立离线保障、自检自修的组织机构，制定维修规程，设立工作目标，开展离线保障工作。

3. 离线保障的组织机构与现有模式

以国内某城市城市轨道交通运营管理部门的离线保障机构为例介绍。

（1）组织架构与工作职责。离线保障机构应设置在运营管理部门下属维修部门，设立检修分部，该分部与执行计划性维修维护的维修分部处于同一个级别，面对整个城市轨道交通线网的通信设备开展离线保障工作。具体的组织架构如图 4—3 所示。

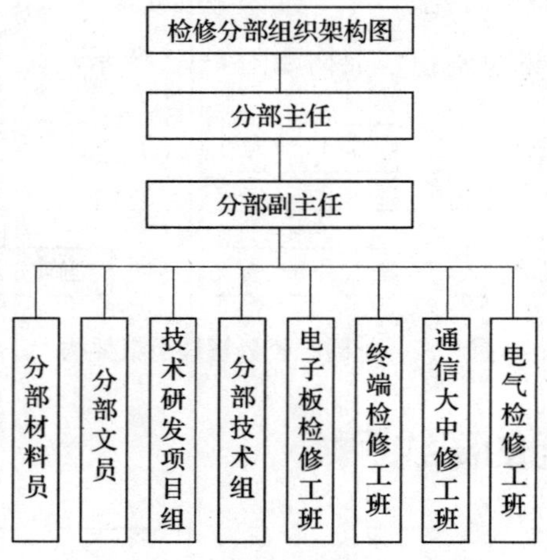

图 4—3　离线保障组织架构图

离线保障机构的员工数量应根据线网发展的规模，既可满足目前线网维修需要，又具备后续发展动力的需求，本着节约人力资源的原则进行人员配备。

（2）离线保障机构的工作职责

1）故障维修

①组织分部技术研发项目组，开展对城市轨道交通线网内各条线路中发生故障的板卡、设备、配件的深度维修、研究开发工作。

②在取得开发成功后，编写该类板卡的检修流程，制作该类板卡的测试检测工具，将其检修工作交给相应的工班转换为常规化检修任务。

2）预防性维修（中、大修）

①制定和完善各通信系统设备中、大修维修规程。

②结合中、大修内容，开展国产化技改工作。

③负责给中、大修过的设备建立档案资料。

3）科研技改工作

①科研技改工作由技术研发项目组牵头，立足于依靠自己的力量，以开放的思维汲取和引进现代检修理念和手段，积极开展对城市轨道交通线网范围通信设备的科研

技改工作。

②通过对故障板卡的深度维修，发现线网中存在的隐患，提出改进的技术方案并组织实施。

③逐步克服对厂家维修的依赖性，实现部分紧缺备件的国产化，不断提高运营技术人员的技术研发能力。

4）参与通信各维修分部的大型故障抢修工作。

5）负责维修分部与其他部门接口配合，完成上级临时下达的各项任务。

（3）离线保障机构的人员配置

1）对检修分部技术研发项目组人员素质基本要求。鉴于技术研发项目组工作性质的特殊性，对人员个人能力和集体项目能力的要求较高，一般按照公司项目经理序列给予配置（主办以上级别）。在选取调配人员时，建议研发人员从事本专业工作经历不低于5年，年龄可以依据本人的工作业绩适当放宽。

2）人员配置数量及工作职责。国内某城市城市轨道交通运营管理部门下属维修部门的检修分部内部技术研发项目组和技术组工作职责及人员配置，见表4—3。

表4—3　维修部门检修分部技术研发项目组和技术组工作职责及人员配置

技术研发与管理类	工作职责	人员配置
技术研发项目组	（1）故障检修前期开发工作：开展对城市轨道交通线网各条线路中发生故障板卡、设备、配件的维修研究开发工作，在取得开发成功后，编写该类板卡的检修流程，制作该类板卡的测试检测工具，将其检修工作交给检修分部相应的二班转换为常规化检修任务 （2）预防性维修的计划、组织 （3）科研技改工作：结合检修的研究开发过程，提出对紧缺故障板件的技术改造方案，完成技术改造项目	项目经理（主管）N人，二级项目经理（主办）N人
技术组	（1）技术管理、指导：负责相应专业各工班的技术管理工作；对内、对外接口工作 （2）负责中、大修规程的制定工作	通信技术主办N人，机电一体化技术主办N人

国内某城市城市轨道交通运营管理部门下属维修部门的检修分部内各工班工作职责及人员配置，见表4—4。

表 4—4　　维修部门检修分部各工班工作职责及人员配置

工班名称	工班职责	人员配置
电子板检修工班	负责线网内各线路通信设备电子板卡的故障检修和预防性检修工作	根据工作量定员
终端检修工班	负责线网内各线路通信一般终端设备的故障检修工作和关键终端设备的预防性检修工作，包含：点对点对讲机、车辆段调车对讲系统、各种车站通信、信号外围终端设备	根据工作量定员
电气检修工班	（1）负责线网内各线路通信设备配件、材料的出入库检验与调配管理 （2）信号专业各种继电器、移位接触器、变压器、电动机的检修工作 （3）通信电源系统的电源屏、UPS 及蓄电池的中、大修工作	根据工作量定员
通信中、大修工班	按照通信中、大修规程，完成到达中修、大修期限的各线路的中、大修工作	根据工作量定员

离线保障成功案例

国内某城市城市轨道交通自 2005 年开始开展通信设备电子板卡的检修工作，设立专门的电子板检修工班开展通信设备的故障检修方面的工作。

通过该电子板检修工班几年来不断努力和摸索，自主开发、设计、制作出 6 种板卡测试检测平台，目前已经具备了 44 种通信设备终端及板卡的维修能力，每年自主维修对讲机、电子板卡数百件。该工班还参与多个系统的电源模块改造、CCTV 均衡器改造等项目。

4. 离线保障的发展方向

（1）城市轨道交通线网发展对离线保障服务的需求。如国内某城市城市轨道交通线网规模达 250 公里，9 条城市轨道交通运营线路，需要执行维护和检修的通信系统设备数量超过一万件。依据故障统计系统的统计，2010 年通信系统发生大小故障的总次数为 1 765 次。到 2015 年，该城市城市轨道交通线网的运营里程将会比现在翻番，可以预计，需要维护检修的通信设备数量也必将会翻番。线网设备对维修深度、维修能力、维修效果都提出了更高的要求。离线保障服务必须要紧跟线网规模发展的步伐，从认识上要提升一个高度，从行动上要不断进取，充分利用现代科技成果，配置先进智能的维修器材，积极引进人才，不断扩大离线保障维修服务的范围，不断加大维修的力度和提高维修能力，力争使离线保障服务机构成为其他维修分部坚强有力的后台技术支撑，通过离线保障服务工作的开展，确保维修分部紧缺备品备件的供应。同时，离线保障服务组织的人员也要深入一线，不断了解分析掌握各系统设备存在的问题，主动开展科研技改工作，解决现场问题。在参与大型故障抢修工作后，离线保障服务组织要对故障配件进行深度分析，查找故障原因，写出分析报告，指导执行维修任务的其他维修分部提高维修技能。

（2）离线保障服务的发展目标

1）具备对通用标准设备板卡和专用设备多发性故障板卡、模块的维修能力。

2）每年可完成 2 ～ 3 项中型以上的科研技改项目。

3）故障板卡维修的开发性研究工作目标：每年攻克 2 ～ 3 种板卡种类，制作 1 ～ 2 种板卡的测试工具。

4）对将要到达中修年限的设备制定合适的中修计划。

5）开展到达中修期线路的通信设备的中修任务。

三、线网集中化的信息平台

通信专业负责专用通信、民用通信、PIDS 等多个专业的检修维护工作，随着线路增多，设备数量日益庞大，设备状态的故障、检修、板块更换等大量的过程信息必须要有完整的记录，作为日后物资采购、故障处理、新线设备选型等的重要依据。利用现有网络资源，开发符合现行生产管理模式的生产管理信息平台，记录贯穿设备整个生命周期的运行情况。信息平台的内容应包括生产检修计划的编制，故障信息的统计分析，故障处理流程的记录，物料采购计划、库存管理、固定资产台账信息等模块。同时通过建立数据库的管理模式，为实际生产过程提供各类报表和数据查询功能，指导维修工作的开展；从改善设备性能入手，推动设备运营保障能力的提升，提高维修工作的信息化水平，提升线网条件下的维修反应速度，提升线网协同作战能力，提升线网运作能力。

1. 信息平台的功能

（1）通过平台实现对设备维修的主要业务都要有数据记录，对各种与生产有关的信息能及时通过本系统进行查询，提供多种形式的、操作灵活的查询功能，能自动生成各种报表（系统要求有表格自动编辑功能，以利于及时生成新表格或对旧表格进行修改），对设备故障及设备质量及时进行分析，指导维修作业的进行。

（2）业务拓展的技术实现。平台支持多线路、多地点的管理模式，并具有良好的扩展性，将来可以基于这种管理模式在平台上新增各类其他管理相关的信息化应用。

（3）数据方面。与相关系统有统一的数据格式，具备相应的集成接口，与其他系统等进行集成。

2. 信息平台组成

系统模块组成包括：设备管理、故障管理、检修管理、设备改进、质量控制、安全管理、备品备件和物料管理、新线建设、各类统计报表、文档共享、人员管理及信息发布、系统管理十二个主要方面。

（1）设备管理模块。设立设备管理台账，所有设备分为九个层级，第一层是线路，即按照 1、2、3 号线分类；第二层是位置，按照车站、控制中心、车辆段分类；第三层是系统，传输、交换、无线等；第四层是子系统；第五层是设备柜层，具体到各设备柜；第六层是设备单元；第七层是设备板块；第八层是设备部件；第九层是设备器件。

（2）故障管理（故障提示模块）。对于设备发生的故障要有完整详细的故障信息记录，能随时对故障记录进行查询，并能根据不同的分类自动生成各种故障报表（包括各种故障分析报表），能及时掌握设备的故障发生规律，以利于对故障进行统计分析，指导设备的维修工作，使工作更方便、效率更高，面对复杂的故障可以很好地协同其他部门做好故障的及时准确的处理工作。

（3）检修管理模块。包括检修记录、施工记录的登记、查询；检修过程控制（主要指检修过程中请销点、时间控制等管理层面）；检修监控（主要指检修过程中设备参数、手段等技术层面）；施工情况统计分析；设备状况统计分析。通过本模块，能及时掌握设备的检修作业情况及设备的质量，为日后设备维修作业作出指导。

（4）设备改进模块。设备升级信息记录、查询（对设备升级情况的设备国产化、技改设备情况信息管理、跟踪并记录）；设备国产化、技改设备情况信息管理。通过本模块，能及时掌握设备的软件升级、国产化、技改等情况，为日后设备维修作业作出指导。

（5）质量控制（设备评定、设备督查）模块。包括质量检查情况的记录（链接到检修作业系统的检修记录查询中）；设备鉴定台账及情况；专题故障分析报告；会签文件管理；部门标准化 ISO 信息。通过本模块能及时掌握设备的质量信息，指导设备的检修作业。

（6）安全管理模块。包括故障演练情况汇总、安全生产信息、专题安全分析报告等，通过信息平台能及时掌握设备的安全信息。

（7）备品备件和物料管理模块。包括备品备件和物料、工器具采购、使用情况及厂家信息，备件统计分析（包括备件的消耗、库存、修复等情况，自动统计分析备件的故障情况），返修件信息管理，工器具信息管理；各种定额的查询、修改，执行情况（包括各类物料的消耗、备品备件最高库存、各种设备的配置标准）。通过本模块，能及时查询和掌握备品备件、物料、工器具的消耗等信息，更好地指导全面预算的编制执行。

（8）新线建设模块。包括新线设备安装调试配合过程及验收情况监控、新线设备安装调试问题记录与查询；新线遗留问题（对新线遗留问题的跟踪与管理，便于掌握所发生的故障是否属于新线遗留问题，同时便于故障定责）；能生成新线问题统计分析报表和调试报告（包括调试日报、周报等报告信息）。通过本模块，能及时掌握新线设备安装调试质量，确保验收接管工作的顺利进行。

（9）各类统计报表。包括定期故障报表、定期故障统计、生产部门检修（其他工作）计划完成情况、定责晚点（限速）统计情况、重大技术项目（重大遗留）技术问题、安全情况统计、生产日报等各种报表的统计、导出，旧线遗留问题管理，部门生产信息、部门故障分析会信息、部门安全生产例会信息、部门会议纪要，部门生产日报等信息的发布。

（10）文档共享。包括技术资料交流与共享；各类生产指导文本及技术论文等资料的查询，所有生产类指导文本的查询。各种设备操作手册、设备检修规程、故障应急处理指南；培训课件学习系统（网络视频课件，员工可登录该系统进行业务技能的学习，也可以测试）；一周一题、技术比武、技能鉴定、培训记录、员工晋升、员工岗位情况（主要针对生产岗员工的岗位技能档案情况，方便查询、掌握员工的情况）的信息记录。通过本模块，能及时掌握本部门员工的岗位技能水平及培训状况。

（11）人员管理及信息发布。包括在线值班人员查询，动态显示领导最新指示发布，最新信息（如通告、重大故障处理信息）。

（12）系统管理模块。硬件：系统运行在高端 PC 服务器上，考虑到热备，使用两套服务器，在城市轨道交通内网范围内访问；软件：符合城市轨道交通应用和数据集成的标准和要求，能与现有的管理信息系统进行数据集成。

通过使用信息平台，可以从通信专业的业务实际需要出发，选择重点与关键的环节进行信息化管理与控制，解决目前在应用中存在的、比较常见、多发的问题，在信息化价值和灵活性、管理工作量之间取得良好的平衡，保证在系统实施后能提高工作效率、降低成本，建设集中化、基础数据共享的维修管理模式。

四、新线的需求向导性

一个城市的轨道交通线路但凡都会经历从无到有，从有到多，再从多到形成线网的一个过程。在这个过程中，企业员工经历着从最初的摸索学习，到后期的具备完善的新线建设体系。

在这个过程中，前期基本上是一边建设、一边提要求、一边整改，而到后期在具备了成熟的新线建设经验后，正确的流程应该是需求——建设——整改。在这里，最重要也是最关键的一步，即是需求。在新线建设初期，一份完善的新线建设需求是给予设计单位、供货商、施工单位一个向导性的文件，使设计单位可按用户的需求进行设计、供货商可按用户的需求提供产品、施工方可按用户的需求进行施工，同时，业主单位更可按照需求来引导设计、供货和施工，使整个新线建设过程可控。

以下介绍新线需求的几个要素。

1. 设计需求

（1）用房数量需求：充分考虑设备用房、值班用房、工班、材料室等用房需求。

（2）房屋高度、空间大小、装修标准需求：充分考虑装完静电地板、吊顶后的房屋空间应能满足机柜的安装并有一定余量。

（3）室内、室外设备照明需求：室内设备的照明应在满足亮度的同时，充分考虑机柜的安装位置，照明点不能设于机柜正上方，应在机柜之间的过道上。

（4）用电需求：充分考虑设备用电需求并留有一定余量。

（5）消防需求：设备房应充分考虑气体灭火系统的安装，房间内不允许存在水喷淋系统及消防水管，防止水管爆裂或喷淋系统误动作。

（6）网络、电话需求：应适当考虑网络和电话的安装，设备房通常应有两路电话。

（7）给排水需求：设备房内应设置排水设施。

（8）环控需求：除设备中央环控系统外，设备房应设置备用冷源，应对环控系统故障时的温度变化。

（9）设计最高使用年限：设计最高使用年限应在系统设计之初就应指定，之后的设备设计将以此为标准。

2. 施工需求

（1）设备安装进场条件：满足设备安装的装修标准、供电、照明、给排水、消防等条件。

（2）机房环境需求：满足设备投入使用的温湿度、环境粉尘等要素。

（3）室内设备安装验收标准包括：室内设备的安装牢固性、安装位置、电缆走线、设备标识、地线安装、绝缘、封堵、外观等。

（4）室外设备安装验收标准包括：室外设备的安装牢固性、安装位置、电缆走线、过轨防护、设备标识、地线安装、绝缘安装等。

（5）光电缆标识标准包括：光电缆的标识套管、铭牌等制定标准。

（6）光电缆布放需求：光电缆在室外的布放位置、过轨，段内布放位置，室内走线及防护等。

（7）方便维修的辅助设施需求：隧道内安装位置较高的设备时需安装维修平台。

第二节　线网区域化管理

随着地铁线网规模的不断扩大，带来运营线路的管理数量增加、区域拓宽、管理幅度加大的难度，原维修模式与运作模式存在不可避免的局限性，为提高线网规模下的生产效率和线网运作质量，就需要对维修模式、管理体制、运作模式向区域化管理方式优化与调整。

一、区域化管理模式

在城市轨道交通运营线路未达到一定规模时，管理模式一般沿用专业化管理的方式，即以专业划分为横向、以线路划分为纵向结构的一种管理架构，在此架构基础上以专业为单位，开展对全线网的设备维修管理。这种管理模式的优点是：专业的技术力量相对集中，专业设备资源可充分共享，管理通用性强。

但随着线网运营达到一定规模，专业化的管理模式逐渐显现出管理线路多、管理幅度大、管理接口单一、不利于专业间协作等局限性。区域化管理是能够充分适应大线网规模的一种管理模式。与专业化管理模式不同，区域化管理是以地域或者线路划分为横向，以专业划分为纵向结构的一种管理架构。

国内多个城市的轨道交通行业采用在线网规模不断扩大的基础上，采用了区域化管理的管理模式。国内某城市 A 和 B 均采用了区域化的维修模式。A 城市目前在运线路 13 条，按照“区域抢修与线路维护相结合”的原则，把线网划分为 6 大区域，并建立应急抢修点，在各抢修点集中配置应急抢修装备，实现资源共享，如图 4—4 所示。

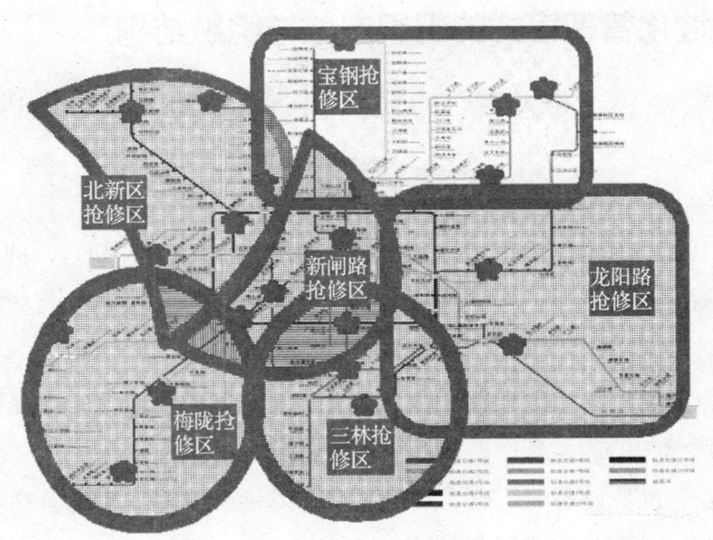

图4—4　A城市维修区域划分

B 城市目前在运线路 10 条，以线路划分为依据，将线网划分为 4 个管理区域，每个区域管理 2 ～ 3 条线路，并且采用新旧线路相搭配的原则，以适应未来线路的持续扩大，如图 4—5 所示。

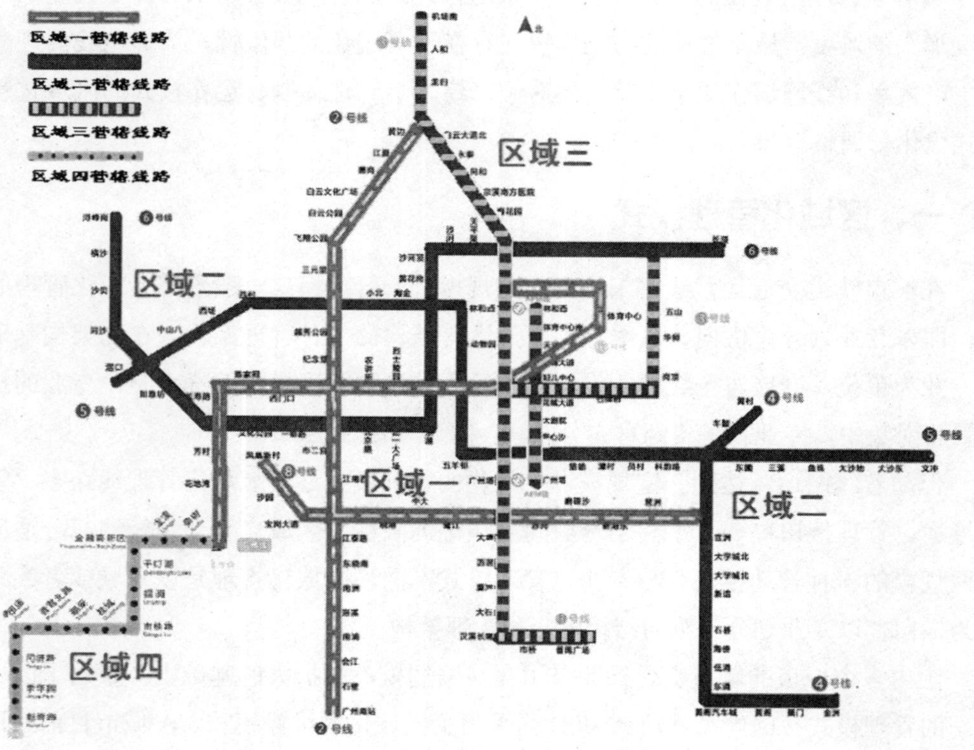

图4—5　B城市维修区域划分

二、区域化管理模式的组织定位与组织结构

区域化管理的组织定位从横向和纵向两个维度来构建，如图 4—6 所示。

1. 横向组织定位

是将运行线路分为若干个区域，每个区域设置一个“运营中心”，同时在城市轨道交通的运营管理总部设置为这些运营中心服务的服务支持中心和负责统筹与协调的职能部门。

“运营中心”是资产的所有者，新线建设与筹备中心为运营中心提供线路资产建设服务，资源经营中心为运营中心提供线路附属资源经营服务。

“运营中心”也是设备的所有者和维护者，基地维修中心为运营中心提供大、中修与零部件维修、共享检测等服务。

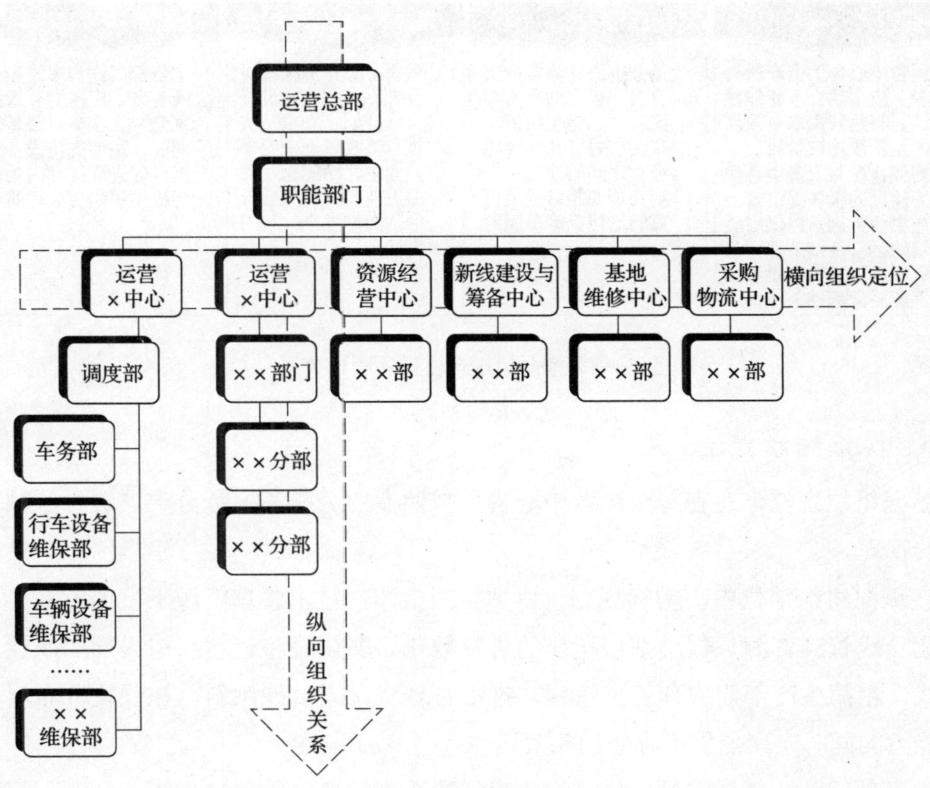

图4—6 区域化管理的组织定位

车务和乘务部门是设备的最终使用部门，设备维保部门为车务和乘务部门提供设备维修维护服务。

横向组织定位的关系示意图如图 4—7 所示。

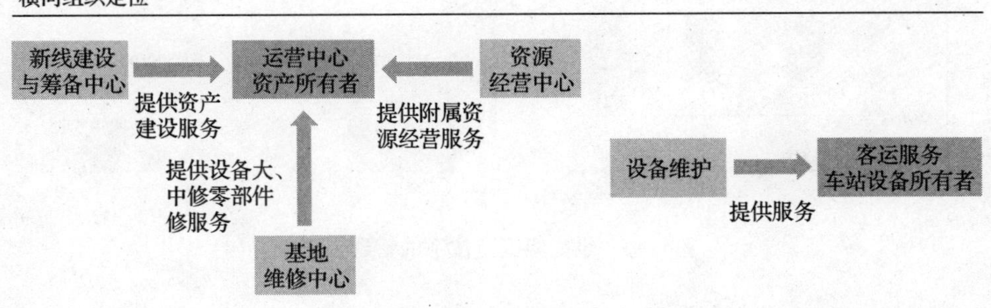

图4—7 横向组织定位的关系示意图

基于这样的横向组织定位，有利于整合组织之间的资源，协调横向接口与关系，理顺部门之间的生产协作关系，促进横向组织之间的协同发展，提高轨道交通运营部门的管理效率。

各组织间的相互责权与促进关系如图 4—8 所示。

运营中心与新线中心	运营中心与资源中心	运营中心与基地中心	车务部与维保部
✓ 运营中心作为资产所有者，应主动介入新线建设，将运营需求有效反馈至新线建设阶段 ✓ 新线建设与筹备中心作为建设的服务提供者，应主动为运营提供高质量的运营基础条件，为资源经营提供高质量的资源经营基础条件	✓ 运营中心作为资产所有者，应主动平衡客流疏导、施工组织与车站广告、商业资源经营之间的冲突；主动为资源经营提供可靠的维修保障及属地管理	✓ 运营中心作为设备所有者，应主动在设备大修计划、立项及实施、验收管理中发挥**"业主"功能**，主动促进前台运输与后台中、大修生产计划的衔接	✓ 车务部门作为车站设备所有者，应树立**"地主观念"**，在交付服务的同时，主动支持设备维保，促进维保部门为自身提供更快更好的服务

图4—8　横向组织定位下的协作关系

2. 纵向组织定位

纵向组织定位，是在每个运营中心内，按照专业分类和服务分类，进行区域内专业化的管理。

在纵向组织定位中，实行规划、协调资源上浮，技术管理资源下沉的方式。补充和强化一线管理资源，促进基层运作的去行政化。弱化设备管理部门内部的职能式管理模式，精简生产部门内部管理流程，推动管理资源向一线倾斜，在强化分布层基础管理能力的同时，聚焦生产维修的高效运作。

生产部门从职能式管理向生产运作直线式管理转变，推动技术管理资源下沉，确保分部拥有处置各类故障和技术问题能力的纵向组织设置方法，是区域化管理模式下的一种常见趋势。从职能式管理到生产运作直线式管理的变化如图4—9所示。

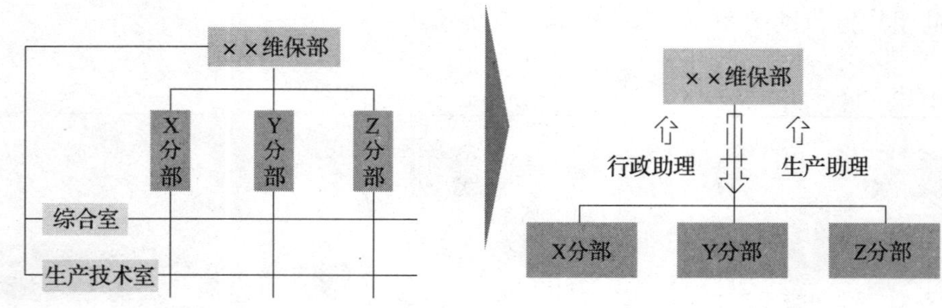

图4—9　纵向组织定位下的管理模式

三、区域化管理的优点

1. 内化接口，提高运营组织管理效率

对于城市轨道交通线网的专业设备管理来说，专业化管理是纵深式管理，区域化管理是横向型管理。

图4—10、图4—11分别是专业化管理模式的接口示意图和区域化管理模式的接口示意图。在专业化管理模式下，专业之间的接口横跨不同的设备维修中心，所涉及的运营组织管理流程较多，需要调配的资源覆盖面较广，协调与管理难度较大。而在区域化管理模式下，将专业间的接口内化到各区域管理中心内部。原来需要跨中心统筹协调的接口，降为中心内的部门间的接口，大大简化了接口的管理。区域管理中心内部通过行政管理手段，可以相对较低的成本高效率开展各项运营组织活动。

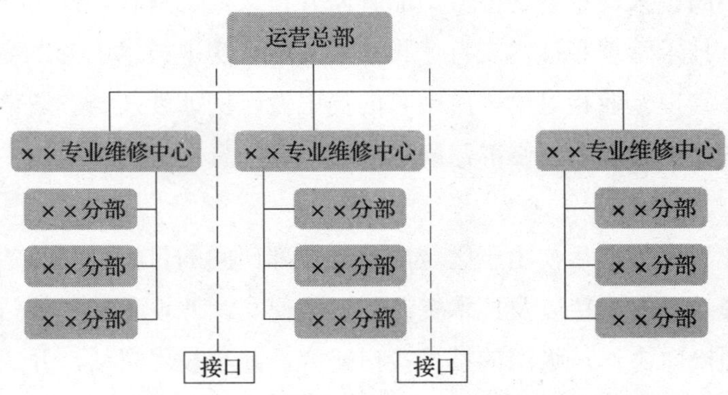

图4—10　专业化管理模式下的接口示意图

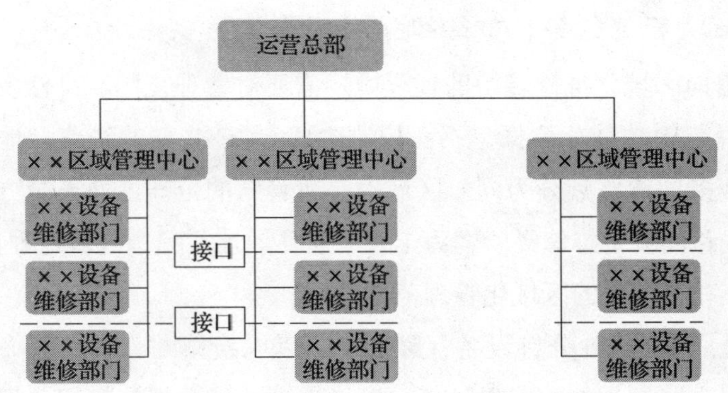

图4—11　区域化管理模式下的接口示意图

对于设备部门，最为突出的在于生产作业管理和故障维修组织方面：

生产作业管理方面，能够在有限的夜间作业时段内，最大限度地整合各专业间的作业区域、作业时间、作业内容，结合区间工程车开行计划、车站停电计划等多方面因素，充分发挥人员、物资共享，提高生产作业有效时间的利用率，从而提高生产组织效率。

故障维修组织方面，专业化管理时，由于接口分离，通信专业发生关系到行车的设备故障后，行车组织人员一般都优先考虑恢复行车，很少考虑设备临时恢复，导致设备不能进行临时修复。若实施区域化管理，通信专业涉及行车的故障出现时，决策人员首先会摈弃各部门间的利益关系，重点考虑如何做好运营组织，在安全第一的原则下，行车组织与故障处理平行实施，在此前提下，组织各部门进行考虑故障处理流程的优化，提高故障抢修的组织效率。

2. 体现专业整合优势，带动跨专业技术攻关

专业化管理的特点是由一个维修部门负责全部运营线路的通信设备管理。由于随着线网规模的不断扩大，设备的型号、品牌差异性大。设备管理部门需要对全线网所有通信设备进行技术管理和技术支持，相同设备间可实现技术上的融会贯通与类比性管理。但是存在管理专业相对单一所带来的局限性，例如涉及与非通信专业接口的技术问题时，往往由于各专业维修部门间深入协作存在资源上的局限性，而难以有技术上的突破。

采用区域化管理模式后，由于区域内各专业部门间的目标与利益的趋同性，配合组织内行政管理手段的支持以及技术资源共享的便利，各设备管理部门之间可打破专业的壁垒，加强横向协作与纵深的技术接口研究，共享技术资料，开放接口测试，共同攻克设备间接口故障的技术难题，提高设备的运营交付水平。

3. 体现地域管理优势，节约维护时间成本

专业化维修向区域化维修转换的过程中，需要对管理范围、维修资源和人员进行统筹调配。管理范围的划分依据包括：控制中心OCC共享的线路，地域上邻近、相接或者交叉点较多的线路划分为同一区域中心所管辖的范畴。而人员方面，需综合考虑人员对哪条线路的设备维修经验较为丰富、居住地址与哪个区域地理位置上较接近。从而形成地理上相对集中的区域化管理范围。

在此基础上，建立20分钟设备保障圈。可以以换乘站、重点保障站、距离中间点等为中心，建立区域性的维修保障点，可以提高故障救援的时间效率，减少对交通工具的依赖性，从而降低设备抢修的时间成本和交通成本。

4. 统筹兼顾、适度竞争

专业化维修模式下，由于各专业设备的差异性，各维修部门之间难以形成竞争机制，容易形成本位保护，造成尤其是接口类设备故障的消极跟进。在区域化维修模式下，各区域的“运营中心”从组织架构到管辖职责、再到各项指标的执行等方面均具备公平可比性，由此促成了各“运营中心”产生出适度的良性竞争机制。在责权对等的基础之上，各“运营中心”充分发挥区域内组织管理的指挥棒作用，加强区域内资源的

统筹，加强各部门间的相互合作，促进专业设备部门间共同协作成长。

第三节　前后台维修管理

为应对城市轨道交通的大线网运营，提升线网运作效率，提高运营能力和服务品质，需开展规模化的前台与后台维修管理。为强化服务交付理念，培育核心专业能力，宜以“前台负责维护，后台负责维修”为原则，成立前台的运营中心和后台的基地维修中心。

其中前台的运营中心按区域化管理，负责设备小修及以下日常维护；后台的基地维修中心按专业化管理，负责设备大、中修工作。

根据以上定位，前后台形成的能力侧重不同，前台要形成“服务能力、快速响应处置能力、在线检测能力”，后台要形成“核心维修能力、专业抢险能力、大型检测能力”。

一、前后台维修含义

1. 前台维修维护

（1）定义：在设备运行现场对设备进行的维修、保养。

（2）目标：保证服务交付的快速响应、及时处置，确保在线设备的安全、可靠运行，满足乘客需求。

（3）主要职责：包括设备计划性及故障性维修（更换坏件为主，故障抢险的第一层响应）、保养工作。

（4）原则：日常计划维护及故障更换维修为主，应急抢险优先。

（5）人才培养方向：综合性维修人才。

2. 后台集中维修

（1）定义：对搬离设备运行现场的设备零部件或整体进行全面的修复，同时兼顾大、中修实施工作。

（2）目标：整合维修资源，为前台提供精细化的维修。

（3）主要职责：对更换下来的设备或部件进行修复、分析，并反馈相关故障信息，推进科研技改，储备前台专业抢险的后备力量。

（4）原则：精细化、技术集中共享。

（5）人才培养方向："高、精、尖"的专业维修人才。

二、国内城市轨道交通行业的前后台维修情况

1. 香港地铁

香港地铁的维修体系包括：故障恢复、检修、预防性维修、升级和更换维修。香港地铁把设备维修等级分为一般性维修及高层次维修。其中一般性维修为前台维修，多采用委外方式；高层次维修多为后台维修。维修深度分为轻型维修、重型维修、部件大修。

2. 北京、上海地铁

北京、上海地铁设备通用维修体系以计划修为主，主要包括巡检、日常维修、部件修、专项改造、大修更新五类。设备检修以专业化的团队为主，公司内部主要分两支队伍，一支为例行维护保养队伍，另一支为专业维修队伍，负责解体深度维修及升级、改造等工作。

3. 广州地铁

广州地铁建立了前台维修和后台维修相结合的维修机制，组建了前台维修的检修队伍以及后台维修的技术力量。

前台维修由各设备部门负责，主要负责小修以下预防性的计划性维修、关键设备的中修，以及通信设备日常的故障处理。

小修及以下的维护内容主要为巡视、外观检查、参数记录、清洁、紧固、除尘、润滑等，小修时除以上内容外，还需更换接线、测试绝缘及电气性能、调整参数、更换不良部件等。

中修除包含小修的所有工作内容外，还应对设备的关键和主要部件进行部分拆卸检查，更换或修复失效的零件，进行预防性试验。

后台维修包括对通信设备的离线评估监测、对故障下线电子板件的维修与检测、对通信设备局部进行规模性的专项修或替换、设备大修以及设备的整体改造等。

三、设备前后台维修模式的选择

设备的维修模式主要有两种：自主维修、委外维修，其中委外维修模式包含完全

委外及联合维修两种。完全委外是由委外单位提供人员、设备、技术等资源，业主配备监督、质量验收及合同管理人员的方式；联合维修模式是共同完成，除委托单位配置资源外，业主也要配备一定数量的维修和储备人员，各司其职，资源互补。

1. 维修模式选择原则

由于通信专业的行车与服务相关性，在线的前台维修通常采用自主维修的方式，而后台维修模式的选择主要考虑以下几个原则（见图 4—12）：

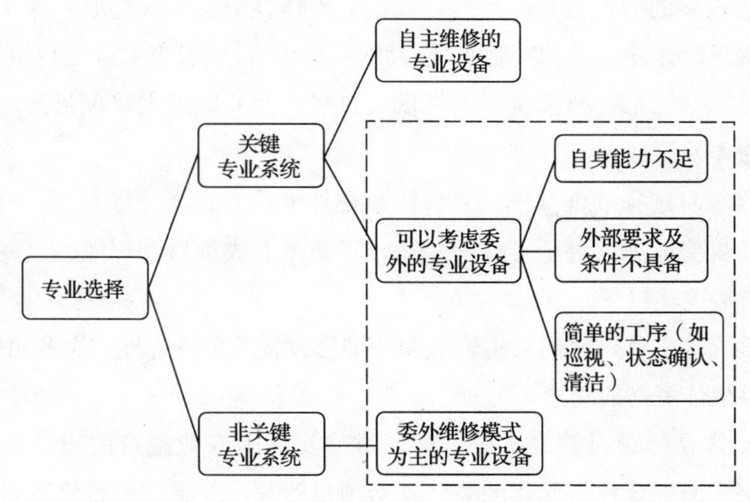

图4—12 后台维修模式的选择原则

（1）有特殊资质要求的则全委外实施。

（2）由于厂家技术知识产权保护或技能限制无法自修的则委外或联合维修，如系统核心软件等。

（3）市场成熟度较高，需密集劳动力的且不构成安全风险的项目，实施委外维修。

（4）对运营安全、服务或行车组织秩序产生重大影响且没有备用的设备，选择自主维修。

（5）对于通用设备（如计算机服务器及其附属设备、安防系统、摄像机、对讲机终端）等市场上有成熟的维修资源，技术性不强的设备，采用委外模式。

2. 两个效益综合考虑

在以上原则上，综合考虑经济效益和社会效益。

经济效益主要看维修成本，包括人力成本、设备及工器具损耗、物料消耗等成本，对比自主维修与委外维修的成本分析其经济利润。同时，还必须考虑社会效益，作为服务型企业，不论选择哪种模式，安全保障和服务水平是不能降低的。在后台维修模

式的选择上，北京地铁是典型的自主维修模式，而上海和广州地铁是自主维修和委外维修相结合的模式。

3. 加强委外维修管理

通信专业设备的后台维修，在寿命期内的维修主要以电子、电气、机械部件维修或模块维修为主，纳入电子电气及机械部件维修中统筹实施维修、检测、更新换代。

通信专业设备的后台维修，到达寿命期后整体性更新、改造或升级工程，因涉及系统制式的重新设计、产品选型、制造、建设施工等环节，一般来说由后台组织委外实施。后台组织成立相应的部件修工班、大修班（自修专业）以及大修项目部，负责专项修及大修项目的委外管理。

确定维修项目选择的维修模式（自修或委外维修或联合维修），对于自修的专业，必须形成核心自修能力；对于委外的专业，则必须形成项目管理能力。完善委外维修的项目管理，需关注以下几点：

（1）明确管理主体。明确负责管理委外维修设备及项目管理，为多元化（多专业）项目管理提供主体资格的支撑。

（2）多元化委外项目管理。根据前台维修实行大专业整合的思路，针对全面委外维修项目，实施综合性多元化的委外维修项目管理，完善委外维修项目的绩效评估机制。

（3）强化培训、考评管理。加强对委外人员的安全培训和管理，逐步视同地铁员工进行管理和运作；同时通过合同条款对委外单位人员进行管理并明确相关责任，赋予地铁员工对其工班委外单位人员的考评权。

（4）优化内部运作机制。优化委外施工作业制度，节省内部管理人员，提高维修效率，节约委外维修成本。

四、前后台维修模式的资源整合

1. 前台维修的整合模式

前台维修整合：以工种技能为基础，整合专业，逐步形成大专业管理，实现快速响应、组织精简。

（1）专业内整合：通信专业内部，形成大通信的专业整合。改变原来按子专业分工管辖的方式，改为区域化分工的方式，实行工班区域包干，一般每个工班包干的区域不超过 10 个站。对于包干的区域内的各自专业设备，统一实行巡检制度，当包干区域内设备故障时，则由该包干区内的巡检人员应急处理，大大加快应急反应的速度，提高故障相依处理效率。

（2）原有细化专业整合：考虑在一定程度上将现有细化专业朝大方向整合。例如：将车站内的各专业设备整合为一个大专业的车站设备部门，统一管辖车站内所有专业设备的维护维修。并且逐步培养一线交付部门（车务）人员对乘客界面设备的操作与简单故障处理技能，由其在现场直接响应乘客需求，以进一步提升服务效率。专业设备维修人员作为后续支持与保障，进一步处理车站人员在既定操作动作执行后仍无法恢复的设备功能。

（3）岗位技能整合：在岗位技能上培养一线员工的多元化技能，以实现前台维修大专业整合的维修策略。

2. 后台维修的整合模式

建立后台维修基地，整合维修资源、提升维修技能和科研技改能力、减轻成本压力。

（1）后台维修资源的共享、整合。根据专业中心存在同性质活动，进一步整合共享的维修资源。例如：电子维修基地，可为通信、信号、机电、车辆等各专业设备提供后台维修支持；大、中修的维修基地可为前台的各运营部门提供设备改造等的委外维修提供整体的后台项目管理支持等。

（2）科研技改力量整合，提升维修技能精深化。成立专业的与跨专业的技术研发后台基地，攻克各类维修难题，例如：

- 由于设备停产，造成的设备维修续航能力减弱，寻找替代备件与替代技术。
- 维修技术过于依赖厂家，造成维修能力提升瓶颈的项目。
- 故障频发，需专项解决的技师问题。
- 涉及接口协作的专题技术攻关改造项目。

五、设备前后台维修模式的差异化管理

通信专业的前台维修以自主维修为主，需匹配自主维修的特性，优化和提升生产组织效率、维修质量和成本管理效益，深化前台维修综合化，逐步朝专业整合，岗位融合，技能多元化的方向发展。

通信专业的后台管理采用自主维修与委外维修相结合的方式。特别是委外维修，需结合其特性，有针对性地构建委外维修项目的管理机制。

设备前后台维修模式的差异化如图 4—13 所示。

设备维修

自主维修
- 维修规程
- 维修计划
- 维修人员及工器具
- 维修组织与维修作业
- 应急处置与故障抢修

以生活组织为主线

- ✓ 以“资源共享”为导向，以“分类打包实现有限作业空间和时间的充分利用”为目标，优化和提升施工组织效率
- ✓ 在关注检修计划完成率、兑现率的同时，需完善检修作业质量保障机制，加强自检、互检、他检，稳定设备表现
- ✓ 深化“前台维护综合化”，逐步朝着专业整合、岗位融合、技能多元的方向发展，以提升效益

委外维修
- 维修规程
- 委外维修合同的签订
- 委外方人员资质、工器具、计划、技术方案的审查
- 维修配合与现场监管
- 工作量、质量、检修记录的现场签认与验收
- 合同履行情况的评价、支付与索赔

以项目管理为主线

- ✓ 做好项目全过程管理，包括项目合同管理与实施管理，跟踪项目的立项、招标、实施全过程，以及合同执行阶段工程量审核、支付
- ✓ 做好现场进度、质量、安全管理
- ✓ 做好项目验收、质量抽查、考核
- ✓ 完善承包商的进入、评价、退出机制

图4—13　前后台维修模式的差异化

第四节　人才体系建设

维修人员技能素养的高低直接决定了设备维护的质量，因此对基层维修人员的培养和管理要求较高。为了更好地满足线网化的运营需求，具备高技能、高素养的维修技能队伍的作用尤为重要。

在线网规模化、区域管理化的维修模式趋势下，必须培养一支管理能力强、综合检修能力强、线网抢修能力高的维修队伍。在人才的培养策略上，主要培养三个梯队的维修骨干队伍：一是以基层管理为主的基层管理队伍，二是技术人员为主体的技术队伍，三是以检修人员为主体的技能队伍。

一、基层管理队伍：求全

在企业中，基层干部队伍是生产经营和改革发展的骨干力量，是各项工作的实践者、组织者和推动者，只有不断加强干部队伍建设，提高基层领导者做好本职工作的能力、推动企业发展的能力、处理复杂问题的能力和解决班子自身问题的能力，才能带出好的队伍，做出好的业绩，建设好的企业。对基层管理人员的要求概括为两个字，就是“求全”——全面知晓管辖设备，对于管理全盘掌握。

在加强干部队伍建设中，开展思想和业务培训、完善相关规章制度、加强考核约束、拓宽选人、用人渠道等都是行之有效的措施。

对于维修基层部门，管理干部往往是从生产一线提拔的技术人才。作为设备维修部门，正需要技术型的领导。但往往技术型的领导欠缺系统性的管理、科学方面的系统培训，从技术向管理转变时往往适应期较长，遇到管理问题时，欠缺理论指导，往往只能靠自身在工作实践中的摸索，因此成长付出比较高。

针对技术型的基层领导干部，培养的重点是其管理能力的提高，主要有两种渠道。首先是公司中高层领导对基层领导的培养，包括对公司策略、管理思路的宣讲，对工作任务的重点分解及实施指导等；其次是定制针对基层管理的培训课程，采用聘请专业机构的培训讲师授课、网络学习、到知名企业学习交流等形式进行管理能力提升培训，并根据培训内容制定实践课题，做到学以致用，并持续跟踪培训效果。

二、技术队伍：求通

技术队伍是维修部门的中坚力量，一个健康的技术队伍要由老、中、青三个阶段的人才构成。技术队伍担负技术规范、技术文本、技术现场指导、技术改造、技术研发、重大故障的技术处理、分析等工作。所以对技术人员的要求是技术精通，分析解决问题能力强，技术触觉敏锐、眼界开阔，对技术的学习能力强等，总结两个字就是“求通”———通彻了解，且懂得变通。

因此，对技术人员的培养重点首先是开展专题化培训与交流，增强知识全面掌握、融会贯通应用的能力以及加强对新技术新设备的接触与了解；其次，就是要组织技术人员进行技术课题研究，进行科研技改项目的研究与探讨，在实践工作中提高技术能力。

三、技能队伍：求熟

技能队伍是维修部门维修力量的根基。大部分的现场维修工作由一线维修工人完成，技能队伍的技能水平直接影响到设备的维护、维修水平，技能队伍的技能培养最核心的思想就是“求熟”——熟能生巧，巧能生精。

在城市轨道交通线网规模运营要求下，要注重开展多层次的人员梯队的培养：低层注重打好基础，中层注重培养一专多能，高层注重培养精、专型的高技能人才。从分工方面，值班与巡检岗位重点培养人员的日常设备通用检修能力、应急故障反应能力、简单故障的现场抢通能力；技能重点培养设备年检以上的复杂检修工作能力和较复杂故障的修复能力；工班长则注重设备维护、维修的综合管理能力。

首先，要打破人员技能的线路间、设备间不相通的壁垒。以两条主线开展人员的技能提升培训：一条主线是建立线路间的交流通道，为员工提供跨线路学习与交流的机会，特别是针对相同系统在不同线路厂家、型号、版本不同的情况，引导员工通过学习与比较，加强对设备的认识，从而提升对同类设备的检修能力，也增强线网模式下跨线支援技能队伍的战备力；另一条主线是打破专业间的界限，开展跨专业的交叉培训，为员工对系统间关系、接口实现等平时分立的知识的理解提供一个融会贯通的学习平台，从而加深对设备的掌握能力，同时达到提高员工的综合技能的目的。

其次，在拓宽员工知识面与技能面的基础上，对员工所管辖设备维修技能进行回炉及深化培训，达到员工知识技能分阶段螺旋上升的目的。充分利用培训基地与各类培训平台，为员工提供真枪实战的动手机会，切实提升员工的维修技能水平。

第五节 维修模式创新思考

一、代维模式

维保分工的专业化和市场化是维保工作发展的两大趋势，维保的市场化是在维保工作中引入市场机制的过程。目前通信行业代维外包服务已成为一种成熟的模式，网络通信、移动通信等专业的代维社会化程度不断提高，形成一个多元化、专业化的代维市场。随着市场化发展程度越来越高，轨道交通运营企业也应与市场接轨，发挥专业化和企业品牌的优势，通过承接通信代维业务，提高市场竞争力和影响力，从而提升企业的综合形象和增加企业的总体经营效益。

1. 维保活动与代维

维保活动是为了维持设备处于规定的有效性状态，或维持其处于能够提供某种专门服务的状态，或使其恢复到该服务状态所进行的一系列操作活动。维保活动包括对设备的日常巡检、维护保养、故障排除、指标检测、重大事件的设备保障以及为提高设备部件效能所做的技术改进。

企业为了精简机构、节省维保成本等目的，将部分设备的维保工作对外承包给其他具有资质要求的企业，这种代理维保活动的行为就是代维。简单来说，代维就是提供维保活动的有偿服务。

2. 代维分类

根据代维合同（协议）签订的具体内容和方式的不同，可以有多种划分，以下简要介绍两种。

（1）根据代维的承包内容不同来划分，可分为以下三种模式。

1）运营总承包：是指提供除实物资产外的所有与对象相关的维保活动，包括维保活动过程中涉及的所有低值易耗品、材料和备件。

2）材料和服务承包：是指提供包括维护用的低值易耗品的维保活动，但不提供维保活动过程中涉及的材料和备件。

3）服务承包：是指仅提供设备日常巡检、维护保养、故障排除、指标检测、重大事件的设备保障的维保活动。不包括维保活动过程中涉及的所有低值易耗品、材料和备件。

（2）根据代维的技术能力不同来划分，可分为以下两级代维。

1）一级代维：主要包括日常巡检、维护保养等基础性或例行维保活动。

2）二级代维：除了包含一级代维工作相关内容外，还要进行故障排除、指标检测、重大事件的设备保障以及为提高设备部件效能所做的技术改进。

3. 代维组织形式

根据代维合同（协议）签订的具体情况决定具体的组织架构，一般来说，可分为管理层、技术支援层、二级代维现场维护层、一级代维现场维护层和调度等几部分，其中管理层即业务经理，技术支援层即技术主办和技术助理，二级代维即高级工以上人员，一级代维即初级工、中级工，人力资源的配置总体呈金字塔结构，如图 4—14 所示。

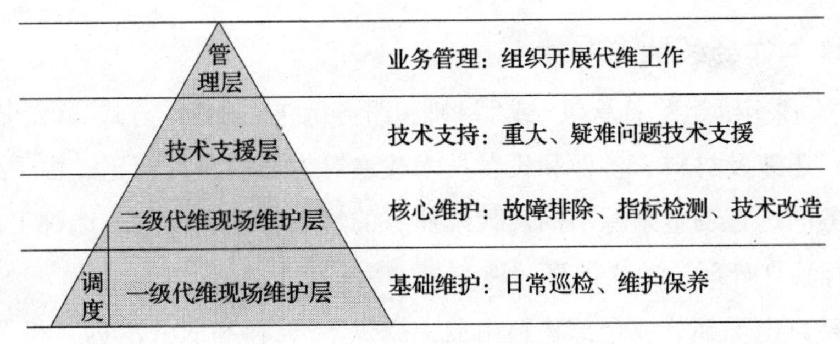

图 4—14　人力资源配置的金字塔结构

4. 代维工作原则

（1）明确分工，完善制度。派专人负责代维工作的全面管理，代维工作与代维管理人员绩效考核挂钩。建立并完善代维各项工作制度，使代维工作有章可循、有据可依。

（2）确立目标，提高效率。分解并下达代维工作任务和目标，制订年度工作计划。对于年度计划外的项目，提前做好调整计划，及时沟通，提高各方的工作效率。

（3）强化培训，加强交流。针对维修人员代维专业技术薄弱环节，组织进行专项技能培训，提高综合业务素质。重视与业主的沟通，通过定期的工作协调会议，及时反映工作情况，按业主的要求调整下阶段工作重点。

（4）量化管理、全方位考核。制定合理的工作管理考核机制，根据业主的要求将各项工作进行具体量化，对各下属单位进行综合检查评分。根据评分进行考核，并认真查找问题，限时整改。

5. 代维工作主要内容

（1）人员管理：包括人员基本信息、资质认证要求等。

（2）资料管理：包括设备技术资料、运行档案等各类资料的分类建档管理。

（3）巡检管理：包括巡检计划的制定和执行、巡检结果的统计与分析。

（4）故障抢修：包括抢修组织、故障抢修和故障分析。

（5）材料管理：包括材料预算、出入库记录、使用分析。

（6）备品管理：包括备品预算、出入库记录，故障备品的报修、报废和送修。

（7）考核机制：包括工时统计、考核分析、业绩报告。

（8）系统报告：包括系统数据统计、分析，生成系统报告。

（9）工单管理：包括接收和回复业主的派单、上传汇总报表。

（10）应急管理：包括应急调度、指挥、汇报和分析。

6. 代维工作的关键点和难点

（1）预算。采用“运营总承包”或“材料和服务承包”的代维方式，除了基本的人员、技术管理外，还涉及材料、备件和设备技术改造等方面的预算问题，由于代维业务与专用维保业务的运营资金来源不同，代维业务的物资管理和设备改造等工作宜与专用维保业务进行独立管理、独立预算。

（2）周转。由于部分或全部物料由业主提供，“材料和服务承包”和“服务承包”均涉及物料的周转，代维单位与业主之间需对物料的周转流程达成一致的认识，并对物料的申请、配送、消耗、入库、出库、盘点、送修、返修等具体的管理办法进行磋商，形成相应的物料管理制度并具体执行。

（3）备件可采购性和改造性。设备投入使用一段时间后，往往会面临备件停产的问题，尤其是非标准件的停产将导致设备处于无后备保障的情况。无论作为何种类型的代维，都有义务及早对备件的可采购性和改造性进行预想和研究，并向业主提出可行性建议。

7. 与主营业务的平衡关系

作为城市轨道交通专用设备的维保部门，确保城市轨道交通正常运营和服务水平不降低是维保工作的大前提。同时，由于代维业务是代表公司的一个品牌业务，同样也需要高质量履行代维业务的合同协议，因此，主营业务与维保业务之间在技术和管理上可能会相互交融，但不能相互影响。

（1）根据“统一领导、分级管理”的原则，采用目标责任制的形式，使主营业务与代维业务的责任分解落实到各单位和个人。

（2）制定应急管理办法，特别针对主营业务和代维业务均出现大型故障抢修等情况下的应急响应方案，使两方面业务互不影响，互不冲突。

（3）制定代维工作管理制度，建立代维业务的管理、组织和维护网络，完善各接口管理环节。

8. 代维质量的衡量标准

为了保障代维设备的正常运行，需要业主与代维单位之间协商并制定相应的维护协议，用于约束双方的权利及履行自己义务，明确代维工作的衡量标准。由于代维设备的多样性，在制定维护协议时，双方具体的权利与义务也会有所不同，需要根据实际的情况来确定；在衡量标准上，可以将故障管理作为一种基本的标准。

故障管理标准的具体内容也因设备而异，一般情况下可包含故障响应时间、故障处理时长、故障率、责任正线运营晚点次数、责任清客列次等。由于不同设备的功能不同，在其出现故障时造成的影响范围也就不一样，因此在制定故障管理标准之前有必要对管辖的设备进行分类，针对不同的设备制定相应的标准。

（1）故障响应时间。故障响应时间是指从设备出现故障到设备维护人员对故障做出响应的时间。从获得故障信息的角度来看，一种途径是城市轨道交通维护人员自行发现故障，包括从监控终端读取故障信息及城市轨道交通内部工作人员的报障，另一种途径是业主给城市轨道交通维护人员报障。因此，故障响应时间也会因获取故障信息的途径不同而不同。为了减少故障响应时间，代维单位可以建立“统一报障，集中调度”的管理模式，由专门的故障接报点接报故障信息，然后直接将故障处理任务指派到相关的维护部门。

（2）故障处理时长。由于故障发生地点、发生时间的不确定性，维护人员从值班点到达故障现场所需的时间也就带有不确定性。因此，故障处理时长一般是指从到达故障现场起，到故障处理完毕的时间长度。但前提是维护人员在得到故障信息后及时赶往故障现场，不应耽误故障处理时间。对故障处理时长进行定义时，需要考虑实际运营情况对故障处理的影响。在故障不影响运营的情况下，故障处理时长将会增大，因为对于站厅、站台等公共区域，运营时间一般不进行大规模的施工作业；而对于隧道区间，运营时间不允许进行任何的施工作业。

（3）故障率。故障率是指某种设备出现故障的概率，其定义方法有两种不同的形式：

$$故障率=\frac{统计周期内某种设备出现故障的数量}{统计周期内此种设备在现运行的数量}$$

或

$$故障率=\frac{统计周期内某种设备出现故障的数量}{统计周期内的运营里程}$$

故障率的统计周期一般为月。故障率是衡量设备维护质量最直接的表现，采用何种故障率作为统计标准可根据实际运营情况而定。

（4）责任正线运营晚点次数。责任正线运营晚点次数是指统计周期（一般为一个月）内由于负责维护的设备出现故障而导致列车晚点的次数。按晚点时间的长短，还可以对晚点的情况进行细分，比如可分为：小于等于 3 分钟的晚点、大于 3 分钟而小于 15 分钟的晚点、大于等于 15 分钟的晚点。

（5）责任清客列次。责任清客列次是指统计周期（一般为一个月）内由于负责维护的设备出现故障而导致的列车清客的次数。

故障管理作为一种随设备变化而变化的衡量标准，当设备运行环境发生改变时，有必要进行重新的定义，以适应新的设备运行环境。

9. 维修业务“走出去”的可行性探讨

维修业务“走出去”是指离开本单位的管理范围，到其他企业的管理范围里去进行相关专业设备的维护维修或项目管理工作。维修业务“走出去”的前提条件是完成自身的设备维护任务，并且维护人员的配置满足自身维护的需求。作为维修部门，在考虑维修业务“走出去”的可行性上，应充分发挥本身的技术优势，依靠自身在新线开通及旧线维护方面的经验积累，从线路建设前的系统需求管理、线路建设中的设备调试管理、线路建设后的设备维护管理等方面入手。“走出去”的模式可包含新线建设前期管理理念输出、相关行业的工程项目承包及维修项目经理制等。

（1）新线建设前期管理理念输出。管理理念包含多方面的内容，对于新线建设的前期咨询，可以从用户需求、人员配置、工器具配置、物资配置等方面入手，如图 4—15 所示。

1）用户需求：用户需求是前期工作很重要的一环，以用户的期望作为出发点，指导整个设计联络的开展。用户需求既要考虑到设备的稳定性、合理性，又要考虑到设备维护的可行性、便利性。

2）人员配置：人员的配置要从维修模式、设备数量、运营里程等客观因素入手，合理规划工作岗位，既要保证足够的生产力又要避免人力的浪费。

3）工器具配置：工器具（含仪器仪表）是进行设备维护必不可少的工具。在制定工器具的配置标准时，需紧密结合实际使用的设备情况及维修模式，合理配置通用及专用工器具，保障维修工作的正常开展。

4）物资配置：物资包含后勤物资及生产物质两方面，后勤物资主要是指办公用电脑、家具等，生产物资包含生产用电脑、家具，生产材料等。物资是开展维护维修工作的基础。

（2）相关行业的工程项目承包。以自身的技术优势为基础，进行相关行业的工程项目承包，也是维修业务“走出去”的一种模式。在承包项目的管理上，可参考图 4—16 所示的项目管理架构，主要包括项目调研、人员配置、安装规范、子系统调试方案、问题汇总及跟踪、系统联调方案、验收管理等方面的内容。

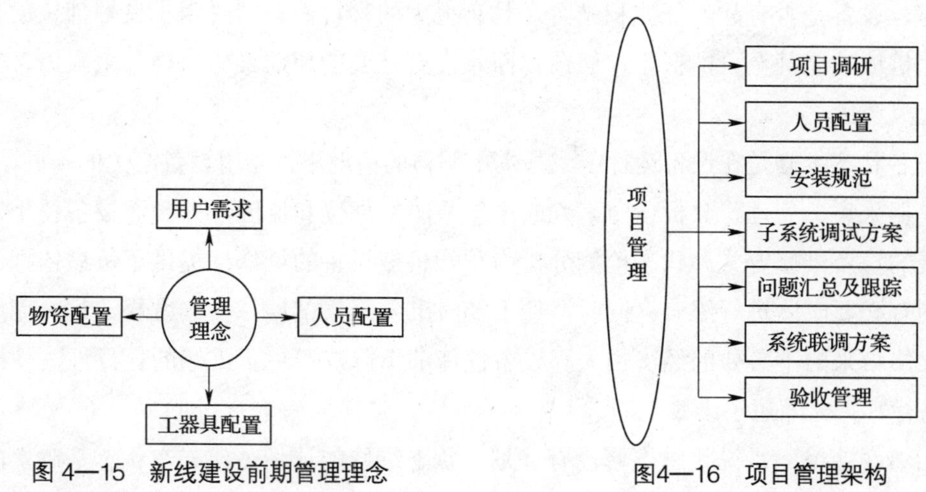

图 4—15　新线建设前期管理理念

图4—16　项目管理架构

1）项目调研：前期的项目调研是项目承包必不可少的一步，要根据实际的情况来分析承包项目的可行性。

2）人员配置：根据具体的项目工作量及项目计划，配置足够的人力以保障项目的开展。

3）安装规范：因地制宜地制定适用的安装规范，指导设备安装工程。

4）子系统调试方案：针对各子系统需要实现的功能制定有针对性的调试方案。

5）问题汇总及跟踪：对安装及调试中存在的问题进行汇总，并及时跟进整改情况。

6）系统联调方案：在各子系统完成独立调试后，进行整个大系统的联调，以实现整个系统的总体功能。

7）验收管理：按流程对项目进行验收，完成承包项目。

（3）维修项目经理制。维修项目经理制主要是针对已建成设备的维护维修。根据人力输出情况的不同，可分为维修咨询项目经理制及维修执行项目经理制两种。

1）维修咨询项目经理制。咨询项目经理制是指输出一个管理的项目经理团队，为有需求的维修项目提供管理上的咨询服务，包括维修模式的改善与管理、维修作业的优化与管理、维修人员的调配等方面的内容。

2）维修执行项目经理制。执行项目经理制是指输出一个维修项目组，项目组人员包括管理团队和维修团队两部分。管理团队主要是履行维修咨询项目经理的工作，维修团队主要是按要求、按计划执行相关的维修工作。

二、状态修

1. “状态修”的必要性和可行性

城市轨道交通的维修保养一般采用设备定期修理制度。这种维修模式未与设备实际状态、设备是否有故障征兆相结合，具有很大的盲目性。同时由于良好部位的反复拆卸，机械性能甚至可能低于检修前，而且没有必要的超前维修，会带来人力、物力的巨大浪费。

设备状态维修是在设备运行中或基本不解体的情况下，利用设备产生的不同信息，使用仪器采集、处理、分析信号，判断产生故障的部位和原因，并预测设备使用寿命而开展的设备维修方式。状态检测分析为预知机械设备的维修期提供了可靠依据，即可做到有必要时才进行维修。同时，便于及时准备维修部件，安排维修计划，克服了定期维修带来的不必要的经济损失和设备性能的下降，避免了维修的盲目性，使检修简便易行，大大缩短了维修工期。

当然，这绝不是说状态维修没有计划，状态维修的计划是建立在状态基础上的计划，这种计划的目的性和针对性更强，在计划的安排上要求更合理，计划的编排要求更详细。状态维修只需要更换或修理损坏的零件，减少了物料、配件的消耗，使设备维修的成本大幅度降低。

2. “状态修”的开展方法探讨

(1)购买仪器并进行业务培训。开展状态维修，首先必须通过仪器来了解设备状态。这类仪器主要有机械类状态检测设备、测温仪、转速仪、设备故障诊断仪，其次需成立状态检测小组。人员应送到厂家进行培训，使其掌握设备状态检测基本知识和专业技术知识，而后到开展状态检测好的单位进行现场学习。

（2）正确选择被测设备测点，对每个测点进行编号。测点的选定很关键，因为所选测点将影响数据的真实性。选定测点记录在图纸上存档，以备以后查阅核对。检测点确定的原则是：

1）机器振动的敏感点、离机器核心部位最近的关键点及容易产生劣化现象的易损点；

2）选择刚性支承点，如机座、轴承座等；

3）大型机械则必须在机器前、后、上、下、左、右、中等部位进行测量；

4）在选择测量点时要考虑环境因素，如大的振动源，避开高温、高湿点及出风口；

5）测点数量的选择应反映机器的主要运行状态。

（3）修订企业标准。由于之前的企业标准都以定期维修为基础制定，在开展状态修后需重新修订企业标准。

首先对开展状态修的设备需确定每台设备的各测点的正常值、注意值和危险值。三个值分成四个区域，即良好区域、正常区域、注意区域和危险区域。所测值在良好区域内说明设备运行良好；在正常区域内说明设备正常运转使用；在注意区域内说明设备运转有些问题，此时要加强监测检查；在危险区域内说明设备必须进行检修。

通过对单一设备或同种多台设备的各测点进行反复测试（一般在50次以上），取得大量正常情况下的实测数据值（如位移、速度、加速度、温度等）求得一个平均值，通过整理分析，引入倍乘因子和修正系数确定正常值、注意值、危险值。一般情况下，以平均值的1.1倍为正常值，以正常值的2.5倍为注意值，以正常值的5倍为危险值。应逐台建立企业标准。

（4）检测周期的确定。根据设备寿命曲线（浴盆曲线）制定检验周期。正常运行设备的检测周期可适当延长，老化期设备的检测周期可适当缩短。在检测过程中，一旦发现测量数据有变化，便缩短检测周期，待测得数据恢复正常时，按规定周期进行检测。

（5）数据的采集与处理。根据企业实际测点情况，统一编号输入计算机数据处理系统，建立设备测点档案台账，输入正确的企业标准等，将状态检侧系统初始化。然后用数据采集设备（故障诊断设备）对在检测周期内的设备测点进行数据采集。采集数据的过程中应注意各测点与所选设备台账内测点的对应关系，记录环境温度及设备工况。在正常情况下只测各设备测点的峰值，如果各峰值在正常区域内可按正常检测

周期检测记录，如果所测峰值在注意区域或危险区域内则必须缩短检测周期。

对采集到的数据输入计算机软件系统中，在波形或数据传送过程中应注意测点与台账对应，对于数据超出注意区域的设备测点应进行波形频谱分析，确定故障部位及状态。然后对设备进行质量分析和剩余寿命预测，确定检修项目及日期。

（6）质量信息管理。质量信息管理工作是项细致而量大的工作。首先应对设备原始状态资料进行收集，其次将设备故障记录在案，包括前期设备故障信息资料收集和现发生的设备故障记录两部分内容。认真做好“设备故障”的记录摘抄工作。

设备检修小组对所测设备建立设备检测档案，包括纸质档案和电子档案。

对于有故障的设备应进行趋势分析、波形分析，并发出故障通知单，通知有关工班进行维修，维修工班应将设备检修单反馈给状态检测小组，建立动态档案。

三、维修成本可控制性管理探讨

1. 维修成本构成要素

维修成本是指企业为保障设备按照设定的技术、经济指标运行而付出的人、财、物等资源投入的总和，如图 4—17 所示。维修成本，按照支出的频度可以划分为一次性支出和经常性支出两类，购置费用属于一次性支出成本，其他各项可列入经常性支出成本；按照支出的相对稳定性可以划分为固定成本和变动成本，固定成本是指相对变动成本，其成本总额在一定时期和一定业务量范围内不受业务量增减变动影响而能保持相对稳定的成本。人力成本、材料成本、计量费用、管理费用等属于固定成本，而备件成本属于典型的变动成本。

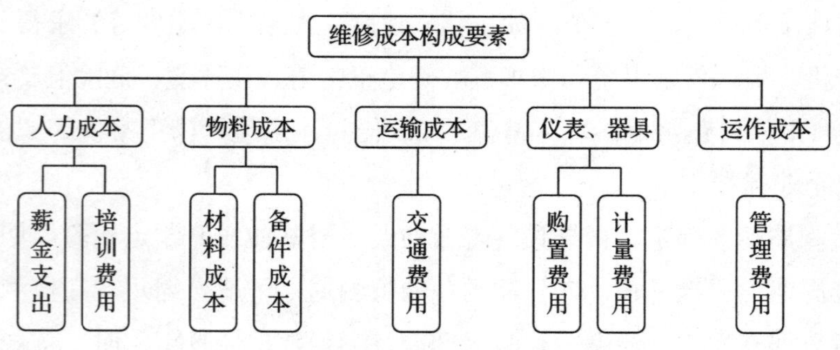

图4—17　维修成本重点分布图

由此可见，经常性支出项目的可管理潜力强于一次性支出项目，固定成本项目的可管理性优于变动成本项目。

2. 维修成本估算方法

（1）直接计算法。根据设备的技术资料和企业的成本资料，直接核算出材料支出、管理费用等，进而得出目标成本。

（2）类推估算法。在同类设备维护成本的基础上进行类推估算，如利用维护设备成本项目比例等进行类比分析，主要用于相似设备或相近设备的维修成本估算。

3. 成本管理的原则

（1）效益原则。成本管理的目标是实现设备运行效率与企业经济合理性的有机统一，为此，成本设计必须与企业经营目标保持高度一致性。

（2）功能原则。成本合理性的前提是要保证设备可靠地实现必要的功能，因此，在成本设计过程中要关注成本与功能的平衡性管理，成本过低会导致设备功能提供不足，反之，保障过度则会导致成本效率低或无效地增加。

（3）创新原则。创新思维是推动成本管理提升的主推力量，成本管理创新手段不仅包括组织创新、方法创新、流程创新，还包括功能改进创新、资源配置创新等。

4. 维修成本管理方法

由于维修成本受许多不可预测因素的影响，成本控制的结果具有一定不确定性，实际成本会有一定范围的波动。抛开不可预期因素的影响，从常规维修的角度探讨维修成本的管理思路，为引导和约束设备维修投入提供指导，为维修业务的效益化管理提供借鉴。

（1）打造效率化的采购供应链

1）发展规模化采购。随着新增线路的不断投入运营，设备维修规模呈扩张趋势，对单类产品、部件、零件等物资的需求也由零散逐步形成一定的批量。适度的品牌、型号的集中，不但能提高材料、备件等的通用性，也为维修组织提供便利，降低物资管理成本，而且规模化的采购，也为维修企业提供了一定的竞价筹码。

2）品质提升效益。采购对象的品质，直接影响设备使用的寿命和运行效率，而品质鉴别往往显现一定的滞后效应，因此，作为采购品质控制关键步骤之一的选型环节，就显得尤为重要。良好的选型机制（如建立品牌管理库），不但可以保障采购品质，降低后期维修费用，还能为后续的相似应用提供一定的经验。而且，相对稳定的供求关系，对建立良好的产业快速配套能力，也具有非常重要的意义。

3）提高库存周转效率。低库存意味着资金沉淀低，因此，如何在满足设备运营保障能力和降低库存量之间寻求平衡点，一直是运营企业孜孜以求的目标。固定成本类项目，需求明确，计划性强，易于管理。变动成本类项目，具有代表性的如备件成本，往往需要提前储备以应对设备突发故障或性能骤降时的快速替换需求，但由于备件价格不菲及使用时间的不确定性，往往购置成本和使用机会成本以及后期的维修成本都比较高，一旦购置后长期不用，将直接影响维修资金的使用效率。对变动成本的管理，可以采取以下几种方式。

①摸清采购渠道和供货周期，做好采购环节的过程控制，特别是可供货能力的监控工作。由于受技术成熟度等因素限制，在相当一段时间，使用进口设备在所难免，且这些设备大多价格昂贵，因此，进口备件的供货问题尤为突出。

②通过对设备维护周期、零部件寿命周期进行有效管理，提高备件计划的准确性，从而尽量降低备件使用的机会成本。信息化的设备运行数据管理，为设备运行质量的监测和使用寿命周期的预估，提供了强有力的支撑。

以上方法主要针对经常性支出的材料、备件类一次性支出的购置费用具有一定的借鉴性。

（2）提升设备长效运行能力。好的维护模式，会带动设备整体运行效率的提高，而设备运行效率的高低，与维护投入具有直接的关系。

1）选择合适的维修方式。预防性为主的计划修模式，可以通过加强设备日常维护保养，从而有效延长设备使用寿命，但有时也会导致维修工作量增大，或者造成过分保养等问题。以提高设备维修的有效产出为出发点，可以考虑改进传统的多级保养、大修、中修等做法，根据设备重要性选择不同的维修方法，如重点行车保障类设备采取预防性维修，而对一般性设备采用事后维修保养的方式；或者用灵活的项修替代部分的大、中修等规模性计划修项目等，集中精力做好关键设备的保障工作。

2）加强维修行为管理。再好的设备都需要养护，而设备养护行为的执行主体是人，因此，设备维修行为的管理归根结底是对维修人员的管理。认真细致的维修、正确的操作，可以降低设备非正常磨损或损坏的频率，延长设备修理间隔，进而减少维修费用。建议重点加强三方面维修行为的管理：一是由于维修漏项等原因造成的设备失修，二是由于过分追求设备性能完好等造成的过度维修，三是因故障分析、判断能力不足等原因导致有效部件被无效替换造成的资产浪费。

3）鼓励技术改进。技术改进对于不断完善设备的性能，规避备件停产对设备使用寿命的影响，提高人员的维修效率等具有重要意义。通过开展技术攻关和研究活动，可弥补设备存在的功能不足，缓解设备存在的功能障碍，寻找停产部件的替代方式，探讨性能提升的有效途径，从而提高设备持续稳定运行系数和工作效率，降低设备维修工作量或更新换代费用。技术改进活动的普及化，还将有助于对技术追根溯源等良好风气的培养。

4）培育自主维修能力。设备不可能不发生故障，备件消耗也在所难免，备件的修复是降低备件成本、缓解设备停产压力的有效途径。单纯地依赖供货商，往往会造成维修费用高、周期长，尤其是进口备件维修周期通常在几个月左右，与此同时，设备停产或供货商转型等诸如此类的问题也会存在。通过自主培养或与厂家成立联合维修基地等形式组建自己的维修队伍，着重对批量化使用的部件或备件进行自主维修，同时兼顾老化、停产设备的维护，不但可以降低维修成本，还能一定程度地规避停产等不利因素的影响。

5）预先落实维修需求。虽然维修手段的改进，可以在一定程度上改善设备运行效率，但是设备本身的质量才是决定设备运行效率的关键因素，靠后天努力来弥补先天不足的做法，其功效并不明显。维修部门可以改变现行的先建设后接管的做法，尝试将维修需求在建设甚至设计阶段提前落实，如在规划设计阶段即对设备的可维修性、可靠性或现场符合度提出建议，提高接管设备的运行有效性和易维护性，最大可能地减少后期整治投入。

（3）有效的技术经济指标体系

1）科学的行车、服务评价指标。指标是指导、调控、评价维修活动及效果的依据，对于城市轨道交通运营企业而言，行车、服务指标是衡量维修业务执行效率的主要组成部分。由图4—18可见，设备的功能水平与使用成本在功能水平达到一定程度后将呈正相关的关系，即功能水平提升到一定的高度后，对其进一步的强化要求将导致使用成本的快速上升，如故障救援、抢修时限趋严时，会带来由值班布点密集引起人力成本上升和备件储备量增加等情况。

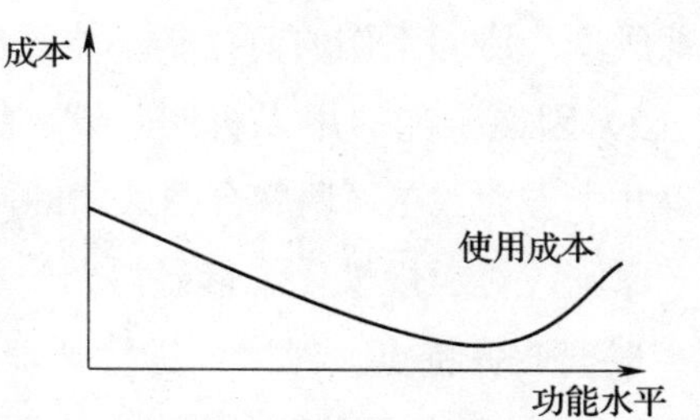

图4—18　设备功能水平与成本关系示意图

行车、服务评价指标体系涉及资金、技术、经济等多方面要求，技术与经济要求相互联系、相互制约，寻找最佳的技术投入与经济产出的平衡点，制定科学的行车、服务指标体系，有利于引导维修业务向效率与效益兼顾的方向发展。

在制定维修评价指标时，应注意指标的激励性和维修部门对指标的可操控能力，让维修执行主体能够做到有的放矢，提高维修部门的主动参与和自我鞭策意识。

2）发挥定额管理的调控能力。定额是企业在生产经营活动中对人力、物力、财力的配备、利用和消耗以及获得的成果等所应遵循的标准或达到的水平。对城市轨道交通运营企业而言，与成本管理密切相关的定额主要有预防性维护定额、故障修定额、固定资产定额、库存定额等。定额管理的贯彻执行，需要注意以下几个方面的问题。

①有效的执行机制。制度是保证定额管理得以贯彻落实的手段。

②定额标准的制定和修订要贴近工作实际，并且在一定的时间内保持定额的稳定性。同时，定额又是一个变动量，会随着材料成本的变化、设备新旧程度的不同而发生变化。

③生产性定额与人员的技能具有一定的相关性，如故障修定额受维修人员综合水平的影响很大，制定难度比较高。

建立和健全定额体系，充分发挥定额管理的杠杆作用，对于控制物资投入，降低成本，提高经济效益，都将起到重要的作用。

（4）向管理要效益。管理，虽不能带来可观的直接经济利益，但好的管理机制，可以提高业务执行的效率，提升单位投入的产出率，进而减少单位产出的投入成本。

1）以协同性求效率。协同，原意是“一起工作”，延伸为两个专业或部门联合起来会获得比单个专业或部门单干获得更大价值的能力。支撑城市轨道交通运营的设备种类达几十种，各设备之间的联系千丝万缕，联动特性显著，可谓牵一发而动全身，设备之间或专业之间的维修配合度非常高。统筹、合理的计划管理和作业组织机制，不但有助于专业协作能力的提升，而且还可以减少重复工作，有效地降低时间成本和管理成本。协同工作的前提是不能对参与各方造成利益危害。

2）因岗定能的用人机制。设备维护工作主要涉及现场维修、技术支持和运作组织等几个方面，在强调复合型人才的同时，更应关注专业化能力的培养，“术业有专攻”这一原则，对于规模化维修显得尤为重要。

根据业务特点，对岗位进行合理设计和规划，如养、修分岗模式，并选取适用之人，既可以达到人尽其才的效果，也有利于员工队伍的稳定。能力不足以适应岗位需要，会直接导致用人成本的上升，相反，能力远超岗位需求甚至是全面精英化的人员结构，不但是一种人力资源的浪费，而且还可能成为员工流失的潜在诱因。

3）防微杜渐的“状态维修”。状态维修又叫预知维修，实施先决条件在于修理之前需先预知设备状态。通过应用设备在线诊断技术或者智能化的专家管理系统，可以尽早发现设备性能弱化倾向和异常状态，进而及时采取相应措施，消除设备隐患，减少设备故障而导致的运营损失，也可间接提升设备维护效率。

4）区域化的维护、救援模式。城市轨道交通建设以提供城市范围内的便捷出行为出发点，线路规划需兼顾各个区域的需求，因此，线路走向往往纵横交错，在中等以上规模城市，单条线路不但里程长而且跨度大，维修作业的距离成本支出不容忽视，适度的区域化管理有利于工作效率的提升和成本水平的下降。以下两种方式可供参考：

①建立15分钟设备保障圈。以换乘站、重点保障站、距离中间点等为中心，建立区域性的维修团队，可以提高故障救援的效率，减少对交通工具的依赖性，从而降低抢修的时间成本和交通成本。

②就近工作。居住地与工作地点距离拉近，意味着路程成本低、目标点可达性高、对交通工具的依赖性低。因此，基于城市轨道交通线网分布广泛的特点，在不影响维修大局情况下，适当的就近工作，能够降低员工出勤时间成本，有利于突发事件下救

援效率的提高，还可以为员工争取更多的休整时间，体现企业对员工的人文关怀。

（5）本地化的产业配套能力。产业的快速组织和需求响应能力，是企业竞争力的重要衡量指标，本地化的产业配套能力，是实现这一目标的有效途径之一。本地化的产业配套能力，是指企业所在地或区域具有对产业长期发展提供上、下游产品或服务配套的能力。对于城市轨道交通运营企业而言，主要涉及供应链本地化、技术支持本地化、人才本地化等几个方面。

城市轨道交通线网的不断扩张，随之而来的将是各类需求的不断增多。供应链是维持企业运行的生命线，本地化的供应链，不但意味着组织效率的提升，而且代表着产业整体发展保障系数的提高。

维修为运营服务，运营保障行车。因此，就近技术支持能力对维修服务质量至关重要。搭建本地化的技术支持体系，实现近距离的故障救援和服务支持，是评估设备运营保障支撑能力的关键性指标。良好的本地化支持，将为维修工作带来间接效益。

本地人员对当地文化和习俗的认同感强、向外迁移成本高，且企业忠诚度更易于管理和培养。建立本地化的人才培养机制，有助于企业搭建规模化的人才输送和储备体系，为企业的持续发展提供强有力的人力资源保障，进而改善人力管理成本。

本地化有助于提高维修需求的快速响应能力，有利于与企业或科研院所开展更为紧密、深层次的合作，可助推相对稳定、高效的产业协同发展局面。

（6）建立成本监管体系。设备维修涉及人、财、物等多方面投入和人员调配、生产组织、技术支持等多个环节的管理投入，科学的成本监管体系可以有效地监控费用支出的合理性，并具有评估维修运作体系是否实现了人尽其才、物尽其用、业尽其善的功效。

监管体系建设中，一是要重视维修过程数据和同类设备维修数据的收集，为后期的成本分析奠定基础；二是逐步建立事前预防机制，通过对历史数据的分析，结合设备技术参数，参考同类设备数据，建立费用支出模型，开展成本预测分析；三是加强对费用支出重点项目的监测，如建立高价值板件使用效率跟踪和损坏备件的专门鉴定程序。

通过计划分析、预测分析、技术执行效果分析，建立起较为完整的成本分析、评估体系，可促进成本管理能力的提升。

小　结

一条线路的维修模式和多条线路的维修模式有较大的区别，线网一旦形成，维修模式就必须从一条线路的维修模式转化为适应线网需要的维修模式，如果不能很好的转化维修模式，在今后的设备维修中将会面临很多棘手的问题。因此，在线网化的运营维护中需要考虑维修模式的多样性和创新性。

第五章

■ 特殊情况下的维修保障——开通后的升级调试

城市轨道交通通信设备在正式投入运营后，由于各种各样的原因，需要在一边运营的情况下一边进行调试。而边运营边调试的调试时间只能选择在城市轨道交通收车之后，即凌晨 0 点至凌晨 4 点左右，由于调试时间短并且面临着调试后需确保设备以正常状态投入运营的风险和压力，维修部门应与设备供应厂家密切沟通协调，在调试前做好周密的调试计划和应急方案。下面以设备在线升级改造和列车编组增加的调试为例进行说明。

第一节　设备在线升级改造

在正式运营的情况下，通信设备进行较大范围的软硬件升级改造调试，首先要考虑的问题是如何确保设备升级改造调试不影响正常运营或最大程度地降低对正常运营的影响，同时要充分预想到通信设备在升级改造调试过程中出现突发情况的后备应急措施，快速处理突发情况或最大程度降低突发情况的影响。以下以某线路无线集群通信系统主站升级改造为例，对设备在线升级改造调试组织进行说明。

一、升级背景

1. 升级需求

由于无线集群通信系统软硬件技术的发展，某城市城市轨道交通专用无线集群通信系统目前所使用的软件版本为 R6.2 版本，但该专用无线集群通信系统的软件版本现已发展至 R7.0 版本，为了使系统在使用和操作上更加稳定并实现与其他既有线路的专用无线集群通信系统互联互通，需要对某线路专用无线集群通信系统进行系统升级，由 R6.2 版本升级至 R7.0 版本。

2. 升级前提准备工作

（1）某线路专用无线通信集群系统运行稳定，无重大故障隐患。

（2）按照运营部门设备安装、软硬件更换及调试、试验安全相关管理规定制定专用无线集群通信系统升级调试方案。

（3）设备供货厂家提供本次软件升级的详细说明、新版本软件测试报告及安全证书等相关文件。

（4）设备供货厂家提前检查发货升级软件参数正确性，并做好相关软硬件参数的预配置。

（5）设备供货厂家工厂技术人员通过远程 modem 确定系统兼容是否正确，同时也提前了解系统的运行状况，确保系统满足升级的各项条件。

（6）要求设备供货厂家提前做好现有版本无线主交换设备等各种软硬件配置文件、用户数据库、基站配置文件的备份。

（7）所有软硬件、备品备件、工器具已准备到位，所有参与升级工作人员已到达指定位置。

（8）在 OCC 准备好应急车辆。

二、升级调试组织

1. 时间安排

为了不影响城市轨道交通运营，升级工作安排在夜间非运营时间内进行。升级工作需要 4 天(晚)时间进行,包括升级和观察的时间。其中每天升级需要保证 3 个半小时，其中已包含 1 个小时的系统回退时间。

（1）00：00—次日 2：00，系统及应用程序的升级。

（2）次日 2：30—3：30，对系统进行恢复工作，如当天升级不成功回退原系统。

（3）次日 3：30，结束当天所有工作。

2. 系统升级的工作内容及步骤

专用无线集群通信系统软件升级工作内容和步骤见表 5—1。

表 5—1　　专用无线集群通信系统软件升级工作内容

时间	第 1 日	地点	OCC
升级任务	（1）清点硬件、软件，密码查证，系统测试 （2）软件下载到基站（不用重启） （3）网管软件升级		
准备工作	（1）设备供货厂家及维修分部相关技术人员到位 （2）作业负责人对现场工作人员进行作业前安全讲话及工作分工 （3）确保系统的性能状况运行良好 （4）准备测试手持台 4 部 （5）工器具、备品备件的准备到位		
升级步骤	（1）22：00—次日 1：30 清点硬件、软件，密码查证，系统测试 （2）1：00—1：30 新软件下载到基站（不用重启） （3）1：30—2：00 网管软件升级 （4）2：00—3：00 对网管软件进行功能测试或系统回退		
影响范围	无		
应急通信指引	无		
备注	（1）对于每个设备的升级都是当前设备升级完毕并测试正常后，再对下一个设备进行升级工作，如果升级不成功或未能通过功能测试可对设备执行回退，以确保设备的正常运行和系统的恢复 （2）若当天升级任务未能完成，则顺延至次日进行		
时间	第 2 日	地点	OCC
升级任务	（1）系统测试 （2）网管服务器升级 （3）路由器、以太网网关升级		
准备工作	（1）设备供货厂家及维修分部相关技术人员到位 （2）作业负责人对现场工作人员进行作业前安全讲话及工作分工 （3）确保系统的性能状况运行良好 （4）准备测试手持台 4 部 （5）工器具、备品备件的准备到位		
升级步骤	（1）22：00—次日 0：00 系统测试 （2）0：00—0：30 对网管服务器进行升级 （3）0：30—1：00 对网管服务器进行功能测试或系统回退 （4）1：00—2：00 对路由器、以太网网关进行系统以及应用程序的升级 （5）2：00—3：00 对路由器、以太网网关进行功能测试或系统回退		

续表

时间	第 2 日	地点	OCC
影响范围	需要两次各 30 分钟中断各基站间的通信，中断期间调度台用户、无线手持台用户相互间无法进行正常通信		
应急通信指引	系统中断期可使用公务有线电话或者中国移动、联通手机进行联络通信		
备注	（1）对于每个设备的升级都是当前设备升级完毕并测试正常后，再对下一个设备进行升级工作，如升级不成功或未能通过功能测试可对设备执行系统回退，以确保设备的正常运行和系统的恢复 （2）若当天升级任务未能完成，则顺延至次日进行		
时间	第 3 日	地点	OCC
升级任务	（1）系统测试 （2）服务器、备区域控制器升级 （3）主区域控制器升级 （4）升级系统测试		
准备工作	（1）设备供货厂家及维修分部相关技术人员到位 （2）作业负责人对现场工作人员进行作业前安全讲话及工作分工 （3）确保系统的性能状况运行良好 （4）准备测试手持台 4 部 （5）工器具、备品备件的准备到位		
升级步骤	（1）22：00—次日 0：00 系统测试 （2）0：00—0：30 对备区域控制器进行系统以及应用程序的升级 （3）0：30—1：00 对备区域控制器进行功能测试或系统回退 （4）1：00—2：00 对主区域控制器进行系统以及应用程序的升级 （5）2：00—3：00 对主区域控制器进行功能测试或系统回退		
影响范围	升级过程中，需两次各 60 分钟中断各基站间的通信，中断过程中调度台用户、手持台用户相互间无法进行正常通信		
应急通信指引	调度台及手持台用户可使用公务有线电话或者中国移动、联通手机进行联络通信		
备注	（1）对于每个设备的升级都是当前设备升级完毕并测试正常后，再对下一个设备进行升级工作，如升级不成功或未能通过功能测试可对设备执行系统回退，以确保设备的正常运行和系统的恢复 （2）若当天升级任务未能完成，则顺延至次日进行		
时间	第 4 日	地点	OCC 以及全线各站
升级任务	（1）系统测试 （2）调度台升级 （3）基站新软件重启 （4）升级后全系统测试 （5）系统备份		

续表

时间	第 4 日	地点	OCC 以及全线各站
准备工作	（1）设备供货厂家及维修分部相关技术人员到位 （2）作业负责人对现场工作人员进行作业前安全讲话及工作分工 （3）确保系统的性能状况运行良好 （4）准备测试手持台 4 部 （5）工器具、备品备件的准备到位 （6）设备供货厂家落实所提供的车辆，以便到车站对基站进行本地升级		
升级步骤	（1）22：00—次日 0：00 系统测试 （2）1：30—2：00 对调度台进行系统以及应用程序的升级 （3）2：00—2：30 对调度台进行功能测试或系统回退 （4）1：00—2：00 对基站新软件升级重启 （5）2：00—2：30 对基站功能进行功能测试或系统回退 （6）2：30—3：00 对 R7.0 进行升级后的全系统功能测试或系统回退 （7）3：00—4：00 对新系统的所有数据进行备份		
影响范围	升级过程中，需 3 个半小时中断各基站间的通信，在中断过程中，调度台及手持台用户无法进行正常通信		
应急通信指引	调度台及手持台用户可使用公务有线电话或者中国移动、中国联通手机进行联络通信		
备注	（1）对于每个设备的升级都是当前设备升级完毕并测试正常后，再对下一个设备进行升级工作，如升级不成功或未能通过功能测试可对设备执行系统回退，以确保设备的正常运行和系统的恢复 （2）若当天升级任务未能完成，则顺延至次日进行		

时间	第 5 日	地点	OCC
升级任务	备品备件的升级，系统性能的观察、测试		
准备工作	（1）设备供货厂家及维修分部相关技术人员到位 （2）作业负责人对现场工作人员进行作业前安全讲话及工作分工 （3）确保系统的性能状况运行良好 （4）准备测试手持台 4 部 （5）工器具、备品备件的准备到位		
升级步骤	（1）9：00—11：00 对备件进行升级并进行功能测试 （2）13：00—15：00 对升级后的系统进行性能的测试和观察		
影响范围	无		
应急通信指引	无		
备注	无		

三、影响范围及安全应对措施

1. 影响范围

（1）第 1 日

影响范围：不影响其他部门的作业及调试工作，确保调度台用户、无线手持台用户通信正常。

（2）第 2 日

影响范围：在该日的升级内容中，需中断系统，所以，需要两次各 30 分钟中断各基站间的通信，即在 30 分钟内，调度台用户、无线手持台用户相互间无法进行正常通信。

应急通信手段：在每次进行系统中断工作前半小时，通知当天有相关调试任务的部门系统中断的确切时间，并建议在系统中断的 30 分钟内可使用公务有线电话或者中国移动、中国联通手机进行联络通信。

（3）第 3 日

影响范围：在该日的升级内容中，需两次各 60 分钟中断各基站间（即各个车站）的通信，在此两次各 60 分钟过程中，摩托罗拉调度台及手持台用户无法进行正常通信。

应急通信手段：在每次进行系统中断工作前 30 分钟，通知当天有相关调试任务的部门系统中断的确切时间，并建议他们在系统中断的 60 分钟内可使用公务有线电话或中国移动、中国联通手机进行联络通信。

（4）第 4 日

影响范围：在该日的升级内容中，需 3 个半小时中断各基站间（即各个车站）的通信，在此 3 个半小时过程中，摩托罗拉调度台及手持台用户无法进行正常通信。

应急通信手段：在每次进行系统中断工作前 30 分钟，通知当天有相关调试任务的部门系统中断的确切时间，并建议他们在系统中断的 3 个半小时内可使用公务有线电话或者中国移动、中国联通手机进行联络通信。

（5）第 5 日

影响范围：无。

2. 安全保障措施

本次无线专用通信系统升级，涉及某线路 OCC 及全线车站的 MSO 设备、基站、调度台等的软件升级。因此需要加强安全保障措施，具体如下所示。

（1）中央交换设备升级失败的风险与安全保障。若路由器、区域控制器以及数据库等中央交换设备在升级过程中，发生无法升级或升级后功能无法达到要求，则有可能在当日的作业时间内无法完成升级任务。

应对措施：立即组织现场工作人员停止当前升级工作，要求设备厂家技术人员进行远程接入，共同解决问题；如在一定的时间内仍旧无法解决问题，立即将设备导回旧版，确保设备状态迅速恢复，不影响正常使用。设备部门进一步协同厂家技术人员对升级失败的原因深入分析，查明解决问题后，继续进行升级工作。

（2）基站软件升级失败的风险与安全保障。若某个车站的基站软件升级失败，则在 OCC 无法对基站进行远程数据包恢复。

应对措施：基站升级是逐一进行的，在系统升级前，准备好正确的备份软件和备用的板卡。当某个基站无法升级时，迅速组织分部及厂家技术人员到车站对基站进行本地升级，保证基站能够正常升级。

（3）无线调度台升级失败的风险与安全保障。无线调度台在升级过程中可能出现软件升级失败。

应对措施：在系统升级前，已经准备好完整的调度台备件。升级期间要求设备供货厂家到场协助工作，若出现问题，应根据现场情况导回至旧版或更换备件，确保无线调度台用户各项功能使用正常。

（4）系统升级后，设备运行不稳定的风险与安全保障。由于新版的系统没有经过长时间的试运行，因此存在设备升级后运行不稳定的风险。

应对措施：系统升级前，准备好正确的系统回导文件，一旦出现问题，技术人员迅速将系统导回至旧版软件，先保证设备恢复正常运行，进而协同厂家技术人员分析解决问题，确保系统运行的可靠性。同时，系统升级期间，加强设备巡查工作，在原有的值班巡检人员的基础上，加派人员进行驻站，优先保证设备的正常运行。

3. 故障及事故处理

（1）系统升级过程中，如发现有危及人身或设备安全的现象，参与测试的任何人员都可在第一时间采取措施，杜绝安全事故、事件的发生。

（2）升级期间无线系统或其他设备发生故障时的信息流程，如图 5—1 所示。

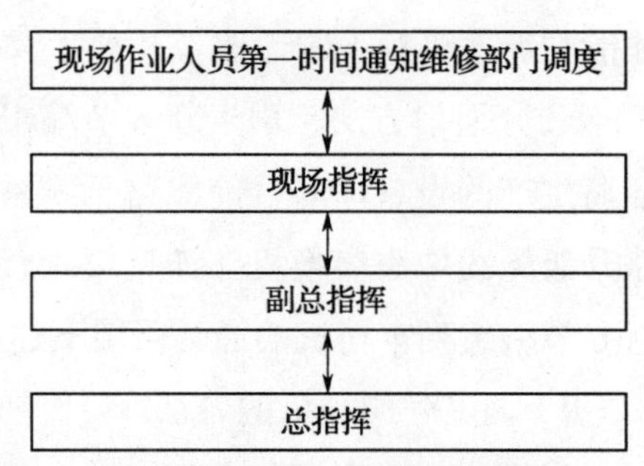

图5—1 故障时的信息流程图

（3）故障（事故）处理好以后，须经现场指挥同意后才可继续进行升级工作。

（4）对系统升级期间所发生的故障，维修部门在升级完成后进行确认，重大故障必须有详细的故障分析报告。

4. 升级调试后期设备保障措施

在新版软件升级后，维修部门需持续观测新版系统软件的稳定性。因此，维修部门需安排技术人员、工班长及高级工在升级调试完成1个星期内轮流对专用无线集群通信系统的运行情况进行监控，做好设备保障，若出现任何问题，须现场立即处理。

第二节　列车编组增加

一、列车编组增加的缘由

某线路原设计为远期6节列车编组，但近期以40列3节编组列车（“小编组、高密度”）运行。随着沿线客流逐年剧增，3节编组的运营模式早已无法满足现有客流疏运需求，急需使用6节编组列车投入运营组织。这包括对原来3节编组列车的两两连挂，以下称“3改6”。同时随着线路后续新购列车（6节编组）的陆续投入运营，线路中将出现两种有略微区别的列车（一种为由40列3节编组经过“3改6”变为20列6节编组的列车，另一种为新购的6节编组列车）。为确保“3改6”后的6节编组列车投入运营期间的运营组织工作安全、有序、可控，需对涉及通信无线系统的部分进行合理规划安排，制定可靠的6节编组列车投用通信设备保障措施。

二、列车编组增加实施

1. 新6节编组列车无线通信方法

（1）前提条件。司机必须携带一台电客车MTP700手持台并且守候在电客车司机组，才能与调度进行无线通信。

（2）通信方法。由于新6节编组列车的无线车载台采用的是新的二次开发设备供应商生产的设备，与目前线路无线系统存在兼容性问题，无法接入现有系统，须等线路升级无线中央交换机（详见第六章第二节）后才能正常使用。所以现阶段，行调与新6节编组列车司机的通话采用下述方法实现。

1）调度呼叫司机的方法

①调度人员和司机各配备一台已编好程序的电客车MTP700手持台，都守候在电客车司机组，当调度人员要呼叫司机时，按手持台PTT键呼叫所需车次的司机，所在

车次的司机通过手持台回应呼叫，即可建立无线通信。

②调度人员在无线调度台上选择全线客车司机组，按调度台手柄 PTT 键呼叫所需车次的司机，所在车次的司机通过手持台回应呼叫，即可建立无线通信。

2）司机呼叫行调的方法。列车司机呼叫行调时，按下已守候在电客车司机组的电客车 MTP700 手持台 PTT 键呼叫调度人员，调度人员在无线调度台上选择全线客车司机组或通过电客车司机组的电客车 MTP700 手持台回复后，即可建立无线通信。

2. 两列车连挂编组无线通信方法

（1）前提条件

1）由于语音车载台重新编程数据量多、工作量大，要求比较严谨，需车辆部门提前一周将连挂列车的两个车底号提供给通信专业以便有充足时间对语音车载台进行重新编程，如果连挂列车数量较多，不能及时全部重新编程，未重新编程的列车用电客车 MTP700 手持台与调度人员进行无线通信。

2）如连挂列车要拆解成 3 节车厢或不同车底号重新连挂，需对语音车载台重新进行编程，条件跟第 1 点要求相同。

3）通信人员会提前一周将连挂后用于无线通信的车底号列表提供给调度人员。

4）连挂车头的两台无线语音车载台必须关机。

（2）影响范围

1）调度人员呼叫司机时，必须用指定的车底号呼叫列车，否则将无法进行无线通信。

2）调度台上不能判断司机所在的车底号位置。

（3）通信方法。由于两列 3 节车连挂编组会存在一组连挂车有 4 台无线语音车载台的情况，其中行进方向的二台无线语音车载台用于司机和调度的无线通信，连挂车头的二台无线语音车载台停止使用。列车连挂后，无线调度台无法识别司机是在哪个车底号的车头，为保障调度与司机之间的无线通信，需对连挂后的语音车载台重新编程。编程后在调度台上指定一个车底号列车进行连挂后的无线通信。

1）调度呼叫司机的方法

①调度人员在调度台上选择指定车底号呼叫连挂列车，连挂车上的司机用语音车载台回复呼叫，即可建立无线通信。

②调度人员通过电客车 MTP700 手持台的电客车司机组或调度台上的全线客车司机组呼叫所需车次司机，所在车次司机用电客车 MTP700 手持台回复，即可建立无线通信。

2）司机呼叫行调的方法

①司机呼叫调度人员时，使用方法跟3节编组一样，按下语音车载台的控制盒的调度请求按钮，请求信息在调度台上显示，调度人员应答调度请求后建立无线通信。

②司机通过电客车MTP700手持台的电客车司机组呼叫调度台，调度台人员回复，即可建立无线通信。

三、保障措施

1. 通信人员值班安排

新6节编组列车投入运营第一周，在关键站点设临时值班点，安排1名通信无线专业人员值班，负责新车无线通信设备故障应急处理，时间从8：00—20：00。一周后，如设备运行稳定则取消该临时值班点。

2. 演练组织

“3改6”是一项涉及多个专业及设备协同配合的复杂工作，为确保6节编组列车投入运营期间的运营组织工作安全、有序、可控，需要在正式投入运营前进行多次、多区间的各专业联调演练。在各阶段的组织演练过程中，通信设备维修人员在车站设备房及OCC控制中心值班，现场监督指导车站和调度人员操作，组织正常的设备维护和故障处理。

3. 操作指引编制

由于“3改6”后，各用户操作或多或少发生相应变化，特别是调度台操作变化较大。为指导使用人员更快更好地操作设备，需编制6节编组列车投用无线通信设备行车调度台操作指引，用以指导调度人员实现对列车的调度指挥。

第六章

特殊情况下的维修保障——在线运营设备的搬迁、扩容

随着国内城市轨道交通建设的快速发展，城市轨道交通线路也在朝着大线网的方向快速发展，但是在发展的过程中会遇到各种问题。

首先是原设计不适应线网发展需求的问题。在某些换乘车站，早期城市轨道交通线路在前期设计时未能充分考虑到未来线网发展的需要，导致在新建线路时，原有的车站设备甚至设备房的布局都需要做调整。本章第一节和第三节将以控制中心（OCC）设备搬迁及车站设备搬迁为专题，讨论这个问题的解决方案。

其次是线网发展带来系统扩容需求的问题。在线网扩充的同时，随着大客流和设备数量不断增多，对系统功能与使用范围等提出新的需求。因此，如何在现有系统上进行升级扩容或改造，是满足线网发展至关重要的问题。本章第二节对此做专题讨论。

第一节　控制大厅搬迁

本节以国内某城市轨道交通某线路控制大厅搬迁为例，详细叙述通信设备搬迁工

作的组织流程。

一、项目背景

当今城市轨道交通线网快速发展，为了节省建设成本及实现线网集中控制，应采取几条线路共用一个控制中心的模式。一些早期建成的运营控制中心因为前期设计时没有考虑到未来线网发展的需要，造成线路新建或拆解开通后，控制中心大厅无法满足多条线路的使用需求。为了满足线网的发展，保障行车指挥的安全，需要对既有线路的控制中心设备进行搬迁，使搬迁后的控制大厅能实现多条线路集中监控。控制中心的通信系统设备均为涉及行车安全的关键设备，因此控制中心的搬迁需要新线建设部门及既有设备的维护部门制定相关周密翔实的实施方案，确保既有设备在搬迁前后运行正常。

二、制定搬迁方案

由于搬迁是在运营线路上为实现与新建线路的兼容而进行的一次改造，搬迁作业应以不影响既有线路运营为前提，因此搬迁作业的实际施工均在非运营时间（收车后及发车前）进行。为保证在有限的作业时间内完成所有设备的搬迁并且不影响次日的正常运营，前期的准备工作非常重要。

1. 确定技术需求

项目组首先应该对搬迁后各系统模块要实现的功能做最终确认，是完全复制原有功能，还是在原有功能的基础上，根据新形势做出适当的调整或是增加新功能。项目组应将最终的功能需求下发至各专业负责人处，明确改造目的。

2. 工程量统计、设计

在明确改造目的后，项目组需从技术层面、用户层面等综合考虑，明确设备新安装位置。完成各专业工程量统计后，先由设计单位出具正式的设计图纸，再由施工单位制定详细的施工方案。

3. 安全教育

为防止施工期间出现安全责任事故，项目组必须为参与搬迁作业的各方人员进行安全教育，并要求外单位人员完成安全学习考试后办理施工许可证。

4. 搬迁方案预想

为缩短搬迁作业时间，必须将部分工作提早完成，例如：在新调度大厅重新敷设线缆、重新敷设电线，解决搬迁后设备的不间断电源供给，完成线缆测试，利用备件先进行各系统的功能测试等。项目组统筹对上述必要的前期准备工作进行布置，定期召开施工例会讨论进度，并对实施过程中存在的难点进行分析并制定解决措施。

总而言之，在搬迁前必须做好最充分的准备，在搬迁当晚仅 3 小时左右的作业时间内，只需要将设备搬移，固定位置后，上电开机即可。若备件充足，则直接利用备件提前安装在新调度大厅内，并提前完成功能调试，降低搬迁风险。

5. 编制搬迁作业方案

前面提到，搬迁作业是在非运营时间（收车后及发车前）进行，实际的作业时间在凌晨，只有 3 个小时左右。为保证在有限的作业时间内完成调度大厅内所有设备的顺利搬迁，不影响次日的正常运营，难度较大，对项目组的统筹能力提出了较高要求。项目组对搬迁顺序进行合理安排，充分发掘搬迁人员之间团结合作的潜力，并对搬迁过程中的各个环节都做好预想，编制搬迁作业方案。

搬迁作业的实施方案要具有指导性、实用性和可操作性，应确定搬迁的具体实施步骤，对搬迁后设备可能出现的故障做好充分预想并制定完整的应急处理措施等。

搬迁实施计划安排见表 6—1，各项工作流程如图 6—1 所示。

表 6—1　　搬迁实施计划安排

<table>
<tr><th>序号</th><th colspan="2">工作内容</th><th>时间安排</th><th>人员安排</th><th>备注</th></tr>
<tr><td>1</td><td colspan="2">施工调查</td><td>3 个工作日</td><td>线缆终端、配线组</td><td></td></tr>
<tr><td>2</td><td colspan="2">材料准备</td><td>3 个工作日</td><td>物资负责人</td><td>包括甲供材料的申领</td></tr>
<tr><td>3</td><td colspan="2">线缆的敷设及成段测试</td><td>6 个工作日</td><td>线缆终端、配线组</td><td></td></tr>
<tr><td>4</td><td colspan="2">设备搬迁</td><td></td><td>设备搬迁组</td><td>搬迁时间根据设备使用部门要求安排</td></tr>
<tr><td>4-1</td><td colspan="2">开始时间
设备停电</td><td>00：30</td><td>设备维护部门</td><td>以实际批准时间点为准</td></tr>
<tr><td>4-2</td><td colspan="2">行调台搬迁</td><td>00：30—1：10</td><td rowspan="3">设备维护部门，线缆终端、配线组，设备搬迁组</td><td rowspan="3"></td></tr>
<tr><td>4-3</td><td colspan="2">其他调度台搬迁</td><td>1：11—2：30</td></tr>
<tr><td>4-4</td><td colspan="2">PIDS 设备搬迁</td><td>2：31—3：20</td></tr>
<tr><td rowspan="3">4-5</td><td rowspan="3">设备试验</td><td>行调台试验</td><td>1：11—1：30</td><td rowspan="3">设备维护部门，线缆终端、配线组，设备搬迁组</td><td rowspan="3">剩余时间为故障处理预留</td></tr>
<tr><td>其他调度台试验</td><td>2：31—3：20</td></tr>
<tr><td>PIDS 设备试验</td><td>3：20—4：00</td></tr>
<tr><td>5</td><td colspan="2">设备运行观察</td><td>视设备情况定</td><td>设备维护部门</td><td></td></tr>
</table>

(1) 根据施工设计图，对既有控制大厅需要搬迁的设备进行仔细的调查，包括设备的名称、所属系统、目前使用情况；线缆的规格型号、起点位置、终点位置，线缆的走向等。同时，要求在相应设备成端的端口作出明确的标注，并贴上标签。

(2) 相关工程量统计。通信专业人员负责将搬迁涉及的所有通信设备列表统计，包括线缆的型号规格、长度，各种接头的型号规格、数量，各设备备件的型号和数量。项目组将工程量清单提交给物资负责人，由物资负责人根据合同区分甲供、乙供后着手准备。

(3) 根据调查的情况，从相应的设备端口处重新敷设相同型号（或施工设计图所示）的线缆至临时控制大厅相应的设备安装位置，并做好标签。

(4) 应对已敷设的线缆进行对号测试，准确无误后再成端。先在临时控制大厅内线缆做成端，然后在通信设备机房内相应的设备端口上与原有配线做复连，完成后再对号测试，确保成端质量。

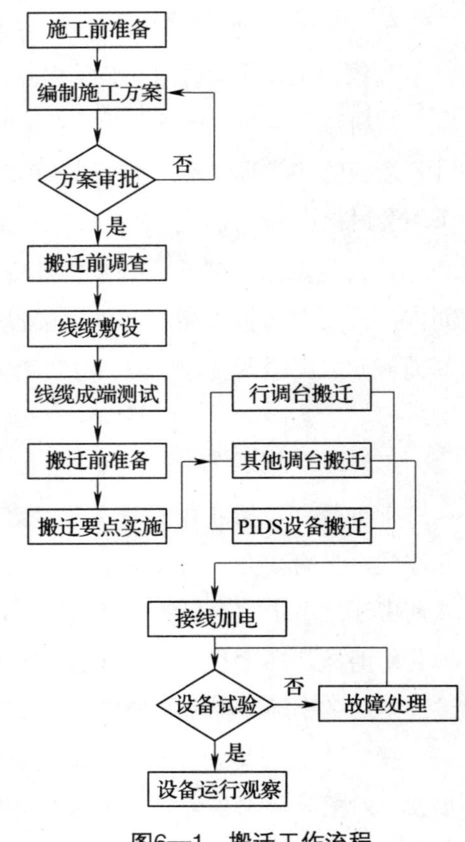

图6—1 搬迁工作流程

线缆成端和线缆测试在设备维修部门人员的配合指导下由施工单位现场操作，测试结果由维修部门人员确认。如果施工单位测试仪器、手段不能满足维修部门要求，测试工作由维修部门实施，发现问题由施工单位进行整改。

(5) 在临时控制大厅内进行其他新增设备的安装与线缆敷设、功能测试等。

(6) 设备搬迁当天，施工工器具、仪表及材料等应提前2小时到达控制中心。人员到达后，先做好施工前的各项准备工作，准备工作完成后在原地待命。工作开始前，任何人不得擅自动设备。

搬迁前施工单位应将新调度大厅所有设备线缆敷设到位，设备固定件（如监视器吊杆、支架）安装妥当，搬迁当晚只需迁移、固定设备，并连接线缆即可投入使用。

对于子钟等不影响运营的设备，建议在搬迁当晚之前提早进行迁移，减少搬迁当晚的工作量。该工作需要维修部门与设备使用部门协商确定。

设备搬迁建议依此顺序进行：告警喇叭→广播台→监视器→内线电话→有线调度

设备→无线调度设备。

设备搬迁过程中，原调度大厅各位置的线缆拆解与新调度大厅各位置的线缆连接和开机运行确认由设备维修部门人员进行。设备及固定件、支架等的拆卸和安装，设备搬运需由施工单位在维修部门人员监护下进行。

（7）由于行调控制台设备数量较多，搬迁时先从行调备用控制台设备进行，待行调备用控制台运行正常后再对其他控制台进行逐项搬迁，并且原有线缆保持不动，一旦出现问题可以立即倒回，不会影响行车。

（8）当天搬迁结束后，离开施工现场前，对已搬迁的设备进行检查和功能试验，确定没有问题后，出清施工场所，撤离施工现场。

三、搬迁前准备

1．确定施工范围和内容

（1）新调度大厅通信设备的固定件安装。

（2）通信设备房与新调度大厅之间的通信线缆敷设和调试。

（3）调度大厅通信设备搬迁，包括原调度大厅通信设备线缆拆解；新调度大厅的通信设备搬迁和安装；新调度大厅通信设备线缆连接；新位置通信设备的测试。

2．施工方工作准备

（1）办理好相关的施工作业手续，进场施工作业人员的安全培训等工作。

（2）施工工器具、照明配套设备、应急救援材料、测试仪表的准备。

（3）根据施工设计图，对所需要搬迁的设备进行施工调查，调查清楚所要搬迁的设备数量和位置。

（4）为保证搬迁人员的相互联络，配备对讲机 10 部。

（5）准备施工车辆 2 台。

（6）通信材料的准备（甲供、乙供）。

3．确定搬迁项目组成员

搬迁项目组的组成应包含设备维护人员、设备使用部门人员、新线建设部门主办人员、施工单位人员和搬迁项目监管人员。项目组成立时，应同时确定搬迁项目组组长，作为整个搬迁工作的总负责人，从全局上统筹安排，负责协调各部门及各单位之间的设备接口及作业进度。各部门、各单位需各指定一名负责人，开展各项准备工作并在现场指挥各项搬迁工作的实施。通信专业作为主要专业之一，专业负责人必须对各通

信子系统的设备状态，搬迁工作量等做充分的了解，然后协助项目组长对通信专业的搬迁安排进行合理布置。项目组组长与各专业负责人定期组织开展施工例会，对搬迁前的各项准备工作及搬迁方案进行跟进和讨论。

搬迁项目组成员如下：

（1）施工单位人员

1）施工负责人：1 人。

2）技术负责人：1 人。

3）物资负责人：1 人。

4）设备搬迁组：2 人。

5）线缆终端、配线组：2 人。

6）施工作业人员：若干人。

（2）设备维护部门人员

1）线路 1 人员

①各系统分管技术人员：各 1 名。

②工班长：各 1 名。

③操作人员：各级检修工各 1 名。

2）线路 2 人员

①各系统分管技术人员：各 1 名。

②工班长：各 1 名。

③操作人员：各级检修工各 1 名。

四、搬迁方案实施

1. 设备搬迁工作安排

（1）当晚整体的作业时间为 0：00—4：00，具体时间安排见表 6—2，部分设备提前搬迁。

表 6—2　设备搬迁时间安排

序号	工作内容	开始时间	结束时间	现场设备负责人
1	CCTV 测试及备件放置（如有）	搬迁前日 8：00	搬迁前日 17：00	专业分管技术人员
2	2 号线子钟测试和安装	搬迁前日 8：00	搬迁前日 17：00	专业分管技术人员
3	有线调度电话测试及备件放置（如有）	搬迁前日 8：00	搬迁前日 17：00	专业分管技术人员
4	各广播系统设备（包括广播台、喇叭）测试及备件放置（如有）	搬迁前日 8：00	搬迁前日 17：00	专业分管技术人员

续表

序号	工作内容	开始时间	结束时间	现场设备负责人
5	通信传输设备测试及备件放置	搬迁前日 8：00	搬迁前日 17：00	专业分管技术人员
6	有线调度设备搬迁和测试确认	搬迁当晚 21：00	搬迁当晚 23：00	专业分管技术人员
7	PIDS 设备搬迁和测试确认	搬迁当晚 21：00	搬迁当晚 23：00	专业分管技术人员
8	维调无线调度台搬迁和测试确认	搬迁当晚 21：00	搬迁当晚 23：00	专业分管技术人员
9	公务电话搬迁和测试确认	搬迁当晚 0：00	搬迁当晚 3：00	专业分管技术人员
10	CCTV 设备搬迁和测试确认	搬迁当晚 0：00	搬迁当晚 3：00	专业分管技术人员
11	时钟设备搬迁和测试确认	搬迁当晚 0：00	搬迁当晚 3：00	专业分管技术人员
12	广播设备搬迁和测试确认	搬迁当晚 0：00	搬迁当晚 3：00	专业分管技术人员
13	其他无线调度台搬迁和测试确认	搬迁当晚 1：00	搬迁当晚 3：00	专业分管技术人员
14	观察各设备运行情况和其他善后工作	搬迁当晚 3：00	搬迁当晚 4：00	各现场设备负责人

（2）搬迁前先准备好的设备及工作（由对应线路分部实施）

1）子钟提前搬迁：要求搬迁前 2 天将备件安装好在新调度大厅并做好防护，搬迁当晚接线。

2）CCTV 采用备件，先对端口做好测试，搬迁前 2 天有备件的可以先放置好并做好防护，搬迁当晚接线。

3）有线调度电话搬迁前 2 天有备件的可以先放置好并做好防护，搬迁当晚接线。

4）各广播台、告警喇叭搬迁前 2 天有备件的可以先放置好并做好防护，搬迁当晚接线。

5）各设备供电应提前核查确认，确保容量满足设备使用要求，且要求各设备均从各自系统的主电源取电。主电源由通信设备房 UPS 输出。搬迁前 3 日，必须保证所有供电线缆安装测试完毕。

6）设备维修部门人员要对设备电源插座粘贴通信专用标签，并做好监控，以防止其他专业设备接入。

（3）搬迁的风险控制

1）设备搬迁前设备维修部门人员必须确认待搬迁设备运行正常，新调度大厅新敷设线缆已调试完毕，功能完好。满足上述条件才能实施搬迁。

上级技术监管部门已制定好《设备状态记录表》，搬迁前 3 日必须检查完成所有线路并填写该表。对各电源及连接电缆、接口是否正常进行签字确认，全部线缆应具备搬迁的先决条件，搬迁前 3 日电子表格返回监管部门，书面文档由维修部门保存。搬迁后由各设备负责人现场签字确认搬迁设备正常与否。

2）线缆敷设好后，各专业对于关键设备，应先利用备件搭建平台进行调试，待调试通过后，再进行现有设备的搬迁。

3）搬迁时，派专业技术人员进行配合，留够调试和恢复的时间。

4）搬迁时，暂时保留原来的设备线缆和接头，一旦设备搬迁后，不能正常运行，能及时倒回，确保设备正常运行。

（4）搬迁应急处理。搬迁应提前制定应急预案，做好应急处理准备。

（5）搬迁后保障。搬迁结束后，各专业负责人继续监控设备状态，次日首趟列车开出后方可离开，以确保运营正常。搬迁后当天及搬迁完2天内，要求在OCC加强值班，以倒班形式，进行24小时值班。各工班长、技术人员、技师要求处于待命状态，相关人员动向由对应分部调度掌握。

2. 配线施工工艺要求

（1）配线电缆的型号、规格长度必须满足施工图要求。布放前后进行测试和外观检查，检查有无断线、混线和外皮破损现象。

（2）配线电缆应排列整齐，绑扎匀称，直线部分横平竖直，转弯处电缆弯曲均匀、圆滑，弯曲半径要满足施工规范要求。跳线松紧适度，层次分明，并按规定做适当余留。

（3）机房内所有光纤走纤路径，任何位置弯曲半径不小于40 mm。

（4）制作各种专用连接头时，根据施工图要求，仔细核对线位有无差错。光纤活接头、2 M同轴头插拔寿命次数大于1 000次，2 M同轴头拉脱力大于50 N。

（5）地线和机架连接良好，接地电阻满足施工图设计要求。

（6）各种配线电缆均做好标记，表明型号、长度及起止设备名称。

施工注意事项

（1）所有设备安装均应按施工规范、设计图纸及厂家安装手册进行。

（2）施工用仪器仪表设专人负责，其使用、保管等符合施工单位质量保证体系程序文件的规定。

（3）电源线、接地线必须采用整段材料，中间不得有接头。

（4）配线时信号线和电源线分开布放，以免相互影响，产生干扰。

（5）插拔电路板接插件时，不得带电插拔，必须戴防静电护腕，以免损坏电路板。

（6）人眼不得直接观察光口。在光纤配线架选型时，其光纤收容盘适配器呈斜角卡式安装，这样有利于保证光纤的弯曲半径和避免强光灼伤人眼。

（7）对施工作业人员进行交底、技术培训。培训合格，持证上岗。

（8）设备安装过程中，采用合理的安装流程，考虑与其他设备的安装间距，提供足够的散热空间。

3．安全防护措施

（1）开工前安全预想

1）做好开工前重要危险源、重要危险因素和环境因素调查。

2）确定重要危险源、重要危险因素和环境因素。

3）制定预防方案。

4）配备必要的安全防护用品。

（2）通信工程底座打孔、安装安全措施

1）施工应带足够的照明用品，以保证突然停电时，现场检查、整理工作及撤离现场时使用。

2）使用电箱应有漏电保护装置，并应由经过培训考试合格的专职电工接线，变电箱应安装足够的插座。

3）使用冲击钻打孔前，应检查冲击钻及用线绝缘是否良好，原则上使用电源应用插头、插座连接，若必须接线时应由经过培训、考试合格的人员担任。

4）利用封闭线路施工，应在封闭区段两端按规定设置防护信号；利用停车间隙时间施工，应按规定在施工区段两端设置防护。

（3）通信工程光缆接续等有害作业安全措施

1）接续前，选择合理的光缆接头部位及接头安放地点，并做好施工的安全区域；在洞内施工时，必须与有关人员联系，申请作业区域作业时间，并确保接续作业区的安全。

2）作业前应对作业地点进行调查，因地制宜采取通风、戴防尘罩等安全措施，以确保施工人员安全。

3）施工结束后，清理现场，洞内施工结束必须与有关单位联系，取消作业区域。

（4）城市轨道交通工程施工防护安全措施要求

1）在施工时间内，设置专职的安全、质量检查员对每项工程项目进行检查，发现问题及时处理。施工结束前安质员要与施工负责人及工程监理人员共同确认安全和质量合格后方可撤离施工现场，并把施工废弃物全部清理出施工现场。

2）所有员工必须遵守业主所订立的安全作业程序，按业主要求进行训练并通过考试合格，考试不合格的员工不能上岗。只有业主认可的合格人员，才可进行工作。

4．协调配合

（1）施工人员服从项目组的统一协调指挥和有关指令，满足相关专业的有关要求。

（2）协调配合人员、人数等应在周施工计划、月施工计划中明确。

（3）既有线施工安全隐患多，影响既有线正常运营业务的因素也多，必须绝对服从搬迁项目组的协调安排，做好防护措施。对于城市轨道交通站机房施工，部分光电缆引入敷设牵涉其他专业机房，必须听从运营部门人员协调，绝对不能对既有系统造成影响。对于既有隧道区间光电缆敷设施工，必须提前向运营部门申请作业点，做好防护措施，并在夜间进行施工。

第二节　中央机房设备的扩容

一、项目背景

随着城市轨道交通线网的不断扩大，设备维护人员将会面临越来越多的挑战。除了本章第一节中提到的控制中心搬迁需要对设备制定合理的方案之外，设备的扩容同样需要设备维护人员对设备进行研究探讨之后制定扩容方案。扩容方式一般是在既有设备的基础上增加组件，使得线路扩建后新建车站和既有线路能够共用一套设备。

本节以国内某城市城市轨道交通线路（以下简称线路 A）无线系统中央设备扩容为例进行说明。线路 A 无线系统使用一套独立的主站设备，若干年后，线网扩建，该线路往北延伸了几个车站。延伸段车站的无线系统按照新线建设时的设计要求需要接入原线路 A 的主站设备，故需对线路 A 主站设备进行扩容，同时在接入过程中不影响线路 A 无线系统用户的正常使用。

二、编制设备扩容方案

在线路 A 平滑割接之前，新建立一个并行的无线网络，即北延车站交换网络，用于二次开发设备的调试、与线路 A 业务兼容性测试、数据准备和各项测试优化等工作。在线路 A 各项测试优化工作和业务兼容性测试结束并满足割接条件后，进行小范围的设备及服务预割接。待上述测试及割接准备工作顺利完成后，现有线路 A 的业务一次性割接到新的业务交换中心，并将原交换中心退出服务。如果新建的业务交换中心对原线路 A 的业务出现服务失效，原线路 A 用户还应可以退回到原来的交换网络，从而避免影响原线路 A 的正常运营。

扩容改造后，线路 A 既有的基站、调度台、相关车载及手持台、数字操控台、录音机和网管系统将接入到北延车站新建的交换机，线路 A 的所有无线业务平滑过渡到新业务交换中心。

经过扩容改造平滑割接后，系统的网络拓扑结构如图 6—2 所示。

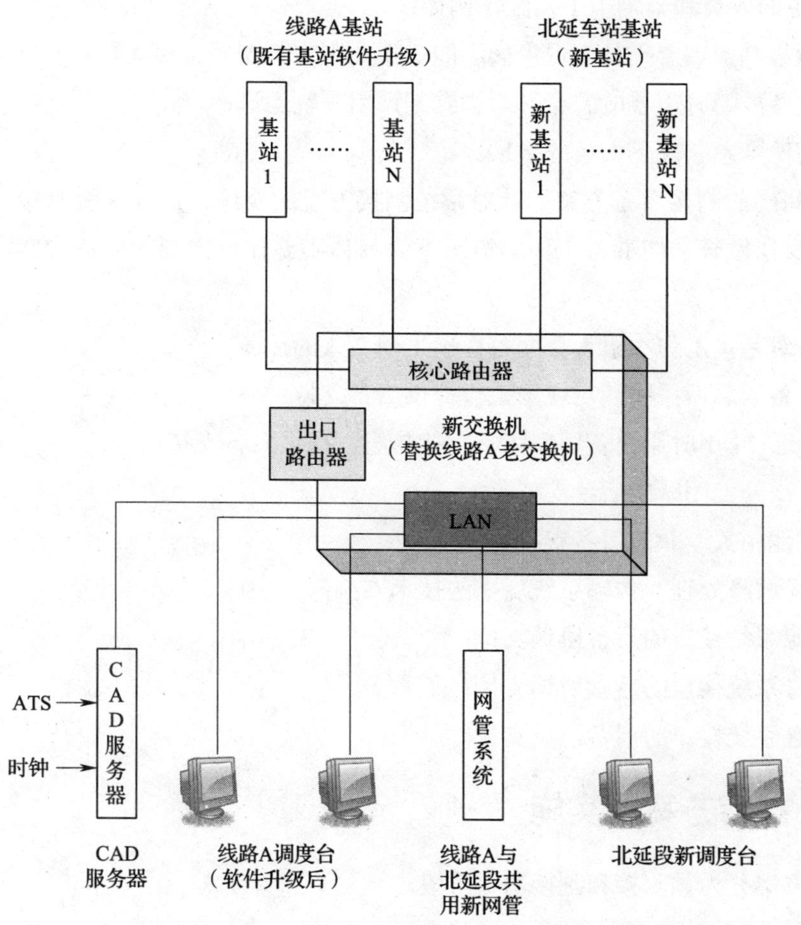

图6—2　扩容改造后系统的网络拓扑结构

三、扩容前期准备

（1）准备充足的备品备件。鉴于需升级的硬件设备已经工作多年，避免在升级过程中出现故障，需准备充足的备品备件有：

1）EBTS 基站控制器；

2）EBTS 基站 BR；

3）设备编程线缆；

4）75-120 Ω E1 链路转换器；

5）后备编程电脑；

6）充足的升级软件备件。

7）其他相关备件。

（2）充足的人员及车辆保障。在系统升级割接过程中，人员安排若出现意外情况，必须有充足的人员和车辆用于调配，例如：

1）参与割接主要人员出现疾病不能工作，则立刻调用备用人员；

2）设备故障时需要应急备件，则立刻调用车辆运送；

3）其他紧急状况下人员的替换。

（3）明确的割接后备方案。针对系统割接方案的实施，保证系统割接工作的顺利进行，需要在做好一切准备工作的情况下为具体实施作出详细的后备方案，主要包括以下内容：

1）针对割接工作小组人员配备作出 1 ～ 2 人的后备；

2）准备紧急后援团队对现场工作提供后备支持；

3）开通 24 小时原设备厂家团队支持热线，提供后备支持；

4）二次开发团队的后备支持；

5）其他相关专业的后备支持

①现场故障处理，传输系统厂家的技术支持；

②电源系统接口的后备协调支持；

③信号系统接口的后备协调支持；

④时钟系统接口的后备协调支持。

四、扩容方案的实施

扩容方案分为预割接和割接两个阶段。

1. 预割接

（1）预测试。预测试是在线路 A 的既有基站中选择一个基站，升级为新版本后用 5 个晚上与新交换机连接工作，目的是测试基站升级软件的稳定性和兼容性。为测试原有基站是否能稳定运行升级后的软件，在北延车站选一个基站长时间运行新版本的软件。

此测试对于保证基站设备运行的可靠性和安全性十分重要，目的是检测新版本软件中是否有隐藏的错误和缺陷。测试内容包括：单元测试（模块测试）、功能测试（语音及数据）、性能测试（各项健康指标）和整体测试（主要检验整体功能是否满足用户的全部要求），测试期时间计划为 5 个夜晚。

通过预测试，能够检验割接方案中对资源和时间的估算及方案的有效性，并为割接及后备执行方案的优化提供依据。

（2）预割接。预割接是指对车站的基站进行分期和分批的升级和回退，完成对每个基站升级的测试后，将基站回退到原工作状态，确保每个基站均具备能够成功升级为新软件版本的条件或能力，成功和新交换系统连接并实现基站基本功能。

2. 割接

一切准备工作就绪后，正式的割接作业将按照计划在非运营时间进行，详细施工计划见表 6—3。

（1）在运营结束后 01：00 前批准作业，开始进行基站系统软件切换割接。

（2）00：30—02：00，基站系统割接及测试。

（3）02：30—03：30，二次开发系统及车载台测试。

（4）03：30，结束所有割接工作。

表 6—3 扩容割接施工计划

时间	×月×日	地点	基站设备机房
割接任务	对线路 A 各车站的所有基站完成割接		
准备工作	1. 厂家及通信相关技术人员到位 2. 对现场工作人员进行作业前安全讲话及工作分工（具体分工和人员数量要求将在最终割接前的准备会议上确定） 3. 升级前对所需升级站点基站的性能状况的了解 4. 落实准确的作业时间 5. 准备测试手持台 20 部，既有车载台 6 台 6. 工器具、基站的备品备件的到位（具体数量要求将在最终割接前的准备会议上确定） 7. 落实汽车到位，以便到车站对基站进行本地割接（具体数量要求将在最终割接前的准备会议上确定）		
割接步骤	1. 00：30—02：00 厂家工程师开始将基站启用新版本的应用软件及配置文件，设置基站 E1 链路时隙（与新业务交换中心时隙配置保持一致），重启基站使基站运行新版本的应用软件及配置文件；转用连接基站至新的业务交换中心的 E1 链路 2. 02：00—02：30，检查基站工作状态，检查有无硬软件告警，进行基本功能测试（组呼、私密呼叫、短信息等）。检查后，基站联入新交换机（工作在广域集群模式下） 3. 00：30—03：30 进行二次开发调度台功能及网管设备功能测试，检查并测试新、旧车载台和固定台的工作状态及功能		

扩容完毕后，应进行一系列功能测试，保障扩容后系统正常工作。详细测试内容见表 6—4。

表 6—4　　扩容割接功能测试

测试项目	内容描述	测试结果
1. 主交换机功能测试		
	组呼	
	私密呼叫	
	电话派接	
	紧急呼叫	
	短消息	
	分组数据	
2. 调度台功能测试		
	组呼	
	私密呼叫	
	电话派接	
	紧急呼叫	
	基站广播呼叫	
	短消息	
	分组数据	
3. 网管功能测试		
	集中告警	
	服务器	
	软件功能	
4. 基站功能测试		
	单站集群运行	
	使用广播呼叫服务的区域呼叫	
5. 车载台功能测试		
	直接呼叫车站	
	调度呼入	
	调度广播	
	接收调度自由文本信息	
	发送、接收预定义消息	
	单键请求呼叫	
	紧急呼叫	
	车载台就位（在调度台上）	
	上电自检连接	
	手动申请组切换	

3. 系统回退

（1）回退的条件。扩容完毕后（包括割接预测试、预割接、割接各阶段），进行一系列兼容性测试，以保障系统正常工作。在测试过程中一旦发现故障，系统和基站须立即恢复，系统扩容保障方案立即启动，线路 A 原基站、CAD 服务器、二次开发网管、链路等设备在第一时间连回到原系统，保证原系统工作正常。

根据割接后的测试结果，若出现以下情况之一，则认为达到系统回退的条件：有 3 个以上非关键站点发生故障；有 2 个以上关键站点发生故障。

对于不符合回退条件的故障情况，应进行抢修处理，并在 24 小时内恢复系统功能。

（2）回退实施保障

1）链路恢复保障。将所有基站改用各基站连至新的平滑过渡交换中心的 E1 链路，一旦割接失败，马上启用原有的 E1 链路，并恢复原链路状态。此过程不应超过 5 分钟。

2）二次开发 CAD 系统恢复保障。由于与平滑过度交换机相连的 CAD 系统设备是全新的设备（它和原有的 CAD 服务器不产生冲突），在切换基站的过程中，原有 CAD 服务器始终和原有系统设备保持连接（在此过程中不会对 CAD 系统产生影响），一旦割接失败，在基站重新连回原系统后，CAD 服务器将保持与基站的通信。

3）基站恢复保障。基站的控制器中保持两个版本的基站应用文件，一旦割接失败，将立刻切换回原设备配置文件，中心人员应在交换中心对原线 EBTS 倒接链路进行恢复，在最短的时间内恢复基站工作状态。如果出现重启后控制器无法正常工作，就马上更换控制器，力保恢复系统的原有状态。如果出现链路不通的情况，就需通信专业人员配合处理链路故障。另外，还需要保障电源系统的稳定。

4. 故障及事故处理

（1）系统升级割接过程中，若发现有危及安全的现象时，参与测试的任何人员都可在第一时间采取措施，杜绝安全事故、事件的发生。

（2）升级割接期间无线系统或其他设备发生故障时的信息传递流程，如图 6—3 所示。

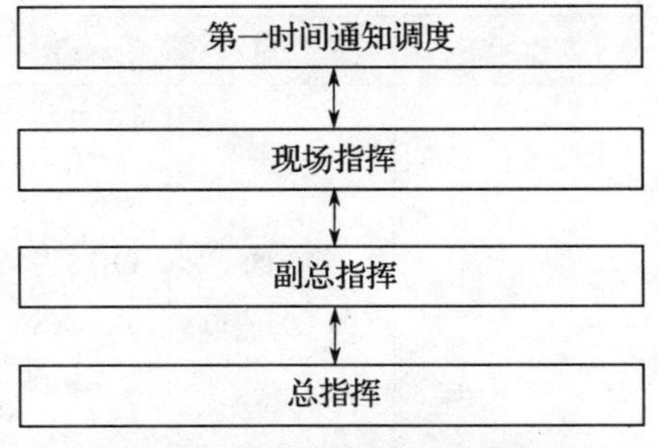

图6—3　发生故障时的信息传递流程

（3）故障（事故）处理好以后，须经现场指挥同意后才可继续进行升级工作。

（4）对系统升级割接期间所发生的故障，在升级割接完成后进行确认，重大故障必须有详细的故障分析报告。

5. 扩容期间影响的预判及应急通信指引

（1）预割接期间所造成影响及应急通信指引，见表 6—5。

表 6—5 预割接期间所造成影响及应急通信指引

工作项目	工作时间	站名	影响范围	影响部门	应急通信建议
基站割接预测试	选用 5 个夜晚，每晚 00：00—03：30	×× 站	站厅及各设备房，在预割接测试时间此区段电台用户暂时无法进行正常的通信，包括：手持台与手持台、手持台与车站电台、手持台与无线调度台之间的通信	各无线系统使用部门	可使用公务有线电话，调度电话，中国移动、中国联通手机进行联络通信
既有 19 个基站导入 R6.2 应用软件及配置文件	选用 3 个晚上，每晚 00：00—03：30	所有既有 EBTS 基站	站厅及各设备房，在预割接测试时间此区段电台用户暂时无法进行正常的通信，包括：手持台与手持台、手持台与车站电台、手持台与无线调度台之间的通信	各无线系统使用部门	可使用公务有线电话，调度电话，中国移动、中国联通手机进行联络通信
预割接，将既有 19 个基站启用新版本软件和配置文件，并连接至平滑过渡交换机中进行功能测试	一个月，每晚 00：00—03：30		站厅及各设备房，在预割接测试时间此区段电台用户暂时无法进行正常的通信，包括：手持台与手持台、手持台与车站电台、手持台与无线调度台之间的通信	各无线系统使用部门	可使用公务有线电话，调度电话，中国移动、中国联通手机进行联络通信

（2）割接扩容期间所造成影响及应急通信指引，见表 6—6。

表 6—6 割接扩容期间所造成影响及应急通信指引

工作项目	工作时间	站名	影响范围	影响部门	应急通信建议
正式割接扩容	当晚 00：00—03：30	所有既有 EBTS 基站、OCC 及车辆段	站厅及各设备房，在割接测试时间此区段电台用户暂时无法进行正常的通信，包括：手持台与手持台、手持台与车站电台、手持台与无线调度台之间的通信	各无线系统使用部门	可使用公务有线电话，调度电话，中国移动、中国联通手机进行联络通信

第三节　在线运营车站通信设备房搬迁

一、项目背景

在城市轨道交通建设不断发展的过程中，城市轨道交通既有的设施设备难以避免改造需求，且改造不能影响既有线路运营，这是一项艰巨系统工程。本节讨论在线运营车站通信设备房的搬迁（如建设新线路 A 时，线路 A 与既有线路 B 的换乘通道经过线路 B 某站站台层的通信设备房），通信设备房内所有系统设备和线缆需要搬迁。

通信系统搬迁改造工程，包含设备安装工作，电缆敷设工作。且由于工程在运营线路施工，只能在运营结束后进行。为了减少工程量，新的通信设备房安装通信传输、无线、公务、UPS 电源新设备，搬迁时再将原业务接入至新通信设备上；旧广播、CCTV、时钟设备搬迁至新设备房。各子系统的外围设备全部保留使用，从站内外围设备到新设备房的通信线缆需要重新敷设，区间通信线缆需重新敷设到新的设备房。

二、编制设备房搬迁方案

实施搬迁过程中，要做到无缝搬迁，搬迁各子系统时只能在运营结束后开展，并且不能影响次日的运营。

受每晚施工时间限制，无法一次完成所有系统的搬迁工作，所以搬迁工作应设立先后次序，如下：2.5 G 传输系统、无线调度系统、站内及公务系统、调度电话系统、时钟系统、CCTV 系统、广播系统、600 M 传输系统。为顺利完成设备房的搬迁工作，应制定该站点设备改造工程技术实施方案。所制定的方案要具有指导性、实用性和可操作性，方案须明确工程概况、工程组织机构、工程实施的前提条件和准备工作、具体实施步骤、后备方案等。

1. 传输系统（含光缆）搬迁

传输系统承接着城市轨道交通信号、通信、自动售检票、电力监控等系统大数据传输业务，是城市轨道交通的神经中枢。传输系统搬迁前需要线路和设备安装到位。若新设备房至区间的 8 条光缆敷设，并应在新 ODF 相应端口成端或融通，与原 ODF

光路一致。同时，传输系统除通信系统内的数据传输业务外，还需承接着其他专业的数据传输业务。因此，其他专业的相关线缆必须敷设到位才能实现传输系统搬迁。

搬迁工程在新设备房新设 600 M 传输系统、2.5 G 传输系统，搬迁分两步进行，如图 6—4 所示。首先对 2.5 G 传输系统进行迁移和部分光缆接续，待 2.5 G 传输系统上业务稳定运行后，再对 600 M 传输系统进行迁移与光缆接续。

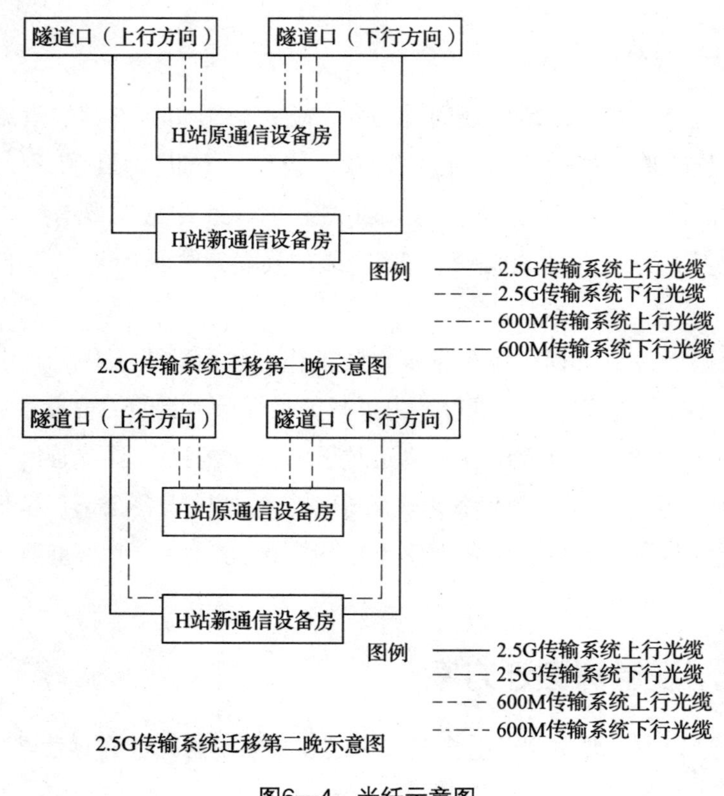

图6—4　光纤示意图

2．无线系统搬迁

在新设备房新安装一套完整无线系统的基站设备，而基站设备要与中央级设备互联互通，2.5 G 传输系统承接该项数据传输业务，所以无线系统必须与 2.5 G 传输系统同时搬迁。无线系统搬迁应先断开旧设备房的射频电缆，再接上新设备房无线射频电缆，如图 6—5 所示。

3．站内交换系统搬迁

新设备房安装一套新交换机，新设备需要与中央设备互联互通，所以待搬迁 2.5 G 传输系统后，交换设备再实施搬迁。外围设备需从新设备房重新敷设电话电缆至各层，敷设安装到分线盒。

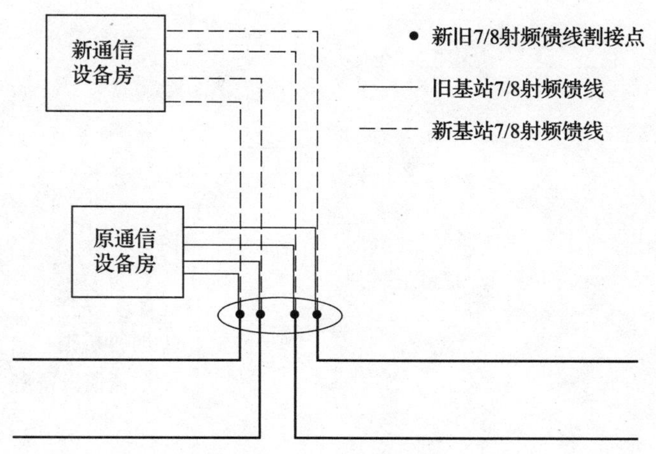

图6—5　漏缆示意图

从G站、S站至H站上下行区间第一个轨旁电话分线盒敷设4根通信电缆到新通信设备房，搬迁当晚分线盒内的旧电缆拆除，接入新电缆，如图6—6所示。

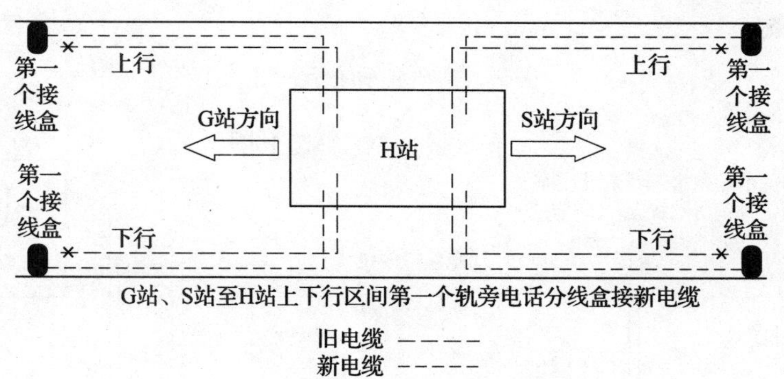

图6—6　电话电缆示意图

4．时钟系统搬迁

搬迁旧设备到新设备房，在运营结束后搬迁时钟设备，搬迁前要拆除机柜上的外围设备线路，在施工期间要记录线缆连接资料，以便在新机房设备准确连接新敷设的外围设备线缆。时钟系统如图6—7所示。

5．闭路电视（CCTV）系统搬迁

在运营结束后搬迁既有CCTV设备到新设备房，搬迁前要拆除机柜上的外围设备线路，在施工期间要记录线缆连接资料，以便在新机房设备准确连接新敷设的外围设备线缆，如图6—8所示。

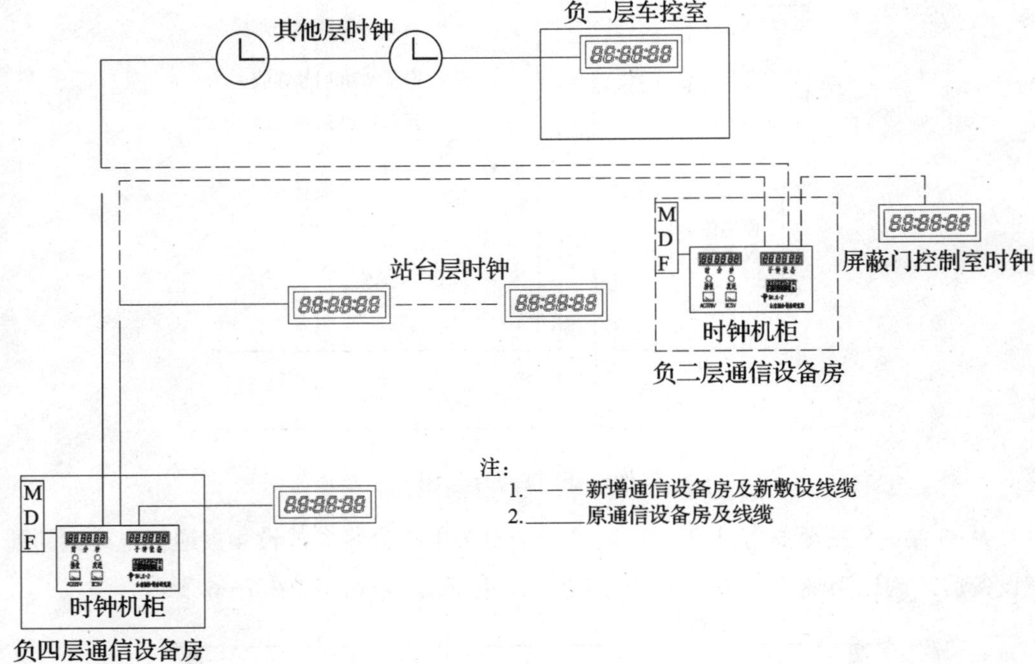

图6—7　时钟系统示意图

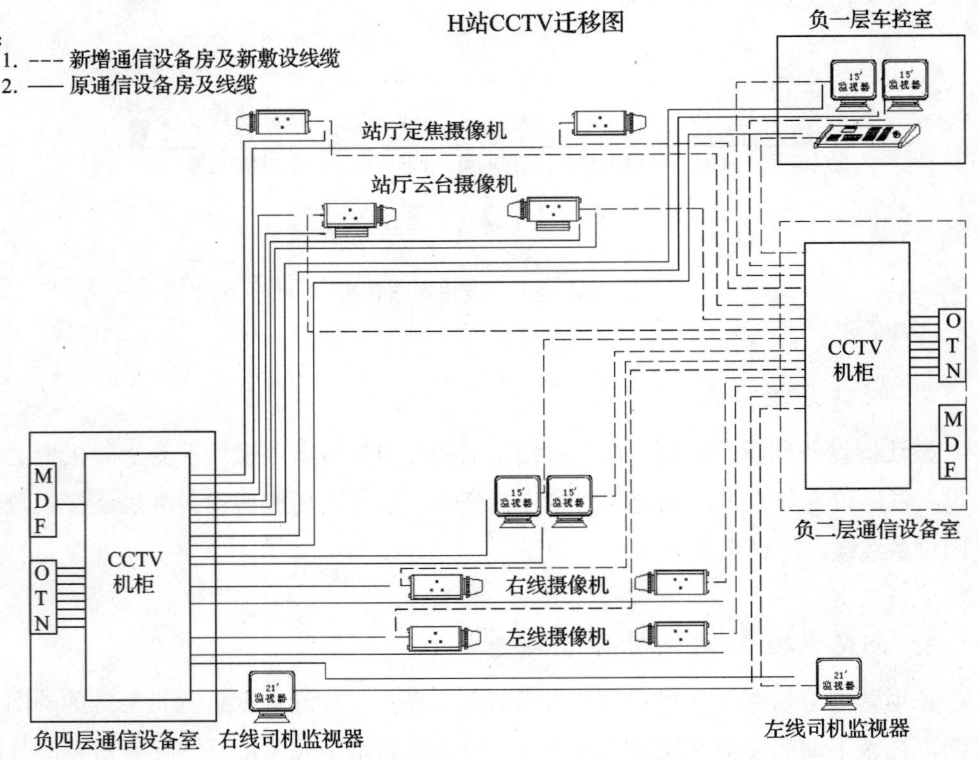

图6—8　CCTV系统示意图

6. 广播系统搬迁

搬迁旧设备到新设备房，在运营结束后搬迁广播设备，搬迁前要拆除机柜上的外围设备线路，在施工期间要记录线缆连接资料，以便在新机房设备准确连接新敷设的外围设备线缆，如图 6—9 所示。

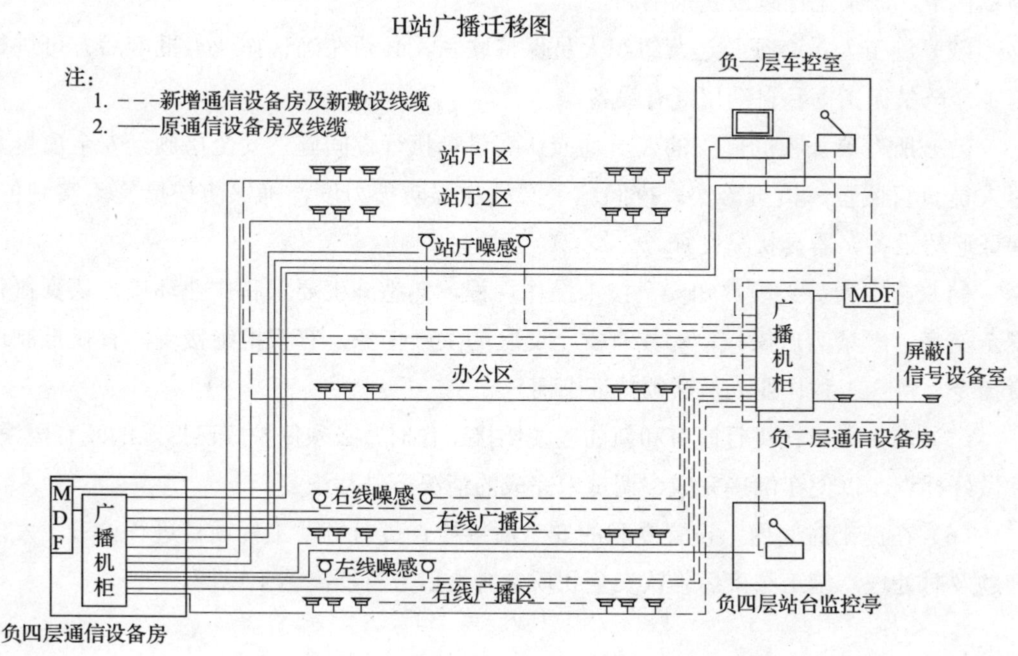

图6—9　广播系统示意图

7. UPS 电源系统搬迁

UPS 电源系统搬迁既要搬迁设备，也要对设备进行升级改造。在新设备房安装新 UPS 电源，在设备房装修完成后，进行设备安装，接入电源通电，设备开始调试。严格的调试通过后，便可为新安装的传输、交换等系统调试提供可靠稳定的电源。由此可见，UPS 的正常运行是其他设备搬迁的前提条件。

三、搬迁的前期准备

制定完备齐全的搬迁方案是搬迁改造的首要准备工作，搬迁方案审定通过后，具体实施阶段就务必严格遵照搬迁方案中的内容和计划开展，确保改造工程遵循安全第一的原则，合理安排调试和施工人员，做好施工中各施工单位之间的协调和沟通，明确各方的职责和任务，统筹兼顾，监控设备调试中各方人员的行为，确保设备拆迁和调试的顺利进行，确保人员的施工安全，确保不影响次日运营，完成搬迁方案的整体实施。

1. 安全保障措施

（1）为保证设备和人身安全应认真执行作业安全制度，穿戴劳动保护用品，杜绝违章蛮干，严禁无计划或超范围施工。

（2）施工人员必须与运营组织人员保持联系，必须在确认作业点批准后方可进行施工，严禁无指挥私自动用既有设备。

（3）所有参加夜间施工的人员均应认真贯彻执行夜间施工安全措施，安全质量监督人员负责监督、检查落实。夜间施工必须加强防护力度，确保防护措施落实到位，保证通信设备、器具状况良好。

（4）施工人员必须熟知安全技术操作规程，熟悉施工要求和作业环境，认真执行安全交底，严禁酒后操作，对没有安全交底的生产任务，有权拒绝接受，有权抵制违章指令。特殊工种作业人员必须持证上岗。

（5）施工人员在进行既有和新的电缆倒接工作时，必须保护好已拆除的既有电缆，并做好标识，以便在倒接完成、调试未完成的情况下进行恢复。

（6）在施工时间内，设置专职的安全质量检查员对每项工程项目进行检查，发现问题及时处理，施工结束后确认安全和质量合格后方可撤离施工现场。

2. 质量保障措施

（1）遵循公司内相关质量管理规定的质量要求，严格执行设计文件及质量标准，接受质检部门的监督指导，建立健全项目的质量管理机构，形成质量控制体系与质量监督、质量执行体系的上下结合、互相联系、互相监督的良好局面，使得工程质量始终处于受控状态。

（2）做好施工过程的技术管理工作。从施工组织设计、到施工图纸的审核校对、每道工序的技术交底工作及材料的选购、自检、报验等工作，层层把关，毫不懈怠。做到未进行技术交底、图纸与技术要求不清楚或材料不合格者严禁施工。

（3）建立质量检查制度，实现对施工全过程的质量控制，并对施工现场配置专职安全质量监察工程师、质量员进行监督检查。并定期召开施工例会，及时分析解决施工中存在的质量问题，制定预防和整治措施。

3. 人员组织

（1）专人负责统一指挥。该施工作为一个独立的改造项目，设备维修部门安排指定人员负责该项目，建立通信设备整个搬迁改造过程的组织机构，确定实施搬迁工作的整个工作组的组长、组员及主要参与者等，并明确各方人员职责，进则可以统一掌握施工进程，退则可以统筹解决施工问题。做到了定人定则，有的放矢。

（2）现场人员监控到位。项目负责人要合理地安排当日的调试人员，针对施工方案和调试内容，根据不同人员的技能水平，分配到不同的点位上，保障能够在现场监控到施工单位所有作业人员的施工行为，并能够对其行为负责且能够指导工作，做到“三控”。现场作业人员要分工明确，密切配合，各负其责，同时必须服从统一指挥，加强呼唤应答制度，确保通信联络准确和指挥到位。

四、搬迁方案的实施

既有线路改造施工的特点是所有施工必须基于能够保障列车正常运营的前提下开展的。所以施工的很多工作只能在晚上停运后开展，施工的作业量受作业时间的限制。针对这种情况，项目组采取了“化整为零，逐一击破”的原则制定和实施调试计划。

1. 施工评估

施工日之前明确要求施工方拟定合理的施工方案。项目组针对施工方案拟定测试方案，供货商提供设备及技术支持。待施工方案审定通过，方可按照施工方案开展施工作业。

开展施工作业前要考虑施工的诸多因素，施工前全面评估作业风险；针对当日的具体作业内容，考虑作业中可能发生的意外情况，做好对应的防范措施和后备方案。

2. 施工流程

开展施工作业前要统一施工流程。在施工具体开展阶段，施工作业前预留 1 小时左右时间，各方施工负责人提前到达现场，做好当日施工作业的安排，各方施工负责人完成对所管施工人员的安全讲话和具体作业内容的流程指导。项目组负责人统筹安排，全面监控整个施工作业进程。

3. 施工内容

设备房的搬迁主要包括通信电缆的铺设和单体设备的调试两个方面的内容。

（1）通信电缆的铺设。前期主要是新控制大厅的通信设备安装和通信线缆的铺设工作。因为新设备房采用重新安装一套设备，所以其需要重新铺设的连接电缆较多，包括站与站之间的站间贯通缆，本站到隧道轨旁盒的电缆，设备与接口专业的接口连接电缆等，工作量不可谓不大。铺设每一根电缆都要严格按照施工标准开展，所有新增线缆逐一铺设绑扎，留待后期调试使用。

（2）单体设备的调试。后期工作在前期电缆全部铺设就位后便可开展，包括旧设备房的设备拆除和新设备房设备的调试。基于既有线路的特点，每一个通信单体设备都是当晚调试完成后次日即投入运营使用，所以每一次调试工作的顺利与否至关重要。通信设备项目组严格控制每一次施工点的作业内容和作业量，制定完备的施工和测试计划，保障设备的调试完成质量以及留有足够后备时间，依次开展设备的单体调试。调试一个单体设备，便立即投入使用，而旧有设备暂时停用而并不立即拆除，以防在次日新设备运行不稳定或出现意外情况下，能够快速重新启用旧有设备。在确定新设备投入使用几个工作日未出现故障情况后，才逐一拆除旧有设备。

4. 应急处理预案

考虑到施工中的不确定因素，如作业点批复时间、配合人员到位情况、调试过程中发生故障等，为确保不影响次日运营，需提前 1 小时完成当晚施工作业，预留 1 小时左右时间用来执行应急预案，例如施工作业未完成或调试不成功，立即执行应急预案，施工人员将设备恢复至正常状态。一般是进行设备倒接（回退），使其恢复至作业前状态，并进行调试复测，确保设备正常运行。

五、搬迁后的保障措施

作为既有线路的工程改造项目，不同于开通新线，其特点就是大部分工作只能利用夜间停运后的作业点开展，夜间改造作业完成后，必须保障设备在次日的稳定运行。因此要加强搬迁后的保障措施。

1. 加强设备检修力度

搬迁结束后，各现场设备负责人负责继续监控设备状态，次日首趟列车开出后方可离开，以确保运营正常。搬迁后当天及搬迁完 2 天内，要求在 OCC 加强值班安排。周六、日运营时间安排技术人员在控制中心值班，各工班长、技术人员、技师待命。保留原有设备线缆和接头，待设备稳定运行一周后可拆除。

2. 项目总结

改造项目完成后，认真总结分析施工过程中遇到的问题和解决的措施，总结施工和调试的流程及标准，做好文本的归档和报告的汇总工作。及时更新设备的调试数据，更新设备图纸，及时通报维护人员该站的最新概况，让后期维护人员了解现况，这有利于今后的设备维护工作的开展。

第七章

特殊情况下的维修保障——既有线拆解与延长线接入

随着城市建设的飞速发展，不断有新的城市轨道交通线路开始规划、建设并投入运营。要完善一个城市的地下轨道运输系统，线路与线路之间不可能完全隔离开来独立运行，新旧线路之间必须要做到相互交错，使建设初期的单一线状覆盖逐渐完善为线网覆盖。由于城市轨道交通线网的建设不可能一蹴而就，线路的建设有先有后，而且由于某些客观因素的存在，线路的最初规划在建设时也可能发生改变。因此，当线网发展到一定的程度时，原有的线路运行方式就会出现不符合实际运营需求的情况。在这种情况下，为了优化线网的运行，需要对旧线路进行拆解、新延长线路接入等。本章主要以通信专业为例，对通信专业在既有线路拆解、新建延长线接入中的工作进行介绍。

第一节　既有线拆解

一、项目背景

如图 7—1 所示，由于新建线路（S 站—Z 站、X 站—F 站、J 站—G 站）的建设，

为了对线网运行方式进行优化整合，需要对原有的线路 A（S 站—J 站—X 站—W 站）在 J 站、X 站区间实施拆解，并按图 7—2 的连接方式分别与新建线路进行连接，从而分解成 A（Z 站—S 站—J 站—C 站—G 站）、B（F 站—C 站—X 站—W 站）线两条线路，其中 C 站为 A、B 线的换乘站。拆解后 J 站—X 站原有的上行区间会被保留，作为拆解后两条线路的联络线，而下行区间会被封闭。在本次拆解中，还会同步进行部分通信子系统的替换、合并施工，以提升整个通信系统的服务水平。

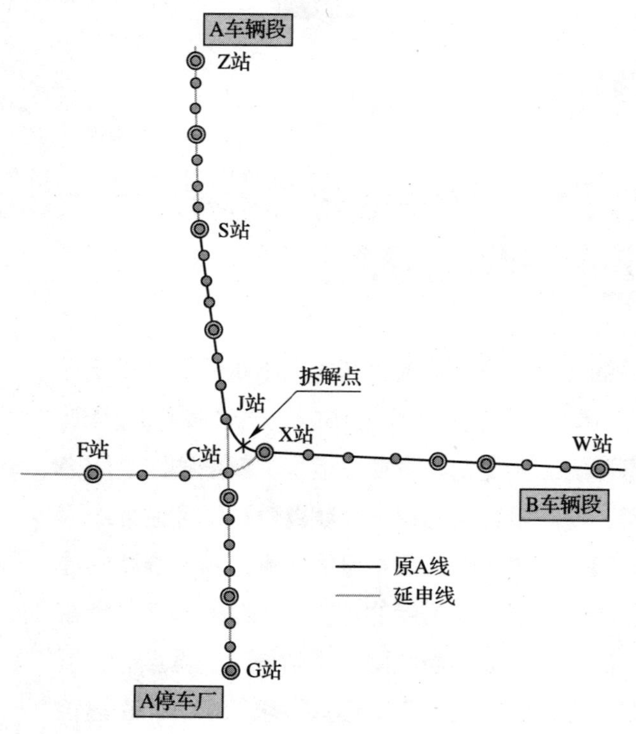

图7—1　A、B线分拆图

二、通信专业 A、B 线拆解工作内容介绍

原有的 A 线利用 3 天的停运时间，完成所有专业设备在 J 站—X 站区间的拆解以及与各自新线的连接。停运 3 天的可用时间总计为 77 小时，即第一天运营结束后的凌晨 0 点至第四天凌晨 5 点，第四天凌晨 5 点以后就开始按两条独立的线路正式运营。由此可见，时间紧迫是此项工程的难点之一。

另外，此项系统工程涉及的专业多，仅同一区间里面共同施工的单位就包含通信、信号、供电、消防、轨道、接触网、给排水及照明等专业。多专业共同在一个区间里面作业，是此项工程的难点之二。

对于通信专业本身而言，各个子系统的运行相对独立，但由于各个子系统均要占用传输通道，因此所有子系统在传输子系统上就会出现交集。同时，传输系统除了承载通信专业的业务外，还承载了部分非通信专业的业务。既要做好单个系统的调试，又要协调好子系统之间的联调，是此项工程的难点之三。

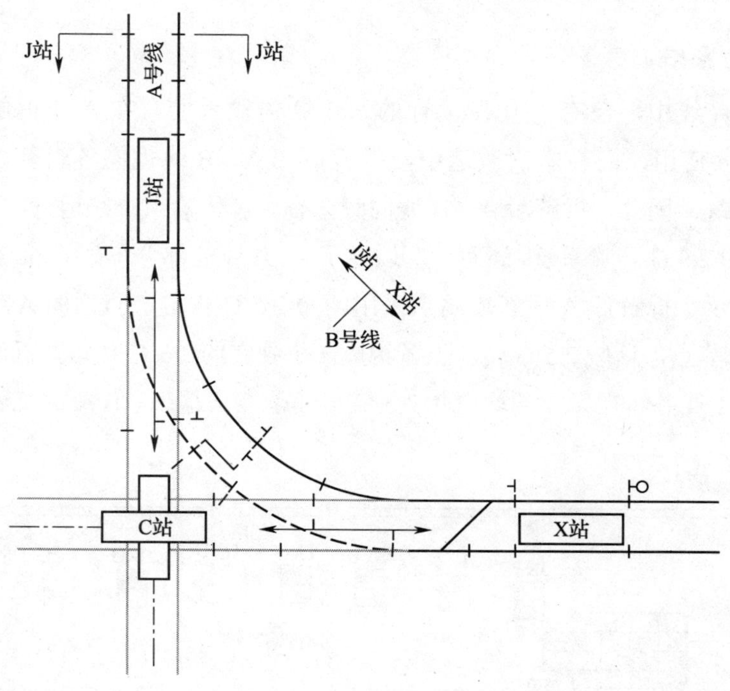

图7—2　旧线与新线连接图

在本次拆解中，并非简单地将现有的各个子系统进行“一分为二”拆解，其中还包含了无线调度子系统的替换、有线调度子系统的多线路合并、新建传输子系统等大型施工，同时其他子系统也有不同程度的升级整改。既要保证旧系统的正常运行，保障拆解前的运营，又要按时完成新系统的建设，满足拆解的需要，是此项工程的难点之四。

三、拆解前准备工作

（1）针对各个子系统的特点，分别制定与之相适应的工作方案。

（2）制定联调方案，并开展各个子系统之间联调的桌面演练，最大限度地保障联调工作的顺利开展。

（3）开展新设备的安装、调试及功能验收，各类线缆的敷设及测试，为拆解做好硬件准备。

（4）开展各项基本技能的培训，特别是与拆解相关的重点技能，为拆解做好软件准备。

（5）安全施工是重中之重。前期准备工作还应包含相应的危险源整理与风险评估，并做好各项安全教育。

四、拆解方案实施

1. 传输系统

在旧的A线中，已有一套在运行的600 M传输系统，在A线拆解后，该传输系统还需继续使用，而在本次改造中，拆解后的A、B线也需各自新建一套独立的2.5 G传输系统。因此，拆解后A、B线同时会有3套传输系统在运行，其中A、B线各一套独立的2.5 G传输系统，还有一套联通了A、B线的部分车站的600 M传输系统，如图7—3所示。拆解后A线新增站点采用两个2.5 G传输节点，原A线车站增加一个2.5 G传输节点，这些2.5 G传输设备构成一个独立的2.5 G环路，拆解后A线的以太网业务、E1业务、视频业务均由此2.5 G传输节点来承载。B线的工作方式和A线一样。

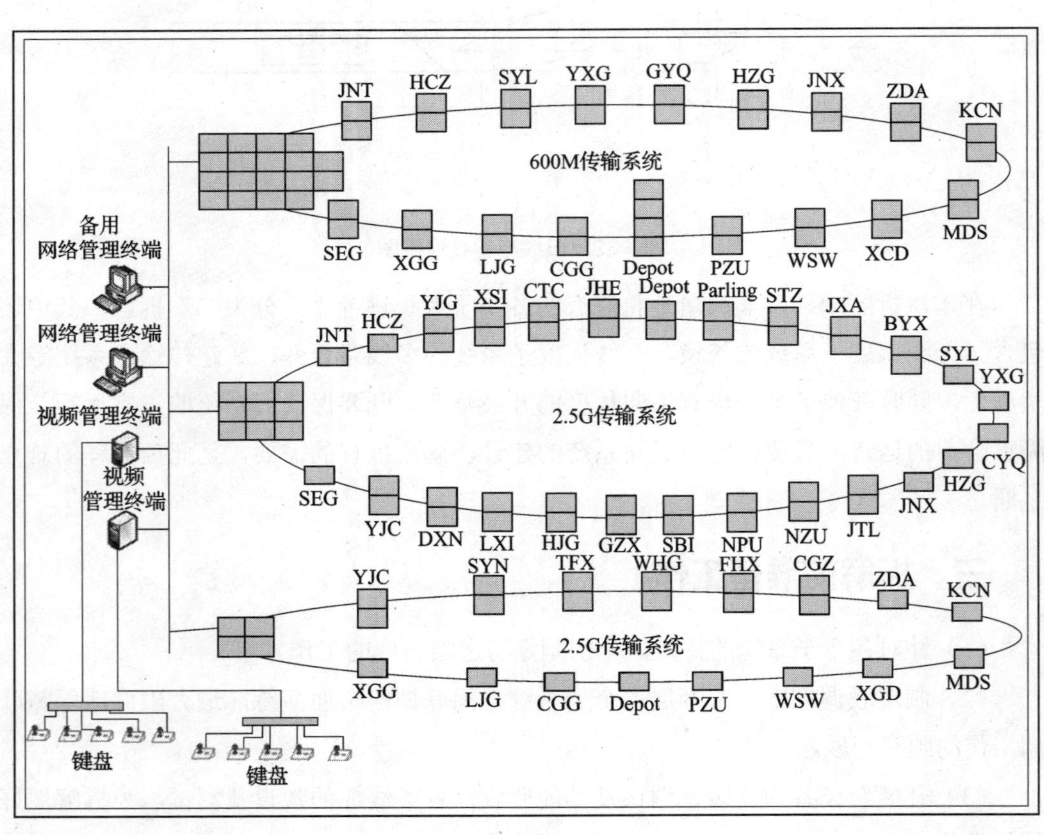

图7—3 拆解后的传输系统结构图

在业务方面，新开通站点的全部业务以及既有旧站点的新增业务均由新建的2.5 G传输设备来承载，同时，旧A线600 M传输系统的个别业务，如以太网和2 M业务，也需割接到新建的2.5 G传输网络。由于旧线J站—X站区间的下行线需封闭，为了保证原有600 M传输环的完整性，需在J站—X站区间的上行线新敷设一条48芯的光缆，用于取代原有的下行光缆，如图7—4所示，因此，顺利完成原有600 M系统的割接及业务迁移，是本次拆解传输子系统中的重点与难点所在。

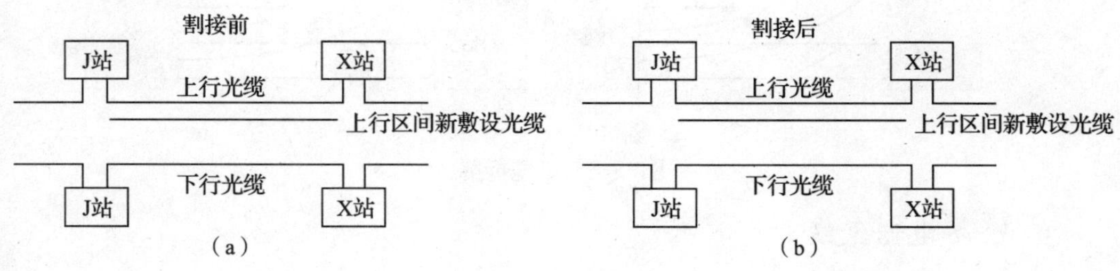

图7—4　光缆拆解图

2. 无线系统

拆解前A线原有无线系统在本次拆解中会被新的无线系统取代。正式拆解前，原有无线系统还要继续正常运行，新的无线系统也要提前开通调试，因此就会出现新旧两套无线系统并网运行的情况，同时，原本连通J、X站的漏缆也要在拆解当晚进行割接，这些均是无线系统在本次拆解中的重点与难点。

为了使新旧无线系统无缝拆解，在正式拆解前，采用了双网并存的方式，如图7—5所示。在双网并存的运行模式下，新、旧基站通过二功分器接入同一套覆盖系统，同时满足了旧系统不停运、新系统在线运行调试的需求。需要注意的是，新、旧基站使用的频点必须合理规划，避免出现相互干扰。双网并存的模式可以为拆解赢得主动，新系统在拆解前已经进行了功能调试，并稳定运行，当拆解工作完成后，关闭旧系统，拆除二功分器，新系统即能独立投入使用。

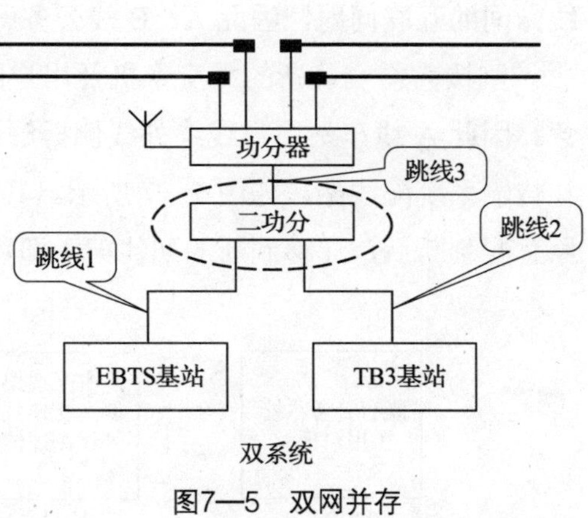

图7—5　双网并存

对于J站—X站区间的漏缆拆解，如图7—6所示，关键是提前做好C站至J、X站新的漏缆的敷设，以及各个割接点的工作安排。正式拆解时，所有割接点同时进行施工，缩短割接时长，给割接后的测试争取更充足的时间。

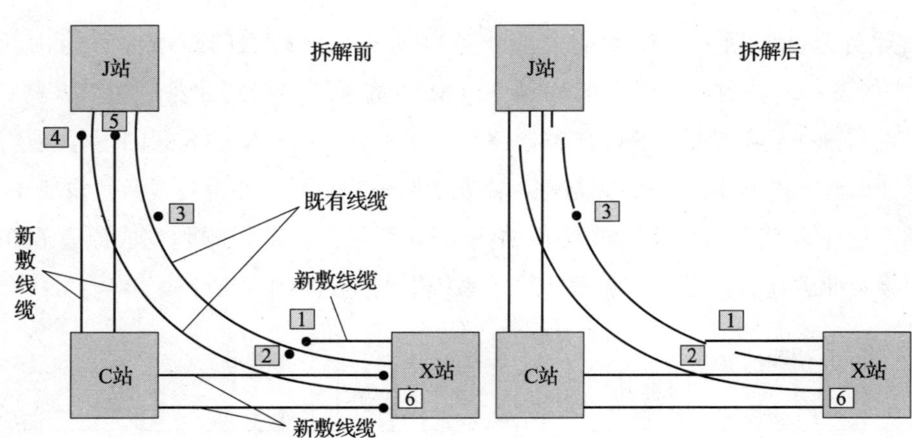

图7—6　漏缆拆解

3. 公务电话系统

控制中心原有的公务电话系统已经运行十多年，因为电子设备的老化，故障率逐步增加并且设备备件已停产。在A、B线拆解工程中需新安装一台公务交换机，替换原来的公务交换机。新的交换机共承载1 500多个用户，用户分为车站内用户（通过传输系统传输至车站）及控制中心大楼用户两类。

由于在A线停运期间，分配给公务电话系统的割接时间不到6个小时，时间紧、任务重，步骤繁复，而且割接的成败将直接影响第二天的运营。为保证割接工作能顺利执行，必须提前制定完善的割接方案及详细步骤。同时，公务电话系统割接还牵涉线网间的互联问题，因此A、B线公务所有的业务必须同步进行割接。

割接前需安装新的大交换机及用户配线架。如果出现意外情况，不能影响次日运营。因此A线车站用户线缆外线侧拆解前需要并机处理，敷设并接用户电缆到外线侧和传输系统配线架，如图7—7所示。其他用户线缆利用原有的电缆无须重新敷设，在原总配割断后，迁移到新的配线架上即可。

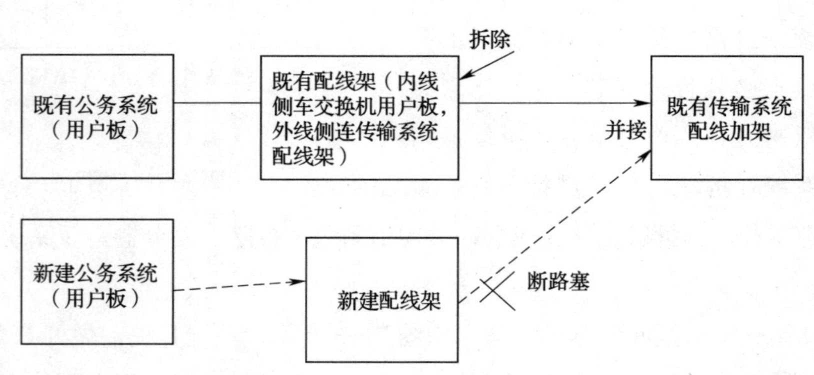

图7—7　用户侧并接示意图

4. 有线调度系统

在本次的有线调度系统改造中，除了改造A、B线的系统外，还兼顾了另一条旧线E线。由于E线调度电话系统由启用至今已经使用了十多年，因此E线交换机的改造也纳入这次改造工程中。升级改造后，E、A、B三条线共同使用一套新的双机热备有线调度系统，同时满足三条线的有线电话调度功能。

割接前安装双机热备系统及用户配线架。如果出现意外情况，不能影响次日E线运营。因此，E、A线车站用户线缆外线侧拆解前需要并机处理，敷设并接用户电缆到外线侧和传输系统配线架，如图7—8所示。

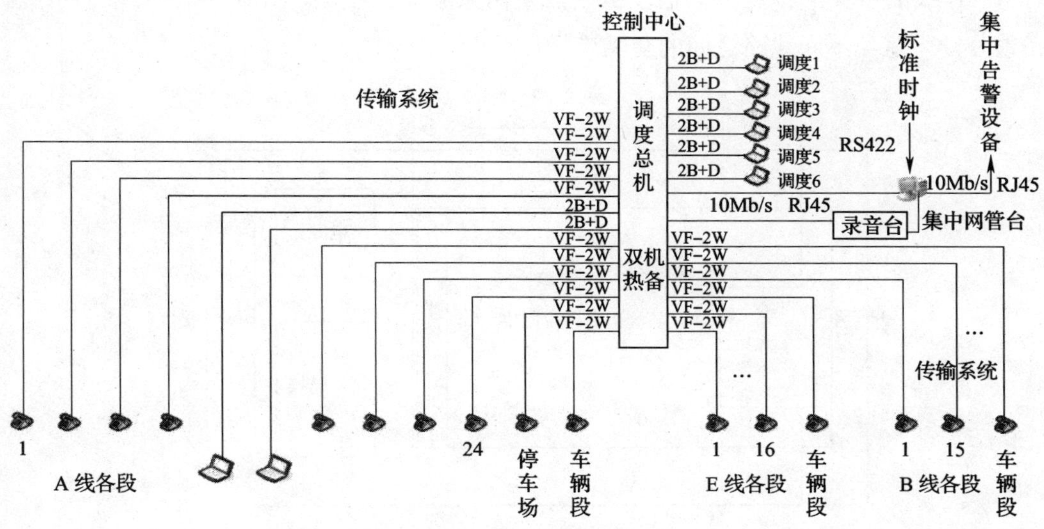

图7—8 E、A、B线双机热备有线调度系统

5. 站内电话系统

原A线车站站间电话是后备通信模式，通过区间电缆，本站与相邻两个站、连锁站之间进行电话通信。拆解前需敷设新的电缆，拆解时要对该通信模式进行调整，J站与C站联通，X站与C站联通。由于旧站设备与新站设备厂家型号不同，拆解前需要提前进行调试。另外，J站—X站、C站区间设备电缆和隧道电话需要停用，当晚要把设备隔离开。

6. 闭路电视系统

原有的闭路电视（CCTV）系统拆解成独立的A线CCTV系统和B线CCTV系统。原A线各站的视频信号通过600 M传输系统传送到城市轨道交通控制中心，拆解后此项工作由各线的2.5 G传输系统来承载，因此该业务的平稳割接就是闭路电视系统拆

解的重点所在。

同时，拆解当晚还需在城市轨道交通控制中心调整A、B线的CCTV视频图像显示。原A线S站—J站监控图像归入A线，原A线X站—W站监控图像归入B线，实现控制中心主控大屏幕按线路实时监控各站图像的功能。

7. 广播系统

该系统对部分硬件进行了升级改造，更换了广播控制盒及语音合成模块，并且保持其他设备及接口不变，如图7—9所示。广播系统拆解的难点在于调整控制中心对A、B线的中央广播区域。由于拆解后是两条独立的线路，控制中心对线路的广播必须分开，避免不同线路之间的交叉广播。

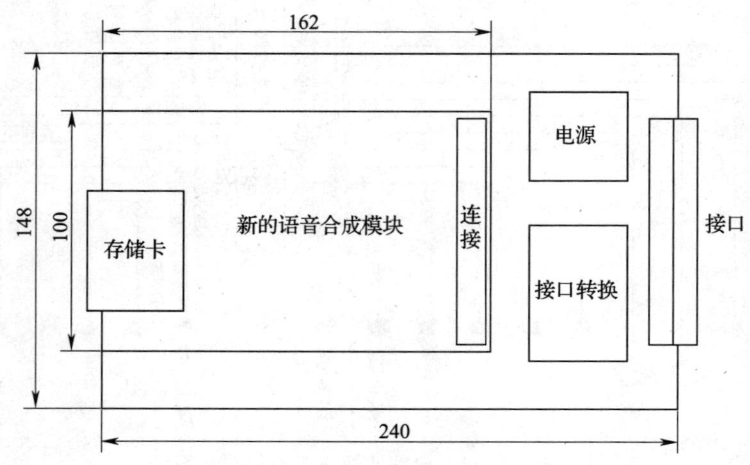

图7—9 广播系统接口图

8. 集中网管系统

拆解工程需要对集中网管系统进行全面升级改造。改造要求兼容旧设备的接口协议，告警信息才能全面、及时地显现，让值班人员及时了解设备运行状态。集中告警系统改造的难点在于开发软件时需要协调好各个子系统，并需要各个子系统共同配合完成现场调试工作。

五、拆解后的维修组织

拆解后的组织主要包含系统功能验证和缺陷整改两方面。

1. 功能验证

拆解工作基本上是在一个晚上完成的，而且拆解结束后马上就投入运营。因此拆解工作结束后需立即开展各个子系统的功能测试，以验证拆解前的准备工作是否得当、拆解过程是否出现差错。由于通信专业的设备主要是提供给各类行车指挥人员使用，所以参与功能验证的人员除了设备维护人员外，还必须包含各类使用人员。

2. 缺陷整改

缺陷整改一方面是对功能验证中发现的问题进行查找整改，另一方面还要对拆解中未完成的工作进行收尾，尽快使拆解后的系统恢复到拆解前的正常服务水平。

第二节　延长线接入

由于规划、建设等原因，同一条线路会出现分期建设的现象。由于同一线路各期建设存在时间差，延长线路的新建通信设备也需分次调试并接入原有的通信系统。由于既有线路已开通运营，延长线路新建通信设备接入对现有通信设备的影响较大，需在接入调试的过程中密切注意与其他系统设备之间的接口关系，充分考虑影响面，做好最全面的保障工作。本节以城市轨道交通延长线传输系统接入调试为例，对延长线路新建通信设备接入调试的组织进行介绍。

一、项目背景

由于既有线路北延段新开通 A 和 B 两个车站，A 站和 B 站的传输节点需接入既有线路的传输系统，以保证在北延段各系统热滑时能够提供有线、无线通信，并为北延段开通前各专业联调奠定基础。

A 站和 B 站的传输节点接入前，既有的传输系统网络结构如图 7—10 所示。

A 站和 B 站的传输节点接入原有的传输系统后，新的传输系统网络结构将改变，如图 7—11 所示。

二、接入调试的前提条件与影响范围

1. 接入调试的前提条件

（1）施工单位完成新增 A 站和 B 站传输节点设备电源线、设备地线及相关线缆的布放。

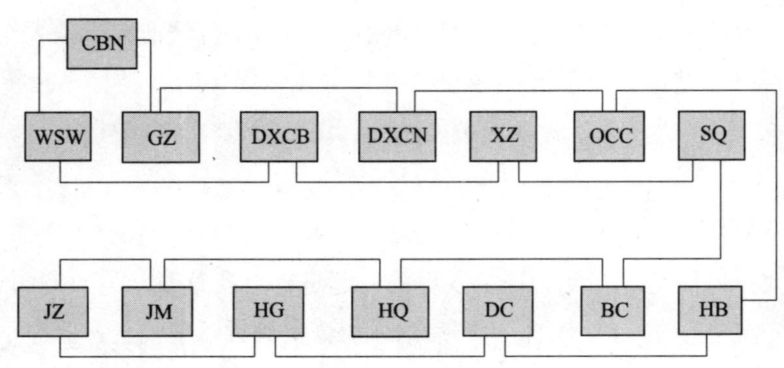

图7—10　接入调试前传输网络结构图

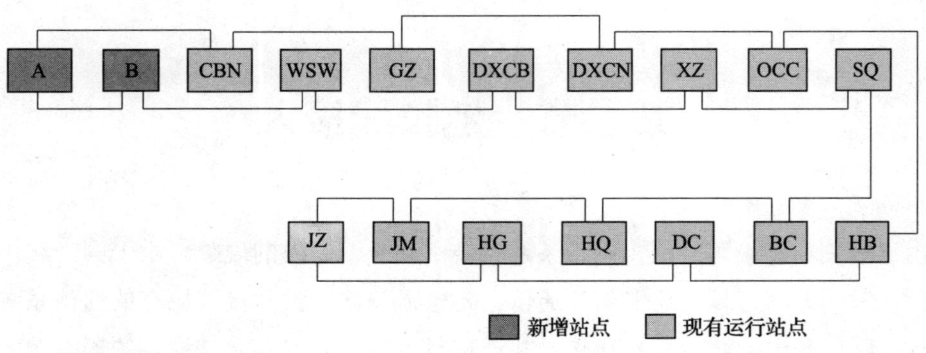

图7—11　接入调试后传输网络结构图

（2）A 站和 B 站通信设备房卫生及温湿度满足设备运行条件。

（3）新增使用的光纤通道各项参数符合技术标准。

（4）设备厂家已备份传输系统现有数据库，并保证重新导入后状态可用。

（5）设备厂家完成 A 站和 B 站传输节点设备安装，保证在正式接入调试前已上电运行，完成新增传输节点的单体调试且状态稳定。新增光纤连接正确，具备成环条件。

（6）设备厂家已测试了各新增光纤通道的衰减量，符合技术标准。

（7）设备已完成拟下载的新数据库的编写，符合设计要求，并出具数据库及使用介质的无病毒证明。

（8）明确接入调试的影响范围，已制定接入调试方案及应急处理预案。

2．接入调试的影响范围

接入调试涉及的专业设备包括该线路通信专业设备、机电专业设备、门禁专业设备、办公计算机网络、PSCADA 设备等。其影响范围主要包括以下几个方面：

（1）无线调度子系统在接入调试过程中进入单站集群运行模式，调度台无法与移动用户进行通信。

（2）有线调度电话子系统在接入调试过程中各车站调度电话无法使用，控制中心调度电话只能在控制中心范围内使用。

（3）公务和其他电话在接入调试过程中各站（或控制中心）的公务、区间电话只能在本站（或控制中心）范围内使用，控制中心与车站之间不能相互拨打。

（4）中心广播在接入调试过程中控制中心调度无法用中心广播台对车站进行全线广播。

（5）闭路电视子系统在接入调试过程中各站无法实时上传图像信息，城市轨道交通控制中心不能任意调看各站图像和录像信息。

（6）办公计算机网络在接入调试过程中无法正常使用。

（7）机电系统在接入调试过程中各车站及冷站间的监控信息中断。

（8）PSCADA 系统在接入调试过程中车站设备无法与中心同步时间信息。

（9）AFC 系统在接入调试过程中无法与服务器进行数据传输。

（10）门禁系统在接入调试过程中中心与各站的通信监控功能无法正常使用。

三、接入调试的组织实施

1. 组织结构

（1）设立项目组。该线路北延段传输系统新建传输节点接入调试由通信专业组组织实施，成立传输系统新建传输节点接入调试项目组，项目组设在该线路的控制中心。调试项目组架构图如图 7—12 所示。

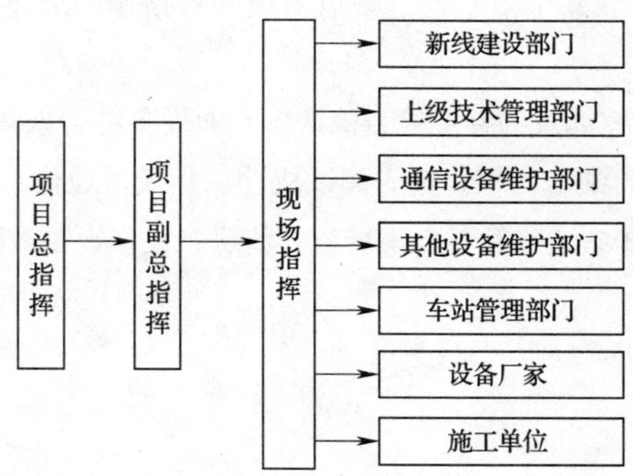

图7—12　调试项目组架构图

（2）项目单位职责

1）通信设备维护部门：编制割接方案并组织实施，负责升级工作的指挥、协调和技术保证。负责具体割接方案的实施，整个作业期间的设备安全，并负责割接完成后设备的恢复，保证次日的正常运营。

2）上级技术管理部门：负责审核割接方案的技术可行性；负责审核方案及割接过程中的安全组织与实施。

3）车站管理部门：协调系统割接实施当天的行车、维修组织，保障割接作业所需的时间。

4）接入调试涉及其他设备维修部门：配合确认割接时所管辖设备符合割接条件以及完成后对设备状态的核查。

2. 接入调试

（1）接入调试的准备工作

1）系统割接前，确认割接前提条件均已具备。

2）传输系统安全正常运行。

3）所有软硬件、备品备件、工器具已准备，所有参与升级工作人员、以及配合人员已到达指定位置。

4）各单位测试工器具和物料准备。

5）接入调试作业计划已申请并获批准。

（2）接入调试步骤。接入调试工作按顺序可分为三个阶段：光纤调整、数据下载、检查确认。

1）光纤调整。对既有线的光纤资源进行重新规划调整，以满足新建站点的使用需求。

2）数据下载。下载新节点数据，采取对现网数据影响最小的方式加入新节点和相关业务。

3）检查确认。所有涉及的专业检查确认本专业设备是否恢复正常。

（3）接入调试后的维修组织。接入调试成功后当天，通信专业派人在城市轨道交通控制中心、A 站和 B 站通信设备房现场值守值班，发现设备故障及时处理。

第八章

特殊情况下的维修保障——重大活动的通信保障

重大活动一般是指影响范围大、参与人数多的各类活动，比如国家、国际性的运动会、博览会、展览会等。一方面，轨道交通作为一种快捷、准时、覆盖范围广的大型运输方式，能在短时间内疏散大量的客流，在重大活动的交通保障上发挥着举足轻重的作用。但另一方面，轨道交通作为一种常规的公共交通工具，并非专为某项重大活动而建，在应对这种突发性的大客流时，也会面临诸多的压力。本章主要以大型运动会举办期间地铁系统的通信设备保障为主线，介绍通信专业在重大活动中的维修组织及保障措施。

第一节　重大活动与通信保障

一、通信专业在重大活动保障中的作用

通信专业作为地铁运输系统的一个有机组成部分，在整个地铁运营保障中发挥着特有的作用。

1. 乘客指引、疏导功能

地铁运营中会遇到各种各样的情况，比如客流限制、运营模式发生改变等，特别是在重大活动的保障期间，很多情况是突发情况，不能提前将有效信息公布给乘客。为了及时将列车运行信息通知给广大乘客，必须要有一个覆盖面广的信息发布平台，用于大范围、及时地发布各类信息。通信专业的广播及乘客信息发布系统（PIDS）等子系统遍布地铁站的每一个角落，这些子系统将担负着信息发布的重要任务。

2. 客流监控功能

乘客是流动性极强的团体。为了应对突发性的客流，视频监控子系统将为线路控制中心提供实时的客流量监控，帮助控制中心做出准确的判断及指挥。

3. 行车指挥功能

列车的运行由控制中心控制。由于列车与控制中心在地理位置上是隔离的，必须在列车与控制中心之间建立起实时、准确的通信桥梁，保证行车指令的及时准确发布。无线调度、有线调度及公务子系统将在实时通信上提供重要的支持。

二、通信专业保障工作原则、目标及组织架构

1. 工作原则

（1）确保通信专业管辖设备运行稳定正常。

（2）做好通信专业设施设备的维护、保障和抢修工作，把设备故障对运营的影响降至最小。

（3）确保通信专业的乘客服务设施功能完好，做好优质服务。

2. 工作目标

（1）确保通信专业施工作业和系统运行安全，杜绝责任险性、一般事件和事件苗头以上事件以及其他影响运营组织、对地铁服务形象造成不良后果的事件发生。

（2）确保通信系统设备稳定正常，为运营组织提供可靠的设备运行质量保障。

3. 通信专业保障组织的架构

为保障重大活动期间通信设备高水平运行，保障突发情况下信息的快速传达，有必要成立通信专业保障组织。保障组织在架构上采用值班小组的架构，通过由上而下的组织指挥，对整个通信专业人员进行统一调配。该保障组织负责重大活动期间通信专业保障工作的统筹、指导、组织故障处理及快速信息传递，具体架构如图 8—1 所示。

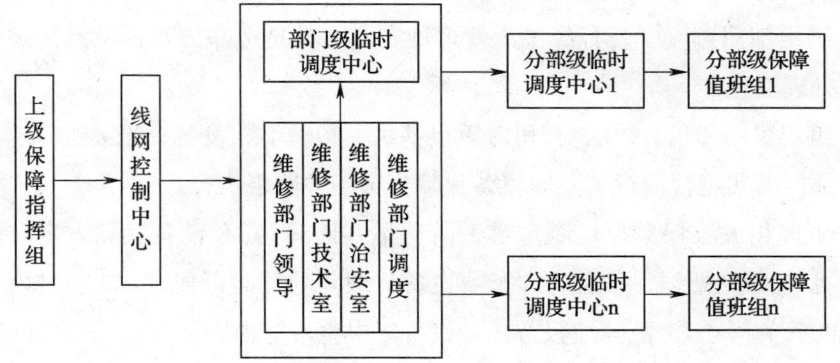

图8—1　通信专业保障组织架构

三、通信专业保障工作内容

1. 安全保障

（1）重大活动举办前，维修部门应制定设备综合整治方案，主要内容包括隧道悬挂物、高架段线缆、既有线和新线正线、车辆段道岔的检查和整治，查线核图，设备的备件梳理与紧急采购等，通信专业各维修分部严格按方案组织落实。

（2）重大活动举办前必须对抢险地点的设置、抢修队伍的覆盖、抢险工器具的配置等进行全面的研究确定，建立快速高效的应急抢险体系。

（3）完善修订维修部门各类抢险应急预案，通信专业各维修分部根据设备特点成立专业抢险小组。

（4）按各专业抢修预案做好抢修所需的相应备品备件、材料及设备图纸等准备工作。

（5）组织召开动员会，从人员、组织、方案学习、应急处理、安全保卫等方面做好准备。

（6）结合设备综合整治方案，组织完成前期全线设备检查，同时配合上级部门完成相应的安全检查工作。

（7）开展岗位专项技能培训，并组织在通信各子专业间的交叉培训。

（8）制订维修部门、维修分部级的重大活动前专项演练计划，包括检验熟悉故障处理流程的桌面演练。

2. 维修保障

（1）按计划完成设备检修任务，做好重点设备检修计划调整，确保重大活动举办前完成通信设备的年检以上检修，避免重大活动举办期间作业时间不足。

（2）制订重大活动期间重点设备临时检修办法，加强重点设备的检修。

（3）组织部门调度学习各级生产管理规定，尤其是运作方案，熟悉故障处理的信息通报及处理流程。

（4）组织民用通信、PIDS 公司对重点基站、传输引入设备、光缆进行巡查；联系相关接口部门落实运营商运营期间设备保障方案，并监督执行。

（5）协调相关维保单位，制定重大活动举办期间 PIDS 设备保障方案，包括人员安排、24 小时保障处理、设备（含车载设备）故障处理时限要求（2 小时内到达现场解决发生的各类问题）、故障通报方式、设备集中整治等内容。

（6）签订责任状，所有设备维修及管理责任落实到个人。

（7）完成临时设立现场指挥部车站的指挥电话安装。

3. 物资保障

物资保障分以下几类：备件类、工器具类、仪器仪表类、非设备类抢险物资（如抽湿机、风扇等）。通信专业各维修分部需根据备件库存及设备备件重要性，分设重点备件存放点和一般备件存放点。各线物资都由各条线各个值班点分别存放，物资存放以就近为原则。各值班点均需建立物资存放清单，每天值班人员均需根据清单明细进行核对。

第二节　大型运动会期间的通信保障

一、保障分析及应对措施

为了更好地针对大型运动会开展维修组织及保障，需提前对其进行深入的调研分析，以制订完善的应对措施，做好后期保障安排。

1. 大型运动会概况

大型的运动会一般历时 15 天以上，其中包含开、闭幕式和比赛日。

（1）主要场馆及工作场所设置

1）开、闭幕式均在中央城区举行，其主会场附近一般设有地铁车站。

2）运动会的场馆从地理位置上可以分为中央城区场馆、郊区场馆及周边区市场馆三大场馆群，其中大约 80% 场馆邻近均建有地铁线路。

3）运动员村、大会总部酒店、媒体集结点多设于地铁线路的同一站附近。

（2）开、闭幕式安排。大型运动会的开、闭幕式一般安排在晚上 8：00 到 10：00 之间。此段时间与晚间下班高峰期有所重叠，会出现大客流重叠现象。

（3）赛事安排

1）比赛时间：大型赛事一般历时 14 天，平均每日在各场馆群进行约 50 场比赛。最早比赛时间一般开始于 7：30，最晚比赛结束时间为次日 0：10。

2）夜间赛事：夜间赛事进场和散场高峰分别集中于 18：00 ～ 19：00 和 22：00 ～ 23：00。

赛事的时间安排与轨道交通早、晚出行高峰期重叠，而且为了疏散晚间观看比赛的观众，还要做好延时收车的工作。

2. 客流特点

从比赛场馆分布，开、闭幕式安排及赛事安排等分析可知，轨道交通客流将会出现以下的变化：

（1）总客运量增加。由于各地运动员、工作人员、观众集中到来，加上原有的客流量，总客运量将明显增加。

（2）上、下班客流分别与早上、晚上赛事入场客流部分重叠。从赛事的时间安排分析，前往赛场及离开赛场的运动员、工作人员、观众的出行时间和地铁早晚出行高峰期存在重叠。

（3）早上赛事散场对中午的客流造成一定影响。按正常的运营统计，中午一般是运营客流的低峰期，由于要疏导参加完早上赛事的运动员、工作人员、观众，中午也会出现高峰客流。

（4）出现夜间赛事散场客流高峰。按正常的运营统计，夜间一般是运营客流的低峰期，由于要疏导参加完晚间赛事的运动员、工作人员、观众，夜间也会出现高峰客流。

3. 应对措施

通过前面的分析，为了有效疏散客流，可以采取以下的应对措施。

（1）运营时间调整

1）开、闭幕式运营时间调整。大型运动会的开、闭幕式是最重要的两项活动，为了保障参与人员的通行顺畅，当天可采用 24 小时通宵运营的模式，期间所有的通信设备将 24 小时运行，通信人员 24 小时通宵保障，特别是关键位置如控制中心，开、闭幕式附近车站，邻近换乘站将是保障的重点区域。当天通信专业的检修作业需在开、闭幕式前提前完成，保证设备在此期间不停运。

2）赛事期间运营时间调整。赛事期间，轨道交通各线可适当延长 1 ～ 2 小时的运营时间，同时考虑赛事结束时间的不确定性，尾班车留有 20 分钟左右的冗余。延时收车意味着晚间检修时间的缩短，对于作业时间不满足的计划检修作业，需要提前安排完成，其他作业也需做出相应的调整，避免作业超时。

（2）特殊运营模式。在开、闭幕式及比赛期间，根据实际情况，各线路还要做好采用不同的特殊运营模式的准备，例如：停运、拉风箱、非常规小交路运行、个别车站不停站通过等。为了应对特殊的运营模式，各个通信子系统均需参与保障。

二、大型运动会期间设备强化保障措施

1. 保障响应级别

按保障的需要，保障响应级别可分为二级响应和一级响应。

（1）二级响应。由维修部门领导和维修部门质量安全室、生产技术室主任组成维修部门保障值班小组，通信专业维修分部由分部主任和技术组负责人组成分部保障值班小组，运营期间实行轮流值班。

通信专业：值班点设在各线控制中心，实行 24 小时值班，除正常值班人员外，还应至少安排一名技术人员加强值班力量。

（2）一级响应。由维修部门领导和维修部门质量安全室、生产技术室主任组成部门保障值班小组，通信专业维修分部由分部主任和技术组负责人组成分部保障值班小组，运营期间实行轮流值班；大型运动会开、闭幕式当天，部门、分部保障值班小组执行上级下发方案，24 小时值班。

大型运动会开闭幕式当天，在运营控制中心、线路换乘站、体育场馆站、车辆段设置值班点。线路换乘站、体育场馆站、车辆段值班点至少安排一名通信三级或通信二级检修工值班；运营控制中心值班的，至少安排一名技术人员和一名分部主任值班。

一级响应其他时间：在控制中心、线路换乘站、体育场馆站、车辆段安排人员值班，在控制中心值班点，至少安排一名技术人员值班。

2. 调度组织

（1）在保障期间，强化调度组织体系，从维修部门生产技术室、质量安全室抽调技术人员，与部门调度一起组成部门临时调度中心，各维修分部则由技师或技术人员等组成的分部临时调度中心（一个维修分部设一个分部临时调度中心），通信部门分部

临时调度中心在线路控制中心通信值班点，分部临时调度中心人员均实行 24 小时值班。

（2）大型运动会期间，各分部临时调度中心在 8：00 前落实所有值班人员按时到位情况，并向部门调度汇报，由部门调度备案；值班期间所有值班人员如有需要离开岗位时必须向各分部指挥中心请示，获批准后方可离开，并确保在规定时间内返回值班点，分部指挥中心报部门调度备案。

（3）大型运动会期间，部门临时调度中心接到故障信息，立刻按部门故障信息通报流程通报，同时通报分部临时调度中心，故障处理过程中部门临时调度中心负责与控制中心、或与其他部门进行工作协调，分部临时调度中心负责协调分部内部工作，组织故障处理，故障处理完毕及时将信息报告部门临时调度中心。

（4）大型运动会期间，分部临时调度中心每天早上汇总前一天设备运作和工作存在问题，并在 7:00 前报部门临时调度中心；部门临时调度中心汇总各分部工作问题后，在 8：30 前报部门保障值班小组人员。核实运营日报填写情况，发现有与实际不符的及时报告部门临时调度中心，由部门临时调度中心联系控制中心修正。

（5）大型运动会期间，分部临时调度中心每周四夜班值班人员汇总一周（指从上周五到本周四）工作存在的问题，并在周五 7：00 前报部门临时调度中心；部门临时调度中心汇总各分部临时调度中心工作问题后，并在 8：30 前报部门保障值班小组人员。

（6）故障抢修时，值班点抢修人员可立刻乘坐出租车赶赴现场，后续支援人员则向部门临时调度中心提出抢修用车需求，由部门临时调度中心联系相应控制中心值班主任助理解决，若值班主任助理无法安排则通知分部采用其他交通工具赶赴现场。

（7）大型运动会期间，各分部必须严格按部门值班表安排执行，若因特殊原因需要调班的，必须征得部门调度主管同意，部门临时调度中心和分部临时调度中心做好变更备案。

（8）大型运动会期间，所有保障小组成员、技术专工、技术人员必须向保障小组及部门调度告知可靠的移动通信联系方式，并保持 24 小时开机。

3. 维修模式调整

（1）通宵运营模式。通宵运营模式下，由分部临时调度指挥中心落实人员，提供运营保障。各线路无线调度专业人员在车辆段值班，加强与相应车厂的联系，结合车辆采用“机会修”（列车回厂有机会就检修）的方法，及时组织人员，完成列车的设备故障处理。将开幕式及闭幕式当天的未回车辆段列车的无线车载设备日检作业取消，根据设备的实际运行情况，做好维修计划的变更及检修安排，保证设备检修的完成。

（2）延长运营模式。加强与相应车厂的联系，及时组织人员，完成已回厂列车的

设备检修。出现车载设备日检工作的无法完成情况，需做好该车使用跟踪，同时，安排人员做好次日列车车载设备日检工作。优化作业程序及当次检修人员配置，提前做好检修前的相关准备。

4. 维修应急保障

根据故障对正常运营的影响程度，对设备故障进行判断及归类，严格按照各级相关处理流程和各专业设备故障处理流程，按照“先通后复、抢险及时”的原则及时组织人员进行处理。其中，对运营的行车或行车质量造成重大影响的故障必须及时启动相应的应急预案、程序，把故障的影响程度降到最低。

一级响应的通信专业抢修点设在关键设备的集中地，如控制中心、换乘站、体育场馆站、车辆段。

5. 线网支援

根据所有线路通信系统运行设备的特点，维修部门通信专业成立相应的线网应急抢修小组，如通信电源一类故障、传输系统一类故障、无线系统一类故障、有线调度一类故障等应急抢修小组。各抢修小组由维修部门专业分管领导挂帅，由各维修分部技术骨干、维修部门技术室、质量安全室技术人员担任小组成员，分为赶赴人员、部门支援人员、跨线支援人员。线网应急抢修由维修部门经理亲自启动，部门调度组织落实。

6. 外部协作

（1）外部协作的原则为：以我为主，外联为辅。各维修分部一方面调动各专业的技术骨干，驻守重点设备附近，为设备保障提供内部的技术支持；另一方面还要与供货商等单位保持密切联系。

（2）外部机制的具体实施

1）专用通信专业。专用通信专业的关键子系统的关键设备均设置在各线路的控制中心。结合维修人员驻守安排，需各线路子系统供货商派专人到各线路控制中心配合中心通信专业维修人员驻守，监控设备运行状态。

开、闭幕式等重要时段，供货商保障现场负责人带领保障人员分别在各线控制中心和大型运动会途经的重要车站进行 24 小时值守，确保出现故障后以最快速度响应处理。

2）PIDS 专业。为保证视频播出节目的时效性和系统的可靠性，PIDS 设备必须每天开关机一次，使得系统能自动清除垃圾数据和更新播出表。为了保障大型运动会开、闭幕式的安全运营，在总控制中心由PIDS维修保障单位安排节目部和技术部各一名总监、导播及工程师值班，方便突发情况的处置和直接调度指挥。维修保障单位需在地铁运营的每一条线路上保证不少于一人在线上待命，一旦有突发故障直接去现场处理。对于开、闭幕式场馆所在的地铁站，开、闭幕式当天24小时各单位要有人员驻站进行保障，节目也需要采用多重备份的方式，确保节目正常播出。

第九章

特殊情况下的维修保障——特殊气象条件下的维修策略

当前，我国的城市轨道交通正处于飞速发展阶段，尤其是沿海城市等经济发达地区，轨道交通的发展更加迅速。一方面，轨道交通线路建设越来越多地采用地面和高架的形式，气象条件对轨道交通运行的影响逐渐显著。另一方面，随着全球环境的不断恶化，气象灾害发生的频率越来越高、危害越来越大，因此，气象灾害防范是运营维修部门必须重视的问题。

第一节　特殊气象条件下维修总体原则和基本要求

一、特殊气象及其危害

根据国内城市天气特点以及对城市轨道交通运营的影响，一般可把六类天气情况划归为特殊气象：台风或雷雨大风（含龙卷风）、暴雨、高温、大雾和灰霾、冰雹或道路结冰、寒冷。

特殊气象预警信号发生后，城市轨道交通运营管辖范围内可能发生城市轨道交通车辆被强风刮倒（特别是高架桥路段等地面线路的车辆）；地面线、高架桥及车辆段的设备被强风刮倒；车站出入口飞顶被强风破坏，顶盖铝板松脱、掉落或钢化玻璃掉落破碎；地面线路及出入段线洞口出现路基下沉，边坡坍塌，挡土墙倒塌；排水不畅造成水淹钢轨、隧道；车站排水不畅造成水浸站台、站厅；地面线路轨缝因持续高温造成连续瞎缝缺陷，严重时会出现钢轨胀轨跑道现象，以及其他突发事件。因此当地区气象台发布相应气象预警信号后，针对这六类特殊气象运营维修部应启动相应的维修应急抢险预案。

二、特殊气象条件下维修总体原则

特殊气象条件下，维修实行高度集中、统一指挥原则。通信专业各维修分部、职能室要听从维修部门调度指挥中心的指挥和分工，各司其职、各负其责。具体原则包括：先全面、后局部；先救人、后救物；先抢修通信、供电系统，再抢修线路、信号等要害部位，后抢修一般设施；防止次生灾害发生；抢救与运营并重，最大限度地维持运营。

三、抢险要求

（1）树立“安全第一”的思想，抢险组织工作贯彻“先通后复”的原则，保证抢险救援工作安全有序、减少事故影响、尽快恢复运营生产的重要环节。

（2）确保台风或雷雨大风、暴雨、高温、大雾和灰霾、冰雹或道路结冰、寒冷气象预警信号发生时城市轨道交通人员和设备的安全，减轻损失，维持城市轨道交通运营。

（3）根据需要，在确保安全的情况下，尽快开通线路，恢复运输（含局部线路）。

（4）应急预案预警取消后，根据要求、规范对抢修的设备、设施及线路等进行“复通”加固处理。

第二节　特殊气象条件下维修的组织

一、前期准备

维修部门应认真贯彻“预防为主”的方针，做好特殊气象来临前的各项准备工作。

1. 建立组织

建立应急抢险领导小组和工作小组，成立应急抢险队。

2. 安全检查

特殊气象来临前，对管辖内的信号设备及其他所辖设施进行全面的安全检查。以维修分部为主组织实施设备检查，对检查发现的问题，按隐患性质突出重点统筹安排，迅速进行处理。

3. 教育动员

维修部门在特殊气象来临前组织召开工作动员会，传达学习上级命令及布置工作重点及要求，学习相关抢险知识。

4. 器材准备

特殊气象来临前，如梅雨季节、汛期等，维修分部负责清点抢险料具，按防洪抢险主要储备材料的规定备齐材料（详细记录材料名称、规格、数量等）。维修部门质安室负责跟踪核查维修分部抢险应急材料、机具、设备的到位情况及目前状态，并将数量、具体放置位置、目前状态汇总后报维修部门技术室备案。

5. 制定预案

维修分部根据所辖设备及线路统计出特殊气象下的重点保护部位及设备，并根据实际情况制定出特殊气象来临前的防范措施报维修部门技术室备案，维修部门质安室负责进行核查。

二、预案启动及解除

1. 依据气象等级分类启动、解除预案的原则

特殊气象预案的启动和解除，应以气象台发布的预警信号为依据。下面以我国南部沿海地区气象特点为例，说明特殊气象应急预案启动、解除的原则。

（1）气象台发布白色、蓝色、黄色、橙色、红色台风信号时，应启动台风或雷雨大风（含龙卷风）预案。

（2）气象台发布黄色、橙色、红色暴雨信号，应启动暴雨预案。

（3）气象台发布黄色、橙色、红色高温预警信号时，应启动高温预案。

（4）气象台发布橙色、红色大雾预警信号或灰霾预警信号时，应启动大雾或灰霾

预案。

（5）气象台发布橙色、红色冰雹或道路结冰预警信号时，应启动冰雹或道路结冰预案。

（6）气象台发布橙色、红色寒冷预警信号时，应启动寒冷预案。

台风或雷雨大风、暴雨、高温、大雾或灰霾、冰雹和道路结冰及寒冷预警信号发布后，根据预报的气象级别和高温预警信号，实施对应预案，采取相应应急措施。

2. 预案启动及解除命令的发布

上面讲了特殊气象应急预案启动、解除的原则，但这个启动和解除的命令又该由谁来发布，在什么时候发布呢？下面以我国某城轨交通单位为例，说明在维修生产过程中发布预案启动及解除命令的原则。

（1）维修部门经理接到上级部门特殊气象应急预案的启动命令后，立即下令启动部门相应的应急预案。经理因特殊情况联系不上时，由维修部门分管安全的副经理下令启动。

（2）维修生产调度根据控制中心发布的实时台风和雷雨大风、暴雨、高温、大雾或灰霾、冰雹或道路结冰及寒冷气象预警信号及时调整应急预案等级。

（3）当满足以下两个条件时，可解除相应的特殊气象应急预案。

1）当上级部门解除相应的台风和雷雨大风、暴雨、高温、大雾或灰霾、冰雹或道路结冰及寒冷气象预警信号后。

2）维修部门应急抢险工作小组及维修分部抢险工作小组确认受相应的特殊气象影响的设备已全部恢复正常。

相应的特殊气象应急预案的解除由维修部门技术室生产管理组接到控制中心解除命令并经维修部门值班经理同意后负责发布解除命令。

三、应急预案启动后的保障措施

1. 落实值班制度

特殊气象应急预案启动后，根据预案等级安排维修、技术人员值班，保证执行灾害负责制和抢修的需要。夜间和节假日都要安排人员值班，随时掌握和处理相关事宜。各级值班人员要增强责任感，要做到三到位：地点、人员到位；了解掌握情况到位；处理问题及时到位。

2. 落实检查制度

维修分部要制定好特殊气象时相应的检查制度，在接到维修部门特殊气象预警信号后，立即根据情况启动相应的巡查制度。维修分部要认真贯彻灾害负责制，做到地段、人员、措施“三落实”，恶劣天气要及时出巡，检查要认真细致。出巡检查必须携带电话或对讲机，发现隐患尽快向维修部门调度汇报。

3．发现隐患采取的应急措施

（1）影响行车或不能判断是否影响行车

1）巡查人员及时报告维修部门调度，并做出判断是否需要限速慢行或停运。

2）维修部门调度立即将现场情况上报值班主任助理及应急抢险领导小组组长、应急抢险工作小组组长、分部抢险工作小组值班人员。

维修部门调度接报后立即组织抢险队赶赴现场，根据现场情况制定抢修抢险方案并实施抢修。

抢修现场有应急抢险领导小组成员在场的，由领导小组负责现场指挥或其指定人员负责现场指挥；无应急强险领导小组成员在场的，则由维修分部抢险工作小组组长负责现场指挥。

抢修抢险过程中维修分部抢险工作小组根据现场情况，判断是否需要维修部门内部技术、人力、物力支援，维修部门根据情况判断是否需要上级部门支援。

（2）不影响行车。巡查人员应及时向维修部门调度汇报，维修部门调度通知维修分部及时处理，避免灾害扩大危及行车安全。同时，维修分部要加强巡视。

（3）需要部门内部提供支持。由维修部门抢险领导小组组织部门内人力、物力的调配，各分部无条件服从执行。

（4）维修部门技术室负责提供各种特殊气象下设备设施的技术参数。

（5）抢修抢险完成后，现场确认安全，通知维修部门调度可以交付使用，维修部门调度报控制中心调度，通信设备可以交付使用。

（6）加强维修部门调度工作，及时准确地掌握、传达、汇报信息及指挥抢险工作。

1）密切关注特殊气象信息，及时掌握雨情、风情及温度变化，以便做好应急措施。

2）维修部门调度接到险情应及时向上级汇报，并立即通知维修分部员工加强巡查和防范，避免类似事件再次发生。

（7）各项抢险工作的执行以不危及人的生命安全为原则，维修分部积极合理地调动人力、物力投入抢险，尽快开通线路，恢复运营。

（8）发生灾害时，应迅速准确地报告事故情况，确保信息渠道畅通。维修分部、室员工都应采取有效措施控制事态，减少损失，防止次生灾害的发生。

（9）教育抢险队员做好抢险过程中的人身安全防护工作，避免工伤事故的发生。

（10）维修部门综合室做好现场抢险人员的后勤保障工作。

第三节　特殊气象条件下维修应急预案

针对这六类特殊气象运营维修部均应制定相应的维修应急抢险预案。下面以我国南方特殊气象为例，介绍不同气象条件下的维修应急预案。

一、台风或雷雨大风（含龙卷风）应急预案

当气象台发布台风白色、蓝色、黄色、橙色及红色预警信号或雷雨大风蓝色、黄色、橙色及红色预警信号时，启动台风或雷雨大风应急预案。当出现其他雷雨（电）天气时也应启动本应急预案，做好防雷应急准备。维修部门接到上级部门台风应急预案的启动命令后，由维修部门经理下令启动部门预案。因特殊情况联系不上时，由维修部门分管安全的副经理下令启动。

1. 加强巡视做好防护

接到维修部门台风、雷雨大风应急预案启动命令后，应急抢险工作小组应根据维修分部制定的台风来临前的重点保护设备及部位，对其加强巡视。协调维修分部应急抢险工作小组对易受台风袭击损坏的所辖设备和部位做好防护工作。

（1）除特殊情况（如抢险抢修作业）外，风力达到 8 级及以上时，应停止地面和高架路段的户外作业，作业人员及时到室内避风、避雨。

（2）打雷时，停止地面路段高空作业及高架路段的户外作业，并停止在高架车站有电气相连的设备上作业。若在高架线路上遇到打雷，作业人员应双脚并拢蹲下，尽可能使人体高度低于周围设备设施。

（3）对地面设备及地面站站厅、站台设备进行必要的加固处理（如轨旁设备、站台悬挂设备等）。

（4）根据实际情况及控制中心值班主任助理的命令，拆除地面车站、地面线路易受台风影响的设备（如地面站台时钟、闭路电视、旅客信息指示设备等）。

2. 处理险情

若发生险情，维修部门应急抢险工作小组立刻协调相应分部抢险工作小组进行抢修，并将现场情况及时向应急抢险领导小组汇报，同时向控制中心请求对线路限速或请求停止某段（或全部）线路的运营，具体抢险工作程序遵照生产安全管理办法执行。

3. 人员值工班织

（1）气象台发布红色台风信号时，应急抢险领导小组保证 24 小时至少有一人值班；气象台发布橙色台风信号时，应急抢险领导小组 24 小时电话值班。

（2）气象台发布红色台风信号时，维修分部正副主任 24 小时轮流值班，维修部门职能室主任 24 小时轮流值班，应急抢险工作小组中其他成员保证通信畅通，维修部门技术室生产管理组 24 小时值班；气象台发布橙色台风信号时，维修分部正副主任、维修部门职能室主任、技术室生产管理组 24 小时电话值班，应急抢险工作小组中其他成员保证通信畅通。

（3）气象台发布橙色、红色台风信号时维修分部抢险队在所辖车辆段待命并处于备战状态。

（4）气象台发布白色、蓝色、黄色台风信号时，所有以上相关人员电话值班，并保证通信畅通，随叫随到。

二、暴雨应急预案

气象台发布黄色、橙色及红色暴雨信号时，应启动暴雨应急预案。维修部门接到上级部门暴雨应急预案的启动命令后，由维修部门经理下令启动部门预案。因特殊情况联系不上时，由维修部门分管安全的副经理下令启动部门预案。

1. 加强巡视做好防护

接到维修部门暴雨应急预案启动命令后，应急抢险工作小组应根据维修分部制定的暴雨来临前的重点保护设备及部位，协调维修分部应急抢险工作小组对易受暴雨袭击损坏的所辖设备和部位做好防护工作。

（1）对地面设备及车站出入口设备进行必要的防雨处理。

（2）暴雨来临前，维修分部按管辖设备、线路安排全面对地面设施清理排水。

（3）对车辆段出入段线洞口、地面站等防洪重点部位及设施加强检查，对检查发现的问题，突出重点，统筹安排，从速进行处理。具体抢险工作程序遵照维修部门安全生产管理办法执行。

（4）按应急信息报告程序通报气象灾害信息。

2. 人员值班组织

（1）气象台发布红色暴雨信号时，应急抢险领导小组保证24小时至少有一人值班；气象台发布橙色暴雨信号时，应急抢险领导小组24小时电话值班。

（2）气象台发布红色暴雨信号时，各分部正副主任24小时轮流值班，职能室主任24小时轮流值班，技术室生产管理组24小时值班，应急抢险工作小组中其他成员保证通信畅通；气象台发布橙色暴雨信号时，各分部正副主任、职能室主任、技术室生产管理组24小时电话值班，应急抢险工作小组中其他成员保证通信畅通。

（3）气象台发布橙色、红色暴雨信号时，各分部抢险队在所辖车辆段待命并处于备战状态。

（4）气象台发布黄色暴雨信号时，所有以上相关人员电话值班，并保证通信畅通，随叫随到。

3. 隧道、钢轨水淹的应对措施

（1）发现因洪水倒灌或排水不畅造成隧道、钢轨水淹等险情时，当事人应立即报告部门调度及OCC，部门调度立即通知部门、分部值班领导，并立刻组织抢险队赶赴现场进行抢修。

（2）现场抢险负责人及时将水淹情况报告部门应急抢险小组领导及OCC，并根据现场情况及时向OCC请求是否需要停止某段线路的运营。

（3）当洪水已漫过（或即将漫过）道床，水面离钢轨底部高度约20 cm左右，并且水势有继续蔓延趋势，即将会对信号、通信轨旁设备（如转辙机、轨旁盒等）造成损害时，现场抢险负责人应及时请示部门领导是否需要拆卸或迁移轨旁设备，并经OCC同意后，分部调度立即组织抢险队对该区段轨旁设备进行拆卸或迁移至安全地方。

三、高温应急预案

气象台发布黄色、橙色、红色高温预警信号时，应启动高温预案。通信维修部接到通号中心高温预案的启动命令后，由部门经理下令启动部门预案。因特殊情况联系不上时，由分管安全的副经理下令启动。

1. 加强巡视做好防护

接到部门高温预案启动命令后，部门应急抢险工作小组应组织各分部做好防护工作，各分部结合自身情况制定高温天气下设备和人身的防护措施。

（1）气温达到35℃以上时，督促车辆段及地面工作员工做好防暑工作，以防中暑。

（2）组织人员对地面线、高架线和车辆段的线路白天安排登程巡视，夜间加强步行巡视，发现安全隐患，及时整治。

（3）当气温达到39℃时，应立即采取有效措施，预防地面线和车辆段可能出现线路胀轨跑道的安全隐患，及时配合线路专业做好抢险工作。

2．人员值班组织

（1）气象台发布橙色、红色高温预警信号时，应急抢险领导小组24小时电话值班。

（2）气象台发布橙色、红色高温预警信号时，维修分部正副主任、维修部门职能室主任24小时电话值班，应急抢险工作小组中其他成员保证通信畅通。

（3）气象台发布橙色、红色高温预警信号时，维修部门技术室生产管理组24小时电话值班。

（4）气象台发布橙色、红色高温预警信号时，维修分部抢险队在所辖车辆段待命并处于备战状态。

（5）气象台发布黄色高温信号时，所有以上相关人员电话值班，并保证通信畅通，随叫随到。

四、大雾或灰霾应急预案

气象台发布橙色、红色大雾预警信号或灰霾预警信号时，应启动大雾或灰霾预案。维修部门接到上级部门大雾或灰霾预案的启动命令后，由维修部门经理下令启动部门预案。因特殊情况联系不上时，由维修部门分管安全的副经理下令启动。

1．加强巡视做好防护

接到维修部门大雾或灰霾预案启动命令后，维修部门应急抢险工作小组应组织维修分部做好防护工作，维修分部结合自身情况制定大雾或灰霾天气下设备和人身的防护措施。

（1）督促户外作业员工携带必要的照明工具，在行走及作业过程中注意安全。

（2）加强对电气设备的检查，注意监控设备的运行，做好设备故障处理的人员和物料准备。

2．人员值班组织

（1）气象台发布红色大雾预警信号或灰霾预警信号时，应急抢险领导小组24小时电话值班。

（2）气象台发布红色大雾预警信号或灰霾预警信号时，各分部正副主任 24 小时电话值班。

（3）气象台发布红色大雾预警信号或灰霾预警信号时，维修部门职能室主任 24 小时电话值班，技术室生产管理组 24 小时电话值班，应急抢险工作小组中其他成员保证通信畅通。

（4）气象台发布橙色大雾预警信号或灰霾预警信号时，所有人员电话值班，并保证通信畅通，随叫随到。

五、冰雹或道路结冰应急预案

气象台发布橙色、红色冰雹或道路结冰预警信号时，应启动冰雹或道路结冰预案。维修部门接到上级部门冰雹或道路结冰预案的启动命令后，由维修部门经理下令启动部门预案。因特殊情况联系不上时，由维修分管安全的副经理下令启动。

1. 加强巡视做好防护

接到维修部门冰雹或道路结冰预案启动命令后，维修部门应急抢险工作小组应组织各分部做好防护工作，维修分部结合自身情况制定冰雹或道路结冰天气下设备和人身的防护措施。

（1）除特殊情况（如抢险抢修作业）外，发布了冰雹红色预警信号时，应停止高架的户外作业，作业人员应及时到室内躲避冰雹。

（2）加强对设备设施的检查，注意监控设备的运行，做好处理设备故障的人员和物料准备。

（3）了解冰雹对城市轨道交通设备设施的损坏情况，及时组织人员处理。

（4）加强地面站设备设施的巡视，重点检查出入口设施的状况，发现隐患应及时组织人员处理。

2. 人员值班组织

（1）气象台发布红色冰雹或道路结冰预警信号时，应急抢险领导小组 24 小时电话值班。

（2）气象台发布红色冰雹或道路结冰预警信号时，维修分部正副主任 24 小时电话值班。

（3）气象台发布红色冰雹或道路结冰预警信号时，维修部门职能室主任 24 小时电话值班，技术室生产管理组 24 小时电话值班，应急抢险工作小组中其他成员保证通信畅通。

（4）气象台发布橙色冰雹或道路结冰预警信号时，所有人员电话值班，并保证通信畅通，随叫随到。

六、寒冷应急预案

气象台发布橙色、红色寒冷预警信号时，应启动寒冷预案。维修部门接到通号中心寒冷预案的启动命令后，由维修部门经理下令启动部门预案。因特殊情况联系不上时，由维修部门分管安全的副经理下令启动。

1. 加强巡视做好防护

接到部门寒冷预案启动命令后，维修部门应急抢险工作小组应组织维修分部做好防护工作，维修分部结合自身情况制定寒冷天气下设备和人身的防护措施。

（1）督促户外作业人员注意防寒保暖。

（2）加强对设备设施的检查，注意监控设备的运行，做好处理设备故障的人员和物料准备。

（3）当接到工建专业发现或接报随时可能发生线路、桥梁、隧道安全隐患的信息后，应立即启动应急处理预案，配合工建专业做好抢险工作。

2. 人员值班组织

（1）气象台发布红色寒冷预警信号时，维修部门应急抢险领导小组保证24小时电话值班。

（2）气象台发布红色寒冷预警信号时，维修分部正副主任24小时电话值班。

（3）气象台发布红色寒冷预警信号时，维修部门职能室主任24小时电话值班，技术室生产管理组24小时电话值班，应急抢险工作小组中其他成员保证通信畅通。

（4）气象台发布橙色寒冷预警信号时，所有人员电话值班，并保证通信畅通，随叫随到。

参考文献

秦杨勇著．能力素质模型设计五步法．厦门：鹭江出版社，2009